Reihe Rechtswissenschaft
Band 202

Transstaatliche Strafverfolgung

Ein Beitrag zur Europäisierung, Internationalisierung und Fortentwicklung des Grundsatzes ne bis in idem

Andreas Eicker

Centaurus Verlag & Media UG 2004

Andreas Eicker, geb. 1972, studierte Rechtswissenschaften mit strafrechtlicher Schwerpunktausbildung in Bremen und wurde für seine Dokumentation über den Bremer Strafvollzug mit dem Deutschen Studienpreis ausgezeichnet. Seit Beendigung seines Referendardienstes in Niedersachsen mit Stationen am Bundesverfassungsgericht in Karlsruhe und an der Deutschen Botschaft in Ankara (Türkei) ist er als Rechtsanwalt zugelassen und war als wissenschaftlicher Assistent und Doktorand an der Universität Sankt Gallen (Schweiz) beschäftigt, wo er 2004 promovierte. Heute ist er wissenschaftlicher Oberassistent am Institut für Strafrecht und Kriminologie der Universität Bern.

Die Deutsche Bibliothek – CIP-Einheitsaufnahme

Andreas Eicker:
Transstaatliche Strafverfolgung : Ein Beitrag zur Europäisierung, Internationalisierung und Fortentwicklung des Grundsatzes ne bis in idem / - Herbolzheim : Centaurus-Verl., 2004
(Reihe Rechtswissenschaft ; Bd. 202)
Zugl.: St. Gallen (CH), Univ., Diss., 2004
ISBN 978-3-8255-0522-6 ISBN 978-3-86226-482-7 (eBook)
DOI 10.1007/978-3-86226-482-7

ISSN 0177-2805

Satz: Vorlage des Autors
Umschlaggestaltung: DTP-Studio, Antje Walter, Hinterzarten

DANKSAGUNG

Die folgende Abhandlung wurde im Sommersemester 2004 von der schweizer Universität Sankt Gallen, Hochschule für Wirtschafts-, Rechts- und Sozialwissenschaften (HSG) als Dissertation im Fachbereich Rechtswissenschaften angenommen.

Danken möchte ich an erster Stelle ganz herzlich meinem Doktorvater, Herrn Prof. Dr. Hans Vest, für die Betreuung der vorliegenden Arbeit und für die abwechslungs- und lehrreiche Assistenzzeit an seinem Lehrstuhl. Seine fachliche Förderung und die praktische Unterstützung durch das gesamte Lehrstuhl-Team haben erheblich zum Gelingen dieser Arbeit beigetragen. Dafür gebührt ihnen mein herzlicher Dank. Ferner möchte ich die Gelegenheit nutzen, Prof. Vest für die gewährte Freiheit und das mir stets entgegen gebrachte Vertrauen in der Zusammenarbeit mit ihm ein Wort des Dankes auszusprechen. Beides hat mir die Möglichkeit gegeben, mich fachlich und persönlich weiter zu entwickeln.

Ebenfalls zu grossem Dank verpflichtet bin ich Herrn Prof. Dr. Marc Forster für die engagierte Übernahme des Korreferates und die wertvollen Hinweise.

Meinen Eltern und Grosseltern danke ich von ganzem Herzen für all ihre grosszügige Unterstützung. Erst sie haben meine lange Ausbildung und akademische Entwicklung ermöglicht.

Ein grosses Dankeschön richte ich auch an meine Schwester und alle Freundinnen und Freunde sowie Kolleginnen und Kollegen, die mich auf meinem Weg bis zur Promotion unterstützt und begleitet haben.

Den innigsten Dank schulde ich aber meiner Freundin Margarita. Die vorliegende Arbeit wäre nicht ohne ihr liebevolles Wirken zustande gekommen. Sie hat meiner Doktorarbeit nicht nur immer das nötige Verständnis entgegen gebracht, sie hat darüber hinaus mich stets zu motivieren gewusst. Ihr ist dieses Buch gewidmet.

Sankt Gallen, im August 2004 Andreas Eicker

INHALTSVERZEICHNIS

LITERATURVERZEICHNIS

Ackermann, Jürg Beat; Ebensperger, Stefan	Der EMRK-Grundsatz "ne bis in idem" – Identität der Tat oder Identität der Strafnorm?, AJP/PJA 1999, 823ff.
Agathocles, Aristides	Initiative of the Hellenic Republic for the adoption of a Framework Decision of the Council on the application of the "ne bis in idem" principle, Brüssel 2003, Council of the European Union, 6356/03 COPEN 11
Anweiler, Jochen	Die Auslegungsmethoden des Gerichtshofs der Europäischen Gemeinschaften, Frankfurt a.M. 1996
Arzt, Gunther	Einführung in die Rechtswissenschaft, Basel 1996
Auer, Wolfgang	Zu den Auswirkungen eines internationalen "ne bis in idem" für Österreich, ÖRiZ 2000, 52ff.
Biehler, Anke; Gless, Sabine; Parra, Nina; Zeitler, Helge Elisabeth	Analyse des Grünbuchs zum strafrechtlichen Schutz der finanziellen Interessen der EG und zur Schaffung einer Europäischen Staatsanwaltschaft – Studie im Auftrag des Haushaltsausschusses des Europäischen Parlamentes, April 2002
Biehler, Anke; Kniebühler, Roland; Lelieur-Fischer, Juliette; Stein, Sibyl	Freiburg Proposal on Concurrent Jurisdictions and the Prohibition of Multiple Prosecutions in the European Union, Freiburg i.B. 2003
Bindschedler, Rudolf L.	Die Anerkennung im Völkerrecht, BDGVR 4 (1961), 1ff.
Blakesley, Christopher L.; Lagodny, Otto	Competing National Laws: Network or Jungle?, in: Eser, Albin; Lagodny, Otto: Principles and Procedures for a New Transnational Criminal Law, Freiburg i.B. 1992, S. 47ff.
Bleckmann, Albert	Analogie im Völkerrecht, ArchVR 17/2, 161ff.
Bleckmann, Albert	Völkerrecht, Baden-Baden 2001
Bleckmann, Albert	Zu den Auslegungsmethoden des Europäischen Gerichtshofs, NStZ 1982, 1177ff.
Böhm, Christian	Der Grundsatz Ne bis in idem im Verhältnis der Staaten zueinander, Wien 2001
Böse, Martin	Das Prinzip der gegenseitigen Anerkennung in der transnationalen Strafrechtspflege in der EU, in: Momsen, Carsten u.a., Fragmentarisches Strafrecht, Beiträge zum Strafrecht, Strafprozessrecht und zur Strafrechtsvergleichung für Manfred Maiwald, Frankfurt a.M. 2003, S. 233ff.
Bohnert, Jean-Francois; Lagodny, Otto	Art. 54 SDÜ im Lichte der nationalen Wiederaufnahmegründe, NStZ 2000, 636ff.
Braum, Stefan	Aufbruch oder Abbruch europäischer Strafverteidigung?, StV 2003, 576ff.

Brüner, Franz-Hermann; Hetzer, Wolfgang — Nationale Strafverfolgung und Europäische Beweisführung?, NStZ 2003, 113ff.

BSK StGB I — Basler Kommentar, Strafgesetzbuch I, Art. 1 - 110 StGB, Basel 2003

Buck, Carsten — Über die Auslegungsmethoden des Gerichtshofes der Europäischen Gemeinschaften, Münster 1997

Cassese, Antonio — International Criminal Law, Oxford 2003

Colomer, Damaso Ruiz-Jarabo — Reichweite des Ne-bis-in-idem-Prinzips gem. Art. 54 SDÜ bei Verfahrenseinstellung nach Vergleich zwischen Staatsanwaltschaft und Angeklagtem, Schlussanträge von Generalanwalt Damaso Ruiz-Jarabo Colomer, EuGRZ 2002, 556ff.

Dahm, Georg; Delbrück, Jost; Wolfrum, Rüdiger — Völkerrecht, Band I/1: Die Grundlagen. Die Völkerrechtssubjekte, 2. Aufl., Berlin 1989

Dannecker, Gerhard — Die Garantie des Grundsatzes "ne bis in idem" in Europa, in: Hirsch, Hans Joachim; Wolter, Jürgen; Brauns, Uwe, Festschrift für Günter Kohlmann zum 70. Geburtstag, Köln 2003, S. 593ff.

De Lazzer, Dieter — Rechtsdogmatik als Kompromissformular, in: Dubischar, Roland u.a., Dogmatik und Methodik, Josef Esser zum 65. Geburtstag, Kronberg 1975, S, 85ff.

Dieckmann, Jochen — Europäische Kooperation im Bereich der Strafrechtspflege, NStZ 2001, 617ff.

Doehring, Karl — Völkerrecht, Heidelberg 1999

Dorr, Martin — Das Doppelbestrafungsverbot in Österreich unter besonderer Berücksichtigung internationaler Abkommen, Graz 2001

Dreier, Horst; Bauer, Hartmut — Grundgesetz: Kommentar, Tübingen 1996 - 2000

Drosdowski, Günther — Der Duden, Bd. 7. Das Herkunftswörterbuch – Etymologie der deutschen Sprache, 2. Aufl., Mannheim 1989

Ebensperger, Stefan — Strafrechtliches "ne bis in idem" in Österreich unter besonderer Berücksichtigung internationaler Übereinkommen, ÖJZ 1999, 171ff.

Ehrenzeller, Bernhard; u.a. — Die Schweizerische Bundesverfassung, Kommentar, Zürich 2002

Eicker, Andreas — Die Prinzipien der >materiellen Wahrheit< und der >freien Beweiswürdigung< im Strafprozess – Eine Untersuchung unter besonderer Berücksichtigung des Sachverständigenbeweises und der Sachgebundenheit richterlicher Überzeugungsbildung bei der Schuldfähigkeitsfeststellung und der Feststellung subjektiver Deliktsmerkmale, Herbholzheim 2001

Eicker, Andreas
Zum Vorentwurf für eine gesamtschweizerische Strafprozessordnung – Eine kritische Betrachtung staatsanwaltschaftlicher Kompetenz-Konzentration und ihrer Kompensationsmöglichkeiten im Ermittlungsverfahren, AJP/PJA 2/2003, 13ff.

Eidgenössisches Justiz- und Polizeidepartement
Begleitbericht zum Vorentwurf für eine Schweizerische Strafprozessordnung, Bern 2001

Eidgenössisches Justiz- und Polizeidepartement
Die Internationale Rechtshilfe in Strafsachen, Wegleitung, Bern 1998

Eidgenössisches Justiz- und Polizeidepartement
Vorentwurf zu einer Schweizerischen Strafprozessordnung, Bern 2001

Endriss, Rainer; Kinzig, Jörg
Eine Straftat – zwei Strafen – Nachdenken über ein erweitertes >ne bis in idem<, StV 1997, 665ff.

Epp, Helmut
Der Grundsatz "Ne bis in idem" im internationalen Rechtsbereich, ÖJZ 19979, 36ff.

Epping, Volker
Die Verfassung Europas, JZ 2003, 821ff.

Esser, Robert
Auf dem Weg zu einem europäischen Strafverfahrensrecht, Berlin 2002

Europäische Gemeinschaften
Massnahmenprogramm zur Umsetzung des Grundsatzes der gegenseitigen Anerkennung gerichtlicher Entscheidungen in Strafsachen, ABl EG C 12 vom 15.1.2001

Europäische Kommission
Direktion B/3 Justizielle Zusammenarbeit in Strafsachen: Gegenseitige Anerkennung von Entscheidungen in Strafsachen zwischen den EU-Mitgliedstaaten und Gerichtsbarkeit – Diskussionspapier mit Fragen an die Sachverständigen.

Europäische Kommission
Justiz und Inneres, Gemeinsames Vorgehen im Bereich der justitiellen Zusammenarbeit in Strafsachen – Angleichung und Zusammenarbeit, S. 1 - 5
(http://europa.eu.int/comm/justice)

Europäische Kommission
Mitteilung der Kommission an den Rat und das Europäische Parlament über: Gegenseitige Anerkennung verfahrensbeendender Entscheidungen in Strafsachen, S. 1 - 5
(http://europa.eu.int/scadplus/leg/ de /lvb/ 133131.html)

Europäische Kommission
Eurojust. Mitteilung der Kommission zur Einrichtung von Eurojust, KOM(2000) 746 endg.

Europäischer Konvent
Entwürfe von Art. 31 des Teils I der Verfassung sowie der Artikel des Teils II der Verfassung zum "Raum der Freiheit, der Sicherheit und des Rechts" zusammen mit Erläuterungen, Brüssel 2003, CONV 614/03

Europäisches Parlament
Tampere Europäischer Rat, 15. und 16. Oktober 1999, Schlussfolgerungen des Vorsitzes, S. 1 - 9
(www.europarl.eu.int/ summits/tam_de.html)

Europäischer Rat — Beschluss des Rates über die Einrichtung einer vorläufigen Stelle zur justiziellen Zusammenarbeit, Brüssel 2000, ABl EG L 324/2 vom 21.12.2000

Europäischer Rat — Europäischer Rat von Laeken, Bericht aus Brüssel 2/2001

Europäischer Rat — Rahmenbeschluss des Rates über den Europäischen Haftbefehl und die Übergabeverfahren zwischen den Mitgliedstaaten, Brüssel 2002 (http://register.consilium. eu.int/pdf/de/02/st07/07253d2.pdf)

Felsenstein, Gert — Grundlagen der zwischenstaatlichen Zusammenarbeit in Strafsachen, ÖJZ 1986, 614ff.

Fink, Udo — Lösung zum Fall gemäss EuGH, Urt. v. 11.2.2003 in den verb. Rechtssachen C-187/01 und C-385/01

Fischer, Klemens H. — Konvent zur Zukunft Europas, Texte und Kommentar, Baden-Baden 2003

Flauss, Jean-Francois — Le principe "ne bis in idem" dans le cadre de la Convention européenne des droits de l'homme, Bilan et perspectives, in: Schmid Niklaus; Killias, Martin, Le droit pénal et ses liens avec les autres branches du droit, Mélanges en l'honneur du Professeur Jean Gauthier, ZStrR 114/FS (1996), 271ff.

Foregger, Egmont; Bachner-Foregger, Helene — Strafprozessordnung, Kommentar, 14. Aufl., Wien 2002

Forster, Marc — Die Internationalisierung des Strafrechts und der Verteidigungsrechte, in: Meier-Schatz, Christian; Schweizer, Rainer, Recht und Internationalisierung, Festgabe gewidmet dem Schweizerischen Juristenverein, Zürich 2000, S. 309ff.

Frowein, Jochen A. — Anerkennung, in: Seidl-Hohenveldern, Ignaz: Völkerrecht, 3. Aufl., Neuwied 2001, S. 10ff.

Geiger, Rudolf — EUV, EGV: Vertrag über die Europäische Union und Vertrag zur Gründung der Europäischen Gemeinschaft; Kommentar, 3. Aufl., München 2000

Geimer, Reinhold — Anerkennung ausländischer Entscheidungen in Deutschland, München 1995

Geimer, Reinhold — Internationales Zivilprozessrecht, Köln 1997

Geppert, Klaus — Gedanken zur Rechtskraft und Beseitigung strafprozessualer Beschlüsse, GA 1972, 165ff.

Giese, Karim J. — Das Grundrecht des "ne bis in idem", in: Grabenwarter, Christoph; Thienel, Rudolf, Kontinuität und Wandel der EMRK, Kehl 1998, S. 97ff.

Gless, Sabine; Lüke, Monika — Rechtsschutz gegen grenzüberschreitende Strafverfolgung in Europa, Jura 2000, 400ff.

Gless, Sabine; Lüke, Monika — Strafverfolgung über die Grenzen hinweg – Formen der Zusammenarbeit europäischer Länder zur Kriminalitätsbekämpfung, Jura 1998, 70ff.

Gless, Sabine — Projektbericht: Auslieferungsrecht der Schengen-Vertragsstaaten, Freiburg i.B. 2001

Gössel, Karl Heinz — Über die Pflicht zur Ermittlung der materiell-objektiven Wahrheit und die Zuständigkeiten zur Eröffnung eines Strafverfahrens und zu dessen Durchführung, in: Eser, Albin u.a.: Strafverfahrensrecht in Theorie und Praxis – Festschrift für Lutz Meyer-Gossner zum 65. Geburtstag, München 2001, S. 187ff.

Grabenwarter, Christoph — Europäische Menschenrechtskonvention, München 2003

Grabitz, Eberhard; Hilf, Meinhard — Das Recht der Europäischen Union, Kommentar, München 2002

Graf Vitzthum, Wolfgang — Völkerrecht, 2. Aufl., Berlin 2001

Grützner, Heinrich — Aktuelle Probleme der Auslieferung, ZStW 81 (1969), 120ff.

Grützner, Heinrich — Die zwischenstaatliche Anerkennung europäischer Strafurteile, NJW 1969, 345ff.

Grützner, Heinrich; Plötz, Paul-Günter — Internationaler Rechtshilfeverkehr in Strafsachen: die für die Rechtsbeziehungen der Bundesrepublik Deutschland mit dem Ausland in Strafsachen massgeblichen Bestimmungen, 2. Aufl., Heidelberg 1992 - 2003

Guggenheim, Paul — Lehrbuch des Völkerrechts: Unter Berücksichtigung der internationalen und schweizerischen Praxis, Band I, Basel 1948

Haas, Nina — Die Schengener Abkommen und ihre strafprozessualen Implikationen, Salzburg 2001

Hackner, Thomas; Lagodny, Otto; Schomburg, Wolfgang; Wolf, Norbert — Internationale Rechtshilfe in Strafsachen, Ein Leitfaden für die Praxis, München 2003

Haefliger, Arthur; Schürmann, Frank — Die Europäische Menschenrechtskonvention und die Schweiz: Die Bedeutung der Konvention für die schweizerische Rechtspraxis, 2. Aufl., Bern 1999

Hakenberg, Waltraud — Der Dialog zwischen nationalen und europäischen Richtern: Das Vorabentscheidungsverfahren zum EuGH, DRiZ 2000, 345ff.

Haug, Volker — Staats- und Verwaltungsrecht, Heidelberg 1996

Hauser, Robert; Schweri, Erhard — Schweizerisches Strafprozessrecht, 5. Aufl., Basel 2002

Hecker, Bernd — Anmerkung zu OLG München, Beschl. v. 24.4.2001 - 2 Ws 491/01, StV 2002, 71ff.

Hecker, Bernd — Das Prinzip >Ne bis in idem< im Schengener Rechtsraum (Art. 54 SDÜ), StV 2001, 306ff.

Heimgartner, Stefan	Auslieferungsrecht, Zürich 2002
Hein, Lars	Zuständigkeitskonflikte im internationalen Strafrecht – Ein europäisches Lösungsmodell, Berlin 2002
Herzberg, Rolf Dietrich	Ne bis in idem – Zur Sperrwirkung des rechtskräftigen Strafurteils, JuS 1972, 113ff.
Hofstetter, Elias	Die internationale Rechtshilfe in Straf- und Zivilsachen und das Bankgeheimnis, recht 2004, 81ff.
Hruschka, Joachim	Der Begriff der "Tat" im Strafverfahrensrecht, JZ 1966, 700ff.
Huber, Ulrich	Savignys Lehre von der Auslegung der Gesetze in heutiger Sicht, JZ 2003, 1ff.
Ipsen, Knut	Völkerrecht: ein Studienbuch, 4. Aufl., München 1999
Jacoby; Schnigula, London Jürgen	Bundesministerium der Justiz: Entwurf der Begründung zum Rahmenbeschluss über den Europäischen Haftbefehl und die Übergabeverfahren zwischen den Mitgliedstaaten, Berlin 2003
Jescheck, Hans-Heinrich; Meyer, Jürgen	Die Wiederaufnahme des Strafverfahrens im deutschen und ausländischen Recht, Bonn 1974
Johannes, Hartmut	Zur Angleichung des Straf- und Strafprozessrechts in der Europäischen Wirtschaftsgemeinschaft, ZStW 83 (1971), 531ff.
Jung, Heike	Konturen und Perspektiven des europäischen Strafrechts, JuS 2000, 417ff.
Jung, Heike	Zur >Internationalisierung< des Grundsatzes >ne bis in idem<, in: Albrecht, Peter-Alexis, Festschrift für Horst Schüler-Springorum, Köln 1993, S. 493ff.
Justice	EU Co-Operation in Criminal Matters, Response to specific Proposals, 2001 (www.justice.org.uk)
Kaiafa-Gbandi, Maria	Bemerkungen zur Entwicklung rechtsstaatlicher Grundlagen Europäischen Strafrechts, KritV 2001, 290ff.
Katz, Achim	Der Jugendrichter – Unabhängig – Überparteiisch, Hamburg 2002
Kerimov, D. A.	Methodologische Aspekte der Rechtsschöpfung, in: Beiträge zur Rechtsmethodologie und Rechtsmethodik, Berlin 1980
Kerschner, Ferdinand	Wissenschaftliche Arbeitstechnik und Methodik für Juristen, 4. Aufl., Wien 1997
Kimminich, Otto; Hobe, Stephan	Einführung in das Völkerrecht, Tübingen 2000
Kleinknecht, Theodor; Meyer-Gossner, Lutz	Strafprozessordnung mit GVG und Nebengesetzen, Kurzkommentar, 46. Aufl., München 2003

Klip, André — Harmonisierung des Strafrechts – eine fixe Idee?, NStZ 2000, 626ff.

Köck, Franz Heribert — Vertragsinterpretation und Vertragsrechtskonvention – Zur Bedeutung der Art. 31 und 32 der Wiener Vertragsrechtskonvention 1969, Berlin 1976

Kokott, Juliane — Grund- und Menschenrechte als Inhalt eines internationalen ordre public, BDGVR 38 (1998), 71ff.

Kress, Claus — Völkerstrafrecht und Weltrechtspflegeprinzip im Blickfeld des Internationalen Gerichtshofs, ZStW 114 (2002), 818ff.

Kühn, Rolf — Reichsabgabenordnung, Steueranpassungsgesetz, Nebengesetze, 3. Aufl., Stuttgart 1954

Kühne, Hans-Heiner — Anmerkung zu BGH, Beschl. v. 26.08.2003 - 5 StR 145/03, JZ 2004, 743f.

Kühne, Hans-Heiner — Anmerkung zu BGH, Urt. v. 10.6.1999 - 4 StR 87/98 (LG Saarbrücken), StV 1999, 480f.

Kühne, Hans-Heiner — Anmerkung zu EuGH, Urt. v. 11.2.2003 – C-187/01 und C-385/01 Gözütok und Brügge, JZ 2003, 305ff.

Kühne, Hans-Heiner — Ne bis in idem in den Schengener Vertragsstaaten – Die Reichweite des Art. 54 SDÜ im deutsch-französischen Kontext, JZ 1998, 876ff.

Kühne, Hans-Heiner — Strafprozessrecht – Eine systematische Darstellung des deutschen und europäischen Strafverfahrensrechts, 6. Aufl., Heidelberg 2003

Lagodny, Otto — Anmerkung zu BGH, Beschl. v. 13.5.1997 - 5 StR 596/96, NStZ 1998, 154

Lagodny, Otto — Die Rechtsstellung des Auszuliefernden in der Bundesrepublik Deutschland, Freiburg i.B. 1987

Lagodny, Otto — Empfiehlt es sich, eine europäische Gerichtskompetenz für Strafgewaltkonflikte vorzusehen?, Gutachten im Auftrag des BMJ, Berlin 2001

Lagodny, Otto — Grundkonstellationen des internationalen Strafrechts, ZStW 101 (1989), 987ff.

Lagodny, Otto — Teileuropäisches "ne bis in idem" durch Art. 54 des Schengener Durchführungsübereinkommens (SDÜ), NStZ 1997, 265ff.

Lagodny, Otto — Strafklageverbrauch durch niederländische "transactie", NStZ 2001, 558ff.

Lagodny, Otto	Viele Strafgewalten und nur ein transnationales ne-bis-in-idem?, in: Donatsch, Andreas u.a., Strafrecht, Strafprozessrecht und Menschenrechte, Festschrift für Stefan Trechsel zum 65. Geburtstag, Zürich 2002, S. 253ff.
Lagodny, Otto; Nill-Theobald, Christiane	Anmerkung zu BGH, Urt. v. 30.4.1999 - 3 StR 215/98 (BGHSt 45, 64), JR 2000, 205ff.
Landau, Herbert	Verwirklichung eines europaweiten "ne bis in idem" im Rahmen der Anwendung des § 153c Abs. 1 Nr. 3 StPO, in: Köbler, Gerhard u.a., Europas universale rechtsordnungspolitische Aufgabe im Recht des dritten Jahrtausends, Festschrift für Alfred Söllner zum 70. Geburtstag, München 2000, S. 627ff.
Landerer, Claudia Maria	"Ne bis in idem" im österreichischen Strafrecht vor und nach dem Schengener Durchführungsübereinkommen, Innsbruck 2000
Lange-Kowal, Erwin	Langenscheidts Handwörterbuch Französisch, Teil I Französisch – Deutsch, Berlin 2003.
Leidenmühler, Franz; Plöckinger, Oliver	Zum Verbot doppelter Strafverfolgung nach Art. 54 SDÜ 1990, wistra 2003, 81ff.
Leidenmühler, Franz	Zur Übernahme des Schengen-Besitzstandes in den Rahmen der EU am Beispiel des "ne bis in idem"-Grundsatzes, The European Legal Forum 2002, 253ff.
Liebscher, Viktor	Die neue Struktur des Internationalen Strafrechts (§§ 62 bis 67 StGB), JBl 1974, 393ff.
Linke, Robert	Das österreichische Auslieferungsrecht, NStZ 1981, 378ff.
Linke, Robert	Zwischenstaatliche Kompetenzkonflikte auf dem Gebiet des Strafrechts, in: Oehler, Dieter; Plötz, Paul-Günter, Aktuelle Probleme des Internationalen Strafrechts, Festschrift für Heinrich Grützner zum 65. Geburtstag, Hamburg 1970, S. 85ff.
Löwe, Ewald; Rosenberg, Werner	Die Strafprozessordnung und das Gerichtsverfassungsgesetz: Grosskommentar, Berlin 2001 (1989)
Loos, Fritz	Probleme der beschränkten Sperrwirkung strafprozessualer Entscheidungen, JZ 1978, 592ff.
Loré, Ellen	Aspekte des Vertrauensschutzes im Strafrecht, Frankfurt a.M. 1997
Loudwin, Bernd	Die konkludente Anerkennung im Völkerrecht, Berlin 1983
Lüder, Sascha Rolf	Eröffnung der deutschen Gerichtsbarkeit für den Völkermord im Kosovo, NJW 2000, 269f.
Luther, Gerhard	Zum Verbrauch der Strafklage im internationalen Strafrecht, NJW 1968, 1026f.

Maatz, Kurt Rüdiger — Strafklageverbrauch und Gerechtigkeit, in: Eser, Albin u.a., Strafverfahrensrecht in Theorie und Praxis, Festschrift für Lutz Meyer-Gossner zum 65. Geburtstag, München 2001, S. 257ff.

Mangoldt, Hermann von; Klein, Friedrich; Starck, Christian — Das Bonner Grundgesetz: Kommentar, 4. Aufl., München 1999 – 2001

Mansdörfer, Marco — Verfahrensrecht, SDÜ Art. 54, Verbot der Doppelbestrafung in EU-Mitgliedstaaten, Anmerkung zu EuGH, Urt. v. 11.2.2003 – C-187/01 u. C 385/01, StV 2003, 313ff.

Maunz, Theodor; Dürig, Günter — Kommentar zum Grundgesetz, Loseblattsammlung, München – 2003

Mayer, Markus — Ne-bis-in-idem-Wirkung europäischer Strafentscheidungen, Frankfurt a.M. 1992

Mayerhofer, Christoph — Das österreichische Strafrecht, Zweiter Teil, Strafprozessordnung, 2. Halbband, 4. Aufl., Wien 1997

Mayr, Claudia — Der räumliche Geltungsbereich des österreichischen Strafrechts unter besonderer Berücksichtigung des Grundsatzes "ne bis in idem" im internationalen Rechtsbereich, Salzburg 2000

Meyer, Peter — Die Grundsätze der Auslegung im Europäischen Gemeinschaftsrecht, Jura 1994, 455ff.

Meyer-Ladewig, Jens — EMRK, Konvention zum Schutz der Menschenrechte und Grundfreiheiten, Handkommentar, Baden-Baden 2003

Michel, Andreas — Zur Anwendbarkeit des Art. 54 SDÜ bei fahrlässiger Trunkenheitsfahrt, wenn die Tat durch Straferkenntnis der Bezirkshauptmannschaft Kufstein geahndet worden ist, StraFo 2000, 376ff.

Michel, Andreas — Zur Frage, ob ein Strafklageverbrauch nach Art. 54 SDÜ auch durch eine Verfahrensbeendigung im Rahmen eines Verwaltungsverfahrens eintreten kann, StraFO 1999, 49ff.

Momberg, Rolf — Die Wiederaufnahme bei Einstellung nach § 154 StPO und ihre rechtliche Kontrolle, NStZ 1984, 535ff.

Nelles, Ursula — Europäisierung des Strafverfahrens – Strafprozessrecht für Europa?, ZStW 109 (1997), 727ff.

Neu-Berlitz, Mechthild — Bestandskraft der Einstellunfsverfügung nach § 170 II 1 StPO, Münster 1983

Norouzi, Ali B.; Vogel, Joachim — Europäisches "ne bis in idem" – EuGH, NJW 2003, 1173, in: JuS 2003, 1059ff.

Oehler, Dietrich — Das neue Recht der Internationalen Rechtshilfe in Strafsachen, ZStW 96 (1984), 555ff.

Oehler, Dietrich — Internationales Strafrecht – Geltungsbereich des Strafrechts, Internationales Rechtshilferecht, Recht der Gemeinschaften, Völkerstrafrecht, 2. Aufl., Köln 1983

Oehler, Dietrich — Theorie des Strafanwendungsrechts, in: Oehler, Dietrich; Plötz, Paul-Günter, Aktuelle Probleme des Internationalen Strafrechts, Festschrift für Heinrich Grützner zum 65. Geburtstag, Hamburg 1970, S. 110ff.

O.V. — Europäischer Rat in Tampere, ZAR-Dokumentation 6/1999, 284ff.

Oppermann, Thomas — Europarecht, 2. Aufl., München 1999

Ossenbühl, Fritz — Vertrauensschutz im sozialen Rechtsstaat, DÖV 1972, 25ff.

Pappas, Claudia — Stellvertretende Strafrechtspflege: Zugleich ein Beitrag zur Ausdehnung deutscher Strafgewalt nach § 7 Abs. 2 Nr. 2 StGB, Freiburg i.B. 1996

Perron, Walter — Auf dem Weg zu einem europäischen Ermittlungsverfahren, ZStW 112 (2000), 202ff.

Peters, Anne — Kongo versus Belgien, ius.full 2002, 16ff.

Peters, Karl — Strafprozess – Ein Lehrbuch, 4. Aufl., Heidelberg 1985

Pickert, Dietmar — Verfolgungsbeschränkung gem. § 154a StPO und das Problem des Strafklageverbrauchs, Spardorf 1984

Pieroth, Bodo — Die neuere Rechtsprechung des Bundesverfassungsgerichts zum Grundsatz des Vertrauensschutzes, JZ 1990, 279ff.

Platzgummer, Winfried — Grundzüge des österreichischen Strafverfahrens, 3. Aufl., Wien 1990

Popp, Peter — Grundzüge der Internationalen Rechtshilfe in Strafsachen, Basel 2001

Postlmayr, Johann — Doppelbestrafungsverbot bei Verkehrsunfall in alkoholischem Zustand, ZVR 2003, 360f.

Püttner, Günter — Vertrauensschutz im Verwaltungsrecht, VVDStRL 32 (1974), 200ff.

Radtke, Henning; Busch, Dirk — Transnationaler Strafklageverbrauch in den sog. Schengen-Staaten?, EuGRZ 2000, 421ff.

Radtke, Henning; Busch, Dirk — Transnationaler Strafklageverbrauch in der Europäischen Union, NStZ 2003, 281ff.

Radtke, Henning — Strafklageverbrauch durch rechtskräftigen Freispruch, Anmerkung zu BGH, Beschl. v. 28.2.2001 – 2 StR 458/00 (LG Giessen), NStZ 2001, 662ff.

Radtke, Henning — Zur Systematik des Strafklageverbrauchs verfahrenserledigender Entscheidungen im Strafprozess, Frankfurt a.M. 1994

Rehberg, Jörg; Donatsch, Andreas — Strafrecht I, Verbrechenslehre, 7. Aufl., Zürich 2001

Richtberg, Frank — Strafklageverbrauch bei rechtskräftigem Freispruch im Ausland, StV 2001, 495

Roggemann, Herwig — Die Internationalen Strafgerichtshöfe: Einführung, Rechtsgrundlagen, Dokumente, 2. Aufl., Berlin 1998

Roxin, Claus — Strafrecht Allgemeiner Teil, Band I, Grundlagen. Der Aufbau der Verbrechenslehre, 2. Aufl., München 1994

Roxin, Claus — Strafverfahrensrecht, 25. Aufl., München 1998

Rübenstahl, Markus; Krämer, Ute — Die Einstellung des Verfahrens durch die Staatsanwaltschaft und das Verbot der Doppelbestrafung gemäss Art. 54 SDÜ in der Rechtsprechung des EuGH, HRR-Strafrecht 2003, 65ff.

Rüter, Frederik Christiaan — Harmonie trotz Dissonanz – Gedanken zur Erhaltung eines funktionsfähigen Strafrechts im grenzenlosen Europa, ZStW 105 (1993), 30ff.

Rüter, Frederik Christiaan — 1990: Grenzenlos glücklich(er), in: Jescheck, Hans-Heinrich; Vogler, Theo, Festschrift für Herbert Tröndle zum 70. Geburtstag am 24. August 1989, Berlin 1989, S. 855ff.

Satzger, Helmut — Die Europäisierung des Strafrechts – Eine Untersuchung zum Einfluss des Europäischen Gemeinschaftsrechts auf das deutsche Strafrecht, Köln 2001

Satzger, Helmut — Gefahren für eine effektive Verteidigung im geplanten europäischen Verfahrensrecht, StV 2003, 137ff.

Schild, Wolfgang — Anerkennung – interdisziplinäre Dimension eines Begriffs, Würzburg 2000

Schmid, Niklaus — Strafprozessrecht, Eine Einführung auf der Grundlage des Strafprozessrechts des Kantons Zürich und des Bundes, Zürich 2004

Schmidhäuser, Eberhard — Zur Frage nach dem Ziel des Strafprozesses, in: Bockelmann, Paul; Gallas, Wilhelm, Festschrift für Eberhard Schmidt zum 70. Geburtstag, Aalen 1971, S. 511ff.

Schönke, Adolf; Schröder, Horst — Strafgesetzbuch, Kommentar, 26. Aufl., München 2001

Schomburg, Wolfgang — Anmerkung zu BGH, Urt. v. 2.2.1999 - 5 StR 596/96 (LG Hamburg), StV 1999, 246ff.

Schomburg, Wolfgang — Auf dem Weg zu einem Europäischen Rechtsraum? Die Internationale Zusammenarbeit in Strafsachen – Welcher Platz für die Justiz?, DRiZ 1999, 107ff.

Schomburg, Wolfgang	Auf dem Weg zu einem Europäischen Rechtsraum! Ein Zwischenbericht über erste Anläufe, DRiZ 2000, 341ff.
Schomburg, Wolfgang	Das Schengener Durchführungsübereinkommen – Anmerkungen und Bewertung zu Titel III (Polizei und Sicherheit) aus deutscher justitieller Sicht, JBl 1997, 553ff.
Schomburg, Wolfgang	Die Europäisierung des Verbots doppelter Strafverfolgung – Ein Zwischenbericht, NJW 2000, 1833ff.
Schomburg, Wolfgang	Die Internationalisierung des Prinzips "ne bis in idem", in: Strafverteidigervereinigungen (Hrsg.), 50 Jahre Grundgesetz – kritische Würdigung, europäische Bezüge in der Strafgerichtsbarkeit, Köln 2000, S. 99ff.
Schomburg, Wolfgang	Die Rolle der Justiz: Notwendigkeit und Aufgaben von Eurojust, in: Delors, Jaques, Schutz des europäischen Bürgers vor internationaler Kriminalität, Comité Européen d'Orientation 2000, S. 33ff.
Schomburg, Wolfgang	Die Rolle des Individuums in der internationalen Kooperation in Strafsachen – Ein Kurzbeitrag aus deutscher Sicht, StV 1998, 153ff.
Schomburg, Wolfgang	Eurojust neben Europol – Kooperation bei der Kooperation in Europa, Kriminalistik 2000, 13ff.
Schomburg, Wolfgang	Internationales >ne bis in idem< nach Art. 54 SDÜ, StV 1997, 383ff.
Schomburg, Wolfgang	Justitielle Zusammenarbeit im Bereich des Strafrechts in Europa: EURO-JUST neben Europol!, ZRP 1999, 237ff.
Schomburg, Wolfgang	Strafrecht und Rechtshilfe im Geltungsbereich von Schengen II, NJW 1995, 1931ff.
Schomburg, Wolfgang	Strafsachen in der Europäischen Union, NJW 1999, 540ff.
Schomburg, Wolfgang; Lagodny, Otto	Internationale Rechtshilfe in Strafsachen: Kommentar zum Gesetz über die internationale Rechtshilfe in Strafsachen (IRG): sowie Erläuterungen zu den wichtigsten Europäischen Rechtshilfeübereinkommen (Europarat, EU, Schengen), 3. Aufl., München 1998
Schroeder, Friedrich-Christian	Die Rechtsnatur des Grundsatzes "ne bis in idem", JuS 1997, 227ff.
Schünemann, Bernd	Europäischer Haftbefehl und EU-Verfassungsentwurf auf schiefer Ebene, ZRP 2003, 185ff.
Schünemann, Bernd; Nestler, Cornelius	Thesen zur "Europäisierung der Strafverfolgung durch das Prinzip der gegenseitigen Anerkennung", Strafrechtslehrertagung Bayreuth 2003

Schultz, Hans — Neue Entwicklungen im sog. Internationalen Strafrecht, in: Welzel, Hans u.a., Festschrift für Helmuth von Weber zum 70. Geburtstag, Bonn 1963, S. 305ff.

Schwarplies, Giesbert — Die rechtsgeschichtliche Entwicklung des Grundsatzes "ne bis in idem" im Strafprozess, Zürich 1970

Seidl-Hohenveldern, Ignaz; Stein, Torsten — Völkerrecht, 10. Aufl., Köln 2000

Seidl-Hohenveldern, Ignaz — Lexikon des Rechts, 3. Aufl., Neuwied 2001

Sieber, Ulrich — Europäische Einigung und Europäisches Strafrecht, ZStW 103 (1991), 957ff.

Sieber, Ulrich — Memorandum für ein Europäisches Modellstrafgesetzbuch, Würzburg 1996

SK-StGB — Systematischer Kommentar zum Strafgesetzbuch, 7., teilw. 8. Aufl., 38. Lieferung, Frankfurt a.M. 2003

SK-StPO — Systematischer Kommentar zur Strafprozessordnung und zum Gerichtsverfassungsgesetz, 32. Lieferung, Frankfurt a.M. 2003

Sommer, Ulrich — Auswirkungen des Schgengener Übereinkommens auf die Strafverteidigung, StraFo 1999, 37ff.

Specht, Britta — Die zwischenstaatliche Geltung des Grundsatzes ne bis in idem – Zugleich ein Beitrag zur Auslegung des Art. 103 Abs. 3 Grundgesetz, Berlin 1999

Stange, Falk; Rilinger, Nadine — Art. 54 SDÜ des Schengener Durchführungsübereinkommens (SDÜ) – ne bis in idem, StV 2001, 540f.

Stein, Sibyl — Ein Meilenstein für das europäische "ne bis in idem", NJW 2003, 1162ff.

Stein, Sibyl — Grenzüberschteitendes ne bis in idem. Ein Regelungsvorschlag für die Europäische Union, ZStW 115 (2003), 983ff.

Steinmann, Gerold — Anwendung von Art. 6 Ziff. 1 EMRK auf Verfahren wegen Steuerhinterziehung, EuGRZ 1994, 166ff.

Strate, Gerhard — "Wahrheit und Gerechtigkeit als Intention der Strafrechtspflege" – Zur Geltungskraft eines alten Postulats im heutigen Strafprozess, in: Schriftenreihe der Strafverteidigervereinigungen, 16. Strafverteidigertag vom 15. - 17. April 1992 in Hamburg, Köln 1992, 23ff.; DuR 1992, 278ff.

Stratenwerth, Günter — Schweizerisches Strafrecht, Allgemeiner Teil I: Die Straftat, Bern 1996

Stratenwerth, Günter — Wie wichtig ist Gerechtigkeit?, in: Haft, Frietjof, Strafgerechtigkeit – Festschrift für Arthur Kaufmann zum 70. Geburtstag, Heidelberg 1993, S. 353ff.

Sutter, Patrick	Schengen in der Praxis – Bericht vom Symposium in Basel am 16. April 2003, AJP/PJA 2003, 866ff.
Tansey, Rock	The Rule against double jeopardy – Nemo Debet Bis Vexari Pro Eadem Causa, in: Anagnostopoulos, Ilias G., Internationalisierung des Strafrechts, Baden-Baden 2003, 115ff.
Thomas, Herbert	Das Recht auf Einmaligkeit der Strafverfolgung – Eine rechtsvergleichende Erörterung unter besonderer Berücksichtigung des Rechts der BRD, Englands, Schottlands und der USA sowie Art. 54 SDUE, Baden-Baden 2002
Thym, Daniel	Anmerkung zu EuGH, Urt. v. 11.2.2003 – verb. Rs. C-187/01 u. C-385/01, NStZ 2003, 334f.
Tiedemann, Klaus	Entwicklungstendenzen der strafprozessualen Rechtskraftlehre unter besonderer Berücksichtigung des ausländischen Rechts, Tübingen 1969
Trechsel, Stefan	Das verflixte Siebente? Bemerkungen zum 7. Zusatzprotokoll zur EMRK, in: Nowak, Manfred u.a., Fortschritt im Bewusstsein der Grund- und Menschenrechte, Festschrift für Felix Ermacora, Kehl a. Rhein 1988, S. 195ff.
Trechsel, Stefan	Schweizerisches Strafgesetzbuch, Kurzkommentar, 2. Aufl., Zürich 1997
Tröndle, Herbert; Fischer, Thomas	Strafgesetzbuch und Nebengesetze, Kurzkommentar, 51. Aufl., München 2003
Tsiridis, Polychronis P.	Fragen zur Zusammenarbeit der Gerichte in Strafällen, in: Anagnostopoulos, Ilias G., Internationalisierung des Strafrechts, Baden-Baden 2003, 131ff.
Van den Wyngeart	Anmerkung zu BGH, Beschl. v. 13.5.1997 - 5 StR 596/96, NStZ 1998, 153f.
Van den Wyngeart	Die Organisierte Kriminalität als Prüfstein des Strafrechtssystems, in: AIDP-Landesgruppe Österreich, Organisierte Kriminalität und Internationales Strafrecht, Wien 1997
Van den Wyngeart; Stessens, Guy	The International non bis in idem Principle: Resolving some of the unanswered questions, ICLQ 1999, 779ff.
Vander Beken, Tom	Jurisdiction criteria in an area of freedom, security and justice: a need for a balanced approach, Madrid 2002
Vander Beken, Tom	The best place for procecution of international corruption cases. Avoiding and solving conflicts of jurisdiction, Gent/Seoul 2003
Vander Beken, Tom; Vermeulen, Gert; Lagodny, Otto	Kriterien für die jeweils "beste" Strafgewalt in Europa, NStZ 2002, 624ff.
Van Gelderen, Icarus	Wolters Handwörterbuch Niederländisch – Deutsch, Berlin 1997

Verdross, Alfred — Universelles Völkerrecht: Theorie und Praxis, 3. Aufl., Berlin 1984

Vogel, Joachim — Abschaffung der Auslieferung?, JZ 2001, 937ff.

Vogel, Joachim — Thema IV: Internationale Zusammenarbeit in Strafsachen, ZStW 110 (1998), 974ff.

Vogler, Theo — Aktuelle Probleme der Auslieferung, ZStW 81 (1969), 163ff.

Vogler, Theo — Auslieferungsrecht und Grundgesetz, Berlin 1970

Vogler, Theo — Der Schutz der Menschenrechte bei der internationalen Zusammenarbeit in Strafsachen, ZStW 105 (1993), 3ff.

Vogler, Theo — Die Europäischen Übereinkommen über die Auslieferung und die sonstige Rechtshilfe in Strafsachen, ZStW 80 (1968), 480ff.

Vogler, Theo — Geltungsanspruch und Geltungsbereich der Strafgesetze, in: Oehler, Dietrich; Plötz, Paul-Günter, Festschrift für Heinrich Grützner zum 65. Geburtstag, Hamburg 1970, S. 149ff.

Vogler, Theo — Generalbericht zum Thema IV des XIII. Internationalen Strafrechtskongresses, ZStW 96 (1984), 531ff.

Vogler, Theo — Nachwort zu: Ein Grenzfall: Die Bekämpfung der internationalen Drogenkriminalität im Spannungsfeld zwischen den Niederlanden und der Bundesrepublik Deutschland, JR 1988, 139ff.

Volk, Klaus — Strafprozessrecht, München 1999

Walter, Robert — Das Problem der Doppelbestrafung in anderer Konstellation – Bemerkungen zum Urteil des OLG Wien vom 19.9.1996, 23 Bs 333/96, ZVR 1997, 362f.

Wegner, Carsten — Vorschlag der Europäischen Kommission für einen Europäischen Haftbefehl, StV 2003, 105ff.

Weber-Dürler, Beatrice — Vertrauensschutz im Öffentlichen Recht, Basel 1983

Weigend, Thomas — Strafrecht und internationale Vereinbarungen – Verlust an nationaler Strafrechtskultur?, ZStW 105 (1993), 774ff.

Weis, Erich — PONS Kompaktwörterbuch Französisch – Deutsch, 2. Aufl., Stuttgart 1997

Werle, Gerhard — Völkerstrafrecht und geltendes deutsches Strafrecht, JZ 2000, 755ff.

Widmaier, Gunter; u.a. — Stellungnahme der Bundesrechtsanwaltskammer zu dem "Konsultationspapier der Kommission über Verfahrensgarantien für Verdächtige und Beklagte in Strafverfahren", Berlin 2003

Wiegand, Herbert Ernst — Duden, Das grosse Wörterbuch der deutschen Sprache, Bd. 9, Tübingen 2003

Wolf, Norbert — Europäisches "ne bis in idem", in: Schriftenreihe der Strafverteidigervereinigungen, 22. Strafverteidigertag vom 20. - 22. März 1998 in Erfurth, Köln 1999, S. 67ff.

Wolter, Jürgen — Die polizeiliche und justitielle Zusammenarbeit in Strafsachen in der Europäischen Union – Ein Auslaufmodell mit Zukunft, in: Hirsch, Hans Joachim; Wolter, Jürgen; Brauns, Uwe, Festschrift für Günter Kohlmann zum 70. Geburtstag, Köln 2003

Wuermeling, Joachim — Stellungnahme des Ausschusses für Recht und Binnenmarkt über die Mitteilung der Kommission an den Rat und das Europäische Parlament betreffend die gegenseitige Anerkennung von Entscheidungen in Strafsachen, Brüssel 2001

Ziegenhahn, Dominik — Der Schutz der Menschenrechte bei der grenzüberschreitenden Zusammenarbeit in Strafsachen, Berlin 2002

Zimmermann, Andreas — Auf dem Weg zu einem deutschen Völkerstrafgesetzbuch, ZRP 2002, 97ff.

ABKÜRZUNGSVERZEICHNIS

a.	Am
a.A.	anderer Ansicht/Auffassung
ABl	Amtsblatt
Abs.	Absatz
Abschn.	Abschnitt
a.E.	am Ende
a.F.	alte Fassung
AIDP	Association Internationale de Droit Pénal
AJP	Allgemeine Juristische Praxis
a.M.	am Main
Anm.	Anmerkung
AO	Abgabenordnung
AR	Ausserrohden
ArchVR	Archiv für Völkerrecht
ARHG	Österreichisches Rechtshilfegesetz
Art.	Artikel
AT	Allgemeiner Teil
Aufl.	Auflage
Az.	Aktenzeichen
BayObLG	Bayerisches Oberlandesgericht
BBl	Bundesblatt der Schweizerischen Eidgenossenschaft
Bd.	Band
BDGVR	Berichte der Deutschen Gesellschaft für Völkerrecht
belgStGB	Belgisches Strafgesetzbuch
Beschl.	Beschluss
betr.	Betreffend
BGH	Bundesgerichtshof
BGHSt	Entscheidung des Bundesgerichtshofs in Strafsachen
BGBl	Bundesgesetzblatt
BGE	Bundesgerichtsentscheid
BMJ	Bundesministerium für Justiz
BRD	Bundesrepublik Deutschland
BR-Dr	Bundesratsdrucksache
BSK	Basler Kommentar
bspw.	Beispielsweise
BT-Dr	Bundestagsdrucksache
BV	Bundesverfassung
BVerfG	Bundesverfassungsgericht
BVerfGE	Bundesverfassungsgerichtsentscheidung
bzw.	Beziehungsweise
ca.	Circa
C.P.P.	Code de procédure pénale
dAO	deutsche Abgabenordnung
DuR	Demokratie und Recht
ders.	Derselbe
dGG	deutsches Grundgesetz

d.h.	das heisst
dies.	dieselbe(n)
DM	Deutsche Mark
DÖV	Die Öffentliche Verwaltung
D.R.	Décisions et Rapports de la Commission européenne des droits de l'homme
DRiZ	Deutsche Richterzeitung
dStGB	deutsches Strafgesetzbuch
dStPO	deutsche Strafprozessordnung
dVStGB	deutsches Völkerstrafgesetzbuch
Eb.	Eberhard
EG	Europäische Gemeinschaften
EG-ne-bis-in-idem-Übk	Übereinkommen zwischen den Mitgliedstaaten der Europäischen Gemeinschaften über das Verbot der doppelten Strafverfolgung
EGMR	Europäischer Gerichtshof für Menschenrechte
EGV	Vertrag zur Gründung der Europäischen Gemeinschaften
EGVollstrÜbk	Übereinkommen zwischen den Mitgliedstaaten der Europäischen Gemeinschaften über die Vollstreckung ausländischer strafrechtlicher Verurteilungen
ehem.	Ehemalig
Einl.	Einleitung
EJN	Europäisches Justizielles Netz
EMRK	Europäische Menschenrechtskonvention
endg.	Endgültig
ERSFR	Europäischer Raum der Sicherheit, der Freiheit und des Rechts
EU	Europäische Union
EuAlÜbk	Europäisches Auslieferungsübereinkommen
EuDrogenÜbk	Europäisches Übereinkommen über den unerlaubten Verkehr mit Drogen auf hoher See zur Durchführung des Art. 17 des Übereinkommens der Vereinten Nationen gegen den unerlaubten Verkehr mit Suchtstoffen und psychotropen Stoffen
EUFinIntÜbk-Betrug	Europäisches Übereinkommen über den Schutz der finanziellen Interessen der Europäischen Gemeinschaften
EuGeldwäscheÜbk	Europäisches Übereinkommen über Geldwäsche sowie Ermittlung, Beschlagnahme und Einziehung von Erträgen aus Straftaten
EuGH	Europäischer Gerichtshof
EuGRZ	Europäische Grundrechte-Zeitschrift
EuRAÜbk	Europäisches Rechtsauskunfts-Übereinkommen
EUV	Vertrag über die Europäische Union
EuZW	Europäische Zeitschrift für Wirtschaftsrecht
f.	Folgende
ff.	Fortfolgende
Fn.	Fussnote
Fr.	Franc
FS	Festschrift
GA	Goldtammers Archiv
gem.	Gemäss
GG	Grundgesetz
Ggf.	Gegebenenfalls

GVG	Gerichtsverfassungsgesetz
h.A.	Herrschende Ansicht/Auffassung
h.M.	Herrschende Meinung
HRR-Strafrecht	Höchstrichterliche Rechtsprechung Strafrecht
Hrsg.	Herausgeber
i.B.	im Breisgau
ICC	International Criminal Court
ICLQ	International and Comparative Law Quarterly
ICTR	International Criminal Tribunal for Rwanda
ICTY	International Criminal Tribunal for former Yugoslavia
i.d.R.	in der Regel
i.E.	im Ergebnis
i.e.S.	im engeren Sinn
IGH	Internationaler Gerichtshof
i.H.v.	in Höhe von
IPbpR	Internationaler Pakt über bürgerliche und politische Rechte
IRG	Gesetz über die Internationale Rechtshilfe in Strafsachen
IRSG	Bundesgesetz über internationale Rechtshilfe in Strafsachen
IRSt	Internationale Rechtshilfe in Strafsachen
i.S.v.	im Sinne von
i.V.m.	in Verbindung mit
JBl	Juristische Blätter
JGG	Jugendgerichtsgesetz
JR	Juristische Rundschau
Jura	Juristische Ausbildung
JuS	Juristische Schulung
JZ	Juristenzeitung
KritV	Kritische Vierteljahresschrift
lat.	Lateinisch
LG	Landgericht
lit.	Litera
m.H.	mit Hinweisen
m.w.H.	mit weiteren Hinweisen
m.w.N.	mit weiteren Nachweisen
Nachw.	Nachweis
ndlStGB	Niederländisches Strafgesetzbuch
NJW	Neue Juristische Wochenschrift
Nr.	Nummer
NStZ	Neue Zeitschrift für Strafrecht
o.	Oder
ÖJZ	Österreichische Juristenzeitung
OLG	Oberlandesgericht
ÖRiZ	Österreichische Richterzeitung
öStGB	Österreichisches Strafgesetzbuch

öStPO	Österreichische Strafprozessordnung
o.V.	ohne Verfasser
Pkt.	Punkt
PKW	Personenkraftwagen
RbEuHb	Rahmenbeschluss über den Europäischen Haftbefehl
RHG	Rechtshilfegesetz
RJD	Reports of Judgements and Descisions, Entscheidungssammlung des EGMR
Rn.	Randnummer
Rs	Rechtssache(n)
RS	Rechtsprechung in Strafsachen
S.	Seite
SDÜ/SDUE	Schengener Durchführungsübereinkommen
SK	Systematischer Kommentar
sog.	sogenannte/r/n
StA	Staatsanwaltschaft
StGB	Strafgesetzbuch
StPO	Strafprozessordnung
StraFo	Strafverteidiger-Forum
StV	Strafverteidiger
SÜ	Schengener Übereinkommen
teilw.	Teilweise
u.	Und
ÜberstÜbk	Überstellungsübereinkommen
u.a.	unter anderem/anderen oder und andere
UN	United Nations (Vereinte Nationen)
Urt.	Urteil
u.U.	unter Umständen
usw.	und so weiter
v.	vom
verb.	verbundenen
VerfolgungsÜbk	Europäisches Übereinkommen über die Übertragung der Strafverfolgung
vgl.	Vergleiche
VollstrÜbk	Vollstreckungsübereinkommen
Vorb.	Vorbemerkung
Vorbem	Vorbemerkung
VPB	Verwaltungspraxis der Bundesbehörden
VVDStRL	Veröffentlichungen der Vereinigung der Deutschen Strafrechtslehrer
wistra	Zeitschrift für Wirtschafts- und Steuerrecht
z.B.	zum Beispiel
Ziff.	Ziffer
ZP-EMRK	Zusatzprotokoll zur Europäischen Menschenrechtskonvention

ZRP	Zeitschrift für Rechtspolitik
ZStrR	Schweizerische Zeitschrift für Strafrecht
ZStW	Zeitschrift für die gesamte Strafrechtswissenschaft
z.T.	zum Teil
ZVR	Zeitschrift für Verkehrsrecht

Einleitung: Einführung und Problemaufriss

Die Kriminalpolitik des 21. Jahrhunderts sieht sich primär mit drei grundsätzlichen Herausforderungen konfrontiert. Dieses sind erstens die stetige Fortentwicklung der *Informationsgesellschaft*, aus der eine zunehmende Abhängigkeit von Informationstechnologien und der durch sie verbreiteten und verarbeiteten Informationen resultiert. Zweitens haben höhere Risiken in allen Lebensbereichen zur Bildung einer *Risikogesellschaft* geführt. Zu denken ist in diesem Zusammenhang insbesondere an durch Unfälle verursachte Katastrophen im Bereich der Umwelt. Ferner zeichnet sich die global gewordene Gesellschaft (*Weltgesellschaft*) durch eine gestiegene Mobilität von Personen, Waren, Kapital und Informationen aus. Insbesondere in der Europäischen Union muss die (Kriminal)Politik auf den Bedeutungsverlust der nationalen Grenzen reagieren. Diese drei Entwicklungen haben weit reichende Folgen in (fast) allen Lebensbereichen. Sie haben auch die Kriminalitätsentwicklung in der jüngeren Vergangenheit entscheidend geprägt und werden dies weiterhin tun.

Die Informationsgesellschaft wird insbesondere durch den Computermissbrauch in (inter)nationalen Datennetzen gefährdet. Sowohl staatliche Stellen als auch private Unternehmen sind, wie in zunehmendem Masse auch der einzelne Bürger, von weltweiten – computergestützten – Kommunikationsverbindungen abhängig. Angriffe auf diese Netzwerke führen zu Opfern über Staatsgrenzen hinweg, die von "klassischen" Formen der Kriminalität gar nicht betroffen wären. Denn die Unmittelbarkeit in der Täter-Opfer-Beziehung geht besonders im Bereich der Computerkriminalität verloren. Beispielsweise kann eine relativ geringfügige Datenmanipulation in einem militärischen Computersystem weltweit Millionen von an sich völlig unbeteiligten Menschen gefährden oder gar verletzen. Gleiches gilt auch für (stark) risikobehaftete alltägliche Lebensbereiche (Risikogesellschaft). Dieses zeigt sich deutlich im Bereich der Umweltdelikte. So kann die Stromproduktion mittels eines technisch nicht einwandfreien Kernkraftwerks eine Vielzahl von Menschen über nationale Grenzen hinweg gefährden. Weniger gravierend, aber immer noch erheblich, ist beispielsweise auch die transnationale Gefährdung von Rechtsgütern durch den Transport giftiger Abfälle in dafür ungeeigneten Schiffen. Selbst "herkömmliche" Straftaten können besonders in einem Raum, der – wie die Europäische Union – auf den Prinzipien des freien Personen-, Güter- und Warenverkehrs beruht, leicht eine internationale Dimension bekommen[1]. Letzteres gilt ebenso innerhalb der global gewordenen Zivilge-

---

[1] Sieber (1996), S. 2f.

sellschaft (Weltgesellschaft), die durch allgemeine und – wegen der zunehmenden Durchlässigkeit der Grenzen – (fast) grenzenlose Mobilität gekennzeichnet ist. Exemplarisch wird hier die banale von ausländischen Urlaubern in Spanien verübte Sachbeschädigung genannt, die nach der Rückkehr der Beteiligten ein strafrechtliches Nachspiel hat. Aber z.B. auch Straftaten unter ausländischen Bevölkerungsgruppen in einem Land bekommen einen zwischenstaatlichen Charakter, wenn der flüchtige Täter oder das Opfer wieder im Heimatland lebt[2]. Abgesehen davon weisen Straftaten, die durch organisierte Kriminalität und internationalen Terrorismus begangen werden, ein offensichtlich internationales Gepräge auf[3].

Die Aufzählung von Beispielen dafür, dass mit der Veränderung der Gesellschaft eine Veränderung des "Verbrechenscharakters"[4] in unterschiedlichsten Lebensbereichen einhergeht, könnte noch beliebig fortgesetzt werden. Darauf wird hier verzichtet, denn schon durch die vorerwähnten Beispiele sollte deutlich geworden sein, dass die Kriminalitätsentwicklung von einer zunehmenden Internationalisierung geprägt ist. Diese Zwischenstaatlichkeit der Straftatbegehung stellt einerseits die in die Strafverfolgung involvierten Organe vor immer neue Herausforderungen, andererseits ist zu bedenken, dass der von der Strafverfolgung Betroffene mit der Situation konfrontiert werden könnte, *zwischenstaatlich* in zwei (oder mehr) Staaten strafrechtlich zur Verantwortung gezogen zu werden. Mit diesem Problem, der transnationalen Doppelverfolgung und -bestrafung, welches hier einleitend nur angerissen wurde und daher einer weiteren Präzisierung bedarf, befassen sich die weiteren Ausführungen in dieser Arbeit.

---

[2] Perron, ZStW 112 (2000), 202, 204.

[3] Nelles, ZStW 109 (1997), 727, 731.

[4] Thomas (2002), S. 119.

Zur Vorgehensweise: Ein methodenkombinatorischer Drei-Schritt

Bevor die soeben (nur) gestreifte Problematik der transnationalen Doppelverfolgung und -bestrafung weiter konkretisiert und inhaltlich angegangen werden kann, wird die Frage erörtert, welche methodische Vorgehensweise dafür geeignet ist. Die Beantwortung dieser Frage ist von grundlegender Bedeutung, da erst eine (rechts)wissenschaftliche Methode bzw. eine Kombination von Methoden, die der angedeuteten Problematik gerecht wird, zu vernünftigen Einsichten führen kann. Denn jeder im Hinblick auf ein bestimmtes Rechtsproblem erarbeiteten Erkenntnis wird – wenn überhaupt – nur gefolgt, wenn diese nach (allgemein) anerkannten Regeln erarbeitet und auf bereits existierende Vorarbeiten bezogen worden ist; nur dann ist gewährleistet, dass die Problemlösung auf dem „Geiste des geltenden Rechts" basiert[5]. Denn den Prozess der Erkenntnisgewinnung bloss deskriptiv als „reine" Erkenntnis zu betreiben hiesse, in hohem Masse geistig-spekulativ zu sein. Eine spekulative Betrachtung wäre jedoch angesichts dessen, dass die (Fort)Entwicklung von Recht mit dem Aufstellen von Regeln für konkrete gesellschaftliche Konflikte und Interessen befasst ist, nicht sachgerecht[6].

Deshalb soll mit dieser Arbeit ein Weg beschritten werden, der die Gefahr, „regellose" Erkenntnis zu betreiben, zu vermeiden sucht. Das Beschreiten eines solchen Weges macht es zunächst erforderlich, einzelne Elemente im Prozess der Rechts(fort)entwicklung herauszuarbeiten, so dass diese im Verlauf dieser Arbeit als „Leitlinien" für die Problemlösung genutzt werden können.

Modellhaft wird nachfolgend die Gestaltung von Recht beschrieben und daraus werden die methodischen Grundschritte für diese wissenschaftliche Arbeit abgeleitet:

Der Gesamtprozess der Gestaltung von Recht lässt sich in verschiedene Einzel- oder Unterprozesse aufgliedern. An erster Stelle steht ein Erkenntnis-Prozess. Innerhalb dessen reift die Einsicht, dass ein bestimmtes gesellschaftliches Problem notwendig einer rechtlichen Regelung bedarf. Dieser Vorgang mündet ein in einen Tätigkeits-Prozess, in dem mit der Rechtsgestaltung begonnen wird. Diese Phase umfasst ihrerseits verschiedene Stadien, die im Regelfall nach bestimmten gesetzlich vorgeschriebenen Verfahren ablaufen (Gesetzgebungsverfahren). Das Ergebnis ist zumeist das

---

[5] De Lazzer, in: FS für Esser (1975), 85.

[6] Kerimov, in: Beiträge zur Rechtsmethodik (1980), 58.

Aufstellen einer oder mehrerer Rechtsnormen. Hieran anschliessend greift ein Wirkungs-Prozess. Dieser dient der praktischen Regelung des als regelungsbedürftig erkannten gesellschaftlichen Problems, was im Wege der Umsetzung und Durchsetzung der geschaffenen Rechtsnorm(en) geschieht. Dieser Prozess wird in der Regel – gewollt oder ungewollt – von einem (wissenschaftlichen) Kontroll-Prozess begleitet, der die Rechtsvorschrift(en) einer Wirksamkeitsüberprüfung unterzieht, indem die Effektivität und Zweckmässigkeit der Norm bestimmt und einer kritischen Würdigung unterzogen wird. Die gewonnenen Einsichten ebnen sodann den Weg für einen Konkretisierungs-Prozess, in dem die geltende Gesetzgebung präzisiert, korrigiert und ergänzt oder beschränkt – insgesamt also fortentwickelt – wird[7]. Zugegebenermassen muss der Gesamtprozess der Rechtsentwicklung nicht diesen Konkretisierungs-Prozess erreichen, wenn nämlich im (wissenschaftlichen) Kontroll-Prozess die geschaffene Rechtsnorm als adäquates und hinreichendes Regulativ für ein bestimmtes Rechtsproblem erachtet wird.

Aus dieser modellhaften Darlegung der Gestaltung von Recht lassen sich mithin – vorläufig – vier Grundschritte für die hier anstehende wissenschaftliche Betrachtung ableiten. Erstens gilt es ein gesellschaftliches Problem aufzuzeigen, welches (rechts)notwendig einer rechtlichen Regelung bedarf. Zweitens ist eine solche rechtliche Regelung entweder zu erarbeiten oder – naheliegenderweise – zunächst darzulegen, welche bereits existierenden rechtlichen Instrumentarien zur Problemlösung herangezogen werden könnten. Drittens ist die Leistungsfähigkeit der neu geschaffenen oder herangezogenen Rechtsvorschrift (wissenschaftlich) zu überprüfen, indem deren Effektivität und Zweckmässigkeit im Hinblick auf das zu regelnde gesellschaftliche Problem bestimmt wird und viertens ist – sofern die Ineffektivität der Rechtsnorm erkannt wird – dieselbe zu präzisieren, zu korrigieren und ggf. zu erweitern oder einzuschränken.

Das beschriebene Gedankenmodell veranschaulicht zudem, dass (auch) Rechtserkenntnisse wie (alle) allgemein wissenschaftlichen Erkenntnisse der Fortentwicklung unterworfen sind, bedingt durch die aus der (Rechts)Wissenschaft resultierenden neuen Erkenntnisse. Jedoch unterliegt die (Fort)Entwicklung des Rechts – wie die Gegenstände anderer Wissenschaften sicher auch – bestimmten Charakteristika, die aus ihrem Gegenstand sowie aus dessen Funktion und Ziel herrühren. Charakteristisches Merkmal der Entwicklung des Gegenstandes Recht ist, dass dieser Gegenstand eine unmittelbare Umsetzung der erarbeiteten Resultate in die Praxis verlangt. Ziel und Funktion ist nicht bloss die Beschreibung oder Erklärung bestimmter gesellschaftlicher Zustände, sondern die Erarbeitung normativer Vorschriften für die recht-

[7] Kerimov, in: Beiträge zur Rechtsmethodik (1980), 58ff.

liche Regelung des praktischen Verhaltens der Menschen in einer Gesellschaft. Diese praktische Zielsetzung zwingt dazu, sich auf jene gesellschaftlichen Verhältnisse zu konzentrieren, die *begründeterweise* einer rechtlichen Regelung bedürfen. Dabei ist zu beachten, dass der Gegenstand Recht nicht „zeitlos" ist, sondern vielmehr entsprechend der jeweiligen historischen Situation geschaffen und konkretisiert werden muss. Deshalb muss die Rechtsentwicklung von dem zur Zeit geltenden objektiven Recht ausgehen und an dieses anknüpfen. Von diesem Ausgangspunkt können dann gesellschaftlich veränderte Bedingungen in der Rechtsgestaltung berücksichtigt werden. Des Weiteren ist zu beachten, dass einzelne normative Regelungen nicht isoliert von einander wirken, sondern als System funktionieren. Sie sind miteinander verbunden und beeinflussen und bedingen sich gegenseitig. Deshalb muss jede Rechtsnorm auch unter dem Aspekt betrachtet werden, dass sie ein „Baustein" des Rechts insgesamt ist und dass sie sich in das Rechtssystem möglichst widerspruchsfrei einordnen muss, was sich als Systemverträglichkeit beschreiben lässt[8].

Hieraus wird gefolgert, dass die Auseinandersetzung mit dem Gegenstand Recht die Berücksichtigung von drei Komponenten verlangt: Erstens ist zu begründen, *warum* ein bestimmtes gesellschaftliches Problem (gerade) einer *rechtlichen* Regelung bedarf. Zweitens ist vom derzeit geltenden Recht auszugehen und drittens ist das Rechtssystem als Gesamtgebilde in die Betrachtung einzubeziehen.

Die bisherigen Überlegungen zu den „Leitlinien" der Gestaltung von Recht machen diese noch nicht ausreichend *fassbar*. Damit die vorerwähnten Überlegungen als „Leitlinien" für diese Arbeit handhabbar werden, ist eine weitere Konkretisierung notwendig. Die voranstehenden Ausführungen zu den erwähnten Einzelprozessen und Komponenten im Gesamtprozess Rechtsentwicklung lassen sich auf drei *Bewusstseinsebenen* zurückführen, die in die weitere Betrachtung einbezogen werden. Dieses ist erstens die Ebene des Alltagsbewusstseins, zweitens die Ebene des praktischen Bewusstseins und drittens die Ebene des theoretischen Bewusstseins[9].

Als in die wissenschaftliche Betrachtung einzubeziehendes Bewusstsein des Alltages lässt sich das Wissen von den (Rechts)Beziehungen der Menschen untereinander beschreiben, aus deren unmittelbarem Zusammenleben Interessen und Konflikte resultieren. So lenkt das Alltagsbewusstsein, indem es unmittelbar auf das menschliche Zusammenleben reagiert, den Blick auf gesellschaftliche Konflikte und damit auf die (rechtlich) *begründbare* Notwendigkeit, zur Konfliktlösung Rechtsnormen zu schaffen, zu verändern oder aufzuheben. Ein bestimmtes gesellschaftliches Rechtsproblem wird so zum Gegenstand der wissenschaftlichen Untersuchung (Erkenntnis-Prozess

[8] Kerimov, in: Beiträge zur Rechtsmethodik (1980), 58, 59ff.
[9] Kerimov, in: Beiträge zur Rechtsmethodik (1980), 58, 63.

und Begründungs-Komponente). Dieser Untersuchungsgegenstand wird zunächst vom praktischen Bewusstsein berührt. Dieses bewertet vor dem Hintergrund der bisherigen Rechtserfahrungen und des derzeit geltenden objektiven Rechts sowie des diesem zugrunde liegenden Systems die „unmittelbare Wirklichkeit". Es veranschaulicht auf der Grundlage einer Effektivitäts- und Zweckmässigkeitsbestimmung des geltenden Rechts, ob schon dieses hinreichende Regulative bietet oder ob es einer Rechts(fort)entwicklung bedarf (Kontroll-Prozess und Komponenten: Anknüpfung an geltendes Recht, Einbezug des Rechtssystems). Bejahendenfalls obliegt sodann die führende Rolle dem theoretischen Bewusstsein. Dieses fördert die Schaffung, Veränderung, Umgestaltung und Entwicklung von Rechtsnormen, indem es den Stand des Alltagsbewusstseins aufnimmt und sich auf die Rechtserfahrungen des praktischen Bewusstseins stützt (Korrektur-Prozess). Bestenfalls hat das theoretische Bewusstsein durch eine *rechtsgestaltende* Wirkung dann Einfluss auf die Elemente des praktischen Bewusstseins, indem es das objektive Recht oder gar das Rechtssystem (fort)entwickelt[10].

Aus dieser konkretisierenden Darstellung lässt sich ein methodischer *Drei-Schritt* ableiten, der der wissenschaftlichen Betrachtung in dieser Arbeit zugrunde gelegt wird und die „Eckpfeiler" der Ausarbeitung markiert. In einem *ersten* Schritt wird vor dem Hintergrund alltäglichen (Rechts)Bewusstseins ein *Erkenntnis*-Prozess eingeleitet, der das aktuelle Rechtsproblem sichtbar werden lässt und beschreibt, und zudem die (rechtliche) Notwendigkeit der Erarbeitung einer Problemlösung begründet. In einem darauf folgenden *zweiten* Schritt wird auf der Ebene praktischen Bewusstseins eine Bewertung (*Kontrolle*) des einschlägigen, derzeit geltenden Rechts vorgenommen, um zu prüfen, inwieweit dieses bereits zur Lösung der herausgearbeiteten Problematik beitragen kann. Sofern mit den Vorschriften der derzeit geltenden Rechtsordnung(en) keine befriedigende Lösung gefunden wird, wird in einem *dritten* und letzten Schritt die *Korrektur*, also die Präzisierung, Konkretisierung und ggf. Fortentwicklung einzelner oder mehrerer Rechtsvorschriften betrieben.

Wie bereits angedeutet, darf diese (Fort)Entwicklung von Recht auf der Ebene des wissenschaftstheoretischen Bewusstseins jedoch nicht lediglich auf spekulativen Schlüssen beruhen. Lösungen, die sich durchsetzen sollen, müssen auf der Grundlage (rechts)wissenschaftlich (allgemein) anerkannter Regeln erarbeitet und auf die bereits existierenden Vorarbeiten bezogen werden; nur dann können sie Akzeptanz finden. Rechtstheoretische Lösungswege können jedoch nur (sehr) selten eindeutig beweisbare – d.h. unwiderlegbare – Erkenntnisse hervorbringen, da sie sich zumeist nicht – wie etwa Erkenntnisse in der Mathematik und zum Teil in den Naturwissen-

[10] Kerimov, in: Beiträge zur Rechtsmethodik (1980), 58, 63f.

schaften – an den strengen Kategorien „richtig“ oder „falsch“ messen lassen. Sie können in der Regel nur mehr oder weniger überzeugend sein; endgültige Wahrheiten sind daher selten. Dennoch darf – wie soeben begründet – aber nicht auf einen grösstmöglichen Grad an Rationalität verzichtet werden[11]. Die juristische Denkarbeit muss demgemäss nach vereinheitlichten Dogmen (doxa = anerkannte Meinung) – also anerkannten Lehrsätzen – funktionieren. Die Dogmatik des Rechts ist mithin die Funktionseinheit juristischen Denkens. Diese Funktionseinheit besteht aus internalisierten Erwartungsmustern und Zweckprogrammen, also Sätzen von methodischen Regeln, von denen erwartet wird, dass sie zur Erreichung eines bestimmten Zwecks eingesetzt werden. Anders ausgedrückt reflektiert der Dogmatiker über geltendes Recht, wobei der Reflexionsbegriff den Aspekt des *rationalen* Denkens ausdrückt, indem er dem Denkprozess vorausgesetzte, gewissermassen vorgegebene Randbedingungen in Form bestimmter Erkenntnisquellen und Prinzipien unterstellt. Als solche (allgemein anerkannten) Erkenntnisquellen kommen alle diejenigen Bestände in Betracht, die selbst geltendes Recht ausdrücken oder in denen sich legale Interpretation und Fachargumentation niedergeschlagen hat, wie z.B. in anerkannten Lehrbüchern, Aufsätzen und Kommentaren. Dogmatik jedoch in diesem Sinne lediglich als „materiellen Datenbestand“ zu begreifen, reicht nicht. Denn wie erwähnt, geht es im Prozess der Rechtsentwicklung darum, das vorgefundene „Rechtsmaterial“ für eine problemorientierte Anwendung aufzubereiten und entsprechende Vorstellungen und Lösungsvorschläge zu entwickeln. Damit diese Gestaltung von Recht in ihren Grundzügen rational einsichtig bleibt, bedarf es – mangels empirischer Überprüfungskriterien – regulativer Prinzipien des juristischen Denkens. Als solche seien hier beispielhaft juristische Auslegungsmaximen und die Grundsätze der Analogiebildung sowie die Rechtsvergleichung genannt. Der materielle Datenbestand und die regulativen Prinzipien des Denkens bilden zusammen die vorerwähnten Zweckprogramme, die verlangen, dass zur Erreichung eines bestimmten Ziels eine standardisierte Methode, die sich in der Rechtswissenschaft entwickelt hat und anerkannt ist, gewählt wird, um die „Stimmigkeit“ eines Ergebnisses zu gewährleisten. Da sich in der Rechtswissenschaft jedoch nur eine endliche Zahl von Methoden zur Erreichung bestimmter Einzelzwecke fest etablieren konnte, bedarf es, um das Potenzial juristischen Denkens nicht von vornherein auf diese Methodenstandards und die damit erzielbaren Ergebnisse einzuengen, der Festlegung einer äusseren Grenze, innerhalb der sich juristisches Denken maximal bewegen darf. Eine solche Grenzziehung ist deshalb wichtig, damit gewährleistet ist, dass juristische Argumentation auch dann, wenn sie sich ausserhalb der (engen) etablierten Methodenstandards bewegt, rational einsichtig bleibt. Diese äusserste Bedingung rationaler juristischer Argumentation ist die Bildung eines Gesamtkonsenses innerhalb des Rechtssystems, also das wider-

[11] Kerschner (1997), S. 28.

spruchsfreie und übereinstimmende Einfügen einzelner Elemente (z.B. die Auslegung eines Rechtsbegriffes) in das System Recht als Ganzes. Ein solcher Konsens ist erreicht, wenn die einzelnen Elemente des (fort)entwickelten Rechts im Beziehungsgeflecht der Normen keine unverstehbaren Fremdkörper bilden (Systemverträglichkeit)[12].

Aus dem Gesagten folgt für den dieser Arbeit zugrunde gelegten Drei-Schritt[13], dass auf der Ebene des theoretischen Bewusstseins (dritter Schritt) die Präzisierung, Konkretisierung und ggf. Fortentwicklung einzelner oder mehrerer Rechtsvorschriften auf der Basis (allgemein) anerkannter regulativer Prinzipien juristischen Denkens erfolgen muss, unter Einbeziehung bereits existierender „Datenbestände“ in Form von geschriebenem und ungeschriebenem Recht sowie der in Form von „Vorarbeiten“ vertretenen (Lehr)Meinungen. Insgesamt muss sich – als äusserste Grenze – argumentativ in einem Rahmen bewegt werden, der Brüche im System Recht zu vermeiden sucht.

Zum besseren Verständnis kann dieser, auf der Ebene des theoretischen Bewusstseins verfolgte Ansatz, sprachlich und bildhaft zugleich, als *Formular* verstanden werden[14]. Begrifflich ist das Wort Formular die substantivierte Form vom lateinischen *formularius*, welches die „vorgeschriebenen Rechtsformeln betreffend“ bedeutet[15], so dass zum Ausdruck kommt, dass die Betrachtung in dieser Arbeit an „vorgegebenen“ regulativen Prinzipien juristischen Denkens orientiert sein soll. Zugleich ist unter dem Substantiv Formular – anschaulich – ein Vordruck zu verstehen, dessen Charakteristikum darin besteht, dass er ausfüllungsbedürftig – also noch „offen“ – ist, womit deutlich wird, dass auch ausserhalb der etablierten (engen) juristischen Denk-Prinzipien argumentiert werden kann und muss. Weiteres Merkmal eines solchen Vordruckes ist dessen (in der Regel) nur begrenzte Ausfüllbarkeit, womit ein Hinweis darauf gegeben ist, dass juristisches Denken ausserhalb anerkannter regulativer Prinzipien sich als äussere Grenze daran messen lassen soll, ob die gefundenen Einsichten und Erkenntnisse sich widerspruchsfrei ins Gesamtsystem Recht einordnen, sog. Systemverträglichkeit.

Noch ungeklärt ist damit aber die Frage, *wann welche* Prinzipien juristischen Denkens eingesetzt werden (müssen). Auf diese Frage eine allgemeinverbindliche Antwort zu geben, ist unmöglich, da der Einsatz eines bestimmten Instrumentariums von der individuellen Zweckrichtung desselben einerseits und von der konkreten inhaltli-

---

[12] De Lazzer, in: FS für Esser (1975), 85, 86ff.

[13] Vgl. S. 6.

[14] Vgl. De Lazzer, in: FS für Esser (1975), 85, 103.

[15] Drosdowski, Der Duden – Das Herkunftswörterbuch (1989), S. 200.

chen Problemstellung andererseits abhängig ist[16]. Die soeben aufgeworfene Frage an dieser Stelle bereits zu beantworten, wäre nicht sachgerecht, denn angesichts der vorerwähnten Abhängigkeiten kann die Frage, welche konkreten Methoden des zur Verfügung stehenden juristischen Handwerkszeugs im Einzelfall eingesetzt werden (müssen), erst unter Berücksichtigung der sich im Verlauf dieser Arbeit jeweils stellenden Detailprobleme beantwortet werden.

Bereits jetzt kann aus dem soeben Festgestellten für den dieser Arbeit zugrunde gelegten Drei-Schritt jedoch gefolgert werden, dass der Weg einer *Methodenkombination* oder -verbindung zu beschreiten ist. Dieses deshalb, weil kaum zu erwarten ist, dass sich im Verlauf der Arbeit nur das eine Problem stellt, das einleitend angesprochen wurde und zu dieser Arbeit führt, sondern das sich im Detail viele Probleme zeigen, die sich nicht nur unter Anwendung eines einzigen regulativen Denk-Prinzips lösen lassen. Zu erwarten ist, dass zwar im Erkenntnis-Prozess des Alltagsbewusstseins die *eine* gesellschaftliche Konfliktlage sichtbar und bestimmbar wird, für die sich auch eine rechtliche Lösungsnotwendigkeit herausstellt, doch ist ebenso zu erwarten, dass sich dieses als lösungsbedürftig erkannte Problem wissenschaftstheoretisch in eine Vielzahl von Einzelproblemen auffächert, die eben nicht mit nur einem Instrument bewältigt werden können. Für die Anwendung von (Rechts)Methodik in dem hier zugrunde gelegten Drei-Schritt bedeutet dies, dass insbesondere auf der Ebene des theoretischen Bewusstseins auf das gesamte (juristische) Methodenspektrum zurückgegriffen werden muss. Zu klären ist für jede sich stellende einzelne Forschungsfrage, welches Erkenntnisinteresse verfolgt wird und welche Methodik – aus dem vorhandenen Spektrum – auszuwählen und fruchtbar zu machen sich anbietet, um einen Erkenntnisgewinn davonzutragen. Der Gewinn einer Gesamterkenntnis resultiert damit letztendlich aus einer Kombination oder Verbindung verschiedener (rechts)wissenschaftlicher Einzelmethoden[17].

Aus der Einführung, dem Problemaufriss und den methodischen Vorüberlegungen ergeben sich die nachfolgend skizzierten drei Arbeitsschritte:

• In einem ersten Schritt wird die in dieser Arbeit zu behandelnde Problematik weiter ausgewiesen und die (rechtliche) Notwendigkeit der Erarbeitung einer Problemlösung begründet. Dabei werden die einer Problemlösung zuzuführenden einzelnen Problemkreise so exakt bestimmt, dass sie einer Bearbeitung zugänglich werden (Erkenntnis-Prozess)[18].

---

[16] Kerschner (1997), S. 30.

[17] In der (rechts)wissenschaftlichen Methodenlehre werden Methodenverbindungen ausdrücklich begrüsst, vgl. z.B. Kerschner (1997), S. 61.

[18] Vgl. das erste Kapitel dieser Arbeit.

• In einem darauf folgenden zweiten Schritt wird eine Bewertung des einschlägigen, derzeit geltenden Rechts vorgenommen, um zu eruieren, inwieweit dieses bereits einen Beitrag zu der herausgearbeiteten Problematik leistet (Kontroll-Prozess)[19].

• In einem anzuschliessenden dritten Schritt wird – sofern mit den Vorschriften der derzeit geltenden Rechtsordnung(en) keine befriedigende Problemlösung gefunden werden kann – die Präzisierung, Konkretisierung und ggf. Fortentwicklung einzelner oder mehrerer Rechtsvorschriften betrieben (Korrektur-Prozess)[20]. Dabei wird – um durchsetzungsfähige Lösungen auf einem höchstmöglichen Grad an Rationalität zu erarbeiten – methodologisch „formularmässig" vorgegangen. Dies bedeutet, dass, wenn immer möglich, etablierte juristische Methoden zur Lösung einzelner Forschungsfragen herangezogen werden, der juristische Denkprozess aber nicht auf diese beschränkt wird, sich als äusserste Grenze jedoch an der Konsensbildung mit dem Rechtssystem im Ganzen messen lassen muss.

Diese Arbeitsschritte werden in der aufgeführten Reihenfolge angegangen. Dementsprechend ist auch das Inhaltsverzeichnis gegliedert, das dieser Arbeit vorangestellt wurde. Deutlich geworden sein sollte, dass die konkrete (methodische) Vorgehensweise – in Bezug auf jede sich im Verlauf dieser Arbeit stellende einzelne Forschungsfrage – im jeweiligen Kapitel dieser Arbeit vorab geklärt werden muss. Dieses insbesondere auch deshalb, weil sich die im konkreten Einzelfall anzuwendende Methodik erst aus den zuvor angestellten Überlegungen und Ergebnissen folgern lassen wird. Daher werden auch Zwischenergebnisse, die für die jeweils weitere Vorgehensweise von Bedeutung sind, am Schluss der einzelnen Abschnitte und Kapitel kurz zusammengefasst. Alle Zwischenergebnisse gehen schliesslich ein in die Schlussbetrachtung.

---

[19] Vgl. das zweite Kapitel dieser Arbeit.

[20] Vgl. das dritte Kapitel dieser Arbeit.

1. Kapitel: Konkretisierung der Problematik und Entwicklung der Aufgaben- und Fragestellung

A. Vorbemerkung

Dem eingangs erläuterten und dieser Arbeit zugrunde gelegten methodischen Drei-Schritt entsprechend, wird in diesem ersten Kapitel – also in einem ersten Schritt – ein Erkenntnis-Prozess eingeleitet, der die in der Einleitung bereits angerissene Problematik transnationaler Doppelverfolgung und Doppelbestrafung weiter ausführt, konkretisiert und anhand von aufzuzeigenden Problem- und Gefahrenkreisen begreifbar macht. Zudem wird die Notwendigkeit der Bearbeitung und Lösung dieser Problematik rechtlich begründet. Davon ausgehend werden die in dieser Arbeit zu behandelnden Aufgaben- und Fragestellungen mit Hilfe von Arbeits-Thesen, die der Arbeit zugrunde gelegt werden, weiter präzisiert und die für den Fortgang dieser Arbeit relevanten Arbeitsschritte werden daraus im Einzelnen entwickelt und formuliert.

B. Das „Internationale Strafrecht" als Ursache simultaner Strafverfahren und iterativer Strafverfolgung und Bestrafung

Einleitend wurde auf die Problematik einer zwischenstaatlichen doppelten Strafverfolgung und Bestrafung von Straftätern hingewiesen. Um zu untersuchen, ob tatsächlich ein nennenswertes Potenzial für internationale Mehrfachverfolgung und -bestrafung besteht, ist zunächst abzuklären, unter welchen Voraussetzungen ein Staat überhaupt die Strafgewalt über begangene Straftaten beanspruchen kann. Unter einem Strafanspruch wird das Recht eines Hoheitsträgers verstanden, auf eine an einem bestimmten Ort geschehene Handlung eines Täters strafrechtlich zu reagieren[21]. Würden sich solche Strafansprüche verschiedener Staaten gegenseitig ausschliessen oder deren Zusammenwirken nur *einen* (einzigen) strafberechtigten Staat übrig lassen, wäre die Gefahr einer Mehrfachverfolgung und -bestrafung schon von Gesetzes wegen stark reduziert und daher ein (fast) zu vernachlässigendes Problem.

---

[21] Hecker, StV 2001, 306; Lagodny, ZStW 101 (1989), 987, dort Anm. 2.

Staatliche Strafbefugnisse folgen aus den Vorschriften des sog. Internationalen Strafrechts. Die Terminologie „Internationales Strafrecht“ ist mehrdeutig, vage und irreführend[22], da sich dieser Ausdruck traditionell gerade nicht auf *inter*nationales (also zwischen- oder überstaatliches), sondern auf strikt nationales Straf(anwendungs)-recht bezieht[23].

Im weitesten Sinn wird unter dem Begriff "Internationales Strafrecht" zum einen die Beziehung einer Straftat zu den Rechtsordnungen mehrerer Staaten verstanden, die durch Regelungen über die gegenseitige Auslieferung und die gegenseitige gerichtliche Rechtshilfe bestimmt wird. Zum anderen werden – insbesondere in der angloamerikanischen Diskussion – unter dem Zweigbegriff des Völkerstrafrechts Verbrechen gegen die Menschlichkeit, Kriegsverbrechen, terroristische Gewaltakte usw. gefasst, die ebenfalls dem „International Criminal Law“, also einem weit verstandenen Internationalen Strafrecht zugeordnet werden[24].

Im engeren – traditionellen oder klassischen – Sinn steht die Bezeichnung "Internationales Strafrecht" jedoch für die Normen in einzelstaatlichen Straf(prozess)-gesetzen, durch die der räumliche Geltungsbereich des nationalen Strafrechts gegenüber dem anderer Staaten abgegrenzt wird[25]. In diesem Zusammenhang wird auch von sog. Geltungsbereichsrecht gesprochen[26]. Es handelt sich bei diesen Vorschriften um rein nationales Strafanwendungsrecht[27], das die einzelstaatliche Strafrechtshoheit räumlich absteckt und bestimmt, ob eine inländische Strafgewalt für einen bestimmten Fall überhaupt gegeben ist[28]. Insbesondere legt es fest, ob im Hinblick auf eine im Ausland begangene Tat ein nationaler Strafanspruch besteht[29].

Die Regeln des in einem engen Sinn verstandenen Internationalen Strafrechts haben Eingang in die Rechtsordnungen der allermeisten Staaten gefunden. Denn wenn ein Staat den Geltungsbereich seines Strafrechts nach diesen Grundsätzen bestimmt, darf er annehmen, dass dieser in völkerrechtlich zulässiger Weise festgelegt ist, da er sich innerhalb der üblichen Staatenpraxis bewegt[30].

---

[22] Hackner/Lagodny/Schomburg/Wolf (2003), Rn. 5; Hecker, StV 2001, 306; Forster, in: Meier Schatz/Schweizer, Recht und Internationalisierung (2000), 309, 310; Liebscher, JBl 1974, 393.

[23] Hackner/Lagodny/Schomburg/Wolf (2003), Rn. 5; Weigend, ZStW 105 (1993), 774, 776; Schultz, in: FS für von Weber (1963), 305, 307.

[24] Kress, ZStW 114 (2002), 818, 829f.; Liebscher, JBl 1974, 393.

[25] Mayr (2000), S. 2; Liebscher, JBl 1974, 393.

[26] Mayr (2000), S. 2.

[27] Mayr (2000), S. 2; Weigend, ZStW 105 (1993), 774, 776.

[28] Mayr (2000), S. 2; Liebscher, JBl 1974, 393f.

[29] Hecker, StV 2001, 306.

[30] Mayr (2000), S. 9.

Internationales Strafrecht in diesem herkömmlichen Verständnis ist für die hiesige Untersuchung, ob zwischenstaatlich ein nennenswertes Potenzial für Doppelverfolgungen und Doppelbestrafungen besteht, deshalb interessant, weil anzunehmen ist, dass die jeweils einzelstaatlich normierten Anknüpfungsprinzipien des klassischen Internationalen Strafrechts die lokale Strafgewalt zwar einerseits national begrenzen, nicht aber eine *inter*nationale (also zwischenstaatliche) Kollision einzelstaatlicher Strafansprüche vermeiden können.

Staatliche Strafbefugnisse aus dem sog. Internationalen Strafrecht basieren zum einen auf Anknüpfungsprinzipien, die eine unmittelbare – der Straftat vorausgehende – rechtliche Beziehung zwischen dem möglichen Täter und dem strafenden Staat voraussetzen[31] und zum anderen fussen sie ebenso auf Anknüpfungsmaximen, die eine solche Täter-Staat-Beziehung vermissen lassen[32]. In jedem Fall ist aber mindestens eine lose Bezogenheit zwischen der *Straftat* und dem strafenden Staat notwendig, andernfalls ist die Strafverfolgung willkürlich[33] und bedeutet einen Verstoss gegen das völkerrechtliche Verbot des Rechtsmissbrauchs[34]. Diese Verknüpfung zwischen Tat und Aburteilungsstaat basiert entweder auf dem Tatort, der Staatsangehörigkeit von Täter und/oder Opfer oder den verletzten staatlichen Interessen[35]. Diese Bezogenheit hat Ausdruck gefunden in völkerrechtlich anerkannten Grundprinzipien, zu denen im wesentlichen das Territorialitäts-, das Flaggen-, das Schutz-, das aktive Personalitäts- und das Weltrechtsprinzip gehören sowie das Prinzip der stellvertretenden Strafrechtspflege[36].

Die einschlägigen Anknüpfungsprinzipien des Internationalen Strafrechts werden nachfolgend insoweit betrachtet, wie es zur Beantwortung der Frage, ob zwischenstaatlich überhaupt ein nennenswertes Potenzial für Doppelverfolgungen und Doppelbestrafungen besteht, notwendig erscheint.

---

[31] Schultz, in: FS für von Weber (1963), 305, 311.
[32] Schultz, in: FS für von Weber (1963), 305, 312.
[33] Oehler, in: FS für Grützner (1970), 110, 111.
[34] Mayr (2000), S. 3, 10.
[35] Oehler, in: FS für Grützner (1970), 110, 115.
[36] Thomas (2002), S. 114; Mayr (2000), S. 10.

I. Nationale Strafbefugnis aus einer Täter-Staat-Beziehung

Eine nationale Strafbefugnis, gegründet auf eine – der Straftat vorausgehende – rechtliche Beziehung zwischen dem allfälligen Täter und der strafenden Rechtsordnung ist sowohl für das Territorialitäts- als auch für das aktive Personalitätsprinzip feststellbar[37].

Ausdruck des *Territorialitätsprinzips* bzw. des Gebietsgrundsatzes ist, dass jeder Staat auf die auf seinem Staatsterritorium begangenen strafbaren Handlungen eines Täters seine eigenen Strafgesetze anwenden darf[38]. Dieses Prinzip ist als einziger Grundsatz allen Staaten eigen[39]. Es gibt kein Land mehr, welches keinen Strafanspruch nach seinem Strafrecht für die auf seinem Territorium begangenen Taten erhebt[40]. Während beispielsweise die kontinentaleuropäischen Rechtsordnungen i.d.R. eine ausdrückliche Normierung dieses Grundsatzes vorsehen, wird in den USA unter traditionell territorialer Interpretation der gerichtlichen Zuständigkeit die Auslieferung des Täters abgelehnt und damit die Strafverfolgung im Ausland verhindert, wenn die Straftat im Inland begangen wurde[41]. Diese Bindung des Inländers an die Strafrechtsnormen des strafenden Staates folgt aus der Verpflichtung des Inländers zur Einhaltung der nationalen Gesetze. Diese Verpflichtung findet – zumindest im freiheitlich demokratischen Rechtsstaat – ihre Rechtfertigung in dem Gedanken, dass der Bürger durch Teilnahme am demokratischen Willensbildungsprozess sein Einverständnis zu dem Inhalt der vom Rechtsstaat entfalteten Gesetze erklärt hat[42]. Für einen ausländischen Straftäter ist es nicht möglich, auf einen – diesem Gedanken entsprechenden – stillschweigenden Willen zur Unterwerfung unter die Strafgesetze des Tatortstaates abzustellen. Dieses deshalb nicht, weil er an der Bildung des (rechtlichen) Gemeinwesens in der Regel keine Teilhabe hat[43]. Eine Täter-Staat-Beziehung kann in einem solchen Fall allenfalls damit begründet werden, dass der (ausländische) Täter durch die freie Wahl des Tatorts das dortige Recht herausgefordert hat und damit der Macht dieses Rechts willentlich unterfällt[44]. Die Unterwerfung eines Ausländers unter die Gesetze des Tatortstaates wird jedoch überwiegend mit der Souveränität eines jeden Staats begründet, die auf seinem Territorium begange-

---

[37] Schultz, in: FS für von Weber (1963), 305, 311.
[38] Leidenmühler/Plöckinger, wistra 2003, 81; Thomas (2002), S. 114.
[39] Mayr (2000), S. 18; Oehler, in: FS für Grützner (1970), 110, 117.
[40] Mayr (2000), S. 12; Oehler (1983), Rn. 153, 154, 223.
[41] Blakesley/Lagodny, in: Eser/Lagodny, Principles and Procedures for a New Transnational Criminal Law (1992), 47, 49f.
[42] Mayr (2000), S. 14; Oehler (1983), Rn. 157.
[43] Oehler (1983), Rn. 158.
[44] Oehler (1983), Rn. 166.

nen Angelegenheiten zu bestimmen und zu ordnen[45], mithin Straftaten auch zu verfolgen und zu sanktionieren. Dieser Souveränitätsgedanke dürfte letztlich auch die staatliche Strafgewalt über Inländer in nicht freiheitlich demokratischen Rechtsstaaten begründen.

Der Grundsatz, dass (nur) der Staat die Strafgewalt ausübt, auf dessen Staatsgebiet die Straftat begangen wurde (Territorialitätsprinzip), spricht auf den ersten Blick gegen ein nennenswertes Potenzial für Doppelverfolgungen und -bestrafungen. Anders jedoch, wenn bedacht wird, dass sowohl nach dem Ubiquitätsprinzip[46] als auch nach der Einheits- oder Kombinationstheorie[47], die in Gesetzgebung, Rechtsprechung und Literatur – zumindest im kontinentalen Europa – am stärksten verbreitet sind, als Tatort sowohl der Ort der Handlungsvornahme als auch der Ort des tatbestandlichen Erfolges gilt[48]. Diese Auffassung wird damit begründet, dass Handlung und Erfolg eine Einheit darstellen, da sie erst durch die Bezogenheit beider Teilstücke aufeinander ein strafrechtlich relevantes Gepräge erhalten[49]. Eine zwischenstaatliche Konkurrenz nationaler Strafgewalten aufgrund des Territorialitätsgrundsatz kann sich so insbesondere bei Distanzdelikten ergeben, wenn sowohl der Staat, in dem der Täter gehandelt hat, als auch der Staat, in dem der Erfolg eingetreten ist, seinen jeweiligen Strafanspruch geltend macht[50]. Ebenso ist eine solche Konkurrenz nationaler Strafansprüche bei Dauer- und mehraktigen Delikten denkbar, wenn ein rechtswidriger Zustand oder Teilakt entweder in mehreren Staaten aufrecht erhalten oder in mehreren Staaten ausgeführt wird[51]. Auch in Fällen sog. Durchgangskriminalität ist eine solche Konkurrenzsituation nicht auszuschliessen[52]. Als Beispiele solcher Transitkriminalität[53] werden hier Drogentransporte durch mehrere Länder[54] oder grenzüberschreitende Trunkenheitsfahrten[55] genannt. Ferner kann unter Anwendung des Territorialitätsprinzips eine zwischenstaatliche Konkurrenz nationaler Strafansprüche bei Unterlassungsdelikten entstehen, wenn beispielsweise der Eigentümer einer Fabrik es unterlässt, einer durch seine Fabrik verursachten Flussverschmutzung abzuhelfen. Fliesst der Fluss durch die Länder 1 und 2, haben diese als Orte des deliktischen Erfolges jeweils einen Strafanspruch. Da ein Unterlassungsde-

---

[45] Mayr (2000), S. 15; Oehler (1983), Rn. 158.
[46] § 9 dStGB; vgl. Tröndle/Fischer (2003), § 9 Rn. 1.
[47] § 67 Abs. 2 öStGB; vgl. Mayr (2000), S. 21.
[48] Thomas (2002), S. 114, 167; Mayr (2000), S. 21; Oehler (1983), Rn. 246.
[49] Mayr (2000), S. 21; Oehler (1983), Rn. 251.
[50] Lagodny, BMJ 2001, S. 16; Linke, in: FS für Grützner (1970), 85, 86.
[51] Mayr (2000), S. 26; Lagodny, BMJ 2001, S. 16; Linke, in: FS für Grützner (1970), 85, 86.
[52] Lagodny, BMJ 2001, S. 16.
[53] Tröndle/Fischer (2003), § 9 Rn. 3; Mayr (2000), S. 22.
[54] Vgl. BayObLG v. 30.11.1998 – 1 St RR 190/98.
[55] Vgl. bspw. BayObLG, Urt. v. 26.05.2000 – 1 St RR 67/00, in: StraFo 2000, 376ff.

likt aber solange begangen wird, wie die gebotene Handlung nicht getätigt wird, hat ausserdem der Staat 3 als Ort des strafrechtlich relevanten Verhaltens (hier: Unterlassen) ebenso einen Strafanspruch, wenn sich der Fabrikant zum Zeitpunkt der Wasserverunreinigung in diesem aufhält[56]. Die Auslandsstrafgewalt bei Unterlassungsdelikten reicht jedoch noch weiter, denn der Ort, an dem der Täter hätte handeln müssen, ist nicht nur der Aufenthaltsort zur Tatzeit, sondern auch der Ort, zu dem sich der Täter hätte begeben müssen, um den Erfolg abzuwenden[57], so dass im vorbenannten Beispiel ggf. noch weiteren Staaten ein Strafanspruch zukommt.

Damit kann insoweit festgehalten werden, dass das Territorialitätsprinzip selbst bei alleiniger Anwendung eine Konkurrenzsituation nationaler Strafansprüche verschiedener Staaten entstehen lässt und in der Folge ein erhebliches Potenzial für Doppelverfolgungen und Doppelbestrafungen in sich birgt[58].

In diesem Zusammenhang wird grösstenteils übersehen, dass auch ein immer stärker hervortretendes „europäisches" Territorialitätsprinzip die Gefahr einer zwischenstaatlichen Mehrfachverfolgung und -bestrafung in sich trägt. Nach Art. 5 EGV sind die Mitgliedstaaten verpflichtet, ihr Strafrecht „im Dienst der Gemeinschaft" so auszugestalten, dass eine Sanktionierung von Verstössen gegen das Gemeinschaftsrecht gewährleistet ist. Die Mitgliedstaaten sind im Ergebnis also gehalten, von einem nationalen Verständnis des Territoriums Abstand zu nehmen und ihr Strafrecht auf Taten anzuwenden, die irgendwo innerhalb der EU begangen werden und sich gegen das Gemeinschaftsrecht richten. Die Folge ist, dass eine Vielzahl von Strafrechtsordnungen auf entsprechende Delikte anwendbar ist und im Ergebnis eine Vielzahl nationaler Strafansprüche miteinander konkurriert[59].

Dem *aktiven Personalitätsprinzip* bzw. dem Staatsangehörigkeitsgrundsatz zufolge findet inländisches Strafrecht auf alle von Inländern begangene Straftaten Anwendung, unabhängig vom Tatort und der Nationalität des Opfers[60]. Ein Staat besitzt dem zufolge die Gerichtsbarkeit für eine strafbare Handlung, wenn es sich bei dem Täter um einen seiner eigenen Staatsangehörigen handelt[61]. Während kontinentaleuropäische Staaten vom Prinzip der aktiven Personalität nicht abrücken, ist dieses in

---

[56] Thomas (2002), S. 115.

[57] Schönke/Schröder-Eser, StGB-Kommentar (2001), § 9, Rn. 5; Lagodny/Nill-Theobald, JR 2000, 205, 207.

[58] Hackner/Lagodny/Schomburg/Wolf (2003), Rn. 261; Schomburg, DRiZ 1999, 107, 110; Nelles, ZStW 109 (1997), 727, 737; Linke, in: FS für Grützner (1970), 85, 86.

[59] Kühne (2003), Rn. 46; Satzger (2001), S. 688.

[60] SK-StGB-Hoyer (Stand: 2003), vor § 3, Rn. 10; Leidenmühler/Plöckinger, wistra 2003, 81.

[61] EU-Kommission, Diskussionspapier 2001, S. 11.

den USA zwar nicht so gebräuchlich, aber auch nicht unbeachtlich. Es wird insbesondere dann herangezogen, wenn die Faktenlage nicht ausreicht, um auf das Staatsschutzprinzip abzustellen[62]. Unterschiedlich wird in den Rechtsordnungen einzelner Länder allerdings beurteilt, ob es darauf ankommen soll, dass die Tat im Tatortstaat selbst mit Strafe bedroht ist oder nicht[63]. Das aktive Personalitätsprinzip knüpft also zur Begründung einer – schon vor der Straftat bestehenden – rechtlichen Beziehung zwischen Täter und Staat an die Staatsbürgerschaft des Straftäters an[64]. Letztere folgt aus dem jeweils einschlägigen Staatsangehörigkeitsrecht. Der Staat will nicht dulden, dass ein Bürger, der sich über seine Staatsangehörigkeit zu bestimmten Werten und Normen dieses Staates bekennt, sich im Heimatstaat straffrei bewegen kann, nachdem er sich im Ausland der Begehung erheblichen Unrechts schuldig gemacht hat. Ohne das aktive Personalitätsprinzip würde der Heimatstaat zum „Asylland" für im Ausland deliktisch handelnde eigene Staatsbürger. Das Heimat-Strafrecht könnte seiner Funktion, für Rechtsfrieden zu sorgen, nicht mehr gerecht werden, da normtreue Bürger mit im Inland straffrei bleibenden, aber im Ausland delinquierenden Tätern zusammen leben müssten[65].

Unter Berücksichtigung der wachsenden Zahl doppelter Staatsbürgerschaften, sog. Mehrstaatigkeit[66], wird auf einen Blick offenbar, dass auch das aktive Personalitätsprinzip ein erhebliches Potenzial für doppelte Strafverfolgung und Doppelbestrafungen in sich trägt[67]. Dieses Risiko realisiert sich immer dann, wenn wenigstens zwei Staaten, deren Staatsbürgerschaft der Täter trägt, ihre auf das aktive Personalitätsprinzip gestützten Strafansprüche durchzusetzen beabsichtigen.

Der Gebietsgrundsatz und der Staatsangehörigkeitsgrundsatz bergen jedoch nicht bloss – wie soeben dargelegt – jeweils inhärent die Gefahr einer Mehrfachverfolgung und -bestrafung. Die Möglichkeit der Mehrung solcher Überschneidungen in der Strafverfolgung und Bestrafung bewirkt vor allem auch die Koexistenz dieser beiden Prinzipien[68]. Ihre gleichzeitige Anwendung führt häufig dazu, dass mehr als einem Staat die Gerichtsbarkeit zukommt. Wurde etwa eine Straftat im Hoheitsgebiet des Staates A begangen, und ist der Täter ein Staatsangehöriger des Staates B, so wären

---

[62] Blakesley/Lagodny, in: Eser/Lagodny, Principles and Procedures for a New Transnational Criminal Law (1992), 47, 56f.

[63] Oehler (1983), Rn. 707ff.

[64] Schönke/Schröder-Eser, StGB-Kommentar (2001), Vorbem §§ 3 - 7, Rn. 6.

[65] Oehler (1983), Rn. 729.

[66] Tröndle/Fischer (2003), § 7, Rn. 1.

[67] Hackner/Lagodny/Schomburg/Wolf (2003), Rn. 261; Thomas (2002), S. 117.

[68] Trechsel, in: FS für Ermacora (1988), 195, 207f.; Oehler (1983), Rn. 955; Johannes, ZStW 83 (1971), 531, 568; Linke, in: FS für Grützner (1970), 85.

beide Staaten zuständig, den Fall vor Gericht zu bringen und den Täter zu sanktionieren[69]. Genauso verhält es sich, wenn der Staatsangehörigkeitsgrundsatz mit dem Flaggenprinzip zusammen trifft. Letzteres ist mit dem Territorialitätsgrundsatz eng verwandt und erweitert diesen[70]. Dem Flaggenprinzip zufolge darf ein Staat sein Strafrecht auf alle Taten anwenden, die an Bord eines bei ihm registrierten Schiffes oder Luftfahrzeuges begangen wurden, und zwar unabhängig vom Standort des Schiffes oder Luftfahrzeuges und unabhängig von der Nationalität des Täters bzw. des Opfers[71]. Sind beispielsweise Heimatstaat des Täters und „Flaggenstaat" des Schiffes, auf dem die Straftat begangen wurde, nicht identisch, obliegt nach dem Staatsangehörigkeitsgrundsatz dem Heimatstaat des Täters und nach dem Flaggenprinzip dem „Flaggenstaat" des Tatort-Schiffes ein Strafanspruch, so das eine (mindestens) duplizierte Strafverfolgung und -bestrafung nicht ausgeschlossen werden kann. Ebenso, wenn ein auf dem Territorialitätsprinzip fussender Strafanspruch des Küstenstaates mit dem Strafanspruch des nicht identischen „Flaggenstaates" zusammen trifft[72], da eine Subsidiarität der Gerichtsbarkeit des „Flaggenstaates" gegenüber der des Küstenstaates nicht besteht[73]. Beide Rechtsordnungen schliessen sich dann nicht gegenseitig aus, gelten unabhängig voneinander[74] und treten in Konkurrenz zueinander[75].

Der Vollständigkeit halber sei erwähnt, dass der Strafanspruch aufgrund des Flaggenprinzips auch auf einer der Straftat vorausgehenden rechtlichen Beziehung zwischen dem allfälligen Täter und dem strafenden Staat basiert. Diese Täter-Staat-Beziehung folgt entweder aus der ausdrücklich oder stillschweigend vertraglich geregelten Benützung eines einem bestimmten Heimatrecht unterstellten Meerschiffes oder Luftfahrzeuges[76] oder – wie beim Territorialitätsprinzip – aus der Souveränität eines jeden Staates, die auf seinem Gebiet (hier Schiff oder Luftfahrzeug) begangenen Angelegenheiten zu bestimmen und zu ordnen, mithin auch Straftaten zu verfolgen und zu sanktionieren.

---

[69] Eser, in: Biehler u.a., Freiburg Proposal (2003), S. 1; EU-Kommission, Diskussionspapier 2001, S. 13.

[70] Mayr (2000), S. 35, 37.

[71] Schönke/Schröder-Eser, StGB-Kommentar (2001), Vorbem §§ 3 - 7, Rn. 5; Mayr (2000), S. 35.

[72] Mayr (2000), S. 37f.

[73] Mayr (2000), S. 35.

[74] Mayr (2000), S. 35.

[75] Mayr (2000), S. 36.

[76] Schultz, in: FS für von Weber (1963), 305, 311.

II. Nationale Strafbefugnis ohne Täter-Staat-Beziehung

Während die Anknüpfungsprinzipien der Territorialität und der aktiven Personalität des Internationalen Strafrechts die staatliche Strafbefugnis auf eine – schon vor der Straftat bestehende – rechtliche Täter-Staat-Beziehung gründen, ist bei den Prinzipien des (Staats)Schutzes und der Universalität nicht erkennbar, dass der mögliche Täter in einer der Tat vorausgehenden rechtlichen Beziehung zum strafenden Staat steht[77].

Dem *Schutzprinzip* liegt der Gedanke zugrunde, dass jeder Staat legitimiert ist, seinen Schutz durch Strafrecht auf alle Inlandsgüter zu erstrecken, gleichgültig, von welchem Täter und an welchem Ort sie verletzt werden[78]. Dieses immer häufiger auftretende Prinzip[79] ist im Grundsatz in allen Ländern sehr ähnlich ausgestaltet, wenn auch der Schutzgrundsatz für das Staatsganze nicht immer ausdrücklich bekannt ist[80]. Der Selbstschutz erfasst i.d.R. sowohl den Staat und seine Institutionen als auch die eigenen Staatsbürger[81].
Der Gedanke des *Staats*schutzes kommt im *Realprinzip* zum Ausdruck[82], für das auch die Bezeichnung Staatsschutzprinzip verwendet wird und welches als Unterart des allgemeinen Schutzprinzips gilt[83]. Es dient dem Selbstschutz des Staatsgebildes und seiner institutionellen Einrichtungen[84]. In den USA wird beispielsweise – ähnlich wie in Deutschland – auf das Staatsschutzprinzip abgestellt, wenn eine exterritoriale Straftat eine Gefahr für staatliche Sicherheitsinteressen, die staatliche Integrität und Souveränität oder die Staatsfinanzen oder wichtige Verwaltungsfunktionen begründet[85].
Soweit es hingegen um *Individual*schutz von Inländern im Ausland geht, greift das *passive Personalitätsprinzip*, welches eine weitere Ausprägung des Schutzprinzips darstellt[86]. Es erstreckt die Strafgewalt eines Staates auf alle diejenigen Täter, deren

---

[77] Schultz, in: FS für von Weber (1963), 305, 312.

[78] Leidenmühler/Plöckinger, wistra 2003, 81; Schönke/Schröder-Eser, StGB-Kommentar (2001), Vorbem §§ 3 - 7, Rn. 7.

[79] Oehler, in: FS für Grützner (1970), 110, 112.

[80] Oehler (1983), Rn. 545, 578, 665.

[81] Tröndle/Fischer (2003), vor § 3, Rn. 3.

[82] Tröndle/Fischer (2003), vor § 3, Rn. 3.

[83] Mayr (2000), S. 41, 53.

[84] Thomas (2002), S. 118.

[85] Blakesley/Lagodny, in: Eser/Lagodny, Principles and Procedures for a New Transnational Criminal Law (1992), 47, 52/55.

[86] Schönke/Schröder-Eser, StGB-Kommentar (2001), Vorbem §§ 3 - 7, Rn. 7; Mayr (2000), S. 40; Blakesley/Lagodny, in: Eser/Lagodny, Principles and Procedures for a New Transnational Criminal Law (1992), 47, 55.

Opfer die Staatsbürgerschaft des strafenden Staates inne haben. Einem Staat obliegt demnach die Gerichtsbarkeit in Bezug auf alle strafbaren Handlungen, die gegen seine Staatsangehörigen gerichtet sind[87]. Im Rechtssystem der USA wird die Differenzierung zwischen Realprinzip und passivem Personalitätsprinzip nicht gemacht; auch im Fall des Individualschutzes wird auf das (allgemeine) Schutzprinzip abgestellt[88].

Hinsichtlich des Realprinzips (Staatsschutzgedanke) schafft der Täter durch seinen ausdrücklichen Angriff auf die Rechtsgüter des Staates zwar eine faktische Beziehung zwischen sich selbst und dem strafenden Staat[89], eine vor der Straftatbegehung bestehende rechtliche Täter-Staat-Beziehung existiert jedoch nicht. Diese fehlt gleichfalls auch im Hinblick auf den Grundsatz der passiven Personalität[90]. Hier besteht zwar über das Staatsangehörigkeitsrecht eine rechtliche Beziehung zwischen dem Opfer und dem strafenden Staat, nicht aber zwischen letzterem und dem Täter. Die aus dem Realprinzip (Staatsschutzgedanke) abgeleitete staatliche Strafbefugnis wird vielmehr mit der Notwendigkeit gerechtfertigt, dass jeder Staat seine Existenz vor sie bedrohenden Angriffen schützen muss, weil kein anderer Staat ihm diese Aufgabe in ausreichendem Masse abnimmt[91]. Die staatliche Strafgewalt aufgrund passiver Personalität (Individualschutzgedanke) beruht letztlich auf dem Misstrauen gegenüber der ausländischen Strafrechtspflege[92]. Das eigene Strafrecht soll zum Zuge kommen, weil befürchtet wird, dass im Ausland entweder eine mangelnde Strafgesetzgebung existiert oder eine gewisse „Lässigkeit" der Behörden[93].

Sowohl das passive Personalitätsprinzip als auch das Realprinzip bergen jeweils ein unübersehbares Potenzial für zwischenstaatliche Mehrfachverfolgungen und Mehrfachbestrafungen in sich. Hinsichtlich des passiven Personalitätsprinzips (Individualschutzgedanke) ist vornehmlich an Anschläge auf Menschenansammlungen oder Massenverkehrsmittel zu denken. Die Strafgewalt obliegt in einer solchen Fallkonstellation jedem Staat, der einen eigenen Staatsbürger als Opfer zu beklagen hat[94]. Bezüglich des Realprinzips (Staatsschutzgedanke) ist insbesondere an Straftaten im Bereich des sog. internationalen Terrorismus zu denken, wenn eine interna-

---

[87] EU-Kommission, Diskussionspapier 2001, S. 11.

[88] Blakesley/Lagodny, in: Eser/Lagodny, Principles and Procedures for a New Transnational Criminal Law (1992), 47, 56.

[89] Schultz, in: FS für von Weber (1963), 305, 311.

[90] Oehler, in: FS für Grützner (1970), 110, 119.

[91] Mayr (2000), S. 41, 52f.; Vogler, in: FS für Grützner (1970), 149, 155; Schultz, in: FS für von Weber (1963), 305, 311.

[92] Lagodny/Nill-Theobald, JR 2000, 205, 206f.; Oehler (1983), Rn. 656, 665.

[93] Oehler, in: FS für Grützner (1970), 110, 118; Schultz, in: FS für von Weber (1963), 305, 312.

[94] Thomas (2002), S. 117.

tionale (zwischenstaatliche) Institution Ziel eines Anschlages ist. Strafbefugnis hat in einem solchen Fall jeder Staat, dessen Staatsinteressen unmittelbar betroffen sind[95].

Aber auch das Schutzprinzip als kombinatorische Einheit aus passivem Personalitätsprinzip (Individualschutzgedanke) und Realprinzip (Staatsschutzgedanke) birgt erhebliches Potenzial für Doppelverfolgungen und -bestrafungen. Beim vorerwähnten Beispiel aus dem Bereich des internationalen Terrorismus bleibend, obliegt die Strafgewalt in einer solchen Fallkonstellation jedem einzelnen Staat, dessen Interessen betroffen sind (Realprinzip/Staatsschutzgedanke) und zugleich jedem Staat, dessen Staatsbürgerschaft eines der Opfer trägt (passives Personalitätsprinzip/Individualschutzgedanke). Das Potenzial für (mindestens) duplizierte Strafverfolgung und Bestrafung erhöht sich weiter aus dem Zusammentreffen vorbenannter Grundsätze mit dem Territorialitätsprinzip[96], weil diesem zufolge auch noch dem Tatortstaat eine Strafbefugnis zukommt, selbst wenn dieser weder eigene Opfer zu beklagen hat, noch seine staatlich-institutionellen Interessen unmittelbar berührt sind.

Das *Universalitäts- oder Weltrechtsprinzip* gewinnt immer mehr an Bedeutung und internationaler Akzeptanz, wobei das Rechtssystem der USA ihm beispielsweise weniger strafrechtlich relevante Verhaltensweisen unterstellt als es die deutsche Rechtsordnung tut[97]. Diesem Prinzip liegt der Gedanke zugrunde, dass inländisches Strafrecht für alle Taten gilt, durch die gemeinsame, in allen Kulturstaaten anerkannte Rechtsgüter verletzt werden[98]. Erfasst sind Taten, die als derart schädlich oder bedrohlich für die Menschheit angesehen werden, dass jeder Staat zur Verfolgung berechtigt ist[99]. Als Beispiele sind Völkermord und Menschenhandel zu nennen[100], also Delikte, die von überregionalem Interesse (Weltgemeinschaftsinteresse) sind[101], weil der Täter Feind der Rechtsordnungen aller Staaten ist[102] oder weil aufgrund der staatsübergreifenden Begehungsweise (bei Genozid nicht zwingend) oder der extremen Gefährlichkeit eine internationale Zusammenarbeit in der Strafverfolgung erforderlich ist[103]. Das Universalitätsprinzip gibt damit grundsätzlich jedem Staat die Be-

[95] Thomas (2002), S. 118.
[96] Oehler (1983), Rn. 955.
[97] Blakesley/Lagodny, in: Eser/Lagodny, Principles and Procedures for a New Transnational Criminal Law (1992), 47, 64f.
[98] Schönke/Schröder-Eser, StGB-Kommentar (2001), Vorbem §§ 3 - 7, Rn. 8; Mayr (2000), S. 66.
[99] Thomas (2002), S. 117.
[100] Vgl. § 6 Nr. 1 und Nr. 4 dStGB.
[101] Thomas (2002), S. 117; Kress, ZStW 114 (2000), 818, 837.
[102] Oehler (1983), Rn. 878f.
[103] Mayr (2000), S. 67.

fugnis, denjenigen Straftäter, der ein diesem Grundsatz unterfallendes Delikt begangen hat, vor Gericht zu stellen, sobald er ihn ergriffen hat[104].

Der BGH hat in seiner Rechtsprechung[105] allerdings bisher – in Widerspruch zum Wortlaut des in § 6 dStGB normierten Weltrechtsprinzips – gefordert, dass im Einzelfall ein legitimer Anknüpfungspunkt bestehen müsse, der die Anwendung innerstaatlichen (deutschen) Rechts rechtfertige. Mit der Inkraftsetzung[106] des Völkerstrafgesetzbuches (VStGB) hat der deutsche Gesetzgeber sich hingegen „*jedenfalls* für die Verbrechen nach dem Völkerstrafgesetzbuch“[107] zu einem absoluten Weltrechtsprinzip bekannt[108]. Denn dem in § 1 dVStGB definierten Anwendungsbereich zufolge muss die Tat, die „im Ausland begangen wurde [...] keinen Bezug zum Inland aufweis[en]“. Die Formulierung „jedenfalls“ in der Drucksache des Bundesrates[109] darf als Hinweis darauf verstanden werden, dass sich der Umkehrschluss verbietet, die bisherige Rechtsprechung des BGH solle für das StGB weiterhin gelten[110].

Vielmehr ist mit den im rechtswissenschaftlichen Schrifttum geäusserten Stimmen[111] davon auszugehen, dass das Weltrechtsprinzip letztlich verhindern soll, dass bestimmte im Ausland verübte Straftaten straflos bleiben, auch wenn weder über den Täter selbst noch über das Opfer und auch nicht über sonstige unmittelbare staatliche Interessen eine Beziehung zwischen dem Täter und dem strafenden Staat besteht. Das Weltrechtsprinzip gilt damit als Kürzel dafür, dass eine Straftat überall und jederzeit soll verfolgt werden können. Auf einen der Straftat vorausgehenden Anknüpfungspunkt im Einzelfall, der einen unmittelbaren Bezug der Strafverfolgung zum Inland herstellt, soll es nicht ankommen[112]. Es ist danach nicht erforderlich, dass eine Beziehung zwischen dem strafenden Staat und dem Tatort, der Staatsangehörigkeit des Täters oder des Opfers besteht[113]. Die staatliche Strafbefugnis folgt allein aus dem Gedanken zwischenstaatlicher Solidarität in der Bekämpfung gemeinsamer

[104] Endriss/Kinzig, StV 1997, 665, 666.
[105] BGHSt 45, 65, 66.
[106] 26.06.2002.
[107] BR-Dr 29/02, S. 29.
[108] Zimmermann, ZRP 2002, 97, 100.
[109] BR-Dr 29/02, S. 29.
[110] Zimmermann, ZRP 2002, 97, 100.
[111] Werle, JZ 2000, 755, 759; Lüder, NJW 2000, 269, 270; Lagodny/Nill-Theobald, JR 2000, 205, 206.
[112] Peters, A., ius.full 2002, 16, 18; Kress, ZStW 114 (2002), 818, 828f.; Lagodny/Nill-Theobald, JR 2000, 205, 206.
[113] Oehler (1983), Rn. 878.

Rechtsfeinde[114] bzw. aus der „Solidarität der Kulturwelt gegenüber dem Verbrechen"[115].

In diesem Kontext ist der am 11. April 2000 seitens eines belgischen Gerichts[116] gegen den ehemaligen Aussenminister der Demokratischen Republik Kongo erlassene Haftbefehl ein prominentes Beispiel für die Weite des Universalitätsgrundsatzes. Denn der Haftbefehl erging in Ausübung des Weltrechtsprinzips[117] ohne dass die dem damaligen Aussenminister vorgeworfenen Kriegsverbrechen und Verbrechen gegen die Menschlichkeit[118] einen spezifischen Anknüpfungspunkt zum strafverfolgenden belgischen Staat aufwiesen: Weder war Belgien Tatort noch hatte der Verdächtige die belgische Staatsangehörigkeit inne noch waren belgische Staatsangehörige unter den Opfern[119].

Im späteren Verfahren vor dem IGH am 14. Februar 2002 setzte sich nur die Sondermeinung von drei Richtern[120] mit der Problematik der Weite des Weltrechtsprinzips auseinander und lehnte eine Einschränkung der universalen Jurisdiktion durch das Erfordernis eines Gebietsbezuges zum strafverfolgenden Staat ab[121].

Nicht schwer vorstellbar ist, dass die Anwendung eines so (weit) verstandenen Weltrechtsprinzips leicht Doppelverfolgungen und Doppelbestrafungen zur Folge haben kann, wenn mehrere Staaten von ihrer auf den Universalitätsgrundsatz gestützten Strafbefugnis Gebrauch machen. Diese Gefahr ist aber auch dann besonders gross, wenn ein Staat die Gerichtsbarkeit für im Ausland von Ausländern begangene Taten beansprucht, ohne auf die Strafverfolgungsinteressen des Tatortstaates (Territorialprinzip) oder des Heimatstaates (passives Personalitätsprinzip) Rücksicht zu nehmen[122]. Das Weltrechtsprinzip ist damit der am weitesten gehende Strafanwendungsgrundsatz und führt in seiner Konsequenz letztlich dazu, dass alle Staaten kumulativ zur Aburteilung des Straftäters berechtigt sind[123]. Die Möglichkeit einer Mehrfach-

---

[114] Schönke/Schröder-Eser, StGB-Kommentar (2001), Vorbem §§ 3 – 7, Rn. 8; Oehler (1983), Rn. 879; Schultz, in: FS für von Weber (1963), 305, 312.

[115] Vogler, in: FS für Grützner (1970), 149, 159.

[116] Tribunal de première instance de Bruxelles.

[117] Art. 7 des belgischen Gesetzes zur Verfolgung schwerer Verletzungen des humanitären Völkerrechts vom 16.06.1993.

[118] Vorwurf, im August 1998 in drastischen Worten zur Vernichtung Opositioneller aufgerufen zu haben. Daraufhin sei es zu einem Massaker an hunderten von (überwiegend) Tutsi gekommen.

[119] Peters, A., ius.full 2002, 16ff.; Kress, ZStW 114 (2002), 818.

[120] „seperate opinion" der Richter Higgins, Koojmans und Buergenthal.

[121] Vgl. Peters, A., ius.full 2003, 16, 17f.

[122] Trechsel, in: FS für Ermacora (1988), 195, 207f.; Mayr (2000), S. 68; Oehler, JR 1977, 424, 426.

[123] Vogler, JR 1988, 139, 140; Oehler (1983), Rn. 878.

verfolgung und -bestrafung wäre nur dann nicht die Folge dieses Grundsatzes, wenn die Wahrnehmung des Strafanspruchs durch einen Staat den entsprechenden Anspruch aller anderen Staaten ausschliessen würde[124]. Dieser, im rechtswissenschaftlichen Schrifttum[125] zum Teil vertretenen Ansicht, sind jedoch nur wenige Staaten gefolgt[126]. Die Anwendung des Universalitätsprinzips durch einen Staat schliesst mithin nicht generell alle anderen Staaten von der Strafverfolgung aus[127] und verstärkt damit das Risiko einer zwischenstaatlichen Mehrfachverfolgung und Mehrfachbestrafung. Angesichts dieser möglichen Vielfalt nationaler Weltrechtspflegemassnahmen wird befürchtet, dass eine „justizielle Unordnung" drohe[128].

Gefordert wird, das „Weltstrafrecht" auf ein sinnvolles Mass zurückzuschneiden[129]. Wie bereits angesprochen, ist diese Forderung – zumindest vom deutschen Gesetzgeber – ungehört geblieben. Denn nach § 1 des erst kürzlich in Kraft getretenen dVStGB gilt dieses „für die in ihm bezeichneten Verbrechen auch dann, wenn die Tat im Ausland begangen wurde und keinen Bezug zum Inland aufweist". Bei Auslandsaufenthalt des Täters kann (Ermessen) lediglich nach § 153f Abs. 2 StPO von der Verfolgung abgesehen werden, wenn eine anderweitige Strafverfolgung – z.B. durch einen tatnäheren Staat – tatsächlich begonnen hat (Subsidiaritätsgedanke)[130]. Der Geltungsbereich des deutschen Strafrechts ist also nicht konsequent über das Erfordernis eines „hinreichenden Inlandsbezugs" beschränkt worden[131]. Damit ist auch in diesem Bereich – über das Weltrechtsprinzip – die Gefahr einer Mehrfachverfolgung und/oder -bestrafung gegeben, sobald mindestens zwei Staaten in Bezug auf eine Völkerstraftat einen Strafanspruch geltend machen.

Der soeben angesprochene Subsidiaritätsgedanke ist heute nur konsequent im Prinzip der *stellvertretenden Strafrechtspflege* umgesetzt. Gemäss diesem Prinzip besteht ein nationaler Strafanspruch (nur) dann, wenn ein anderer Staat an der Wahrnehmung seines eigenen Strafanspruchs aus tatsächlichen oder rechtlichen Gründen gehindert ist[132]. Dieses Prinzip des Geltungsbereichsrechts vermeidet also schon intern, dass ein Staat eine ihm nicht primär zustehende Strafgewalt ausübt, indem der auf dieses

[124] Kress, ZStW 114 (2002), 818, 842; Endriss/Kinzig, StV 1997, 665, 666; Oehler (1983), Rn. 906; ders., in: FS für Grützner (1970), 110, 126.

[125] Kress, ZStW 114 (2002) 818, 842; Endriss/Kinzig, StV 1997, 665, 666; Vogler, JR 1988, 139, 140; Oehler (1983), Rn. 906.

[126] Thomas (2002), S. 117; Oehler, in: FS für Grützner (1983), 110, 126.

[127] Endriss/Kinzig, StV 1997, 665, 666.

[128] Kress, ZStW 114 (2002), 818, 823.

[129] Lagodny/Nill-Theobald, JR 2000, 205, 206.

[130] Kress, ZStW 114 (2002), 818, 846.

[131] Kress, ZStW 114 (2002), 818, 845.

[132] Pappas (1996), S. 9.

Prinzip gestützte nationale Strafanspruch nur hilfsweise wahrgenommen werden darf. Die Gefahr doppelter Strafverfolgung und Bestrafung ist in diesem Bereich mithin von vornherein gebannt[133]. Diesem Prinzip wurde in den USA zwar stets weniger Beachtung geschenkt als in Europa, funktionale Unterschiede bestehen jedoch kaum[134].

III. Vervielfältigung nationaler Strafbefugnisse infolge fehlender Kollisionsnormen

Die voranstehenden Ausführungen zur Begründung nationaler Strafansprüche für Straftaten mit Auslandsbezug haben sichtbar werden lassen, dass das Risiko, in mehreren Staaten wegen derselben Straftat verfolgt und abgeurteilt zu werden, von den Anknüpfungsprinzipien des Internationalen Strafrechts abhängt[135]. Diese schaffen – wie aufgezeigt – einzelstaatliche Strafbefugnisse, für die es nicht immer darauf ankommt, dass der *Täter* in (irgend)einer vor der Straftat begründeten Beziehung zum strafenden Staat steht. Während eine solche Täter-Staat-Beziehung bei den Prinzipien der Territorialität und der aktiven Personalität noch gegeben ist und ein staatlicher Strafanspruch aus dieser Verbindung heraus einsichtig erscheint, fehlt eine solche Beziehung zwischen dem Täter und dem strafenden Staat beim Universalitäts- und beim Realprinzip sowie beim passiven Personalitätsprinzip. Während die beiden Schutzgrundsätze (Real- und passives Personalitätsprinzip) immerhin noch eine (rechtliche) Beziehung zwischen dem strafenden Staat und dem verletzten *Rechtsgut* (Individuum oder staatliche Institution) aufweisen, aus der der staatliche Strafanspruch einsichtig erscheint, muss beim Universalitätsprinzip (gar) keine irgendwie geartete Verbindung mehr zwischen dem strafverfolgenden und sanktionierenden Staat und dem Straftäter bestehen, da Völkerrechtsverbrechen Straftaten gegen die Weltgemeinschaft als solche sind. Das Weltrechtsprinzip ist damit der am weitesten gehende Strafanwendungsgrundsatz des Internationalen Strafrechts.

Die gegenwärtige Staatenpraxis beschreitet mit dieser Vervielfältigung einzelstaatlicher Strafansprüche den Weg, möglichst viele nationale Strafbefugnisse zu schaffen, um sicherzustellen, dass der Straftäter in einem engmaschigen Netz von Strafberechtigungen gefangen wird, gleichgültig wohin er flüchtet. Dahinter steht der Grundgedanke, dass ein Täter in möglichst keinem Staat der Welt vor Strafverfolgung sicher

---

133 Mayr (2000), S. 75f.

134 Blakesley/Lagodny, in: Eser/Lagodny, Principles and Procedures for a New Transnational Criminal Law (1992), 47, 66.

135 Im Ergebnis so auch Radtke/Busch, NStZ 2003, 181, 182.

sein soll[136]; der Etablierung sog. „Ruheräume“ soll auf diese Weise entgegen gewirkt werden. Den geistesgeschichtlichen Hintergrund für die Inanspruchnahme dieser „Allzuständigkeit“ in Bezug auf die Ausübung der eigenen Strafjustiz bildet der auf Kant zurückgehende Gedanke der absoluten Gerechtigkeit. Nach diesem ist das Verbrechen ohne Rücksicht auf Zweckmässigkeitserwägungen zu verfolgen und zu bestrafen. Dieser Gedanke führt denknotwendig zu einer möglichst weiten Ausdehnung eigener staatlicher Strafgewalt[137]. Rechtshistorisch betrachtet galt bei der nationalen Normsetzung stets als oberstes Prinzip, die eigenen staatlichen Interessen zu wahren. Zur Verwirklichung derselben wurde deshalb der Anwendungsbereich der eigenen Rechtsordnung nicht zu eng gesteckt, selbst auf die Gefahr hin, mit der Strafverfolgungskompetenz eines anderen Staates zu kollidieren[138]. Folge dessen ist, dass es sich bei den Bestimmungen des Internationalen Strafrechts im hier betrachteten Sinn gerade nicht um Kollisionsregelungen handelt. Dies im Gegensatz zu den Vorschriften des Internationalen Privatrechts, die Aufschluss darüber geben, welches nationale Recht zur Beurteilung einer bestimmten Sachlage mit Auslandsbezug anzuwenden ist[139].

Auf den ersten Blick erscheint es sinnvoll, auch im Internationalen Strafrecht die Vielzahl der einzelstaatlichen Strafansprüche mit Hilfe einer Kollisions-Regelung in eine gestufte Rangordnung zu bringen[140]. Ein solches Prioritätensystem könnte so ausgestaltet sein, dass primär ausschliesslich dem Tatortstaat die Kompetenz zur Strafverfolgung zukommt und die nachgeordneten Staaten ihre Strafgewalt ebenfalls nur in einer bestimmten Reihenfolge wahrnehmen dürfen, wenn der primär zuständige Staat seine Strafbefugnis nicht ausgeübt hat[141]. Eine derartige Hierarchie der Anknüpfungsprinzipien des Internationalen Strafrechts gibt es jedoch bis heute nicht[142]. Dieses deshalb nicht, weil die dargelegten Grundsätze des Internationalen Strafrechts

---

136 Biehler u.a., Freiburg Proposal (2003), S. 12; Vander Beken/Vermeulen/Lagodny, NStZ 2002, 624, 625; Lagodny, in: FS für Trechsel (2002), 253, 263; ders., BMJ 2001, S. 101; ders., ZStW 101 (1989), 987, 1009.

137 Lagodny/Nill-Theobald, JR 2000, 205, 206; Vogler, ZStW 96 (1984), 531, 538.

138 Oehler (1983), Rn. 955.

139 Hackner/Lagodny/Schomburg/Wolf (2003), Rn. 5; Hecker, StV 2001, 306.

140 Blakesley/Lagodny, in: Eser/Lagodny, Principles and Procedures for a New Transnational Criminal Law (1992), 47, 94; Lagodny, ZStW 101 (1989), 987, 1004f.; Linke, in: FS für Grützner (1970), 85, 88.

141 Blakesley/Lagodny, in: Eser/Lagodny, Principles and Procedures for a New Transnational Criminal Law (1992), 47, 94; Nelles, ZStW 109 (1997), 727, 748; Rüter, ZStW 105 (1993), 30, 33ff.; Linke, in: FS für Grützner (1970), 85, 88.

142 Radtke/Busch, NStZ 2003, 281, 282; Lagodny, in: FS für Trechsel (2002), 253, 255; Blakesley/Lagodny, in: Eser/Lagodny, Principles and Procedures for a New Transnational Criminal Law (1992), 47, 97.

lediglich die Frage beantworten, unter welchen Voraussetzungen ein Staat in *völkerrechtskonformer* Weise im Hinblick auf eine Straftat seine eigene Strafgewalt begründen und damit überhaupt strafverfolgend tätig werden darf[143]. Die Anknüpfungsprinzipien des Internationalen Strafrechts behandeln und beantworten mithin nur die Frage der *Vereinbarkeit* von nationalen Strafbefugnissen mit dem Völkerrecht[144]. Die Anknüpfungsprinzipien des nationalen Strafanwendungsrechts[145] können selbst aber keine Aussage darüber enthalten, wann aus *völkerrechtlicher* Sicht dem einen Anknüpfungsprinzip Priorität oder Subsidiarität im Vergleich zu einem anderen zukommt. Die Anknüpfungsprinzipien können daher in sich selbst keine Rangordnung enthalten[146]. Eine hierarchische Stufung der Anknüpfungsprinzipien könnte allenfalls aus dem Völkergewohnheitsrecht folgen[147]. Beispielsweise in der Form, dass die Anwendung eines reinen oder strikten Territorialitätsprinzips[148] anerkannt wird, welches die prinzipielle Vorherrschaft des Territorialitätsgrundsatzes über die anderen möglichen Anknüpfungsprinzipien begründet[149]. Abgesehen von einer Überschneidung der Strafbefugnisse, die auch bei ausschliesslicher Anwendung des Territorialitätsgrundsatzes aus einem weit verstandenen Tatortbegriff folgt[150], könnte es dann zu keiner Überlappung von Zuständigkeiten mehr kommen. Denn die Möglichkeiten der Überschneidung von Strafverfolgungskompetenzen vermehren sich erst mit der verstärkten Anknüpfung an andere (weitere) Prinzipien[151]. Wie dargelegt, erhöht insbesondere das Zusammentreffen von Territorialitäts- und Personalitätsprinzip das Risiko mehrfacher Strafverfolgung und Bestrafung[152]. Keine Anstrengung, das Problem konkurrierender zwischenstaatlicher Strafansprüche durch die Einführung einer Hierarchie von Prioritäten zwischen den betroffenen Staaten zu lösen, konnte aber bisher zu einem international anerkannten Standard führen[153]. Insbesondere von der Herausbildung eines völkergewohnheitsrechtlichen Grundsat-

---

[143] Thomas (2002), S. 166; Lagodny, in: FS für Trechsel (2002), 253, 255; ders., BMJ 2001, S. 44.

[144] Lagodny, in: FS für Trechsel (2002), 253, 255; ders., ZStW 101 (1989), 987, 1005; ders., BMJ 2001, S. 44; Vogler, in: FS für Grützner (1970), 149, 158.

[145] Lagodny, BMJ 2001, S. 44; Weigend, ZStW 105 (1993), 774, 776.

[146] Vander Beken/Vermeulen/Lagodny, NStZ 2002, 624, 625; Lagodny, in: FS für Trechsel (2002), 253, 255; ders., BMJ 2001, S. 44.

[147] Lagodny, in: FS für Trechsel (2002), 253, 255f.; ders., BMJ 2001, S. 44.

[148] Blakesley/Lagodny, in: Eser/Lagodny, Principles and Procedures for a New Transnational Criminal Law (1992), 47, 98; Lagodny, BMJ 2001, S. 44; Luther, NJW 1968, 1026, 1027.

[149] Böhm (2002), S. 12f.; Lagodny, BMJ 2001, S. 44; Lagodny/Nill-Theobald, JR 2000, 205, 207.

[150] Vgl. oben die Ausführungen zum Territorialitätsprinzip.

[151] Leidenmühler/Plöckinger, wistra 2003, 81; Böhm (2002), S. 13; Blakesley/Lagodny, in: Eser/Lagodny, Principles and Procedures for a New Transnational Criminal Law (1992), 47, 98; Oehler (1983), Rn. 156.

[152] Vgl. oben die Ausführungen zum aktiven Personalitätsprinzip und zum Schutzprinzip.

[153] Van den Wyngeart, organisierte Kriminalität, 5, 13.

zes, aus dem die Dominanz des Territorialitätsprinzips über andere Anknüpfungsprinzipien folgt[154], kann bis heute nicht ausgegangen werden, da alle in diese Richtung zielenden Einigungsversuche erfolglos geblieben sind[155]. Der völkergewohnheitsrechtliche Übergang zum reinen Territorialitätsgrundsatz erscheint insbesondere deshalb nicht machbar, weil er den nationalen Interessen nach weit reichender staatlicher Souveränität in Fragen der Strafverfolgung nicht gerecht wird[156]. Denn völkerrechtlich betrachtet obliegt grundsätzlich jedem Staat die Befugnis, Inhalt und Grenzen seiner Strafgewalt selbst zu bestimmen[157]. Eine Bereitschaft, auf diese Befugnis in grösserem Umfang zu verzichten, ist bislang nicht erkennbar. Zwischenstaatlich fehlt es auch an Vorschriften oder Richtlinien, nach denen dieser Konflikt gelöst werden könnte. Auch sind keine übergeordneten Instanzen vorhanden, die entscheiden könnten, welchem Staat die Wahrnehmung seiner Strafgewalt allein zukommt[158].

In den Anknüpfungsprinzipien des Internationalen Strafrechts steckt mithin das Potenzial für eine einseitig-nationale und weltumfassende Auslandsstrafgewalt für nahezu jedwedes Delikt[159]. Die (auch) zwischenstaatliche Kombination dieser in den einzelnen Rechtsordnungen verankerten Prinzipien hat zu einem die Welt umspannenden, sich vielfach überlappenden und überschneidenden Netz von Strafbefugnissen geführt, so dass zwischenstaatliche positive Kompetenz-Konflikte[160] unvermeidlich sind[161]. Diese sind dadurch gekennzeichnet, dass die Gerichte von zwei oder mehr Staaten, denen im konkreten Fall Strafgewalt obliegt, ihre Zuständigkeit in derselben Sache zu gleicher Zeit (parallel) oder nacheinander (wiederholend) wahrnehmen und ein Strafverfahren tatsächlich einleiten oder zumindest die entsprechende Absicht erkennen lassen. Für die Auslösung eines solchen Kompetenz-Konfliktes genügt es aber auch schon, wenn parallel oder wiederholend Verfolgungs- oder Untersuchungshandlungen eingeleitet werden[162].

---

[154] Bzw. die Subsidiarität anderer Prinzipien, vgl. Blakesley/Lagodny, in: Eser/Lagodny, Principles and Procedures for a New Transnational Criminal Law (1992), 47, 99.

[155] Vander Beken/Vermeulen/Lagodny, NStZ 2002, 624, 625; Lagodny, in: FS für Trechsel (2002), 253, 256.

[156] Böhm (2002), S. 13; Oehler (1983), Rn. 977.

[157] Wolf (1999), 67, 69.

[158] Linke, in: FS für Grützner (1970), 85.

[159] Lagodny/Nill-Theobald, JR 2000, 205, 206.

[160] Abgesehen davon existieren auch negative Kompetenz-Konflikte. Bei diesen ist kein Staat bereit, seine Straf-Kompetenz wahrzunehmen.

[161] Landerer (2000), S. 22; Blakesley/Lagodny, in: Eser/Lagodny, Principles and Procedures for a New Transnational Criminal Law (1992), 47, 98f; Vogler, in: FS für Grützner (1970), 149, 153.

[162] Hackner/Lagodny/Schomburg/Wolf (2003), Rn. 5, 265; Linke, in: FS für Grützner (1970), 85, 87.

Zwar kann grundsätzlich das Erledigungsprinzip, wonach auf die Durchsetzung des eigenen Strafanspruchs verzichtet wird, wenn die Straftat im Tatortstaat abschliessend beurteilt worden ist, eine Kollision zwischenstaatlich konkurrierender Strafansprüche vermeiden helfen[163], doch hat dieses international bislang keine konsequente Anerkennung gefunden[164]. Die positiven Kompetenzkonflikte lassen sich auch mit Hilfe des nur wenigen Anknüpfungsmaximen bekannten Anrechnungsprinzips nur unvollkommen lösen[165]. Dieses deshalb, weil die nach diesem Prinzip vorgesehene Anrechnung von bereits im Ausland für dieselbe Tat verbüssten Strafen bestenfalls eine Doppel*bestrafung*, nicht aber eine doppelte Straf*verfolgung* und *Verurteilung* verhindern kann. Es begnügt sich nämlich mit der Vermeidung der bedenklichsten Konsequenz, d.h. einer zwischenstaatlichen Kumulierung des Vollzugs der Strafe[166].

Die zwischenstaatliche Konfliktsituation wird zudem begünstigt, wenn die Strafverfolgungsbehörden des Heimatstaates des Täters aufgrund des strafprozessualen Legalitätsprinzips[167] *verpflichtet* sind, ein Strafverfahren einzuleiten, sobald sie durch den ausländischen Tatortstaat, der ebenfalls einen Strafanspruch hat, von der Straftatbegehung in Kenntnis gesetzt werden[168].

IV. Zwischenergebnis: Formulierung von Problem- und Gefahrenkreisen

Die bisherigen Ausführungen konnten insoweit aufzeigen, dass das – in einem „klassischen“ Sinn verstandene – Internationale Strafrecht Bestimmungen enthält, an die einzelstaatlich begründete Strafansprüche für Delikte mit Auslandsbezug anknüpfen. Diese Anknüpfungsprinzipien schaffen – in Bezug auf dieselbe Tat – sowohl jeweils für sich als auch in ihrem Zusammenwirken ein Risikopotenzial für eine zwischenstaatliche mehrfache Strafverfolgung und Bestrafung.

Aufgezeigt wurde, dass die nationale Strafgewalt sowohl nach dem Territorialitäts- als auch nach dem aktiven Personalitätsprinzip auf einer der Straftat vorausgehenden rechtlichen Täter-Staat-Beziehung gründet. Abgesehen davon, dass – leicht einsichtig – aus dem Zusammentreffen dieser beiden Prinzipien ein Risiko für eine zwischenstaatliche Mehrfachverfolgung und -bestrafung folgt, bedingen beide Grundsät-

[163] Linke, in: FS für Grützner (1970), 85, 87.
[164] Vogler, in: FS für Grützner (1970), 149, 153.
[165] Vogler, in: FS für Grützner (1970), 149, 154.
[166] Linke, in: FS für Grützner (1970), 85, 87.
[167] Verpflichtung zur Verfolgung und Anklage strafbarer Handlungen.
[168] Linke, in: FS für Grützner (1970), 85, 87.

ze auch jeweils für sich (inhärent) eine solche Gefahr. Für den Gebietsgrundsatz ist diese auf einen weit verstandenen Tatortbegriff zurückzuführen und für den Staatsangehörigkeitsgrundsatz auf die Zunahme sog. Mehrstaatigkeit.
Bei den Prinzipien des (Staats)Schutzes und der Universalität ist hingegen nicht erkennbar, dass der allfällige Täter in einer der Tat vorausgehenden rechtlichen Beziehung zum strafenden Staat steht. Die kombinierte Anwendung dieser Prinzipien mit den vorerwähnten Grundsätzen (Territorialität und aktive Personalität) erhöht nochmals das Potenzial zwischenstaatlich geführter doppelter Strafverfolgung und Bestrafung in Bezug auf dieselbe Tat. Der Staatsschutzgedanke des Realprinzips und der Individualschutzgedanke des passiven Personalitätsprinzips bergen aber auch wieder jeweils für sich (inhärent) ein Potenzial für eine transnationale mehrfache Strafverfolgung und Bestrafung. Dieses immer dann, wenn entweder die Staatsinteressen oder die Bürger mehrerer Staaten gleichzeitig betroffen sind. Deutlich wurde zudem, dass auch das Universalitätsprinzip – als weitester Strafanwendungsgrundsatz – bei alleiniger Anwendung ein enormes Potenzial für eine zwischenstaatlich duplizierte Strafverfolgung und Bestrafung in sich trägt.

Mangels einer – auch nicht völkergewohnheitsrechtlichen – zwischenstaatlich verbindlichen Kompetenzverteilung, im Sinne einer gestuften Rangordnung der erwähnten Anknüpfungsprinzipien, ist derzeit ein Ausschluss des Risikos von transnational geführter mehrfacher Strafverfolgung und Bestrafung mit Hilfe der Vorschriften des sog. Internationalen Strafrechts nicht möglich. Dies ist auch die Folge, die aus der nicht konsequenten Anerkennung des Erledigungsprinzips im internationalen Bereich und der strengen Beachtung des Legalitätsprinzips resultiert. Auch kann das wenigen Anknüpfungsgrundsätzen bekannte Anrechnungsprinzip bestenfalls eine Dopplung des Strafvollzuges verhindern, nicht aber eine mehrfache Strafverfolgung und Verurteilung.

Das herausgearbeitete und auf den Anknüpfungsprinzipien des Internationalen Strafrechts basierende Risiko, „Objekt" einer (mindestens) duplizierten zwischenstaatlichen Strafverfolgung und Bestrafung zu werden, wird nachfolgend weiter in einzelnen Problem- und Gefahrenkreisen präzisiert, damit es als konkret fassbarer Gegenstand einer weiteren Betrachtung und Bearbeitung zugänglich wird.

Die hier insoweit begründete Gefahr, von einer transnationalen doppelten Strafverfolgung und Bestrafung hinsichtlich derselben Tat betroffen zu sein, lässt sich unter Beachtung des Wortsinns des Begriffes „Dopplung" auf zwei Problem- oder Gefahrenkreise konkretisieren. Denn der Wortsinn des Adjektivs „doppelt" bedeutet zum einen „zweifach" und „noch einmal" und zum anderen „paarweise" und „gepaart". Eine duplizierte Strafverfolgung kann für den Betroffenen demnach entweder bedeuten, dass er „wiederholt“ (doppelt) einem Strafverfahren ausgesetzt wird; oder, dass er „parallel“ (paarweise) strafrechtlich verfolgt wird.

Weiter präzisiert ist dieses Gefahrenpotenzial einer duplizierten Strafverfolgung demzufolge vom Risiko einer *iterativen* (wiederholten) sowie von einer *simultanen* (parallelen) Strafverfolgung und Bestrafung gekennzeichnet.

Diese, auf einer Vielzahl von Anknüpfungsprinzipien des Internationalen Strafrechts basierenden Problem- oder Gefahrenkreise lassen sich – zumindest gedanklich – auf zwei unterschiedlichen Ebenen lokalisieren.

- Auf einer vordergründigen Primärebene lässt sich die Gefahr einer zwischenstaatlich iterativ (d.h. wiederholt) geführten und daher mindestens duplizierten *Strafverfolgung* und *Bestrafung* im sog. Zweit- bzw. Nachverfolgerstaat ausmachen.

- Auf einer dieser nachgeordneten – weniger offensichtlichen – Sekundärebene lässt sich die Gefahr verorten, dass es nicht bloss *nach* abgeschlossener Strafverfolgung zu einem erneuten – also iterativ geführten – Strafverfahren und ggf. zu einer erneuten Bestrafung im Zweit- bzw. Nachverfolgerstaat kommt (Primärebene), sondern dass aufgrund von *vornherein* zwischenstaatlich widerstreitenden Straf-Kompetenzen die Strafverfolgung durch *simultane* Strafverfahren parallel betrieben wird. Eine solche Parallel- oder Simultan*verfolgung* in unterschiedlichen Staaten birgt ihrerseits die Gefahr, einen „Wettlauf“ um die „Erst-Entscheidung“ auszulösen. In der Folge wird die Beantwortung der Frage, welcher Staat sinnvollerweise die Strafverfolgung und Bestrafung wahrnimmt, nicht mehr an rationalen Sachkriterien orientiert, sondern rein faktisch nach dem Zufallsprinzip der zeitlichen Priorität entschieden.

C. Begründung der Notwendigkeit eines grenzüberschreitenden Verbots doppelter Strafverfolgung und Bestrafung

Festgestellt wurde, dass aus transnational vervielfältigten Strafansprüchen bzw. Strafgewalten des sog. Internationalen Strafrechts das Risiko einer iterativ geführten Straf*verfolgung* und *Bestrafung* sowie von Simultan*verfahren* resultiert, mithin ein hohes Potenzial für zwischenstaatliche Mehrfachverfolgungen und -bestrafungen existiert.

Diese Vervielfältigung nationaler Strafverfolgungsinteressen, die ursächlich auf den verschiedenen Anknüpfungsprinzipien eines klassisch verstandenen Internationalen

Strafrechts beruht, birgt die Gefahr, dass ein Täter wegen ein und derselben Tat mehrfach zur Verantwortung gezogen wird. Dies widerspricht auf den ersten Blick dem Gebot der „Einmaligkeit" der Strafverfolgung, dem sich die allermeisten Rechtsordnungen auf nationaler Ebene verpflichtet sehen[169]. Dieses Gebot hat im Verbot doppelter Strafverfolgung und Bestrafung (lat. ne bis in idem = nicht zweimal wegen desselben oder nicht zweimal im gleichen Prozess) seinen Niederschlag gefunden. Es soll gewährleisten, dass niemand wegen einer strafbaren Handlung, wegen der er nach dem Gesetz und dem Strafverfahrensrecht eines Landes rechtskräftig verurteilt oder freigesprochen worden ist, *in diesem Land* erneut strafrechtlich verfolgt oder bestraft wird. Dieses in den Rechtsordnungen aller rechtsstaatlich verfassten Staaten verankerte Verbot[170] gilt aber üblicherweise nur national und eben nicht *trans*national.

Eine *zwischenstaatliche* Mehrfachverfolgung und -bestrafung steht damit zwar nicht in Widerspruch zu einem rein *national* verstandenen Doppelverfolgungs- und Bestrafungsverbot. Doch kann nicht übersehen werden, dass vervielfältigte und gleichzeitig zwischenstaatlich konkurrierende einzelstaatliche Strafansprüche einerseits und die grundsätzlich jeder Rechtsordnung bekannte (nationale) Verpflichtung zur Achtung des Gebots (nur) „einmaliger" Strafverfolgung und Bestrafung andererseits zumindest ein gewisses Spannungsverhältnis entstehen lassen. Dieses aufzulösen erscheint dann geboten, wenn eine *zwischenstaatliche* Missachtung des Grundsatzes der „Einmaligkeit" der Strafverfolgung und Bestrafung in Konflikt gerät mit wesentlichen Schutzpflichten (I.) und Fundamentalprinzipien (II.) des Rechtsstaates. Denn nur wenn dies der Fall ist, stellen die in Konkurrenz zueinander tretenden Strafverfolgungskompetenzen verschiedener Staaten, aus denen für den Strafverfolgten das Risiko einer (mindestens) duplizierten zwischenstaatlichen Strafverfolgung und Bestrafung folgt, ein *lösungsbedürftiges Rechtsproblem* dar. Nochmals wird an dieser Stelle daran erinnert, dass eingangs unter dem Gesichtspunkt „methodische Vorgehensweise" ein solches aufzuspüren für notwendig befunden wurde, um den Forschungsgegenstand dieser Arbeit zu definieren[171].

I. Zum Konflikt mit wesentlichen Schutzpflichten des Rechtsstaats

Nachfolgend wird zunächst untersucht, mit welchen wesentlichen *staatlichen Schutzpflichten* eine sich realisierende Doppelverfolgungs- und Doppelbestrafungs-

---

[169] Tansey, in: Anagnostopoulos, Internationalisierung des Strafrechts (2003), 115, 118; Kühne (2003), Rn. 60.

[170] Dannecker, in: FS für Kohlmann (2003), 593, 597

[171] Vgl. S. 3ff.

gefahr in Widerspruch steht bzw. welche Schutzpflichten des Rechtsstaates die Umsetzung eines transnationalen Verbots doppelter Strafverfolgung und Bestrafung gebieten.

Jedem Rechtsstaat obliegt eine allgemeine Schutzpflicht gegenüber dem Staatsvolk. Denn jedenfalls ein demokratischer Staat erfährt seine eigene Legitimation unmittelbar durch das Volk, so dass er diesem gegenüber – schon seiner eigenen Existenz willen – auch verantwortlich ist[172]. Aber auch verfassungsrechtlich normierte Grundrechte begründen eine solche staatliche Schutzpflicht, sofern dem Gedanken gefolgt wird, dass Grundrechte nicht bloss Abwehrrechte des Bürgers gegen Staat sind, sondern auch einen objektiven, dem Bürger vom Staat zu gewährenden Gehalt verkörpern[173].

Auch wenn heute grösstenteils unumstritten ist, dass verfassungsrechtlich verbriefte Rechte auch Schutzpflichten des Staates gegenüber seinen Bürgern begründen, fordert das Verfassungsrecht nicht ausdrücklich eine Lösung zwischenstaatlicher Strafgewaltkonflikte, da ein Verbot wiederholter oder simultaner zwischenstaatlicher Strafverfolgung und Bestrafung eben (noch) nicht als allgemeines Grundrecht existiert, vgl. bspw. Art. 103 Abs. 3 dGG.

Anders jedoch, wenn der *Schutz des allgemeinen Persönlichkeitsrechts*[174] in die Betrachtung einbezogen wird, worauf insbesondere Lagodny[175] hingewiesen hat: Jedes Ermittlungsverfahren beginnt mit den gegen eine bestimmte Person gerichteten Ermittlungshandlungen. Dieser Inkulpationsakt, der im Extremfall andauert, bis das Strafverfahren durch Schuld- oder Freispruch beendet wird, stellt einen Eingriff in die persönliche Ehre desjenigen dar, gegen den die Ermittlungsmassnahmen betrieben werden[176]. Dieses deshalb, weil jede Kriminalstrafe, die letztlich Folge des Inkulpationsaktes sein kann, verbunden ist „[...] mit einem ehrenrührigen [...] Unwerturteil über eine Verhaltensweise des Betroffenen [...]“[177]. Jede verhängte Strafe – als Konsequenz von Ermittlungshandlungen – spricht mithin ein die persönliche Ehre berührendes und Unwert begründendes Urteil hinsichtlich eines bestimmten Verhaltens einer bestimmten Person aus. Mit einem solchen Eingriff in die persönliche Ehre ist zugleich ein Eingriff in das allgemeine Persönlichkeitsrecht gegeben. Dieses deshalb, weil die persönliche Ehre eine besondere Ausprägung des verfas-

---

[172] Thomas (2002), S. 121.

[173] Dreier, in: Dreier, Grundgesetz Kommentar Bd. 1 (1996), Vorb. Rn. 62f.

[174] Art. 2 Abs. 1 i.V.m. Art. 1 Abs. 1 dGG.

[175] Lagodny, Empfiehlt es sich, eine europäische Gerichtskompetenz für Strafgewaltkonflikte vorzusehen, Gutachten im Auftrag des BMJ (2001).

[176] Lagodny, BMJ 2001, S. 34.

[177] BVerfGE 43, 101 (105); Lagodny, BMJ 2001, S. 35.

sungsrechtlich geschützten allgemeinen Persönlichkeitsrechts ist[178]. Während des strafprozessualen Ermittlungsverfahrens manifestiert sich der in die Ehre eingreifende Charakter der Ermittlungshandlungen beispielsweise dann, wenn einem vernommenem Zeugen der Beschuldigte namentlich genannt wird. Denn damit wird gegen den Beschuldigten – ehreingreifend – der Vorwurf strafbaren Handelns erhoben. Ähnliches gilt mit Blick auf die Anwesenheitspflicht des Angeklagten vor Gericht. Dort muss sich dieser vor der Verhandlungsöffentlichkeit verantworten, womit ehreingreifende Belastungen verbunden sind. Sofern ein rechtskräftiger Schuldspruch erfolgt, ist festgestellt, dass der Eingriff in das allgemeine Persönlichkeitsrecht, konkret in die persönliche Ehre, verfassungsrechtlich gerechtfertigt ist, andernfalls hingegen nicht länger andauern darf[179].

Fraglich ist, ob vor diesem Hintergrund ein weiteres inländisches – in die Ehre eingreifendes – Strafverfahren gerechtfertigt werden kann, nachdem bereits ein Strafverfahren im Ausland abgeschlossen wurde. Ein Eingriff in den Schutzbereich eines Grundrechts, hier das allgemeine Persönlichkeitsrecht mit der Ehre als besondere Ausprägung, wird dann als verfassungsrechtlich gerechtfertigt angesehen, wenn der Eingriff zum Erreichen eines legitimen Zwecks „geeignet", „erforderlich" und „angemessen" ist[180]. Anders als der Zivilprozess, der auf der Grundlage der Verhandlungsmaxime vom tatsächlichen Vorbringen der Parteien abhängig ist, orientiert sich das Strafverfahren an der Pflicht zur Erforschung materieller Wahrheit[181]. Sie zu ermitteln, ist das vorrangige Ziel des Strafprozesses[182]. Zentrales Anliegen des Strafverfahrens und der Strafrechtspflege im Allgemeinen ist mithin das Aufspüren des wahren Geschehens[183]. Dieses zu erforschen, ist dem Strafrichter ebenso zur verbindlichen Aufgabe gemacht wie dem Staatsanwalt[184]. Sofern anerkannt wird, dass auch ein ausländisches Gericht die Wahrheit finden kann, ist mit einem ergangenen ausländischen Schuld- oder Freispruch dem Zweck des Strafverfahrens, materielle Wahrheit zu erforschen, Genüge getan und ein weiteres inländisches Strafverfahren zur Zweckerreichung zwar grundsätzlich „geeignet" (zweckdienlich), jedoch nicht mehr „erforderlich" und damit verfassungsrechtlich nicht mehr legitimierbar. Ein weiteres inländisches Strafverfahren könnte nur unter der Annahme als „erforderlich" angesehen werden, dass ein ausländisches Strafverfahren die Wahrheitsermitt-

---

[178] Starck, in: v. Mangoldt/Klein/Starck, Bonner Grundgesetz Kommentar Bd. 1 (1999), Art. 2 Abs. 1, Rn. 159; Dreier, in: Dreier, Grundgesetz Kommentar Bd. 1 (1996), Art. 2 Abs. 1, Rn. 53.

[179] Lagodny, BMJ 2001, S. 34.

[180] Dreier, in: Dreier, Grundgesetz Kommentar Bd. 1 (1996), Vorb. Rn. 92 - 94.

[181] Pickert (1984), S. 38.

[182] Lagodny, in: FS für Trechsel (2002), 253, 258.

[183] Strate, Schriftenreihe 1992, 278, 279 u. 286; ders., DuR 1992, 23, 24 u. 34; vgl. dazu im Einzelnen: Eicker, Die Prinzipien der materiellen Wahrheit und der freien Beweiswürdigung im Strafprozess (2001), S. 8ff.

[184] Strate, Schriftenreihe 1992, 278, 282; ders., DuR 1992, 23, 29; Pickert (1984), S. 38.

lung nicht in demselben Masse gewährleistet, wie ein inländisches Strafverfahren[185]. Die Überprüfung dieser Erforderlichkeit ist verfassungsrechtlich an sog. milderen, aber gleich wirksamen Mitteln orientiert[186]. Die Erforderlichkeit eines weiteren (inländischen) Strafverfahrens wäre unter der vorgenannten Prämisse gegeben, weil die Durchführung eines zweiten (diesmal inländischen) Strafverfahrens ein mindestens gleich wirksames, wenn nicht gar wirksameres und vielleicht milderes Mittel zur Zweckerreichung (Wahrheitsermittlung) darstellen würde. Ein generelles Misstrauen gegenüber ausländisch-gerichtlicher Wahrheitsfindung ist jedoch unberechtigt, weil sich – zumindest in Europa – längst eine grenzübergreifende gemeinsame Strafrechtskultur herausgebildet hat. Die Argumente der Skeptiker wurzeln in einem etwas altmodisch anmutenden Souveränitätsgedanken. Dieser basiert auf der Annahme, dass sich in der Strafrechtspflege eines Volkes besonders deutlich dessen nationale und kulturelle Eigenheiten ausprägen. Wenigstens innerhalb Europas dürfte jedoch – bei realistischer Betrachtung der Wirklichkeit der Strafrechtspflege – keine Rechtsordnung Anlass haben, sich im Alleinbesitz von Strafrechtskultur zu wähnen. Jedenfalls dann nicht, wenn als Massstab für „Strafrechtskultur" der rational gesteuerte Einsatz von Strafrecht zur Übelsvermeidung angesehen wird[187].
Die Konsequenz dieser Überlegungen ist, dass ein weiteres inländisches Strafverfahren, das verbunden ist mit einem Eingriff in das allgemeine Persönlichkeitsrecht (konkret in die Ehre als besondere Ausprägung desselben) – mangels Erforderlichkeit zum Erreichen des strafprozessualen Zwecks Wahrheitsfindung – verfassungsrechtlich nicht gerechtfertigt werden kann. Aus Gründen des Persönlichkeitsrechtsschutzes gilt es deshalb weitere inländische Strafverfahren – nach abgeschlossenem ausländischen Strafverfahren – durch ein entsprechendes zwischenstaatliches Verbot zu verhindern.

Wie erwähnt birgt die Durchführung eines Strafverfahrens (psychische) Belastungen und Peinlichkeiten für den Strafverfolgten und späteren Angeklagten. Der damit verbundene Eingriff in die persönliche Ehre ist dem Betroffenen bei einem einmaligen Strafverfahren zumutbar, denn sein Recht, von persönlichkeitsrechtsverletzenden Eingriffen verschont zu bleiben, wird vom Interesse der Allgemeinheit an effektiver Strafrechtspflege überwogen[188]. Abgesehen von der mit einmaligem Strafverfahren verbundenen (psychischen) Belastung wird der Betroffene jedoch in einen fortwährenden Zustand der (psychischen) Anspannung versetzt, wenn er ständig auch noch in einem anderen Land ein erneutes Strafverfahren in derselben Sache befürchten

[185] Lagodny, BMJ 2001, S. 38.
[186] Haug (1996), S. 178.
[187] Weigend, ZStW 105 (1993), 774, 784ff.
[188] Thomas (2002), S. 143.

muss[189]. Eine solche dauerhafte Belastung des Individuums wird als mit dem *Schutz der Menschenwürde* unvereinbar angesehen[190], denn der Schutz individueller Würde gebietet, dass der Betroffene Gewissheit hat über Umfang und Grenzen des staatlichen Strafanspruchs[191]. Wird dieser Ansicht gefolgt, verlangt auch der Schutz der Menschenwürde die Normierung eines transnationalen Doppelverfolgungs- und Doppelstrafverbots.

Dem Staat obliegt ferner die Pflicht, der Begehung von Straftaten entgegen zu wirken, um die Bevölkerung *vor Straftaten zu schützen*. Dies kann zum einen durch einen generalpräventiven und zum anderen durch einen spezialpräventiven Ansatz geschehen. Dem Gedanken der Generalprävention liegt die Anschauung zugrunde, dass Strafrecht der Abschreckung dient. Der potenzielle Täter soll demnach von der Straftatbegehung Abstand nehmen, weil die aus dem Strafrecht drohenden Nachteile die möglichen Vorteile der Tat überwiegen[192]. Es darf bezweifelt werden und ist wenig plausibel, dass die Aussicht, für eine Straftat möglicherweise im Ausland wiederholt oder parallel verfolgt zu werden, gegenüber der einfachen Strafdrohung zusätzliche abschreckende Wirkung hat[193]. Unzweifelhaft ist jedoch, dass die Möglichkeit einer Mehrfachverfolgung und -bestrafung dem Gedanken der Spezialprävention widerspricht[194]. Diesem liegt ein resozialisierender Ansatz zugrunde, dem zufolge dem Täter die Fähigkeit und der Wille zur verantwortungsbewussten Lebensführung vermittelt und eine etwaige soziale Anpassungsschwierigkeit, die mit dem Delikt in Zusammenhang steht, überwunden werden soll[195]. Massnahmen, die diesem Resozialisierungsziel dienen, sind vorzugsweise von nur einem einzigen Gericht festzulegen. Eine mehrfache Strafverfolgung und Bestrafung hat eher eine asozialisierende (ausgliedernde) als eine resozialisierende (eingliedernde) Wirkung[196]. Dieses deshalb, weil ein weiteres Strafverfahren ggf. in gegenläufige Resozialisierungsmassnahmen einmündet und mithin – in Bezug auf das erste Strafverfahren – kontraproduktiv wirkt. Rehabilitationsversuche können mithin effizienter an nur einem Ort gestaltet werden[197]. Beispielsweise wird der Präventionszweck besser dadurch gefördert, dass dem Straffälligen auch im Falle einer Auslandsverurteilung im Inland die Chance gegeben wird, sich in Freiheit zu bewähren und nicht erneut ein (diesmal

---

[189] Tansey, in: Anagnostopoulos, Internationalisierung des Strafrechts (2003), 115, 119f.

[190] Thomas (2002), S. 144; Schomburg, NJW 2000, 1833.

[191] Specht (1999), S. 19.

[192] Roxin (1994), § 3 Rn. 21ff.

[193] Thomas (2002), S. 130; Lagodny, BMJ 2001, S. 64.

[194] Lagodny, BMJ 2001, S. 64.

[195] Roxin (1994), § 3 Rn. 11ff.

[196] Lagodny, BMJ 2001, S. 64.

[197] Thomas (2002), S. 129, 141.

inländisches) Strafverfahren gegen ihn geführt wird[198]. Der staatliche Schutz der Allgemeinheit vor der Begehung von Straftaten mittels eines spezialpräventiven Instrumentariums gebietet daher ebenfalls die strikte Umsetzung eines transnationalen Verbots doppelter Strafverfolgung und Bestrafung.

Insoweit wird festgehalten, dass das aus den verschiedenen Anknüpfungsprinzipien des sog. Internationalen Strafrechts resultierende Potenzial für eine transnationale Mehrfachverfolgung und -bestrafung in Konflikt mit wesentlichen Schutzpflichten des Rechtsstaates gerät. Konkret bedeutet dies, dass sowohl die allgemeine staatliche Schutzpflicht als auch der Schutz des allgemeinen Persönlichkeitsrechts und der Schutz der Menschenwürde sowie der staatliche Schutz vor Straftaten die Umsetzung eines transnationalen Doppelverfolgungs- und -bestrafungsverbots verlangen, damit sowohl eine iterative als auch eine simultane Strafverfolgung und Bestrafung zwischenstaatlich vermieden wird. Denn eine solche mehrfache Strafverfolgung und Sanktionierung steht – wie aufgezeigt – in Widerspruch zu den vorbenannten rechtsstaatlichen Schutzpflichten.

II. Zum Konflikt mit fundamentalen Prinzipien des Rechtsstaats

Nachfolgend wird gefragt, mit welchen *Fundamentalprinzipien* des Rechtsstaats eine sich realisierende Doppelverfolgungs- und Doppelbestrafungsgefahr in Konflikt gerät bzw. welche derartigen fundamentalen Grundsätze und Gebote des Rechtsstaates die Umsetzung eines transnationalen Verbots doppelter Strafverfolgung und Bestrafung verlangen.

Es dürfte weitgehend Einigkeit darüber bestehen, dass dem *Gebot der Gerechtigkeit* im Gemeinwesen des Rechtsstaates eine überragende Bedeutung zukommt[199]. Pointiert formuliert wird sogar behauptet, Gerechtigkeit zu verwirklichen sei überhaupt der einzige Zweck des Staates[200]. Da jegliche staatliche Gewalt im Rechtsstaat an Gesetz und Recht gebunden ist, ist auch die Judikative als rechtsprechende Gewalt – und mithin auch die Strafrechtsprechung – zur Wahrung der Gerechtigkeit verpflichtet[201]. Wird auf die individuelle Gerechtigkeit gegenüber dem Straftäter abgestellt, so bedeutet Gerechtigkeit im Strafprozess das Treffen einer inhaltlich richtigen[202] und rechtlich fehlerfreien[203] Entscheidung, die den Angeklagten – sofern er

[198] Vogler, ZStW 96 (1984), 531.
[199] Stratenwerth, in: FS für Kaufmann (1993), 353.
[200] Stratenwerth, in: FS für Kaufmann (1993), 353.
[201] Gössel, in: FS für Meyer-Gossner (2001), 187, 200.
[202] Radtke (1994), S. 40.

sich tatsächlich strafbar gemacht hat – entsprechend der Schwere seiner Schuld verurteilt[204]. Durch eine *einzige* Strafverbüssung ist die Schuld des Täters gesühnt. Aus Sicht des Opfers kann nichts anderes gelten. Es widerspricht mithin dem rechtsstaatlichen Gebot der Gerechtigkeit, den Täter (transnational) *mehrfach* zu verfolgen und zu bestrafen[205]. Die Wahrung des Gerechtigkeitsgebots verlangt somit (auch) eine zwischenstaatliche Umsetzung des Verbots einer Doppelverfolgung und Doppelbestrafung.

Neben dem Gebot der Gerechtigkeit ist der Wert der *Rechtssicherheit* ein wesentliches Strukturelement des Rechtsstaates[206]. Das Gebot der Rechtssicherheit schafft in erster Linie Kontinuitätsvertrauen. Hierunter ist die allgemeine Verlässlichkeit der Rechtsordnung, also die Stabilität und die in die Zukunft gerichtete Kontinuität des (gesprochenen) Rechts zu verstehen[207]. Es widerspricht diesem Gedanken der Rechtssicherheit, wenn nach der Aburteilung oder dem Freispruch einer Person für diese und für die Öffentlichkeit nicht endgültig feststeht, dass das Verfahren – die zur Anklage gebrachte Tat betreffend – abgeschlossen ist, die betroffene Person vielmehr damit rechnen muss, dass gegen sie in einem anderen Staat ein weiteres Strafverfahren eröffnet wird[208]. Auch die Wahrung des Wertes Rechtssicherheit nach einer erfolgten Erstentscheidung spricht mithin für die Umsetzung eines zwischenstaatlichen Doppelverfolgungs- und -bestrafungsverbots[209].

Ein weiteres fundamentales Prinzip jeder rechtsstaatlichen Ordnung ist *der Grundsatz der Verhältnismässigkeit*[210], welcher auch in der strafprozessualen Rechtsentwicklung den Charakter eines eigenständigen Rechtsinstituts gewonnen hat[211]. Dieser Grundsatz verlangt, dass eine Massnahme unter Würdigung aller persönlichen und tatsächlichen Umstände des Einzelfalles zur Erreichung des angestrebten Zwecks „geeignet" und „erforderlich" ist und dass der mit ihr verbundene Eingriff nicht ausser Verhältnis zur Bedeutung der Sache steht[212]. Im Gegensatz zum Zivilprozess, der auf der Verhandlungsmaxime basiert und demzufolge vom tatsächlichen Vor-

---

203 Loré (1997), S. 221.
204 Radtke (1994), S. 40.
205 Dannecker, in: FS für Kohlmann (2003), 600, Thomas (2002), S. 123; Oehler, in: FS für Grützner (1970), 110, 120.
206 Norouzi/Vogel, JuS 2003, 1059; Ossenbühl, DÖV 1972, 25, 26.
207 Loré (1997), S. 313.
208 Tansey, in: Anagnostopoulos, Internationalisierung des Strafrechts (2003), 115, 120f.; Thomas (2002), S. 120.
209 Dannecker, in: FS für Kohlmann (2003), 593, 601; Lagodny, BMJ 2001, S. 65.
210 Thomas (2002), S. 142.
211 Kleinknecht/Meyer-Gossner (2003), Einl., Rn. 158.
212 Kleinknecht/Meyer-Gossner (2003), Einl., Rn. 20.

bringen der Parteien abhängig ist, hat sich der Strafprozess – wie erwähnt – an der materiellen Wahrheit zu orientieren. Sie zu erforschen ist das primäre Ziel des Strafverfahrens. Zentrales Anliegen des Strafprozesses bzw. der Strafrechtspflege im Allgemeinen ist mithin die Ermittlung des wahren Sachverhalts. Diesen zu erforschen, ist – wie vorn schon betont – dem Staatsanwalt ebenso zur Pflicht gemacht wie dem Strafrichter[213]. Unter Anerkennung, dass auch ein ausländisches Gericht den Sachverhalt so ermitteln kann, wie sich dieser tatsächlich zugetragen hat, ist mit einer ausländischen Entscheidung in der Strafsache diesem primären Zweck des Strafverfahrens Genüge getan. Ein weiteres inländisches Strafverfahren ist dann zwar grundsätzlich noch zweckdienlich, also für sich genommen zur Zweckerreichung (Wahrheitsermittlung) „geeignet", jedoch nicht mehr „erforderlich" und somit nicht mehr verhältnismässig[214]. Die Erforderlichkeit eines weiteren inländischen Strafverfahrens wäre nur dann gegeben, wenn angenommen wird, dass ein ausländisches Strafverfahren die Wahrheitsermittlung nicht in demselben Masse gewährleistet, wie ein inländisches Strafverfahren. Ein solches generelles Misstrauen gegenüber ausländischgerichtlicher Wahrheitsfindung ist jedoch – wie bereits dargelegt – unberechtigt[215]. Es ist demgemäss nicht möglich, sich der Ansicht zu verschliessen, dass eine – auch zwischenstaatliche – mehrfache Strafverfolgung und Bestrafung unproportional ist und das Fundamentalprinzip Verhältnismässigkeit eine konsequente zwischenstaatliche Umsetzung des Verbots doppelter Strafverfolgung und Bestrafung verlangt.

Ferner ist das *Rechtsstaatsprinzip* eine weitere grundlegende Maxime des Rechtsstaates. Es besteht aus den zwei – schon behandelten[216] – Geboten der Rechtssicherheit und der materiellen Gerechtigkeit[217]. Ein wesentlicher Bestandteil des Rechtsstaatsprinzips ist mit Blick auf das Postulat Gerechtigkeit die Aufrechterhaltung einer funktionstüchtigen Rechtspflege. Ohne diese kann Gerechtigkeit und mithin Rechtsstaatlichkeit nicht verwirklicht werden[218]. Es wurde bereits dargelegt, dass eine duplizierte transnationale Strafverfolgung und Bestrafung per se schon dem Gebot der Gerechtigkeit widerspricht[219]. Zudem gerät sie auch in Konflikt mit dem Gedanken der Rechtsstaatlichkeit insgesamt. Denn eine zwischenstaatliche Duplizierung von Verfahren führt zu doppelter Arbeit und ist daher – auch unter dem Aspekt verfügba-

---

213 Vgl. Nachweise unter C. I. dieses Kapitels.

214 Dannecker, in: FS für Kohlmann (2003), 593, 600; Vander Beken/Vermeulen/Lagodny, NStZ 2002, 624, 625.

215 Vgl. Ausführungen und Nachweise unter C. I. dieses Kapitels.

216 Vgl. S. 37f.

217 Kleinknecht/Meyer-Gossner (2003), Einl. Rn. 18.

218 BVerfGE 33, 367, 383.

219 Vgl. S. 37f.

rer Ressourcen – ineffizient[220]. Letzteres möglicherweise auch deshalb weil die Ermittlungsmassnahmen in Kenntnis der Möglichkeit zur Durchführung eines weiteren Strafverfahrens in einem anderen Staat ggf. von vornherein weniger sorgfältig durchgeführt werden, als wenn es nur die Möglichkeit zu einer „einmaligen" Strafverfolgung gäbe[221]. Durch die Möglichkeit zur zwischenstaatlichen Doppelverfolgung darf die vom Rechtsstaatsprinzip verlangte Aufrechterhaltung einer funktionstüchtigen Rechtspflege zumindest als gefährdet angesehen werden. Abgesehen von den Postulaten der Rechtssicherheit und der Gerechtigkeit, die beide Ausfluss des Rechtsstaatsprinzips sind, gebietet letzteres auch unter dem Blickwinkel der Gewährung eines leistungsfähigen Justizsystems die strikte Umsetzung eines transnationalen Doppelverfolgungs- und -bestrafungsverbots.

Darüber hinaus ist zu beachten, dass es sich auch bei einer international-arbeitsteiligen – also zwischenstaatlichen – Strafverfolgung um eine ganzheitliche bzw. einheitliche Strafverfolgung handelt[222]. In diesem Zusammenhang wird auch vom *Grundsatz der Einheitlichkeit des Verfahrens* gesprochen[223], demzufolge das Strafverfahren für sich selbst und unabhängig vom Ort der Verfahrenshandlungen als ein ganzheitliches Strafverfahren gesehen werden muss. Das Strafverfahren ist damit grundsätzlich nicht auf ein bestimmtes Staatsgebiet beschränkt, vielmehr handelt es sich auch dann noch um ein einheitliches Strafverfahren, wenn andere als nationale Behörden das Strafverfahren durchführen. Auch ein ausländisches Strafverfahren ist demgemäss Teil der Strafverfolgung insgesamt[224]. Wird als primärer Sinn und Zweck eines solchen ganzheitlichen Strafverfahrens wieder angesehen, materielle Wahrheit zu erforschen[225], um über die Schuld oder Unschuld des Verfolgten zu urteilen, dann ist diese Intention der Strafverfolgung mit einem einmalig durchgeführten und abgeschlossenen Strafverfahren – unabhängig vom Ort der Durchführung – erfüllt, so dass keine Notwendigkeit für ein weiteres iterativ oder simultan betriebenes Verfahren gegeben ist. Auch die Berücksichtigung des Grundsatzes der Einheitlichkeit des Strafverfahrens spricht mithin für die Umsetzung eines zwischenstaatlichen Doppelverfogungs- und -bestrafungsverbots.

Aufgezeigt werden konnte insoweit, dass das aus den verschiedenen Anknüpfungsprinzipien des Internationalen Strafrechts resultierende Potenzial für eine zwischen-

---

[220] Thomas (2002), S. 141.

[221] Norouzi/Vogel, JuS 2003, 1059; Tansey, in: Anagnostopoulos, Internationalisierung des Strafrechts (2003), 115, 121.

[222] Schomburg/Lagodny, IRSt (1998), Einl. Rn. 105.

[223] Thomas (2002), S. 139f.; Schomburg/Lagodny, IRSt (1998), Einl. Rn. 105.

[224] Thomas (2002), S. 140.

[225] Vgl. C. I. in diesem Kapitel.

staatlich iterativ oder simultan betriebene Strafverfolgung und/oder Bestrafung sowohl mit wesentlichen Schutzpflichten des Rechtsstaates als auch mit fundamentalen Prinzipien desselben in Konflikt gerät. In Bezug auf letztere wurde offenbar, dass eine transnationale doppelte Strafverfolgung und Bestrafung den Geboten der Gerechtigkeit und der Rechtssicherheit widerspricht und in Widerspruch steht zu den Grundsätzen der Verhältnismässigkeit und der Einheitlichkeit des Verfahrens. Ausserdem wurde eine Diskrepanz zwischen transnationaler Doppelverfolgung und -bestrafung und dem Rechtsstaatsprinzip deutlich sichtbar.

III. Zwischenergebnis:

Voranstehend wurde aufgezeigt, dass aus den Anknüpfungsmaximen eines klassisch verstandenen Internationalen Strafrechts sowohl inhärent aus jedem Anknüpfungsprinzip als auch aus deren Zusammenwirken ein hohes Potenzial für eine zwischenstaatliche Doppelverfolgung und Doppelbestrafung resultiert. In diesem Abschnitt wurde sodann der Frage nachgegangen, ob dieses Risiko einer transnationalen Mehrfachverfolgung und -bestrafung überhaupt ein juristisch lösungsbedürftiges Rechtsproblem darstellt, dem es sich in dieser Arbeit nachzugehen lohnt.

In Beantwortung dieser Frage ist in einem ersten Gedankengang sichtbar geworden, dass eine zwischenstaatlich (mindestens) duplizierte Strafverfolgung und Bestrafung mit wesentlichen *Schutzpflichten des Rechtsstaates* in Konflikt gerät. Dieses erstens deshalb, weil verfassungsrechtlich normierte Rechte auch Schutzpflichten des Staates gegenüber dem Bürger begründen, so dass eine zwischenstaatlich iterativ oder simultan geführte Strafverfolgung einen nicht legitimierbaren Eingriff in das allgemeine Persönlichkeitsrecht des Verfolgten darstellt, vor dem dieser durch ein universelles Doppelverfolgungs- und -bestrafungsverbot geschützt werden sollte. Zweitens bedeutet die Gefahr, in einem anderen Staat wiederholt oder parallel strafrechtlich verfolgt zu werden für den Täter einen fortwährenden Zustand der (psychischen) Belastung, dessen Vereinbarkeit mit dem Schutz der Menschenwürde zumindest bezweifelt werden kann und mithin auch für die Notwendigkeit eines transnationalen Mehrfachverfolgungs- und -bestrafungsverbotes spricht. Drittens wurde diese Notwendigkeit auch unter dem Gesichtspunkt des staatlichen Schutzes vor Straftaten deutlich. Schon der Gedanke der Generalprävention spricht nicht für eine doppelte zwischenstaatliche Strafverfolgung, da bezweifelt werden darf, dass das Risiko für eine Tat in mehreren Staaten iterativ oder simultan verfolgt zu werden, eine höhere Abschreckungswirkung hat als die Gefahr (nur) einmaliger Strafverfolgung und Bestrafung. Deutlich für die Umsetzung eines zwischenstaatlichen Doppelverfolgungs- und -bestrafungsverbots sprechen aber spezialpräventive Erwägungen, da die mit jeder weiteren Strafverfolgung getroffenen resozialisierenden Massnahmen sich kontraproduktiv zu den Massnahmen der Erstentscheidung auswirken können.

In einem zweiten Gedankengang ist die Notwendigkeit zur Umsetzung eines transnationalen Mehrfachverfolgungs- und Mehrfachbestrafungsverbots unter Berücksichtigung *fundamentaler rechtsstaatlicher Prinzipien* sichtbar geworden. Zwischenstaatlich duplizierte Strafverfolgung widerspricht sowohl dem Gebot der Gerechtigkeit als auch dem der Rechtssicherheit. Denn Gerechtigkeitserwägungen gegenüber dem Täter münden in das Ergebnis, dass die Schuld des Täters mit einmaliger Strafverfolgung und Bestrafung abgegolten ist. Ferner schafft auch nur einmalige Strafverfolgung Vertrauen in die zukunftsgerichtete Kontinuität des (einmal gesprochenen) Rechts und damit Rechtssicherheit. Darüber hinaus ist ein zwischenstaatlich iterativ oder simultan geführtes Strafverfahren unverhältnismässig, da ein solches i.d.R. nicht erforderlich ist, um dem strafprozessualen Zweck, materielle Wahrheit zu ermitteln, zu genügen. Dieses unter der Prämisse, dass grundsätzlich jedes rechtsstaatliche Verfahren in gleichem Masse geeignet ist, das Geschehene so zu erforschen, wie es sich tatsächlich zugetragen hat. Gleiches gilt, wenn bedacht wird, dass nach dem Grundsatz der Einheitlichkeit des Verfahrens die Strafverfolgung gegen den Verfolgten – unabhängig vom Ort der Verfahrenshandlungen – bloss ein einziges ganzheitliches gegen den Verfolgten geführtes Strafverfahren verlangt. Dem jeweils nationalen strafprozessualen Streben nach materieller Wahrheit, um über Schuld oder Unschuld urteilen zu können, wird mithin auch durch ein ausländisches Strafverfahren Genüge getan, sofern die vorerwähnte Prämisse (Ebenbürtigkeit ausländischer Strafverfahren) auch hier angenommen wird. Abgesehen davon spricht auch das Rechtsstaatsprinzip für die Notwendigkeit der Umsetzung eines zwischenstaatlichen Verbots doppelter Strafverfolgung und Bestrafung, da mehrfache Verfahren in derselben Sache der Aufrechterhaltung einer effizienten und funktionstüchtigen Rechtspflege – als Ausfluss des Rechtsstaatsprinzips – zuwider laufen.

Im Ergebnis ist damit die Frage, ob die Gefahr einer zwischenstaatlich iterativ oder simultan betriebenen Strafverfolgung ein juristisch lösungsbedürftiges Rechtsproblem darstellt, zu bejahen. Dies jedenfalls dann, wenn Konflikte und Widersprüche mit wesentlichen Schutzpflichten und fundamentalen Prinzipien des Rechtsstaats vermieden werden sollen.

D. Ergebnis und Formulierung von Arbeits-Thesen und Arbeits-Schritten

In diesem ersten Kapitel wurde – dem dieser Arbeit zugrunde gelegten methodischen Drei-Schritt entsprechend – in einem ersten Schritt die einleitend nur angedeutete Problematik transnationaler Doppelverfolgung und Doppelbestrafung präzisiert und zwei Problem- und Gefahrenkreise wurden benannt. Im Anschluss daran wurde die Notwendigkeit der Erarbeitung einer Lösung für diese Problematik rechtlich begründet.

Aufgezeigt werden konnte, dass die Anknüpfungsprinzipien eines klassisch verstandenen Internationalen Strafrechts – sowohl jeweils für sich, als auch in ihrer Kombination – zwischenstaatlich zu einer Vervielfältigung nationaler Strafansprüche führen. Dabei wurde offenbar, dass nationale Strafbefugnisse nach den Prinzipien der Territorialität und der aktiven Personalität immerhin noch auf einer der Straftat vorausgehenden rechtlichen Beziehung zwischen dem allfälligen Täter und dem strafenden Staat gründen, die Strafbefugnisse nach dem Schutzprinzip (Real- und passives Personalitätsprinzip) und dem der Universalität eine solche Täter-Staat-Beziehung jedoch vermissen lassen. Mit letzterem ist daher eine besonders weite Erstreckung nationaler Strafgewalt auf Auslandstaaten verbunden. Aus dem Überlappen nationaler Strafgewalten resultiert für den Straftäter bei Delikten mit Auslandsbezug das Risiko, wegen ein und derselben Tat in mehreren Staaten entweder iterativ (wiederholt) oder simultan (parallel) verfolgt zu werden.

Ein Ausschluss dieses Risikos mit Hilfe der hier betrachteten Grundsätze des traditionell verstandenen Internationalen Strafrechts ist (derzeit) nicht möglich, da die vorerwähnten Anknüpfungsprinzipien nur die generelle Vereinbarkeit von nationalen Strafbefugnissen mit dem Völkerrecht regeln, selbst aber keine Aussage darüber treffen, wann aus völkerrechtlicher Sicht dem einen Anknüpfungsprinzip Priorität oder Subsidiarität gegenüber einem anderen gebührt. Ein völkergewohnheitsrechtlicher Grundsatz, aus dem die Dominanz der einen oder anderen Anknüpfungsmaxime zur Begründung nationaler Strafgewalt folgt, ist nicht ersichtlich. Alle Einigungsversuche, die in diese Richtung zielten, sind erfolglos geblieben.

Zwar fühlen sich die meisten Rechtsordnungen dem Gebot der „Einmaligkeit" der Strafverfolgung verpflichtet, doch hat dieses stets nur einen nationalen und nicht transnationalen Wirkungsgehalt, so dass der Grundsatz „ne bis in idem", in dem das Gebot einmaliger Strafverfolgung Ausdruck findet, der zwischenstaatlichen Dopplung von Strafverfolgung und Bestrafung nicht ausdrücklich widerspricht.

Dennoch kann nicht übersehen werden, dass der innerstaatlich geltende Grundsatz von nur „einmaliger“ Strafverfolgung in einem gewissen Spannungsverhältnis zu dem stets existenten Risiko steht, „Objekt“ einer transnationalen Mehrfachverfolgung und -bestrafung zu werden, sofern ein Delikt mit Auslandsbezug betroffen ist. Es konnte dargelegt werden, dass dieses Spannungsverhältnis aufzulösen rechtlich deshalb notwenig ist, weil die angesprochene Gefahr von zwischenstaatlich duplizierter Strafverfolgung und Bestrafung wesentlichen Schutzpflichten und fundamentalen Prinzipien eines Rechtsstaates widerspricht.

Konflikte wurden insbesondere im Hinblick auf den Schutz des allgemeinen Persönlichkeitsrechts und den der Menschenwürde sowie in Bezug auf den staatlichen Schutz vor Straftaten deutlich. Ferner ist sichtbar geworden, dass zwischenstaatlich duplizierte Strafverfolgung dem Gebot der Gerechtigkeit, dem der Rechtssicherheit und dem der Verhältnismässigkeit widerspricht. Ein Widerspruch zwischen iterativ oder simultan betriebener transnationaler Doppelverfolgung und -bestrafung wurde darüber hinaus im Hinblick auf den Grundsatz der Einheitlichkeit des Verfahrens und das Rechtsstaatsprinzip sichtbar.

Bereits ein flüchtiger Blick in die einschlägige Gesetzgebung und Literatur[226] zeigt, dass das Gegenüber von konkurrierenden nationalen Strafverfolgungskompetenzen – die das Risiko iterativ und/oder simultan geführter Strafverfahren begründen – *einerseits* und die (hier) rechtlich begründete Notwendigkeit zur zwischenstaatlichen Beachtung des ne-bis-in-idem-Grundsatzes *andererseits*, zu einer (kaum überschaubaren) Fülle von Doppelverfolgungs- und -bestrafungsverboten in internationalen Abkommen und Verträgen geführt hat. Mit diesen ist offensichtlich stets versucht worden, dem aufgezeigten Spannungsverhältnis zu begegnen. Zuletzt erlangte Art. 54 des Schengener Durchführungsabkommens (SDÜ) durch die Überführung des sog. Schengener Besitzstandes in das Recht der EU durch den Amsterdamer Vertrag im Jahr 1999 EU-weite Geltung. Bereits ein erster Blick auf die Formulierung des in Art. 54 SDÜ normierten Doppelverfolgungs- und -bestrafungsverbots macht jedoch wesentliche Problempunkte sichtbar:

Art. 54 SDÜ normiert, „*wer durch eine Vertragspartei rechtskräftig abgeurteilt worden ist, darf durch eine andere Vertragspartei wegen derselben Tat nicht verfolgt werden, [...]*“.

Problematisch an dieser Vorschrift ist erstens, dass nirgends festgeschrieben ist und deshalb Uneinigkeit darüber herrscht, wie der (relativ) unbestimmte Rechtsbegriff

---

[226] Vgl. z.B. Schomburg/Lagodny, Internationale Rechtshilfe in Strafsachen (1998).

„rechtskräftige Aburteilung“ gemeinschaftsweit auszulegen ist. Die Effektivität dieser Vorschrift darf hier deshalb zunächst in Zweifel gezogen werden.
Zweitens ist – angesichts des beschränkten Geltungsraums[227] dieser Vorschrift – als Problem erkennbar, dass selbst wenn ein gemeinschaftsweites Verständnis dieser Formulierung erzielt werden könnte, die Reichweite des in Art. 54 SDÜ verankerten transnationalen Doppelverfolgungs- und -bestrafungsverbotes auf den Rechtsraum EU und die assoziierten Staaten beschränkt bliebe, während die Akteure kriminellen Verhaltens in zunehmendem Masse international agieren.
Drittens ist schon jetzt als Problem festzustellen, dass Art. 54 SDÜ allenfalls eine *iterative* Doppelverfolgung und Bestrafung zu verhindern vermag, nicht aber eine *simultane* Mehrfachverfolgung, da das in Art. 54 SDÜ verankerte Doppelverfolgungsverbot – dem Wortlaut der Vorschrift nach – erst eingreift, wenn eine rechtskräftige Aburteilung erzielt „*worden ist*“, also bereits ein Strafverfahren abgeschlossen wurde und nicht noch geführt wird.

Aus der Gesamtschau der insoweit erarbeiteten Ergebnisse werden – zusammengefasst – die nachfolgenden *Thesen* abgeleitet, die Gegenstand der Betrachtung in dieser Arbeit sind:

• *These 1*: Die dargelegte und infolge einer Vielzahl von Anknüpfungsprinzipien im sog. Internationalen Strafrecht bestehende zwischenstaatliche Konkurrenz nationaler Strafansprüche lässt vermuten, dass existierende *einzelstaatliche* Normierungen des Grundsatzes ne bis in idem – ausserhalb des sog. "klassischen" Internationalen Strafrechts – die zwischenstaatliche Einmaligkeit der Strafverfolgung nicht zu gewährleisten vermögen.

• *These 2*: Die angesprochene – ständig neue – Normierung eines transnationalen Doppelverfolgungs- und -bestrafungsverbots in internationalen Abkommen und Verträgen, zuletzt – wie kurz angedeutet – problematisch in Art. 54 SDÜ, lässt annehmen, dass auch die existenten *transnationalen* Normierungen des Grundsatzes ne bis in idem in internationalen Abkommen und Verträgen bisher kein effektives Verbot duplizierter Strafverfolgung und -bestrafung gewähren.

---

227 Derzeit die EU-Mitgliedstaaten und die beiden assoziierten Staaten Norwegen und Island. Die Schweiz strebt eine engere polizeiliche und justizielle Zusammenarbeit mit der EU durch Abschluss der sog. bilateralen Verträge II an, vgl. Sutter, AJP/PJA 2003, 866ff.

• *These 3*: Die aufgezeigte rechtliche Notwendigkeit der Beachtung eines grenzüberschreitenden Verbots doppelter Strafverfolgung und Bestrafung macht es erforderlich, dass das Verständnis von bereits existierenden Vorschriften *praxisgerecht europäisiert* und darüber hinaus *internationalisiert* wird[228].

• *These 4*: Die unter dem Gesichtspunkt einer duplizierten Strafverfolgung erkennbaren zwei Gefahrenkreise (iterative und/oder simultane zwischenstaatliche Strafverfolgung) geben Anlass zum Bemühen, das Verständnis eines zwischenstaatlichen ne-bis-in-idem-Grundsatzes derart auszugestalten, dass nicht bloss *nach* abgeschlossener Strafverfolgung ein *iteratives* Strafverfahren vermieden, sondern (schon) von *vornherein* eine *simultane* Strafverfolgung verhindert wird.

Aus diesen Überlegungen heraus werden – mit Blick auf die formulierten Thesen – die folgenden Arbeitsschritte benannt, die in der dargestellten Reihenfolge angegangen werden[229]:

1. Nach der (bereits erfolgten) Begründung der rechtlichen Notwendigkeit für die Normierung eines transnationalen Doppelverfolgungs- und -bestrafungsverbots wird zunächst betrachtet, welche gesetzliche Verankerung eines solchen Verbots bereits eine transnationale "Einmaligkeit" der Strafverfolgung und Bestrafung zu gewährleisten vermag (vgl. Thesen 1 und 2). Untersucht wird in diesem Zusammenhang, in welcher Reichweite nationale, europäische und internationale Rechtsvorschriften bereits ein zwischenstaatliches Verbot mehrfacher Strafverfolgung und Bestrafung vorsehen.

2. Sofern sich diese Betrachtung auf *eine* bestimmte Norm fokussiert, wird unter dem Blickwinkel ihrer Praxistauglichkeit ein besonderes Augenmerk auf die sich stellenden Auslegungsprobleme gerichtet und entsprechende Lösungsansätze werden für dieselben entwickelt. Diese Betrachtung wird sich – soviel wurde bereits deutlich – auf die jüngste Rechtsentwicklung, also Art. 54 SDÜ, konzentrieren (vgl. These 2). Insofern wird dem in dieser Vorschrift verwendeten (relativ) unbestimmten Rechtsbegriff >rechtskräftige Aburteilung< besondere Aufmerksamkeit gewidmet. Unter Zuhilfenahme der in der Rechtswissenschaft entwickelten Auslegungsmaximen und der in der Literatur und Rechtsprechung angedachten Interpretationsmöglichkeiten wird die Notwendigkeit eines gemeinschaftsweiten und einheitlichen Auslegungs-Massstabs rechtsdogmatisch begründet und ein solcher formuliert.

---

228 Beides verstanden im Sinne von zwischenstaatlicher Harmonisierung. Zu den Begrifflichkeiten vgl. auch Nelles, ZStW 109 (1997), 727, 746.

229 Entsprechend ist das Inhaltsverzeichnis bezüglich der Kapitel 2 und 3 gegliedert.

3. Dieses muss, auch das hat sich schon gezeigt, unter der besonderen Berücksichtigung geschehen, dass ein transnationaler Strafklagenverbrauch möglichst nicht nur auf einen bestimmten Rechtsraum beschränkt sein darf, sondern internationale Geltung beanspruchen muss (vgl. These 3). Dafür wird unter Heranziehung des bereits praktizierten internationalen Strafrechts, insbesondere der internationalen Rechtshilfe in Strafsachen, die Notwendigkeit einer *Internationalisierung* des ne-bis-in-idem-Gedankens aufgezeigt und die zu seiner universellen Ausgestaltung erforderlichen Elemente werden dargelegt.

4. Darüber hinaus wird begründet, dass selbst mit einer Internationalisierung des ne-bis-in-idem-Grundsatzes im bisherigen Verständnis (vgl. den erwähnten Wortlaut von Art. 54 SDÜ) zwar transnational *nach* abgeschlossenem Strafverfahren eine *iterative* Strafverfolgung und Bestrafung vermieden wird, jedoch keineswegs die Gefahr gebannt werden kann, dass von Anfang an *Simultanverfahren* betrieben werden. Über die Internationalisierung des ne-bis-in-idem-Grundsatzes hinaus bedarf es einer *Fortentwicklung* desselben (vgl. These 4). Die Leistungsfähigkeit der einer näheren Betrachtung unterzogenen ne-bis-in-idem-Vorschrift muss deshalb daraufhin überprüft werden, ob diese Vorschrift neben der Normierung eines Verbots *iterativer* Strafverfolgung und Bestrafung auch eine duplizierte Strafverfolgung derart zu vermeiden in der Lage ist, so dass von *vornherein* Parallel- bzw. *Simultanverfahren* ausgeschlossen werden. Dieses im Hinblick darauf, dass die Wahrnehmung der nationalen Straf-Kompetenz nicht in einem „Wettlauf" um die „Erst-Entscheidung" erfolgen sollte, sondern vielmehr an sinnvollen Sachkriterien orientiert. Die Arbeit endet mit der Formulierung von Kriterien und Anregungen durch die das Verbot doppelter Strafverfolgung und -bestrafung fortentwickelt werden kann.

5. Die im Verlauf der Untersuchung gewonnenen Erkenntnisse und Einsichten werden zusammengefasst und ein Gesamtergebnis wird formuliert.

Um insbesondere dem aufgezeigten Internationalisierungsaspekt Rechnung zu tragen, wird die Betrachtung dort, wo es sich anbietet, exemplarisch auf das Dreiländereck Deutschland-Österreich-Schweiz konzentriert. So wird – im Hinblick auf Deutschland und Österreich – die Erörterung eines transnationalen Doppelverfolgungs- und -bestrafungsverbots im bereits vielschichtig existierenden Rechtsraum EU möglich. Dieses unter gleichzeitiger Einbeziehung der Probleme, die sich im Hinblick auf ein Land (Schweiz) ergeben, welches formal und z.T. auch tatsächlich ausserhalb dieses Rechtsraumes steht.

2. Kapitel: Zum Grundsatz ne bis in idem und seiner Bedeutung im geltenden Recht

A. Vorbemerkung

Dem eingangs erläuterten und dieser Arbeit zugrunde gelegten methodischen Drei-Schritt entsprechend, wurde im ersten Kapitel – also in einem ersten Schritt – die *Problemstellung* entwickelt, die die Grundlage für die weiteren Ausführungen dieser Arbeit bildet. Darüber hinaus wurde die Notwendigkeit der Erarbeitung einer *Problemlösung* rechtlich begründet. In einem nun folgenden zweiten Schritt (2. Kapitel) wird der dargelegte „Untersuchungsgegenstand" vor dem Hintergrund der bisherigen Rechtsentwicklung betrachtet. Dafür wird eine Bewertung des einschlägigen derzeit geltenden Rechts vorgenommen und untersucht, inwieweit durch dieses bereits ein Beitrag zur Lösung der dargelegten Problematik (transnationale iterative und/oder simultane Strafverfolgung) geleistet wird. Dieses Vorgehen entspricht dem aus den beiden ersten Arbeits-Thesen abgeleiteten Arbeitsschritt Nr. 1, der im voranstehenden Kapitel für notwendig befunden wurde[230]. Da die angestrebte Betrachtung des geltenden Rechts – wie auch eine Beschäftigung mit der herausgearbeiteten Aufgaben- und Fragestellung insgesamt – nur geschehen kann, wenn Klarheit über den für diese Arbeit zentralen Rechtsbegriff „ne bis in idem" herrscht, wird dieser in seiner Bedeutung vorab näher präzisiert. Dieses jedoch nur soweit, wie es zum Verständnis der Ausführungen in dieser Arbeit notwendig erscheint.

B. Rechtsdogmatische Grundlegung des Grundsatzes ne bis in idem

Das Wesen des für diese Arbeit zentralen Rechtsbegriffs – ne bis in idem[231] – wird in der rechtswissenschaftlichen Literatur auch als „Erledigungsfunktion", „Sperrwirkung", „Einmaligkeit der Strafverfolgung" und „Verbrauch der Strafklage[232]" umschrieben[233]. Seltener ist von „Unwiederholbarkeit"[234] und „Präklusivwirkung"[235] die

[230] Vgl. S. 45f.

[231] In der Literatur übersetzt mit: „nicht zweimal wegen desselben" oder „nicht zweimal im gleichen Prozess", vgl. Giese, in: Grabenwarter/Thienel, Kontinuität und Wandel der EMRK (1998), S. 97.

[232] Genauer auch alsVerbrauch des (An)Klagerechts bezeichnet, vgl. Böhm (2001), S. 2; Dorr (2001), S. 86.; Herzberg, JuS 1972, 113.

[233] Vgl. bspw. Kleinknecht/Meyer-Gossner (2003), Einl. Rn. 171; Meyer (1992), S. 113; Schwarplies (1970), S. 1.

Rede. Die Funktion des ne-bis-in-idem-Grundsatzes besteht in erster Linie darin, Rechtssicherheit zu gewähren[236]. Damit steht dieses Prinzip in Widerstreit zum (weiteren) Hauptziel der Rechtspflege, über das Streben nach materieller Wahrheit, Gerechtigkeit zu verwirklichen[237]. Denn die uneingeschränkte Verwirklichung der letztgenannten Zielsetzung (Gerechtigkeit) würde bedeuten, dass jede strafrechtliche Entscheidung jederzeit müsste wieder aufgehoben werden können, sobald Zweifel an ihrer Richtigkeit aufkämen. Sowohl für den Verurteilten als auch für den Freigesprochenen würde dies aber eine enorme (Rechts)Unsicherheit (und eben nicht Rechtssicherheit) bedeuten. Beide müssten ständig fürchten, durch erneute Strafverfolgung und ggf. Bestrafung (wieder) aus ihren Lebensverhältnissen herausgerissen zu werden. Ein solcher Zustand wäre – wie dargelegt – mit wesentlichen Schutzpflichten des Rechtsstaates[238] und rechtsstaatlichen Fundamentalprinzipien[239] unvereinbar[240]. Deshalb ist es eine ebenso wichtige Pflicht der Strafrechtspflege für Rechtssicherheit zu sorgen. Sowohl der Verurteilte als auch der Freigesprochene muss ab einem bestimmten Zeitpunkt darauf vertrauen können, dass die Strafrechtsangelegenheit endgültig erledigt ist[241], also kein weiteres Strafverfahren gegen ihn in derselben Sache geführt wird und – im Fall der bereits erfolgten Verurteilung – ihm kein „Straf-Nachschlag“ oder eine weitere (erneute) Strafe auferlegt wird.

Deshalb wird aus der Sicht des Erstverfahrens auch davon gesprochen, dass eine Erledigungswirkung eintreten müsse. Voraussetzung dafür, dass – aus Sicht eines potenziellen Zweitverfahrens – die weitere (zweite) Strafverfolgung gesperrt (Sperrwirkung) bzw. die Strafklage verbraucht (Strafklagenverbrauch) ist, ist der Eintritt *formeller* Rechtskraft[242]. Formelle Rechtskraft bedeutet, dass die Entscheidung nicht (mehr) mit einem ordentlichen Rechtsmittel angefochten werden kann und weitere auf Rechtserkenntnisse gerichtete Prozesshandlungen in demselben Verfahren unzulässig sind. Mit der Unanfechtbarkeit der Entscheidung ist das jeweilige Verfahren demzufolge beendet, so dass der formellen Rechtskraft – pointiert formuliert – *Been-*

---

[234] Giese, in: Grabenwarter/Thienel, Kontinuität und Wandel der EMRK (1998), S. 97.

[235] Oehler (1983), Rn. 968.

[236] Norouzi/Vogel, JuS 2003, S. 1059; Böhm (2001), S. 2; Giese, in: Grabenwarter/Thienel, Kontinuität und Wandel der EMRK (1998), S. 97; Schwarplies (1970), S. 1f.

[237] Dannecker, in: FS für Kohlmann (2003), 593, 601.

[238] Schutz des allgemeinen Persönlichkeitsrechts, der Menschenwürde und des Interesses – zur Vermeidung weiterer Straftaten – Täter zu resozialisieren.

[239] Gerechtigkeit, Rechtssicherheit, Verhältnismässigkeit, Aufrechterhaltung einer funktionstüchtigen Rechtspflege, Grundsatz der Einheitlichkeit des Verfahrens.

[240] Vgl. C. I. und II. im 1. Kapitel dieser Arbeit.

[241] Schwarplies (1970), S. 1f.

[242] Meyer (1992), S. 113.

digungswirkung zukommt[243]. Die formelle Rechtskraft sagt jedoch noch nichts darüber aus, was mit dem *Inhalt* einer Entscheidung geschieht, nachdem sie unanfechtbar geworden ist. Die formelle Rechtskraft garantiert zwar, dass das Strafverfahren nicht unbeschränkt weiter geführt werden kann, also beendet ist, doch wird damit noch nicht verhindert, dass derselbe Sachverhalt Gegenstand eines *erneuten* Strafverfahrens ggf. mit einer (weiteren) Bestrafung wird. Die inhaltliche Massgeblichkeit einer Entscheidung findet ihren Ausdruck daher erst in der *materiellen* Rechtskraft[244]. Vorausgesetzt, eine formal rechtskräftige Entscheidung im vorerwähnten Sinn liegt vor, bewirkt erst die materielle Rechtskraft die *Bestandskraft* der Entscheidung[245]. Sie macht eine neue Strafverfolgung und Bestrafung desselben Täters wegen derselben Tat unzulässig und wird daher auch als eine negative Wirkung bezeichnet[246]. Diese Sperrwirkung – ne-bis-in-idem-Prinzip, Grundsatz der Einmaligkeit der Strafverfolgung, Strafklagenverbrauch – ist damit eigentlich erst Ausfluss der materiellen Rechtskraft einer Entscheidung, die eintritt, wenn die Entscheidung formell rechtskräftig geworden ist, also mit ordentlichen Rechtsmitteln nicht mehr angefochten werden kann[247]. Vereinfachend werden deshalb materielle Rechtskraft und ne-bis-in-idem-Wirkung vielfach gleichgesetzt[248]. Der Anwendungsbereich des ne-bis-in-idem-Gedankens wird – wie schon die vorbeschriebene Wirkungsweise zeigt – durch eine personelle (derselbe Täter) und eine sachliche Identität (dieselbe Tat) eingeschränkt. Dies bedeutet, dass die materielle Rechtskraftwirkung nur die Person erfasst, auf die sich der Strafvorwurf und die Entscheidung beziehen und nicht etwa auch dritte Personen. Der Strafrichter, der in einem anderen Verfahren über eine andere Person zu entscheiden hat, wird demgemäss auch durch ein rechtskräftig gewordenes Strafurteil nicht gebunden[249]. Die Identität der Tat meint nach überwiegender Auffassung, dass sich die Sperrwirkung (nur) auf den gesamten historischen Vorgang in all seinen tatsächlichen und rechtlichen Erscheinungsformen erstreckt, der Gegenstand der Entscheidung war[250]. Die materielle Rechtskraft ergreift demnach die Tat als Prozessgegenstand ungeteilt und unter jedem rechtlichen Gesichtspunkt. Ist z.B. im Rahmen einer Verurteilung vergessen worden, als Nebenfol-

---

[243] Kleinknecht/Meyer-Gossner (2003), Einl. Rn. 164.
[244] Meyer (1992), S. 113; Schwarplies (1970), S. 6.
[245] Schwarplies (1970), S. 6.
[246] Die positive Wirkung hat insbes. die Vollstreckbarkeit zur Folge.
[247] Kleinknecht/Meyer-Gossner (2003), Einl. Rn. 171.
[248] Meyer (1992), S. 113 m.w.N.
[249] Roxin (1998), § 50, Rn. 10.
[250] Schwarplies (1970), S. 8f.

ge auf Verlust der Amtsfähigkeit zu erkennen, so kann dies nach Eintritt der Rechtskraft nicht mehr nachgeholt werden[251].

Damit sind die *Funktionen*, *Voraussetzungen* und *Einschränkungen* des ne-bis-in-idem-Grundsatzes in den Grundzügen beschrieben. Diese Erkenntnisse können – zum besseren Verständnis der weiteren Ausführungen – wie folgt zusammengefasst werden:

1. Aufgabe (Funktion) des ne-bis-in-idem-Prinzips ist es, die inhaltliche Massgeblichkeit (materielle Rechtskraft) einer Entscheidung zu gewährleisten, also konkret ein „Verbot erneuter Strafverfolgung" und ein „Verbot mehrmaliger Bestrafung" sowie ein „Nachschlagsverbot" zu garantieren.

2. Bedingung (Voraussetzung) für den Eintritt materieller Rechtskraft und damit für die ne-bis-in-idem-Wirkung ist das Vorliegen einer formell rechtskräftigen Entscheidung, also einer solchen, die mit ordentlichen Rechtsmitteln nicht mehr angefochten werden kann. Die ne-bis-in-idem-Wirkung setzt also überhaupt erst ein, wenn (mindestens) einmal eine Entscheidung in der in Rede stehenden Strafsache gegen den Betroffenen ergangen ist.

3. Die ne-bis-in-idem-Wirkung findet ihre Grenzen (Einschränkungen) in der Identität des Täters und in der Identität der Tat, erfasst also nur die Person und das historische Geschehen auf die/das sich die Erst-Entscheidung bezog.

Wie in der Vorbemerkung dieses zweiten Kapitels bereits angedeutet, wird nachfolgend vor dem Hintergrund des soeben skizzierten Verständnisses des ne-bis-in-idem-Grundsatzes bewertet, inwieweit derzeit geltende (einschlägige) nationale und transnationale Rechtsvorschriften bereits eine Lösung für die im ersten Kapitel herausgearbeitete Problemstellung bereit halten. Zur Erinnerung, im Eingangskapitel dieser Arbeit wurden zwei Problemkreise gezeichnet. Diese betreffen zum einen die Gefahr einer zwischenstaatlich iterativ (wiederholt) geführten Strafverfolgung und Bestrafung und zum anderen die Gefahr des Führens von transnationalen Simultanverfahren (Parallelverfolgungen).

---

[251] Roxin (1998), § 50, Rn. 12f.; um allzu stossende Konsequenzen zu vermeiden, wurde verschiedentlich versucht, den Umfang der materiellen Rechtskraft anders zu bestimmen, vgl. hierzu die Nachweise bei Roxin (1998), § 50, Rn. 14f.

C. Nationale Normierung und Bedeutung des Grundsatzes ne bis in idem

Zunächst wird hier der Blick darauf gerichtet, zu überprüfen, ob – und wenn ja, inwieweit – nationale Rechtsordnungen bereits ein transnationales Verbot doppelter Strafverfolgung und Bestrafung vorsehen. Da es (nicht nur) im Rahmen dieser Arbeit unmöglich ist, sämtliche Rechtsordnungen zu überprüfen, der ermittelte Befund aber auch nicht von vornherein der Kritik ausgesetzt werden soll, ein reines Einzelfallergebnis zu sein, werden hier exemplarisch die Rechtsordnungen von drei Ländern, diejenigen des Drei-Länder-Ecks Deutschland (I.), Österreich (II.) und Schweiz (III.), betrachtet.

I. Ne-bis-in-idem-Bestimmungen im deutschen Verfassungs-, Straf(prozess)- und Rechtshilferecht

Zwar sieht das deutsche *Grundgesetz* in Art. 103 Abs. 3 vor, dass niemand wegen derselben Tat auf Grund der allgemeinen Strafgesetze mehrmals bestraft werden darf, doch ist der Regelungsbereich nach ganz überwiegendem Verständnis in Literatur[252] und Rechtsprechung[253] auf vorangegangene *inländische* Strafverfahren beschränkt[254]. Zur Begründung wird die Souveränität des nationalen Rechts angeführt[255]. Auch aus Art. 25 GG i.V.m. einer allgemeinen Regel des Völkerrechts kann nach Auffassung des Bundesverfassungsgerichts ein transnationaler ne-bis-in-idem-Grundsatz nicht hergeleitet werden, da es in seinem Beschluss vom 31.03.1987 feststellte, dass keine allgemeine Regel des Völkerrechts existiert, die es gebietet, die Strafverfolgung gegen eine Person wegen eines Lebenssachverhaltes zu unterlassen, dessentwegen sie bereits in einem dritten Staat verfolgt und rechtskräftig abgeurteilt worden ist[256].

Das deutsche *Strafgesetzbuch* normiert ebenfalls kein zwischenstaatliches Doppelverfolgungs- und Bestrafungsverbot. Es sieht lediglich eine sog. *Anrechnungslösung* in Bezug auf im Ausland verhängte Strafen vor, vgl. § 51 Abs. 3 dStGB. Damit wird

[252] Vgl. statt vieler: Norouzi/Vogel, JuS 2003, S. 1059, 1060; Hackner/Lagodny/Schomburg/Wolf (2003), Rn. 264; Tröndle/Fischer (2003), § 51, Rn. 16a; Dannecker, in: FS für Kohlmann (2003), 593, 599; Lagodny, in: FS für Trechsel (2002), 253, 256; Radtke/Busch, EuGRZ 2000, 421 m.w.H.; Schroeder, JuS 1997, 227, 229; Jung, in: FS für Schüler-Springorum (1993), 493, 495; Luther, NJW 1968, 1026, 1027.

[253] BVerfGE 75, 1, 15f.; 12, 62, 66; BGH NStZ 1998, 149, 150.

[254] A.A. bspw. Schomburg, StV 1999, 244, 249; Endriss/Kinzig, StV 1997, 665, 666; Meyer (1992), S. 22ff., 39.

[255] Jung, in: FS für Schüler-Springorum (1993), 493, 495.

[256] BVerfGE 75, 1, 18 (= NJW 1987, 2155, 2158); ebenso: Norouzi/Vogel, JuS 2003, S. 1059, 1060.

weder eine iterativ oder parallel geführte Straf*verfolgung*, noch eine Doppel*verurteilung* vermieden. Lediglich wird gewährleistet, dass der Täter nicht durch eine mehrfache Sanktionierung im Endeffekt schlechter gestellt wird, als er bei einmaliger Strafverfolgung stehen würde. Die mit der (doppelten) Einleitung und Durchführung eines Strafverfahrens verbundenen gravierenden Belastungen und Eingriffe in die Rechtsstellung des Betroffenen werden aber nicht vermieden. Beispielsweise wird ein zweiter rechtskräftiger Schuldspruch nicht ausgeschlossen[257]. Mit Jung[258] kann in der Anrechnungslösung deshalb allenfalls eine „abgeschwächte Form" des ne-bis-in-idem-Prinzips gesehen werden[259].

Ähnliches gilt auch für die deutsche *Strafprozessordnung*. Nach § 153c Abs. 1 Nr. 3 kann die Staatsanwaltschaft von der Strafverfolgung absehen, wenn wegen der Tat im Ausland schon eine Strafe gegen den Beschuldigten vollstreckt worden ist und die in Deutschland zu erwartende Strafe nach Anrechnung der ausländischen nicht (mehr) ins Gewicht fiele. Dem Grundsatz nach eröffnet diese Vorschrift zwar einen weit reichenden Schutz vor doppelter Strafverfolgung und Bestrafung, weil von der Strafverfolgung schon abgesehen werden kann, bevor überhaupt doppelte Ermittlungen aufgenommen worden sind, doch handelt es sich, bedingt durch die Formulierung „kann", lediglich um eine Ermessensvorschrift. Auch gemäss § 153c Abs. 1 Nr. 1 und 2 dStPO kann von der Strafverfolgung abgesehen werden, wenn die Straftat von einem Inländer ausserhalb des räumlichen Geltungsbereichs der dStPO begangen wurde (Nr. 1) oder es sich um die Straftat eines Ausländers im Inland, aber auf einem ausländischen (Luft)Schiff handelt (Nr. 2). Aufgrund der „Kann-Bestimmung" handelt es sich, wie schon bei § 153c Abs. 1 Nr. 3 dStPO, jedoch wieder bloss um Einstellungs*möglichkeiten*, die ausländische strafrechtliche Entscheidungen aber nicht schlechthin berücksichtigen und daher einem transnationalen ne-bis-in-idem-Grundsatz, der eine Mehrfachverfolgung- und -bestrafung stets zu vermeiden sucht, nicht gerecht werden[260]. Die Opportunitätserwägungen des § 153c dStPO sind damit insgesamt nur Ausnahmen vom Legalitätsprinzip (Verfolgungs- und Anklagezwang). Die Umsetzung eines zwischenstaatlichen Doppelverfolgungs- und Bestrafungsverbots würde jedoch, so Lagodny[261], ein „umgekehrtes Legalitätsprinzip" erfordern, welches die *zwingende* Nichtverfolgung normiert[262]. Auch Schomburg[263] bemängelt

---

[257] Lagodny, in: FS für Trechsel (2002), 253, 260; Landau, in: FS für Söllner (2000), 627, 637; Schomburg, NJW 2000, 1833.

[258] Zur „Internationalisierung" des Grundsatzes „ne bis in idem", in: FS für Schüler-Springorum (1993), 493ff.

[259] Jung, in: FS für Schüler-Springorum (1993), 493, 495; ebenso: Böhm (2001), S. 20.

[260] Thomas (2002), S. 42ff.; Jung, in: FS für Schüler-Springorum (1993), 493, 495f.

[261] Viele Strafgewalten und nur ein transnationales ne-bis-in-idem?, in: FS für Trechsel (2002), 253ff.

[262] Lagodny, in: FS für Trechsel (2002), 253, 260.

in diesem Sinne, dass § 153c Abs. 1 dStPO für den Betroffenen nach erlittener Strafverfolgung keine „gesicherte Rechtsposition" schaffe[264]. Aus § 153c Abs. 2 dStPO ein transnationales Doppelverfolgungs- und -bestrafungsverbot herzuleiten, verbietet sich ebenfalls, da gemäss dieser Vorschrift von der Strafverfolgung nur abgesehen werden kann, wenn andernfalls schwere Nachteile für die BRD entstünden oder öffentliche Interessen dem Verfahren entgegenstehen. Zwar kann ein erneutes (also doppeltes) Strafverfahren, nach vorangegangenem ausländischen Strafverfahren, durchaus zu zwischenstaatlichen Spannungen führen, doch werden die Begriffe „Nachteil" und „öffentliches Interesses" nicht derart extensiv ausgelegt, dass über sie die Umsetzung eines transnationalen ne-bis-in-idem-Grundsatz erreicht werden könnte[265].

Auch mit Hilfe des deutschen *Auslieferungsrechts* wird lediglich mittelbar und nur teilweise die Umsetzung eines transnationalen Doppelverfolgungs- und -bestrafungsverbots erreicht, indem die erneute Strafverfolgung und Bestrafung in einigen Fällen rein *faktisch* über die Verweigerung der Auslieferung verhindert wird[266]. Nach § 9 IRG ist eine Auslieferung immer dann unzulässig, wenn seitens der deutschen Strafgewalt das Strafverfahren entweder in einer bestimmten Form[267] beendet wurde (Nr. 1), oder die deutsche Strafbefugnis verjährt bzw. durch Amnestie aufgehoben ist (Nr. 2)[268]. § 9 IRG trägt damit zwar dem transnationalen ne-bis-in-idem-Gedanken insofern Rechnung, als dass diese Vorschrift im Falle einer erfolgten Verurteilung oder Sachbehandlung durch ein deutsches Gericht oder eine deutsche Behörde ein erneutes ausländisches Strafverfahren durch Nichtauslieferung tatsächlich verhindert. Jedoch erfasst § 9 IRG weder den Fall einer vorausgehenden Drittstaaten-Entscheidung[269], noch kann diese Vorschrift ihrer Konzeption nach verhindern, dass nach einer ausländischen Verurteilung oder Verfahrensbeendigung ein erneutes Strafverfahren in Deutschland eingeleitet wird. Dieses liegt zunächst daran, dass die Vorschrift allein auf die deutsche Gerichtsbarkeit abstellt, so dass die Einleitung eines Strafverfahrens in einem Drittstaat einer Auslieferung an einen anderen ersuchenden Staat nicht entgegensteht und damit die Gefahr einer Doppelverfolgung

263 Die Europäisierung des Verbots doppelter Strafverfolgung – Ein Zwischenbericht, NJW 2000, 1833ff.

264 Schomburg, NJW 2000, 1833.

265 Thomas (2002), S. 44.

266 Böhm spricht in diesem Zusammenhang vom „unechten Ne bis in idem", vgl. Böhm (2001), S. 11.

267 Rechtskräftige Entscheidung, Nichteröffnungsbeschluss (§ 204 dStPO), Verwerfungsbeschluss (§ 174 dStPO), Verfahrenseinstellung nach Erfüllung von Auflagen (§ 153a dStPO), Absehen von der Strafverfolgung oder Verfahrenseinstellung gem. der §§ 45, 47 JGG.

268 Schomburg/Lagodny, IRSt (1998), § 9 IRG, Rn. 1; Oehler, ZStW 96 (1984), 567f.

269 Die weder eine des um Auslieferung ersuchenden noch des um Auslieferung ersuchten Staates ist.

fortbesteht[270]. Des Weiteren normiert § 9 IRG nur Voraussetzungen, unter denen das Ersuchen um eine Auslieferung abgelehnt werden darf, so dass es nicht zu einer erneuten Strafverfolgung im ersuchenden ausländischen Staat kommt. Es werden aber keine Hindernisse normiert, die es der deutschen Gerichtsbarkeit nach erfolgtem ausländischen Strafverfahren verbieten würden, selbst um die Auslieferung zu ersuchen. Dies liegt darin begründet, dass der zweite Teil des IRG, dem auch § 9 IRG unterfällt, zwar die Auslieferung aus der Bundesrepublik Deutschland an einen ausländischen Staat regelt, nicht aber die Einlieferung aus dem Ausland in die Bundesrepublik[271]. Die Frage, unter welchen Voraussetzungen Ersuchen um Rechtshilfe für deutsche Strafverfahren an ausländische Staaten gerichtet werden können, ist nach h.A. kein Problem der internationalen Rechthilfe, sondern des allgemeinen Verfahrensrechts. Der Gesetzgeber hat daher davon abgesehen, im IRG ausgehende Ersuchen um Rechtshilfe gesetzlich zu regeln[272]. Es liegt vielmehr in der Sphäre des von der Bundesrepublik ersuchten Staates zu entscheiden, ob nach dem dortigen Recht die Rechtshilfeleistung (also die Auslieferung) zulässig ist und bewilligt wird[273].

Damit darf insoweit gefolgert werden, dass die deutsche Rechtsordnung kein transnationales Doppelverfolgungs- und Bestrafungsverbot vorsieht. Dieses musste nach Auswertung der im hier betrachteten Kontext einschlägigen Gesetze (Verfassung, Strafgesetzbuch, Strafprozessordnung, Internationales Rechtshilfegesetz) festgestellt werden. Hieraus abzuleiten, nationale Rechtsordnungen würden *generell* kein zwischenstaatliches ne bis in idem normieren, wäre verfehlt. Bei aller Vorsicht darf dieser Schluss – und auch nur mit relativer Sicherheit – erst gezogen werden, wenn auch andere Rechtsordnungen ein transnationales Gebot der Einmaligkeit der Strafverfolgung nicht kennen. Deshalb werden weiter exemplarisch die Rechtsordnung Österreichs (II.) und die der Schweiz (III.) einer summarischen Überprüfung unterzogen.

---

[270] Schomburg/Lagodny, IRSt (1998), § 9 IRG, Rn. 2ff.
[271] Schomburg/Lagodny, IRSt (1998), vor § 2 IRG, Rn. 1.
[272] Schomburg/Lagodny, IRSt (1998), vor § 68 IRG, Rn. 1.
[273] Schomburg/Lagodny, IRSt (1998), vor § 68 IRG, Rn. 3.

II. Ne-bis-in-idem-Bestimmungen im österreichischen Verfassungs-, Straf(prozess)- und Rechtshilferecht

In Österreich hat der Grundsatz ne bis in idem seine *verfassungsrechtliche* Grundlage in Art. 4 des 7. ZP-EMRK[274], der unmittelbar anwendbares Recht darstellt[275]. Gemäss dieser Vorschrift darf niemand wegen einer strafbaren Handlung in einem Strafverfahren *desselben* Staates erneut vor Gericht gestellt werden, wenn er nach dem Gesetz *dieses* Staates bereits rechtskräftig verurteilt oder freigesprochen worden ist. Damit kommt deutlich zum Ausdruck, dass nur ein innerstaatliches ne bis in idem gewährt werden soll. Gemäss der Europäischen Kommission für Menschenrechte steht Art. 4 des 7. ZP-EMRK einer mehrfachen Bestrafung wegen derselben Tat in verschiedenen Staaten nicht entgegen[276]. Auch in Österreich ist demgemäss verfassungsrechtlich lediglich ein Verbot der Doppelverfolgung und Doppelbestrafung mit *innerstaatlicher* Wirkung vorgesehen, da die Vorschrift ausschliesslich Strafverfahren in ein und demselben Staat, also in Österreich, betrifft[277].

Allerdings sieht das österreichische *Strafgesetzbuch* in § 65 Abs. 4 eine transnationale ne-bis-in-idem-Bestimmung vor[278]. Ihr zufolge entfällt die österreichische Gerichtsbarkeit und damit die inländische Verfolgung und Bestrafung, wenn die Strafbarkeit nach den Gesetzen des Tatorts erloschen ist (Nr. 1), der Täter von einem Gericht des Tatorts rechtskräftig freigesprochen oder sonst ausser Verfolgung gesetzt worden ist (Nr. 2) oder wenn der Täter von einem ausländischen Gericht rechtskräftig verurteilt und die Strafe ganz vollstreckt oder erlassen worden ist oder die Vollstreckbarkeit verjährt ist (Nr. 3), oder die Vollstreckung (teilweise) ausgesetzt ist (Nr. 4). Sofern eine Tat allerdings nach § 63 öStGB[279] oder § 64 öStGB[280] strafbar ist, gelangt diese ne-bis-in-idem-Regelung aus § 65 Abs. 4 öStGB nicht zur Anwendung[281]. Dieses Doppelverfolgungs- und -bestrafungsverbot bleibt damit äusserst lückenhaft, weil sein Anwendungsbereich durch Art. 65 Abs. 1 öStGB definiert und beschränkt wird und eben nur Straftaten erfasst, die nicht im sehr umfangreichen Katalog der §§ 63 und 64 öStGB enthalten sind. Anders als rechtskräftige Verurtei-

---

[274] Postlmayr, ZVR 2003, 360; Ebensperger, ÖJZ 1999, 171, 172; Ackermann/Ebensperger, AJP 1999, 823, 831; Giese, in: Grabenwarter/Thienel, Kontinuität und Wandel der EMRK (1998), 97, 98.

[275] Postlmayr, ZVR 2003, 360; Ackermann/Ebensperger, AJP 1999, 823, 831; Walter, ZVR 1997, 362.

[276] Vgl. E 24015/94 vom 20.05.1994, D.R. 77-B, 144ff.; VPB (58) 1994 Nr. 106 = RS 1997 Nr. 222.

[277] Ebensperger, ÖJZ 1999, 171, 172; Jung, in: FS für Schüler-Springorum (1993), 493, 496.

[278] Böhm (2001), S. 30; Jung, in: FS für Schüler-Springorum (1993), 493, 496.

[279] Strafbare Handlung an Bord österreichischer Schiffe oder Luftfahrzeuge.

[280] Strafbare Handlungen im Ausland, die ohne Rücksicht auf die Gesetze des Tatorts bestraft werden.

[281] Ebensperger, ÖJZ 1999, 171, 175f.

lungen (vgl. § 65 Abs. 4 Nr. 3 öStGB) werden Freisprüche und sonstige „Ausserverfolgungssetzungen" gemäss § 65 Abs. 4 Nr. 2 öStGB auch nur dann einbezogen, wenn sie durch den ausländischen *Tatortstaat* erlassen worden sind[282]. Zudem kann § 65 Abs. 4 öStGB als rein nationale Vorschrift naturgemäss nicht gewährleisten, dass ein in Österreich beendigtes Strafverfahren im Ausland nicht erneut durchgeführt wird und es mithin zu einer Doppelverfolgung im Ausland kommt. Mit Böhm[283] kann die zwischenstaatliche ne-bis-in-idem-Regelung im österreichischen Strafgesetzbuch deshalb nur als unzureichend, weil nicht „umfassend"[284], bewertet werden.
Für alle nicht von § 65 Abs. 4 öStGB erfassten Fälle sieht das österreichische Strafgesetzbuch, ähnlich der deutschen Strafgesetzgebung, zwar eine Anrechnungslösung vor. Nach § 66 öStGB wird auf die Strafe, die über einen Täter im Inland verhängt wurde, die Strafe für dieselbe Tat, die er bereits im Ausland verbüsst hat, angerechnet. Doch diese Vorschrift vermag (wieder) nur die schlimmste Folge einer iterativ oder parallel geführten Strafverfolgung (doppelter Vollzug der Strafe) zu beseitigen; die mit einer mehrfachen Strafverfolgung verbundenen Belastungen und die doppelte Verurteilung hindert sie jedoch nicht[285]. Mit Dorr[286] lässt sich insoweit zusammenfassend sagen, dass sich das zwischenstaatliche Doppelverfolgungs- und -bestrafungsverbot nach österreichischem Strafgesetzbuch nur auf einen ausgewählten Kreis von Delikten bezieht und ausserhalb desselben nur eine Anrechnung von im Ausland erlittenen Strafen erfolgt[287].

Vergleichbar dem deutschen Strafverfahrensrecht steht es auch nach der österreichischen *Strafprozessordnung* gemäss § 34 Abs. 2 Nr. 2 allein im Ermessen der Staatsanwaltschaft, ob sie von der Verfolgung einer im Ausland begangenen strafbaren Handlung absieht, wenn der Täter bereits dort bestraft worden ist oder wenn der Täter im Ausland nach aussergerichtlichem Tatausgleich oder bedingter Verfahrensbeendigung ausser Verfolgung gesetzt worden ist und es im Hinblick darauf keines innerstaatlichen Strafausspruchs mehr bedarf[288]. Fällt diese Ermessensentscheidung zu Ungunsten des Täters aus, kommt es also zu einem weiteren (jetzt: inländischen) Strafverfahren, ggf. mit einer weiteren Verurteilung. Dieses jedoch dann nicht, wenn eine zwischenstaatliche Vereinbarung dazu verpflichtet, von einer weiteren Verfol-

---

[282] Böhm (2001), S. 129.
[283] Der Grundsatz Ne bis in idem im Verhältnis der Staaten zueinander (2001).
[284] Böhm (2001), S. 30.
[285] Dorr (2001), S. 107f.; Böhm (2001), S. 32.
[286] Das Doppelbestrafungsverbot in Österreich unter besonderer Berücksichtigung internationaler Abkommen (2001).
[287] Dorr (2001), S. 254.
[288] Ebensperger ÖJZ 1999, 171, 176.

gung abzusehen oder zurückzutreten, worauf § 34 Abs. 1 öStPO bemerkenswerterweise ausdrücklich hinweist. Diese Vorschrift ist aber lediglich als Verweis auf bestehende völkerrechtliche Verpflichtungen zu verstehen und beabsichtigt nicht, diese automatisch zu unmittelbar anwendbarem innerstaatlichen Recht zu machen[289], weshalb sie an dieser Stelle (Betrachtung nur nationaler Vorschriften) noch nicht in die Erörterung einbezogen werden.

Wie das deutsche IRG enthält auch das österreichische *Rechtshilfegesetz* (ARHG) in den §§ 16, 17 und 18 Vorschriften, die im Hinblick auf ein transnationales ne-bis-in-idem-Prinzip relevant sind. Doch gewährleisten sie ein zwischenstaatliches Verbot doppelter Strafverfolgung und Bestrafung (wieder) nur *mittelbar*, indem sie – wie das deutsche IRG – Auslieferungshindernisse normieren[290], die nur rein *faktisch* die neuerliche Strafverfolgung im Wege der Nichtauslieferung verunmöglichen[291]. Damit gleicht das österreichische Rechtshilferecht dem deutschen in weiten Teilen, denn sowohl nach dem ARHG als auch nach dem IRG kommt eine Auslieferung und damit eine doppelte Strafverfolgung nicht in Betracht, wenn bereits eine inländische Verfahrensbeendigung durch rechtskräftige Verurteilung oder Freispruch erfolgt ist, die auszuliefernde Person sonst ausser Verfolgung gesetzt (§ 16 Abs. 3 ARHG, § 9 Nr. 1 IRG) oder eine Verfolgungs- oder Vollstreckungsverjährung eingetreten ist (§ 18 ARHG, § 9 Nr. 2 IRG).
Das ARHG geht jedoch insoweit über das deutsche IRG hinaus, als dass auch die von einem *Drittstaat* bereits ausgeübte Gerichtsbarkeit berücksichtigt wird[292]. § 17 ARHG bestimmt, inwieweit die von einem dritten Staat[293] bereits ausgeübte Gerichtsbarkeit die Auslieferung an den ersuchenden Staat unzulässig macht. So ist nach § 17 Nr. 2 ARHG die Auslieferung unzulässig, wenn die auszuliefernde Person von dem Gericht eines dritten Staates rechtskräftig verurteilt worden und die Strafe ganz vollstreckt oder zur Gänze oder für den noch nicht vollstreckten Teil nachgesehen oder ihre Vollstreckbarkeit nach dem Recht des dritten Staates verjährt ist[294]. Ist ein Gericht eines dritten Staates also bereits tätig geworden, so hindern Strafverbüssung, Straferlass oder eine Vollstreckungsverjährung die Auslieferung. Im Gegensatz zum deutschen IRG normiert das österreichische RHG damit auch Voraussetzungen unter denen eine bereits ausgeübte Drittstaaten-Gerichtsbarkeit eine Auslieferung und damit eine mögliche doppelte Strafverfolgung im ersuchenden Staat

[289] Böhm (2001), S. 52.
[290] Dorr (2001), S. 112 bzgl. § 16 ARHG; Felsenstein, ÖJZ 1986, 614, 619.
[291] Böhm spricht vom „unechten Ne bis in idem", vgl. Böhm (2001), S. 33, 37.
[292] Hackner/Lagodny/Schomburg/Wolf (2003), Rn. 271; Jung, in: FS für Schüler-Springorum (1993), 493, 497; Felsenstein, ÖJZ 1986, 614, 619.
[293] Dies ist weder der um Auslieferung ersuchende noch der ersuchte Staat.
[294] Dorr (2001), S. 113.

faktisch verhindert. Böhm[295] spricht in diesem Zusammenhang von einer „internationalen Sperrwirkung“, also einem transnationalen ne-bis-in-idem-Grundsatz. Er weist aber zugleich auf dessen sehr eingeschränkten Anwendungsbereich hin, da dieser ausschliesslich gerichtliche Entscheidungen erfasst[296]. Wie das deutsche IRG lässt jedoch auch das österreichische RHG Voraussetzungen vermissen, unter denen die österreichische Gerichtsbarkeit ihrerseits verpflichtet ist, von einem eigenen Auslieferungsersuchen (Ersuchen um „Einlieferung“) abzusehen und damit eine weitere Strafverfolgung im Inland zu unterlassen. § 68 Abs. 2 Nr. 2 ARHG normiert lediglich, dass der österreichische Bundesminister der Justiz von der Erwirkung einer Auslieferung absehen *kann*, wenn in Österreich voraussichtlich nur eine Geldstrafe oder eine geringfügige oder bedingt nachzusehende Freiheitsstrafe verhängt werden würde. Anknüpfungspunkt dieser Vorschrift ist damit aber die österreichische Gerichtsbarkeit. Erfasst wird mithin nicht der Fall, dass Österreich gerade *wegen* der bereits erfolgten ausländischen Verfahrenserledigung auf die „Einlieferung“ nach Österreich und damit auf ein eigenes inländisches Strafverfahren verzichten muss. Wie bereits zum deutschen IRG ausgeführt, ist die Frage, ob in dieser Situation Rechtshilfe (Auslieferung) gewährt wird, allein abhängig vom nationalen Recht des ersuchten Staates oder zwischenstaatlicher Vereinbarungen[297]. Nur für den Fall, dass Österreich einen anderen Staat vorher ausdrücklich um Übernahme der Strafverfolgung *ersucht* hat, sieht § 74 Abs. 4 ARHG eine echte transnationale ne-bis-in-idem-Bestimmung vor[298]. Wird die Strafverfolgung vom Ausland übernommen, hat der inländische Strafanspruch vorerst zu ruhen, geht aber sogar unter, sobald der Täter vom ausländischen Gericht rechtskräftig verurteilt und die Strafe vollstreckt oder erlassen worden ist[299]. Abgesehen davon, dass schon der Anwendungsbereich dieses Doppelverfolgungs- und -bestrafungsverbots sehr eingeschränkt ist, weil lediglich Fälle mit Übernahmeersuchen erfasst werden, darf bemängelt werden, dass ein Freispruch oder eine Verfahrenseinstellung im anderen Staat diese Sperrwirkung schon grundsätzlich nicht auszulösen vermögen[300].

Damit wird insoweit festgehalten, dass die österreichische Rechtsordnung zwar transnationale ne-bis-in-idem-Vorschriften kennt, dass diese jedoch – bedingt durch ihren eingeengten sachlichen Anwendungsbereich – stets nur (sehr) „eingeschränkte“ zwischenstaatliche Doppelverfolgungs- und -bestrafungsverbote vorsehen. Dies gilt

[295] Der Grundsatz Ne bis in idem im Verhältnis der Staaten zueinander.
[296] Böhm (2001), S. 36.
[297] Böhm (2001), S. 34.
[298] Böhm (2001), S. 33, Fn. 257; Ebensperger, ÖJZ 1999, 171, 176.
[299] Dorr (2001), S. 119; Böhm (2001), S. 34.
[300] Böhm (2001), S. 34, 37; Dorr (2001), S. 120; Ebensperger, ÖJZ 1999, 171, 176.

zunächst für § 65 Abs. 4 öStGB, der nur „deliktsspezifisch"[301] eine Doppelverfolgung verhindert und Freisprüche und andere „Ausserverfolgungssetzungen" nur bei Erlass durch den Tatortstaat berücksichtigt. Auch steht diese Vorschrift einer weiteren Strafverfolgung und Bestrafung im Ausland naturgemäss nicht entgegen. § 17 ARHG kann, wie andere Rechtshilfevorschriften auch, eine Doppelverfolgung im Ausland nur rein faktisch im Wege der Nichtauslieferung bewirken. Die Vorschrift ist also keine echte ne-bis-in-idem-Regelung, berücksichtigt aber immerhin auch Drittstaatenerkenntnisse, bezieht diese jedoch ausschliesslich auf gerichtliche Entscheidungen. Gemäss § 74 Abs. 4 ARHG kann zwar eine weitere Verfolgung im Inland verhindert werden, jedoch sind nur Fälle mit vorausgegangenem Übernahmeersuchen eingeschlossen, wobei auf dasselbe weder ein Freispruch noch eine Verfahrenseinstellung ergangen sein darf. Das Verfahren muss also mit Verurteilung, Straferlass oder -vollstreckung geendet haben.

III. Ne-bis-in-idem-Bestimmungen im schweizer Verfassungs-, Straf(prozess)- und Rechtshilferecht

Auf *verfassungsrechtlicher* Ebene folgt das Verbot doppelter Strafverfolgung und Bestrafung auch in der schweizer Rechtsordnung aus Art. 4 Abs. 1 des 7. ZP-EMRK[302], der gemäss Art. 191 BV unmittelbar anwendbares Recht darstellt[303]. Wie schon in Bezug auf die österreichische Rechtsordnung erwähnt, erhält der ne-bis-in-idem-Grundsatz damit aber bloss innerstaatliche Geltungskraft und trägt keinen transnationalen Charakter[304]. Eine Neubeurteilung in einem anderen Staat bleibt demnach möglich[305]. Mit (nur) innerstaatlicher Wirkung anerkennt ihn das Bundesgericht[306] auch als Teilgehalt von Art. 8 Abs. 1 (Gleichheitsgrundsatz)[307] der Bundesverfassung[308].

---

301 Ausgenommen sind alle von den §§ 63 und 64 öStGB erfassten Straftaten.

302 Schmid (2004), Rn. 589, vgl. dort auch Anm. 90; BSK-StGB I-Popp (2003), Rn. 34; Popp (2001), Rn. 264; Ackermann/Ebensperger, ÖJZ 1999, 823, 833; Haefliger/Schürmann (1999), S. 356.

303 Schmid (2004), Rn. 1099; Haefliger/Schürmann (1999), S. 36f.

304 Vgl. auch BSK-StGB I – Popp (2003), vor Art. 3, Rn. 34; Popp (2001), Rn. 264; Haefliger/Schürmann (1999), S. 356; Trechsel, in: FS für Ermacora (1988), 195, 207.

305 Vgl. VPB (58) 1994 Nr. 106 = RS 1997 Nr. 222.

306 BGE 56, 1930, I 75; 107, 1981, IV 82; 116, 1990, IV 264 E. 3 a; 118, 1992, IV 271 E. 2; 120, 1994, IV 12 E. 2; 123, 1997, II 466 E. b; ZR 97, 1998, Nr. 110.

307 Art. 4 alte BV.

308 Hauser/Schweri (2002), § 84, Rn. 17; Haefliger/Schürmann (1999), S. 356; Ackermann/ Ebensperger, AJP 1999, 823, 833; Steinmann, EuGRZ 1994, 166, 168.

Da das Verbot der Doppelverfolgung und Doppelbestrafung nach schweizer Recht im Verhältnis zum Ausland nicht gilt[309], wird dem Täter nach dem schweizer *Strafgesetzbuch* aber eine im Ausland wegen derselben Tat bereits verbüsste Strafe gemäss Art. 3 Ziff. 1 Abs. 2 StGB angerechnet[310]. Diesbezüglich ist jedoch wieder anzumerken, dass damit zwar die bedenklichste Folge einer weiteren (inländischen) Strafverfolgung verhindert wird, also ein doppelter Vollzug der Strafe, nicht jedoch ein doppelt geführtes Strafverfahren, das ggf. sogar in eine weitere Verurteilung münden kann. Im Ergebnis weiter reichend ist das in Art. 3 Ziff. 2 StGB normierte Erledigungsprinzip. Für einen im Ausland verfolgten Ausländer steht danach ein rechtskräftiger Freispruch einer erneuten (inländischen) Verfolgung genauso entgegen, wie der Vollzug, der Erlass oder die Verjährung einer im Ausland verhängten Strafe. Diese ne-bis-in-idem-Wirkung ist allerdings insofern beschränkt, als dass sie eben nur gilt, wenn der ausländische Täter auf ausdrückliches Ersuchen einer schweizer Behörde im Ausland verfolgt worden ist[311], so dass eine weitere (inländische) Verfolgung statthaft ist, wenn der Täter im Ausland ohne schweizer Strafübernahmebegehren verurteilt wurde[312]. In der schweizerischen Literatur[313] wird dafür plädiert, die Vorschrift analog auf Schweizer anzuwenden, die sich im Ausland befinden und in die Schweiz nicht ausgeliefert werden (können). Eine analoge Anwendung wird auch für den Fall in Betracht gezogen, wenn der Grundsatz, Schweizer nicht auszuliefern (vgl. Art. 25 Abs. 1 BV), durchbrochen wird, wie es beispielsweise gemäss Art. 10 Abs. 2 des Bundesbeschlusses über die Zusammenarbeit mit den Internationalen Gerichten der Fall ist[314].
Ein Schweizer, der im Ausland ein Verbrechen oder Vergehen verübt hat, wird in der Schweiz nicht mehr bestraft, wenn er im Ausland endgültig freigesprochen wurde oder die Strafe vollzogen, erlassen oder verjährt ist, vgl. Art. 6 Ziff. 2 StGB. Dass dieses Erledigungsprinzip den ne-bis-in-idem-Gedanken im Hinblick auf die erfassten Entscheidungsformen auf den Freispruch beschränkt, wird in der schweizer Literatur[315] als "zu eng" kritisiert; auch eine Verfahrenseinstellung, bspw. wegen Zurechnungsunfähigkeit, müsse erfasst werden[316].
Eine ähnlich lautende Bestimmung, wie sie Art. 6 Ziff. 2 StGB regelt, enthält Art. 6bis Ziff. 2 StGB für im Ausland verübte Verbrechen und Vergehen, zu deren Verfolgung sich die Schweiz durch ein internationales Übereinkommen verpflichtet hat.

---

[309] Trechsel, StGB-Kommentar (1997), Art. 3, Rn. 5; Stratenwerth, AT I (1996), § 5, Rn. 9.
[310] Stratenwerth, AT I (1996), § 5, Rn. 9.
[311] Stratenwerth, AT I (1996), § 5, Rn. 9; Jung, in: FS für Schüler-Springorum (1993), 493, 496.
[312] Rehberg/Donatsch, Strafrecht I (2001), S. 44.
[313] Popp, in: Basler Kommentar zum Strafgesetzbuch (2003).
[314] BSK-StGB I-Popp (2003), Art. 3, Rn. 7.
[315] Trechsel, Kurzkommentar zum Schweizerischen Strafgesetzbuch (1997).
[316] Trechsel, StGB-Kommentar (1997), Art. 6, Rn. 7.

Diese Normierung des Erledigungsprinzips erfasst auch wieder (nur) die Entscheidungsform Freispruch, doch ist sie gegenüber Art. 6 Ziff. 2 StGB weiter eingeschränkt, weil dieses Prinzip der Verfahrenserledigung für den Freispruch durch einen Drittstaates nicht gilt[317].

Das Verbot mehrfacher Strafverfolgung und Bestrafung gilt als grundlegendes Prinzip im gesamten schweizerischen Verfahrensrecht. Sowohl im Bundes- als auch im kantonalen Recht ist es anerkannt[318]. Ausdrückliche Regelungen finden sich in den *Strafprozessordnungen* der Kantone[319] Bern (Art. 4 und 5), Luzern (§ 2), Uri (§ 13), Zug (§ 3), Freiburg (Art. 4 Abs. 2 lit. b), Basel-Landschaft (§ 128 Abs. 1 lit. c), Schaffhausen (Art. 62 Abs. 1), Appenzell AR (Art. 29 Abs. 1), St. Gallen (Art. 65), Genf (Art. 314 Abs. 2) und Jura (Art. 12)[320]. Jeweils hat der ne-bis-in-idem-Grundsatz danach aber keinen transnationalen Charakter. Auch der Vorentwurf für eine gesamtschweizerische Strafprozessordnung sieht in Art. 12 VE ein "Verbot der doppelten Strafverfolgung" vor[321]. Gemäss dem vom Bundesamt für Justiz herausgegebenen Begleitbericht zum vorerwähnten Vorentwurf dürfen bei Inkrafttreten von Art. 12 VE in der Schweiz rechtskräftig Verurteilte oder Freigesprochene "hier" (also in der Schweiz) wegen des gleichen Delikts nicht nochmals in ein Strafverfahren verwickelt werden[322]. Die Sperrwirkung hat demgemäss auch nach dem Vorentwurf für eine schweizweite Strafprozessordnung nur innerstaatliche Geltungskraft.

Das schweizer Bundesgesetz über die *Internationale Rechtshilfe* in Strafsachen (IRSG) normiert in Art. 66 IRSG unter dem Titel "Grundsatz ne bis in idem" ein Verbot doppelter Strafverfolgung und Bestrafung. Gemäss Art. 66 IRSG kann die Rechtshilfe verweigert werden, wenn der Verfolgte sich in der Schweiz aufhält und dort wegen der Tat, auf die sich das Ersuchen bezieht, bereits ein Strafverfahren hängig ist. Zu berücksichtigen ist allerdings, dass sich dieses Rechtshilfehindernis und damit die Umsetzung des ne-bis-in-idem-Gedankens nur auf die sog. kleine Rechtshilfe bezieht, die teilweise auch als andere, eigentliche oder akzessorische Rechtshilfe bezeichnet wird. Der dritte Teil des IRSG versteht darunter die verschiedenen Formen der Beweiserhebung, die Zustellung von Urkunden zu Gunsten eines auslän-

---

317 Trechsel, StGB-Kommentar (1997), Art. 6bis, Rn. 2.

318 Schwarplies (1970), S. 10.

319 Noch existieren 26 kantonale Strafprozessordnungen. Eine gesamtschweizerische StPO liegt bisher nur als Entwurf vor.

320 Hauser/Schweri (2001), § 84, Rn. 17; Schwarplies (1970), S. 10, Fn. 24.

321 Vgl. Bundesamt für Justiz, Vorentwurf zu einer Schweizerischen Strafprozessordnung, (2001).

322 Bundesamt für Justiz, Begleitbericht zum Vorentwurf für eine Schweizerische Strafprozessordnung (2001), S. 38.

dischen Strafverfahrens sowie die Herausgabe von Gegenständen und Vermögenswerten zur Einziehung oder Rückerstattung an den Berechtigten[323].

Gestützt auf den Grundsatz ne bis in idem wird einem Auslieferungsersuchen gemäss Art. 5 Abs. 1 lit. a, b IRSG nicht entsprochen, so dass der ausländische Strafanspruch "erlischt"[324], wenn entweder in der Schweiz oder im Tatortstaat[325] der Verfolgte aus materiellrechlichen Gründen durch einen Richter freigesprochen oder das Verfahren durch einen solchen eingestellt worden ist oder wenn der Richter auf eine Sanktion verzichtet oder von ihr einstweilen abgesehen hat[326]. Ferner dann, wenn die Sanktion bereits vollzogen wurde oder nach dem Recht des Urteilsstaates nicht vollziehbar ist[327]. Das Bundesamt für Justiz weist jedoch auf die "Einschränkung" dieser Umsetzung des ne-bis-in-idem-Gedankens hin, indem es in seiner Wegleitung zum IRSG deutlich macht, dass Rechtshilfe zum Zwecke der Revision eines rechtskräftig gewordenen Urteils zulässig bleibt, vgl. Art. 5 Abs. 2 IRSG[328]. Der ersuchende Staat muss diesbezüglich darlegen, dass neue Tatsachen oder Beweise eine Revision der die Ablehnung der Auslieferung begründenden Entscheidung rechtfertigen[329]. Ebenfalls keine Rechtshilfe wird geleistet, falls die Ausführung des Ersuchens Zwangsmassnahmen erfordern würde und die Strafverfolgung oder Vollstreckung nach schweizerischem Recht wegen Verjährung ausgeschlossen wäre[330].
Teilweise wird im Hinblick auf den Grundsatz ne bis in idem noch Art. 37 Abs. 1 IRSG erwähnt[331]. Diese "Kann-Bestimmung" gestattet den schweizer Behörden die Übernahme der Strafverfolgung oder der Strafvollstreckung eines ausländischen Strafentscheides, wenn dies mit Rücksicht auf die soziale Wiedereingliederung des Verfolgten angezeigt erscheint. Es steht also nicht das Bestreben, mehrfache Strafverfolgung und Bestrafung zu verhindern im Vordergrund, sondern der Resozialisierungsgedanke.

In Bezug auf die im IRSG enthaltenen Regelungen ist weiter zu berücksichtigen, dass diese gemäss Art. 1 Abs. 1 IRSG zwischenstaatlich nur zur Anwendung gelangen, "soweit andere Gesetze oder internationale Vereinbarungen nichts anderes bestimmen". Das IRSG regelt demgemäss die Gewährung von sog. autonomer Rechts-

---

323 Hofstetter, recht 2004, 81, 82.
324 Vgl. den Titel zu Art. 5 IRSG.
325 Drittstaat, dem auf Grund des Territorialitätsprinzips Strafgewalt zukommt, vgl. Heimgartner (2002), S. 146.
326 Hofstetter, recht 2004, S. 81, 65; Heimgartner (2002), S. 146; vgl. Art. 5 lit. a. Nr. 1 und 2 IRSG.
327 Hofstetter, recht 2004, S. 81, 65; vgl. Art. 5 lit. b. IRSG.
328 EJPD-Wegleitung (1998), S. 8, Ziff. 2.1.5.
329 Heimgartner (2002), S. 147.
330 Hofstetter, recht 2004, S. 81, 85; vgl. Art. 5 Abs. 1 lit. c.
331 Popp (2001), Rn. 265.

hilfe bei Fehlen eines Staatsvertrages[332]. Nach schweizerischem Staatsrecht geht ein Rechtshilfevertrag entgegenstehendem nationalen Recht grundsätzlich vor, letzteres ist dem Grundsatz nach nur subsidiär anwendbar.[333]. Eine Besonderheit besteht allerdings gegenüber US-amerikanischen Rechtshilfeersuchen. Diese werden nach dem Bundesgesetz zum schweizerisch-amerikanischen Rechtshilfevertrag behandelt[334]. Danach wird gemäss Art. 4 Ziff. 1 die Auslieferung dann nicht bewilligt, wenn der Verfolgte vom ersuchten Staat für die gleichen Handlungen bereits gerichtlich beurteilt wurde[335]. Geht das Rechtshilfegesetz jedoch weiter als der anwendbare Staatsvertrag, so gelangt es als die "günstigere" Norm zur Anwendung, sofern das Schweigen des Staatsvertrages nicht als ein qualifiziertes zu werten ist. Dieses sog. Günstigkeitsprinzip wird damit begründet, dass ohne seine Anwendung ein Vertragsstaat je nach Sachlage schlechter gestellt wäre als ein Staat, mit dem die Schweiz keinen Rechtshilfevertrag geschlossen hat. Das Günstigkeitsprinzip will mithin eine Erschwerung der Rechtshilfe durch ein Rechtshilfeabkommen verhindern[336].

Es wird insoweit gefolgert, dass die schweizer Rechtsordnung einen recht umfassenden – z.T. aber nur mittelbaren – Schutz vor zwischenstaatlich doppelt geführter Strafverfolgung und Bestrafung bietet. Wegen der aufgezeigten Einschränkungen kann die ne-bis-in-idem-Gewährung jedoch auch nicht als umfassend gewertet werden. In der schweizer Literatur[337] wird sogar angemahnt, dass die starke Zersplitterung des ne-bis-in-idem-Grundsatzes es kaum erlaube, dem Prinzip eine feste inhaltliche Bedeutung zu geben[338].

IV. Zwischenergebnis

Ausgehend von der im ersten Kapitel dieser Arbeit rechtlich begründeten Notwendigkeit für die Normierung eines zwischenstaatlichen Doppelverfolgungs- und -bestrafungsverbots, wurde in diesem Kapitel insoweit der Versuch unternommen, zu überprüfen, ob – und wenn ja, inwieweit einzelstaatliche Rechtsordnungen bereits ein solches transnationales ne-bis-in-idem-Prinzip vorsehen. Um den ermittelten Befund nicht sogleich dem Vorwurf auszusetzen, ein Einzelfallergebnis zu sein, wurden

332 Eine Übersicht liefert Popp unter "Rechtsquellen" im 1. Kapitel (insbes. S. 22ff.), vgl. Popp, Grundzüge der Internationalen Rechtshilfe in Strafsachen (2001).

333 Hofstetter, recht 2004, 81, 84; Heimgartner (2002), S. 21, 29; Popp (2001), Rn. 192.

334 Hofstetter, recht 2004, S. 38f.

335 Heimgartner (2002), S. 149.

336 Hofstetter, recht 2004, 81, 83f.; Heimgartner (2002), S. 29.

337 Popp, Grundzüge der Internationalen Rechtshilfe in Strafsachen (2001).

338 Popp (2001), Rn. 265.

insgesamt drei Rechtsordnungen, die Deutschlands, Österreichs und der Schweiz, in die Betrachtung einbezogen und die im hiesigen Kontext einschlägigen Gesetze (Verfassung, Strafgesetzbuch, Strafprozessordnung, Rechtshilfegesetz) ausgewertet. Dabei wurde sichtbar, dass alle drei Rechtsordnungen der aus dem Internationalen Strafrecht resultierenden Gefahr einer doppelten zwischenstaatlichen Strafverfolgung und Bestrafung derart begegnen, dass sie hauptsächlich im Wege der Normierung von Auslieferungshindernissen zu erreichen suchen, dass ein Täter unter bestimmten Voraussetzungen nicht ausgeliefert wird und damit nicht erneut strafrechtlich verfolgt und/oder bestraft werden kann. Eine ausdrückliche Normierung eines echten und umfassenden zwischenstaatlichen Gebots einmaliger Strafverfolgung ist allen betrachteten Rechtsordnungen fremd. Unabhängig davon, dass die Auslieferungshindernisse der untersuchten Rechtsordnungen unterschiedlich weit gefasst sind, z.T. bspw. auch Drittstaatenerkenntnisse einbeziehen, ist ihnen gemein, dass sie keine echten transnationalen ne-bis-in-idem-Vorschriften sind, sondern eine doppelte Strafverfolgung und Bestrafung lediglich rein faktisch (mittelbar) im Wege der Nichtauslieferung zu verhindern suchen. Abgesehen davon haben sich diese Rechtshilfevorschriften, wie auch die Vorschriften anderer Gesetze[339], die dem ne-bis-in-idem-Gedanken (wenigstens) ansatzweise folgen, als nicht umfassend genug erwiesen, um zwischenstaatlich sowohl eine Doppelverfolgung als auch eine Doppelbestrafung sicher zu verhindern.

Bei aller Vorsicht, weil nur drei Rechtsordnungen summarisch betrachtet wurden, darf hier insoweit der Schluss gezogen werden, dass nationale Rechtsordnungen im Regelfall (Ausnahmen sind möglich) keine Vorschriften vorsehen, die – erstens – ausdrücklich ein transnationales Doppelverfolgungs- und -bestrafungsverbot normieren und die – zweitens – auch nicht mittelbar (faktisch) eine *umfassende* Umsetzung dieses Verbots gewährleisten. Maximal sehen sie ein irgendwie *eingeschränktes* zwischenstaatliches Doppelverfolgungs- und -bestrafungsverbot vor. Die im Eingangskapitel dieser Arbeit formulierte erste Arbeits-These[340] konnte damit eine Bestätigung erfahren[341]. Im Folgenden wird deshalb untersucht, ob – und wenn ja, inwieweit *internationale* Abkommen und Verträge einen zwischenstaatlichen ne-bis-in-idem-Grundsatz beinhalten.

[339] Verfassung, Strafgesetzbuch, Strafverfahrensgesetz.

[340] Vgl. S. 45.

[341] Dannecker bestätigt diesen Befund weitgehend mit einem - wenn auch äusserst knappen - Blick auf die Rechtsordnungen der Niederlande, Spaniens, Belgiens, Deutschlands, Luxemburgs, Italiens, Englands und Frankreichs, vgl. Dannecker, in: FS für Kohlmann (2003), 593, 598 - 600.

D. Transnationale Normierung und Bedeutung des Grundsatzes ne bis in idem

Die Einteilung internationaler Verträge, Abkommen und Übereinkommen wird in der einschlägigen Literatur unterschiedlich gehandhabt. Die Ordnung erfolgt hier in Anlehnung an Radtke und Busch[342] und an das „Standardwerk“ von Schomburg und Lagodny, „Internationale Rechtshilfe in Strafsachen“. Ne-bis-in-idem-Vorschriften aus dem Bereich der Internationalen *Strafgerichtsbarkeit* (ICTY-, ICTR- und das ICC-Statut) werden an dieser Stelle bewusst ausgeblendet[343], da die in ihnen vorgesehenen ne-bis-in-idem-Vorschriften nicht das hier betrachtete Verhältnis zwischen zwei Staaten betreffen, sondern die Umsetzung des Grundsatzes der Einmaligkeit der Strafverfolgung im Verhältnis eines Staates zu einer Internationalen Institution[344].

I. Doppelverfolgungs- und -bestrafungsverbote in supranationalen Abkommen

Auf „supranationaler Ebene“ sehen Radtke und Busch den Grundsatz ne bis in idem sowohl im Internationalen Pakt über bürgerliche und politische Rechte (IPbpR) als auch auf der Ebene der Menschenrechte geregelt[345].

Teilweise wird angedacht, den Grundsatz der Einmaligkeit der Strafverfolgung direkt aus Art. 6 Abs. 1 EMRK, dem Anspruch auf ein faires Verfahren, herzuleiten[346]. Eine aus der Interpretation von Art. 6 EMRK gewonnene zwischenstaatliche ne-bis-in-idem-Gewährleistung hätte den Vorteil, dass sie auch gegenüber solchen Staaten einzufordern wäre, die zwar die EMRK, nicht aber das siebte Zusatzprotokoll angenommen, ratifiziert oder genehmigt haben[347]. Letzteres enthält in Art. 4 Abs. 1 eine spezielle ne-bis-in-idem-Regelung. Ein solches Verständnis von Art. 6 EMRK stünde jedoch in Widerspruch zu dieser speziellen Regelung des ne-bis-in-idem-Gedankens in Art. 4 Abs. 1 des 7. ZP-EMRK[348], da aus dessen Wortlaut deutlich hervorgeht, dass das dort normierte ne-bis-in-idem-Prinzip gerade nicht im Verhältnis zwischen zwei Staaten gilt, worauf in Abschnitt C dieses Kapitels bereits verschiedentlich hingewiesen wurde[349]. Die Europäische Kommission für Menschenrechte hat es ausser-

---

[342] Transnationaler Strafklageverbrauch in den sog. Schengen-Staaten?, EuGRZ 2000, 421ff.

[343] Vgl. aber C. III. 1. a. im dritten Kapitel dieser Arbeit.

[344] Für weitere Informationen diesbezüglich vgl. aber Specht (1999), S. 55ff.

[345] Radtke/Busch, EuGRZ 2000, 421; Flauss, ZStrR 114/FS (1996), 271ff.

[346] Vgl. bspw. Böhm (2001), S. 6; Endriss/Kinzig, StV 1997, 665, 667; Schroeder, JuS 1997, 227, 230. Alle unter Verweis auf Andeutungen der Europäischen Kommission für Menschenrechte.

[347] Specht (1999), S. 49.

[348] So wohl auch Endriss/Kinzig, vgl. StV 1997, 665, 667, dort Anm. 26.

[349] Vgl. C. II. und III. dieses Kapitels.

dem ausdrücklich abgelehnt, dass Art. 6 EMRK überhaupt ein ne-bis-in-idem-Recht gewähre[350] und zudem entschieden, dass aus Art. 6 EMRK eine zwischenstaatliche ne-bis-in-idem-Gewährleistung nicht abgeleitet werden könne[351]. Die UN-Menschenrechtserklärung und die Amerikanische Menschenrechtserklärung sowie die Afrikanische Charta über Menschen- und Bürgerrechte sehen ebenfalls kein explizites Verbot von doppelter Strafverfolgung und Bestrafung vor[352]. Lediglich die Arabische Charta der Menschenrechte normiert ein umfassendes Doppelverfolgungs- und (auch) -bestrafungsverbot in Art. 16 Abs. 1[353]. Die Amerikanische Menschenrechtskonvention normiert hingegen in Art. 8 Abs. 4 nur einen sehr stark reduzierten ne-bis-in-idem-Grundsatz, da der Anwendungsbereich sich bloss auf Freisprüche bezieht[354].

Die Formulierung in Art. 14 Abs. 7 IPbpR beschränkt die Geltung des Verbots der doppelten Strafverfolgung und Bestrafung zwar nicht ausdrücklich und zwingend auf eine nur innerstaatliche Wirkung[355], jedoch betonen der UN-Ausschuss für Menschenrechte[356] und auch das Bundesverfassungsgericht[357], dass es sich bei dieser Vorschrift nicht um einen zwischenstaatlichen ne-bis-in-idem-Grundsatz handele. In der rechtswissenschaftlichen Literatur[358] wird dieser Auffassung – soweit ersichtlich – überwiegend gefolgt[359]. Andere halten schon den Wortlaut der vorbenannten Vorschrift in diesem Sinne für eindeutig[360].

Insoweit kann folglich festgehalten werden, dass auf der Ebene, die hier als „supranationale Ebene" bezeichnet wurde, so gut wie kein Schutz vor zwischenstaatlicher doppelter Strafverfolgung und Bestrafung existiert. Weiter wird deshalb hinsichtlich

---

350 Vgl. die Entscheidungen E 4212/69, Collection of Decisions 35, 151ff., 153 sowie E 7680/76, D.R. 9, 190ff., 193 der Europäischen Kommission für Menschenrechte.

351 Vgl. die Entscheidungen E 8945/80, D.R. 39, 43ff., 47 und E 7680/76, D.R. 9, 190ff., 193 der Europäischen Kommission für Menschenrechte.

352 Thomas (2002), S. 100, 102f.

353 Dorr (2001), S. 246.

354 Thomas (2002), S. 103; Dorr (2001), S. 245.

355 Thomas (2002), S. 101; Böhm (2001), S. 6f.; Specht (1999), S. 46.

356 EuGRZ 1990, 15.

357 NJW 1987, 2155, 2158.

358 Dannecker, in: FS für Kohlmann (2003), 593, 595f.; Norouzi/Vogel, JuS 2003, S. 1059, 1060; Hecker, StV 2001, 306; Dorr (2001), S. 239; Radtke/Busch, EuGRZ 2000, 421; Schomburg, NJW 2000, 1833; ders., StV 1999, 246, 248; ders., StV 1997, 383, 385; ders., JBl 1997, 553, 559; van den Wyngeart/Stessens, ICLQ 1999, 779, 781; Flauss, ZStrR 114/FS (1996), 271ff.; Steinmann, EuGRZ 1994, 166, 168; Jung, in: FS für Schüler-Springorum (1993), 493, 496; Trechsel, in: FS für Ermacora (1988), 195, 207.

359 Kritisch bspw. Specht (1999), S. 46; Mayer (1992), S. 45.

360 Hecker, StV 2001, 306; Radtke/Busch, EuGRZ 2000, 421.

des (hiesigen) europäischen Rechtsraumes geprüft, ob – und wenn ja, inwiefern – der Grundsatz der zwischenstaatlichen Einmaligkeit der Strafverfolgung jedenfalls in Übereinkommen des Europarates (II.) und der Europäischen Union (III.) verankert ist.

II. Doppelverfolgungs- und -bestrafungsverbote in Übereinkommen des Europarats

Äusserst praxisrelevant ist das *Europäische Auslieferungsübereinkommen* von 1957 (EuAlÜbk), da es europaweit bereits zwischen 35 Staaten zur Anwendung gelangt[361]. Art. 9 Satz 1 sieht vor, dass die Auslieferung (zwingend) nicht bewilligt wird, wenn der Verfolgte wegen Handlungen, derentwegen um Auslieferung ersucht wird, von den zuständigen Behörden des ersuchten Staats bereits rechtskräftig abgeurteilt worden ist. Diese Vorschrift trägt damit zwar dem ne-bis-in-idem-Gedanken insoweit Rechnung, als dass im Wege der Nichtauslieferung rein *faktisch* ein Verbot doppelter *Bestrafung* geschaffen wird, jedoch normiert sie nicht schon das Verbot einer bloss doppelt eingeleiteten *Strafverfolgung* im Sinne eines echten Verfahrenshindernisses[362]. Selbst wenn man sich also mit einer per Auslieferungshindernis bewirkten Umsetzung des zwischenstaatlichen Doppel*bestrafungs*verbotes zufrieden stellen wollte, müsste eingestanden werden, dass Art. 9 Satz 1 EuAlÜbk nicht zu verhindern vermag, dass ein simultanes oder erneutes Strafverfahren (in Abwesenheit des Betroffenen[363]) eingeleitet und geführt wird. Hinzu kommt, dass die Auslieferungsverweigerung im Falle einer Verfahrenseinstellung oder -nichteinleitung (im ersuchenden Staat) auf einer nur fakultativ einzuhaltenden „Kann-Bestimmung" basiert, vgl. Art. 9 Satz 2 EuAlÜbk[364]. Durch dieses eingeräumte Ermessen erfährt das in Art. 9 Satz 1 EuAlÜbk verankerte Doppel*bestrafungs*verbot eine Aufweichung und versagt dem ne-bis-in-idem-Grundsatz damit eine umfassende zwischenstaatliche Geltung[365].

---

[361] Ergänzt wird das EuAlÜbk durch das *Übereinkommen über die Auslieferung zwischen den Mitgliedstaaten der EU* (EU-AuslÜbk von 1996), welches eine Reihe von Auslieferungshindernissen zwischen den Mitgliedstaaten beseitigt, und durch das *Übereinkommen über das vereinfachte Auslieferungsverfahren zwischen den Mitgliedstaaten der EU* (EU-VereinfAuslÜbk von 1995), welches die Anwendung des EuAlÜbk zwischen den Mitgliedstaaten durch ergänzende Vorschriften erleichtern soll. Beide Übereinkommen sind jedoch bislang von nahezu keinem Staat ratifiziert worden, vgl. Schomburg/Lagodny, IRSt (1998), S. 776f. und 815f.

[362] Ebensperger, ÖJZ 1999, 171, 182.

[363] Dies ist nach dem Verfahrensrecht vieler Staaten erlaubt, vgl. den Hinweis von Hackner/Lagodny/Schomburg/Wolf (2003), Rn. 129.

[364] Dorr (2001), S. 170; Mayr (2000), S. 122; Schomburg/Lagodny, IRSt (1998), Art. 9 EuAlÜbk, Rn. 2; Lagodny, ZStW 101 (1989), 987, 1006f.; Felsenstein, ÖJZ 1986, 614, 619; Epp, ÖJZ 1979, 36, 41.; Vogler, ZStW 80 (1968), 480, 490.

[365] Vogler, ZStW 81 (1969), 163, 180.

Denn völkerrechtlich besteht bei sog. Fakultativklauseln keine Auslieferungs- bzw. Rechtshilfepflicht, sondern Auslieferungs- bzw. Rechtshilfe(leistungs)freiheit. Im Einzelfall geklärt werden muss, wer auf innerstaatlicher Ebene über die Zulässigkeit bzw. Bewilligung der ins Ermessen gestellten Handlung Auslieferung bzw. Rechtshilfeleistung mit welchen (grund-)rechtlichen Bindungen zu entscheiden hat[366]. Im Hinblick auf ein Doppel*verfolgungs*verbot ist zwar zu bedenken, dass die Auslieferung gemäss Art. 8 EuAlÜbk auch abgelehnt werden kann, wenn im ersuchten Staat bereits eine *Verfolgung* stattfindet, doch ist die Ablehnung wieder rein fakultativer Natur[367]. In jedem Fall normiert die ne-bis-in-idem-Regelung im EuAlÜbk nur ein mittelbares Doppelverfolgungs- und -bestrafungsverbot, weil es primär darum geht, zu entscheiden, ob die Strafverfolgung in einem anderen Staat mittels Auslieferung unterstützt werden darf und wird[368]; ein echtes Gebot der Einmaligkeit der Strafverfolgung und Bestrafung ist hingegen nicht vorgesehen. Die ne-bis-in-idem-Regelung im EuAlÜbk ist ferner insoweit unbefriedigend, als dass Drittstaaten-Erkenntnisse[369] unbestritten keine Berücksichtigung finden[370]. Zwar erweitert das erste Zusatzprotokoll zum EuAlÜbk in Art. 2 den ne-bis-in-idem-Gedanken (theoretisch) auf Schuld- und Freisprüche eines Drittstaates, doch ist die beabsichtigte Schliessung der in Art. 9 EuAlÜbk vorhandenen Lücke nicht eingetreten. Dieses – erstens – deshalb nicht, weil kaum ein Staat dieses Zusatzprotokoll in Kraft gesetzt hat und – zweitens – weit reichende Ausnahmen[371] vorgesehen sind, die wieder zur Nichtberücksichtigung von Drittstaaten-Entscheidungen führen[372]. Diese Ausnahmen sind ein Sicherheits-[373], ein Amtsträger-[374] und ein Territorialvorbehalt[375]. Ausserdem wird an der Erweiterung von Art. 9 EuAlÜbk durch das Zusatzprotokoll bemängelt, dass dieses nicht jede endgültige Drittstaaten-Erledigung erfasst[376]. In diesem Zusammenhang sind auch die zwischen einzelnen Staaten geschlossenen Verträge zur Ergänzung und zur Erleichterung der Anwendung des EuAlÜbk zu berücksichtigen. Beispielsweise sieht

---

[366] Schomburg/Lagodny, IRSt (1998), Art. 9 EuAlÜbk, Rn. 2 mit Verweis auf Rn. 11a zu § 33 IRG, Rn. 24 zu § 1 IRG und auf OLG Karlsruhe NJW 1985, 2906 zum EuAlÜbk (die Bewilligungsbehörde habe einen Ermessensspielraum).

[367] Schomburg/Lagodny, IRSt (1998), Art. 9 EuAlÜbk, Rn. 2; OLG Karlsruhe 1985, 2906.

[368] Böhm spricht in diesem Zusammenhang vom „unechten Ne bis in idem“, vgl. Böhm (2001), S. 23, 40, 46, 129.

[369] Gemeint ist ein Straferkenntnis weder des ersuchten noch des ersuchenden Staates.

[370] Böhm (2001), S. 41, 46, 129; Dorr (2001), S. 169; Wolf (1999), 67, 69; Schomburg/Lagodny, IRSt (1998), Art. 9 EuAlÜbk, Rn. 2b; Vogler, ZStW 81 (1969), 163, 180.

[371] Im Falle der Ratifizierung als Abs. 3 an das EuAlÜbk angehängt.

[372] Böhm (2001), S. 41.

[373] Die Tat ist gegen öffentliche Personen oder Rechtsgüter des ersuchenden Staats gerichtet.

[374] Die Tat wurde durch öffentlichen Funktionsträger des ersuchenden Staats verübt.

[375] Die Tat wurde (teilweise) im ersuchenden Staat begangen.

[376] Dorr (2001), S. 172.

der zwischen der Schweizerischen Eidgenossenschaft und der Republik Österreich geschlossene Vertrag in Art. IV Abs. 1 vor, dass "die Auslieferung auch nicht bewilligt wird, wenn die Handlungen in einem dritten Staat verübt worden sind und dort darüber eine der in Art. 9 des Übereinkommens erwähnten Entscheidungen ergangen ist, sofern gegen diese Entscheidung keine besonderen Bedenken bestehen"[377]. Es handelt sich hierbei jedoch bloss um eine auf ein individuelles Staatenverhältnis bezogen Regelung, die beispielsweise schon der entsprechende Vertrag zwischen der Schweizerischen Eidgenossenschaft und der Bundesrepublik Deutschland nicht kennt[378].

In Bezug auf Art. 9 EuAlÜbk ist in der vorzitierten Literatur die jüngste Entwicklung im „europäischen Straf(prozess)recht“, die Einführung des Europäischen Haftbefehls, allerdings stets unberücksichtigt geblieben. Auf den ersten Blick erscheint es zweifelhaft, Art. 9 EuAlÜbk überhaupt noch zu einer faktischen europaweiten Vermeidung von doppelter Strafverfolgung und Bestrafung heranzuziehen. Denn am 13. Juni 2002 hat der Rat der Europäischen Union den Rahmenbeschluss zur Einführung des Europäischen Haftbefehls (RbEuHb) angenommen[379], der am 8. August 2002 zwischen den Mitgliedstaaten der EU in Kraft getreten ist[380]. Durch diesen Rahmenbeschluss, den Europäischen Haftbefehl betreffend, und die anschliessende Umsetzung durch die Mitgliedstaaten sollen die bisherigen Auslieferungsverfahren zwischen den Mitgliedstaaten auf eine neue, effizientere Grundlage gestellt werden[381]. Daher werden gemäss Art. 31 RbEuHb die entsprechenden Vorschriften einer ganzen Reihe von Übereinkommen zukünftig verdrängt. Unter anderen[382] gilt dies auch für das hier angesprochene Europäische Auslieferungsübereinkommen von 1957 und das ebenfalls erwähnte erste Zusatzprotokoll. An die Stelle von Art. 9 EuAlÜbk tritt Art. 3 Ziff. 2 RbEuHb. Danach ist die Auslieferung nicht zulässig, wenn der Verfolgte wegen derselben Handlung, die dem Ersuchen zugrunde liegt, bereits von einem anderen (also auch dritten) Mitgliedstaat rechtskräftig verurteilt worden ist. Zu berücksichtigen ist allerdings, und dies ist im hier betrachteten Kontext entscheidend, dass

---

[377] Vgl. den Vertrag zwischen der Schweizerischen Eidgenossenschaft und der Republik Österreich über die Ergänzung des Europäischen Auslieferungsübereinkommens und die Erleichterung seiner Anwendung, abgeschlossen am 13. Juni 1972, in Kraft seit 14. Dezember 1974, vgl. BBl 1973 II 983.

[378] Vgl. den Vertrag zwischen der Schweizerischen Eidgenossenschaft und der Bundesrepublik Deutschland über die Ergänzung des Europäischen Auslieferungsübereinkommens und die Erleichterung seiner Anwendung, abgeschlossen am 13. November 1969, in Kraft seit 1. Januar 1977, vgl. BBl 1970 II 241.

[379] Jacoby/Schnigula, Begründungsentwurf des BMJ zum RbEuHb (2003), S. 1.

[380] Hackner/Lagodny/Schomburg/Wolf (2003), Rn. 92.

[381] Grund (5) der Erwägungen zum Rahmenbeschluss des Rates über den Europäischen Haftbefehl.

[382] Vgl. Art. 31 Abs. 1 lit. a) - e) RbEuHb.

die Neuregelung des Auslieferungsrechts nur die EU-Mitgliedstaaten betrifft. Im Verhältnis zu Nicht-EU-Staaten bleiben die Vorschriften in den bisherigen Übereinkommen weiterhin anwendbar[383]. Es ist somit weiterhin *auch* auf Art. 9 EuAlÜbk i.V.m. dem ersten Zusatzprotokoll abzustellen, der jedoch (auch i.V.m. dem Zusatzprotokoll), wie aufgezeigt, eine nur unzureichende und allenfalls mittelbare (rein faktische) Lösung für das zwischenstaatliche Problem doppelter Strafverfolgung und Bestrafung bereit hält.

Das *Europäische Übereinkommen über die Rechtshilfe in Strafsachen* von 1959, welches ergänzend zum Europäischen Auslieferungsübereinkommen die sog. kleine Rechtshilfe regelt[384], sieht selbst keine ne-bis-in-idem-Bestimmung vor. Allerdings sind zwischen zahlreichen Staaten Ergänzungsverträge geschlossen worden, die den ne-bis-in-idem-Gedanken enthalten[385]. Beispielsweise sieht der Ergänzungsvertrag zwischen der Bundesrepublik Deutschland und der Republik Österreich[386] in Art. XV vor, dass die Behörden des um Rechtshilfe ersuchenden Staates u.a. dann von weiteren Verfolgungs- und Vollstreckungsmassnahmen absehen, wenn die verhängte Strafe vollstreckt, der Täter rechtskräftig freigesprochen oder das Verfahren endgültig eingestellt wurde, wobei für Freispruch und Verfahrenseinstellung kein verfahrensrechtlicher Grund massgeblich gewesen sein darf. Ähnlichlautende Regelungen bestehen auch zwischen Deutschland und der Schweiz[387] sowie zwischen Österreich und der Schweiz[388]. Egal, wie weit reichend die Bestimmungen der Ergänzungsverträge im einzelnen auch sein mögen, stets normieren sie kein umfassendes zwischenstaatliches Verbot doppelter Strafverfolgung und Bestrafung. Sie sind immer nur punktuelle Regelungen im Verhältnis zweier Staaten.

---

[383] Gless, Projektbericht – Auslieferungsrecht der Schengen-Vertragsstaaten (2002), S. 1; Art. 31 Abs. 1 RbEuHb.

[384] Hofstetter, recht 2004, S. 81, 83.

[385] Schomburg, NJW 2000, 1833, 1835.

[386] Abgedruckt in: Schomburg/Lagodny, IRSt (1998), S. 572ff.

[387] Vgl. Art. XII Abs. 6 des Vertrags zwischen der Bundesrepublik Deutschaland und der Schweizerischen Eidgenossenschaft über die Ergänzung des Europäischen Übereinkommens über die Rechtshilfe in Strafsachen und die Erleichterung seiner Anwendung, abgedruckt in: Schomburg/Lagodny, IRSt (1998), S. 577ff., vgl. auch BBl 1970 II 241.

[388] Vgl. Art. XIII Abs. 5 des Vertrages zwischen der Republik Österreich und der Schweizerischen Eidgenossenschaft über die Ergänzung des Europäischen Übereinkommens über die Rechtshilfe in Strafsachen und die Erleichterung seiner Anwendung, teilweise abgedruckt in: Dorr (2001), S. 161; vgl. auch BBl 1973 II 983.

Das *Europäische Übereinkommen über die Übertragung der Strafverfolgung*[389] von 1972 (VerfolgungsÜbk) enthält in Art. 35 ein echtes zwischenstaatliches Doppelverfolgungs- und -bestrafungsverbot[390]. Denn nach dieser Vorschrift darf eine Person, gegen die ein rechtskräftiges Strafurteil oder Straferkenntnis ergangen ist, in einem anderen Vertragsstaat wegen derselben Tat weder verfolgt, abgeurteilt noch der Vollstreckung einer Sanktion unterworfen werden[391]. Dieses jedoch nur dann, wenn ein Vertragsstaat ausdrücklich um Übernahme der Strafverfolgung ersucht worden ist und auf Grund dessen im ersuchten Staat eines der in Art. 35 Abs. 1 VerfolgungsÜbk normierten Ereignisse[392] eingetreten ist. Damit enthält Art. 35 VerfolgungsÜbk ein äusserst weit reichendes Gebot der zwischenstaatlichen Einmaligkeit der Strafverfolgung. Denn die ne-bis-in-idem-Wirkung ist erstens nicht auf Verurteilungen beschränkt, sondern erfasst auch Freisprüche und Schuldsprüche ohne Strafe[393], und es reicht aus, wenn eines der in Abs. 1 benannten Ereignisse[394] in irgendeinem Vertragsstaat eingetreten ist. Die ne-bis-in-idem-Wirkung gilt also nicht nur im Verhältnis des ersuchenden zum ersuchten Staat, vielmehr sind Drittstaaten-Entscheidungen explizit einbezogen[395]. Einschränkend muss jedoch dreierlei beachtet werden: Erstens ist Art. 35 VerfolgungsÜbk überhaupt nur dann zu beachten, wenn (irgend)ein Vertragsstaat um Übernahme der Strafverfolgung ersucht worden ist, zweitens sind selbst gerichtliche Einstellungen vom Anwendungsbereich ausgenommen. Drittens braucht ein Vertragsstaat, in dem die Tathandlung begangen wurde, die ne-bis-in-idem-Wirkung nicht anzuerkennen (Territorialvorbehalt), sofern nicht ausgerechnet er selbst um Übernahme der Strafverfolgung ersucht hat[396]. Deshalb darf mit Böhm[397] gefolgert werden, dass auch das VerfolgungsÜbk des Europarates zwar einen doch schon weit reichenden, aber immer noch eingeschränkten ne-bis-in-idem-Grundsatz mit transnationaler Wirkung vorsieht[398]. Das Europäische VerfolgungÜbk ist ausserdem nahezu unbeachtet geblieben und nur in wenigen Staaten überhaupt in Kraft[399].

---

[389] Teilweise wird auch von der „Konvention über die Übertragung von Strafgefangenen" gesprochen, vgl. Thomas (2002), S. 104.

[390] Böhm (2001), S. 43, dort Anm. 339; Jung, in: FS für Schüler-Springorum (1993), 493, 498.

[391] Mayr (2000), S. 123.

[392] Freispruch, Verbüssung der verhängten Sanktion, Begnadigung, Amnestierung, Vollstreckungsverjährung, Schuldfeststellung ohne Sanktionierung.

[393] Böhm (2001), S. 44; Ebensperger, ÖJZ 1999, 171, 177.

[394] Vgl. Fn. 392.

[395] Mayr (2002), S. 124f.

[396] Mayr (2002), S. 124; Ebensperger, ÖJZ 1999, 171, 177f.

[397] Der Grundsatz Ne bis in idem im Verhältnis der Staaten zueinander.

[398] Böhm (2001), S. 129.

[399] Böhm (2001), S. 45; van den Wyngeart/Stessens, ICLQ 1999, 779, 787; Jung, in: FS für Schüler-Springorum (1993), 493, 498.

Im Rahmen der Übereinkommen des Europarates sind ferner die ne-bis-in-idem-Bestimmungen im *Übereinkommen über Geldwäsche sowie Ermittlung, Beschlagnahme und Einziehung von Erträgen aus Straftaten* von 1990 (EuGeldwäscheÜbk) und das *Übereinkommen über den unerlaubten Verkehr mit Drogen auf hoher See zur Durchführung des Art. 17 des Übereinkommens der Vereinten Nationen gegen den unerlaubten Verkehr mit Suchtstoffen und psychotropen Stoffen* von 1995 (EuDrogenÜbk) erwähnenswert. Art. 18 Abs. 1 lit. e EuGeldwäscheÜbk hält fest, dass die zwischenstaatliche Zusammenarbeit abgelehnt werden kann, wenn nach Auffassung der ersuchten Vertragspartei die erbetene Massnahme gegen den Grundsatz ne bis in idem verstösst. Die Vorschrift ist zwar auf Straftaten aller Art anwendbar[400], doch bezieht sich das Doppelbestrafungsverbot nur auf Einziehungsmassnahmen und ist, bedingt durch die „Kann-Bestimmung"[401], eine nur fakultativ[402] zu beachtende Regelung[403]. Art. 2 Abs. 4 EuDrogenÜbk normiert, dass das Übereinkommen so auszulegen ist, dass es nicht gegen den Grundsatz ne bis in idem verstösst. Da dieses Übereinkommen speziell völkerrechtliche Regelungen für das Aufspüren und Durchsuchen fremder und eigener Schiffe auf hoher See präzisieren soll, z.B. mit Regelungen zur Ausübung von Strafgewalt und Zwangsmassnahmen[404], ist sein Anwendungsbereich jedoch zu stark eingeschränkt, als dass von einer umfassenden ne-bis-in-idem-Regelung gesprochen werden könnte.

Damit darf als Zwischenergebnis insoweit festgehalten werden, dass auf der Ebene von Übereinkommen des Europarates einzig das Europäische Übereinkommen über die Übertragung der Strafverfolgung in Art. 35 ein recht umfassendes (echtes) zwischenstaatliches Doppelverfolgungs- und -bestrafungsverbot enthält. Dieses ist deshalb als recht weit reichend zu bewerten, weil es nicht auf Verurteilungen beschränkt ist und auch Drittstaaten-Erkenntnisse einbezieht. Doch ist es – wie dargelegt – insofern wieder stark eingeschränkt, als dass Art. 35 VerfolgungsÜbk überhaupt nur dann zu beachten ist, wenn (irgend)ein Vertragsstaat um Übernahme der Strafverfolgung ersucht worden ist und weil selbst gerichtliche Einstellungen vom Anwendungsbereich ausgenommen sind. Ferner rührt die Eingeschränktheit daher, dass – wie schon gesagt – ein Vertragsstaat, in dem die Tathandlung begangen wurde, die zwischenstaatliche ne-bis-in-idem-Wirkung nicht anzuerkennen braucht, wenn nicht ausgerechnet er selbst um Übernahme der Strafverfolgung ersucht hat.

---

[400] Schomburg/Lagodny, IRSt (1998), EuGeldwäscheÜbk, Kurzübersicht, Rn. 4.

[401] "Cooperation *may be* refused if the requested party considers that the action sought would be contrary to the principle ne bis in idem" (Hervorhebung durch den Verfasser).

[402] Zum Ermessensspielraum nach sog. Fakultativklauseln in völkerrechtlichen Verträgen vgl. schon die Ausführungen zum EuAlÜbk.

[403] Dorr (2001), S. 203; Ebensperger, ÖJZ 1999, 171, 178.

[404] Schomburg/Lagodny, IRSt (1998), EuDrogenÜbk, Kurzübersicht.

Da demgemäss auf der Ebene von Übereinkommen des Europarates selbst die am weitesten reichende ne-bis-in-idem-Vorschrift noch von umfangreichen Einschränkungen geprägt ist, wird weiter untersucht, ob (wenigstens) auf der Ebene von Übereinkommen der Europäischen Union ein umfassendes Verbot doppelter Strafverfolgung und Bestrafung normiert ist.

III. Doppelverfolgungs- und -bestrafungsverbote in Übereinkommen der Europäischen Union

Das *Übereinkommen zwischen den Mitgliedstaaten der Europäischen Gemeinschaften über die Vollstreckung ausländischer strafrechtlicher Verurteilungen* (EGVollstrÜbk) trägt in Art. 5 den Gedanken eines transnationalen ne-bis-in-idem-Grundsatzes in sich, da nach dieser Vorschrift eine Strafvollstreckung nur dann auf einen anderen Mitgliedstaat übertragen werden darf, wenn weder im Vollstreckungsstaat (lit. d) noch in einem anderen Drittstaat (lit. e) ein rechtskräftiges Urteil wegen derselben Tat gegen die verurteilte Person ergangen ist[405].
Zwar wird die Ausweitung des Vollstreckungshindernisses auf rechtskräftige Urteile eines Drittstaates in der Literatur begrüsst[406], doch zielt der in Art. 5 EGVollstrÜbk normierte transnationale ne-bis-in-idem-Gedanke lediglich darauf ab, eine doppelte Straf*vollstreckung*, nicht aber schon eine doppelte Straf*verfolgung* (ggf. mit einer weiteren Verurteilung), zu verhindern, wie es für ein umfassendes zwischenstaatliches Doppelverfolgungs- und -bestrafungsverbot notwendig wäre.

Die im *Übereinkommen über den Schutz der finanziellen Interessen der Europäischen Gemeinschaften* von 1995 (EUFinIntÜbk-Betrug) enthaltenen Vorschriften zielen auf ein einheitliches Betrugsstrafrecht, um die finanziellen Interessen der Europäischen Gemeinschaften zu schützen[407]. Art. 7 Abs. 1 des vorbenannten Übereinkommens enthält den ne-bis-in-idem-Grundsatz, demzufolge jemand, der in einem Mitgliedstaat rechtskräftig abgeurteilt worden ist, in einem anderen Mitgliedstaat wegen derselben Tat nicht verfolgt werden darf, sofern im Fall einer Verurteilung die Sanktion vollstreckt worden ist oder derzeit vollstreckt wird oder nach dem Recht des verurteilenden Staates nicht mehr vollstreckt werden kann. Abgesehen von der aus Art. 1 Abs. 1 EUFinIntÜbk-Betrug hervorgehenden deliktsspezifischen Ausrichtung dieses Übereinkommens insgesamt (Definition des Betrugstatbestandes) und damit der vorerwähnten ne-bis-in-idem-Bestimmung, ist darauf hinzuweisen, dass zahlreiche Möglichkeiten für einschränkende Erklärungen vorgesehen sind (vgl. Art.

---

405 Ebensperger, ÖJZ 1999, 171, 181.
406 Dorr (2001), S. 224.
407 Schomburg/Lagodny, IRSt (1998), EUFinIntÜbk-Betrug, Kurzübersicht, Rn. 1.

7 Abs. 2)[408]. Ebenso wenig wie dieses Übereinkommen also ein umfassendes zwischenstaatliches Doppelverfolgungs- und -bestrafungsverbot enthält, kennt das *Übereinkommen über die Bekämpfung der Bestechung, an der Beamte der EG oder Mitgliedstaaten der EU beteiligt sind,* eine weiter reichende ne-bis-in-idem-Regelung, da Art. 10 dieses Übereinkommens wörtlich dem zuvor behandelten Art. 7 EUFinInt-Betrug entspricht. In Art. 3 ist allerdings noch ein Anrechnungsprinzip vorgesehen, doch kann dieses, wie bereits in anderem Zusammenhang erwähnt[409], nur die schlimmste Folge einer doppelt geführten Strafverfolgung verhindern, nämlich die doppelte Strafvollstreckung[410].

Das Verbot doppelter Strafverfolgung und Bestrafung in Art. 53 des *Europäischen Übereinkommens über die Internationale Geltung von Strafurteilen* von 1970 entspricht inhaltlich dem bereits erläuterten Art. 35 VerfolgungsÜbk[411], so dass an dieser Stelle auf die zu dieser Vorschrift gemachten Ausführungen verwiesen wird. Ähnlich wie das VerfolgungsÜbk hat auch dieses Übereinkommen wenig Beachtung gefunden[412].

Das Übereinkommen zwischen den Mitgliedstaaten der Europäischen Gemeinschaften über das Verbot der doppelten Strafverfolgung von 1987 (EG-ne-bis-in-idem-Übk) enthält in Art. 1 ein echtes zwischenstaatliches Verbot doppelter *Strafverfolgung* und *Bestrafung*. Denn nach dieser Bestimmung darf, wer in einem Mitgliedstaat rechtskräftig abgeurteilt worden ist, in keinem anderen Mitgliedstaat wegen derselben Tat verfolgt werden, wobei im Falle einer Verurteilung die Sanktion bereits vollstreckt sein muss, oder gerade vollstreckt werden muss, oder nach dem Recht des Urteilsstaats nicht mehr vollstreckbar sein darf. Diese Bestimmung ist inhaltsgleich mit der in Art. 54 des *Schengener Durchführungsübereinkommens* (SDÜ)[413]. Der Unterschied beider Doppelverfolgungs- und -bestrafungsverbote mit transnationaler Wirkung liegt in ihrem territorial unterschiedlichen Geltungsbereich. Das EG-ne-bis-in-idem-Übk von 1987 tritt gemäss Art. 6 Abs. 2 prinzipiell erst 90 Tage nach Hinterlegung der Ratifikations-, Annahme- oder Genehmigungsurkunden durch alle damaligen zwölf Mitgliedstaaten in Kraft. Bis dahin ist es nur im Verhält-

---

[408] Schomburg/Lagodny, IRSt (1998), EUFinIntÜbk-Betrug, Art. 7, Rn. 1f.

[409] Vgl. S. 29.

[410] Dorr (2001), 233f.; Ebensperger, ÖJZ 1999, 171, 181.

[411] Mayr (2000), S. 125; Ebensperger, ÖJZ 1999, 171, 178; Jung, in: FS für Schüler-Springorum (1993), 493, 498.

[412] Thomas (2002), S. 104; van den Wyngeart/Stessens, ICLQ 1999, 779, 787; Jung, in: FS für Schüler-Springorum (1993), 493, 498.

[413] Kühne (2003), Rn. 60, dort Anm. 73; Hackner/Lagodny/Schomburg/Wolf (2003), Rn. 266; Norouzi/Vogel, JuS 2003, 1059, 1060; Dannecker, in: FS für Kohlmann (2003), 593, 602; Mayr (2000), S. 125; Schomburg/Lagodny, IRSt (1998), EG-ne-bis-in-idem-Übk, Kurzübersicht, Rn. 3, 8.

nis jener Mitgliedstaaten anwendbar, die nach Art. 6 Abs. 3 EG-ne-bis-in-idem-Übk eine Erklärung über das vorzeitige Inkrafttreten abgegeben haben. Letzteres trifft auf die acht Mitgliedstaaten zu, die das Übereinkommen bisher ratifiziert haben. Dieses sind Österreich, Belgien, Dänemark, Frankreich, Irland, Italien und die Niederlande sowie Portugal[414]. Parallel dazu wurde durch den Vertrag von Amsterdam[415] der sog. Schengen-Besitzstand[416] in den Rahmen der EU einbezogen. Seither ist das in Art. 54 SDÜ verankerte Verbot doppelter Strafverfolgung und Bestrafung formal durch das Schengen-Protokoll[417] zum Vertrag von Amsterdam in das Recht der EU überführt[418]. Wer durch eine Vertragspartei rechtskräftig abgeurteilt worden ist, darf danach durch eine andere Vertragspartei wegen derselben Tat nicht verfolgt werden. Im Fall der Verurteilung wird dies allerdings an die Bedingung geknüpft, dass die Sanktion bereits vollstreckt worden ist, gerade vollstreckt wird oder nach dem Recht des Urteilsstaats nicht mehr vollstreckt werden kann. Wegen der Überführung in das Recht der EU ist Art. 54 SDÜ neben den ursprünglichen Schengen-Staaten (Deutschland, Frankreich, Niederlande, Belgien und Luxemburg) auf die weiteren EU-Mitgliedstaaten und die beiden assoziierten Staaten Norwegen und Island anzuwenden. In diesem Zusammenhang ist zu beachten, dass am 1. Mai 2004 zehn weitere Staaten[419] der EU beigetreten sind und der räumliche Geltungsbereich von Art. 54 SDÜ nochmals dadurch ausgedehnt werden wird, dass sich die Schweiz und die EU über die sog. bilateralen Verträge II geeinigt haben. Damit strebt die Schweiz u.a. eine verstärkte polizeiliche und justizielle Zusammenarbeit an. Diese Zusammenarbeit wird auf der Übernahme des Schengener Acquis beruhen[420]. Der Schweizer Bundesrat hat bereits beschlossen, dass die Verträge dem Parlament einzeln zur Genehmigung vorgelegt werden. Schon Anfang Herbst 2004 sollen die Vertragstexte in die vorberatenden Kommissionen des Parlaments gelangen[421].

---

[414] Kühne (2003), Rn. 60; Böhm (2001), S. 50, dort Anm. 392; Schomburg/Lagodny, IRSt (1998), EG-ne-bis-in-idem-Übk, Kurzübersicht, Rn. 5ff.

[415] Vertrag vom 02.10.1997, in Kraft seit 01.05.1999, betr. die Änderung des Vertrages der EU und der Verträge zur Gründung der EG.

[416] Erfasst werden u.a.: Das Schengener Übereinkommen (SÜ) 1985, das Schengener Durchführungsübereinkommen (SDÜ) 1990 mit der dazugehörigen Schlussakte und den dazu abgegebenen gemeinsamen Erklärungen und die Beitrittsprotokolle und -übereinkommen zum SÜ und zum SDÜ.

[417] Protokoll zur Einbeziehung des Schengen-Besitzstandes in den Rahmen der EU.

[418] Norouzi/Vogel, JuS 2003, 1059, 1060, dort Anm. 14; Leidenmühler/Plöckinger, wistra 2003, 81.

[419] Tschechische Republik, Estland, Zypern, Lettland, Litauen, Ungarn, Malta, Polen, Slowenien, Slowakei.

[420] Sutter, AJP/PJA 2003, 866ff.

[421] Zum aktuellen Stand vgl. www.europa.admin.ch sowie www.seco.admin.ch.

Die Breitenwirkung dieser Norm wird zwar durch Art. 55 SDÜ ein Stück weit zurück genommen, weil die Vertragsparteien danach bestimmte Konstellationen[422] von der Geltung des ne-bis-in-idem-Grundsatzes ausnehmen dürfen[423]. Doch wird bereits auf die Notwendigkeit der Überprüfung der durch Art. 55 SDÜ zugelassenen nationalen Vorbehalte hingewiesen[424] und die Ersetzung der bisherigen ne-bis-in-idem-Rechtsakte durch einen solchen angemahnt, der den ne-bis-in-idem-Grundsatz noch klarer zum Ausdruck bringt[425].

Da Art. 54 SDÜ aber insoweit *territorial* betrachtet in Europa die weitest reichende Normierung eines zwischenstaatlichen ne-bis-in-idem-Grundsatzes ist, *sachlich* sowohl Doppelverfolgungen als auch Doppelbestrafungen zu vermeiden sucht und mit der Formulierung „Aburteilung“ (nicht: Urteil) *inhaltlich* nicht offensichtlich nur bestimmte Entscheidungsformen zu erfassen scheint sowie zudem in seinem Anwendungsbereich ergangene Drittstaaten-Erkenntnisse nicht ausschliesst, kann diese Norm „europaweit“ als die Zentralvorschrift für die Vermeidung einer mehrfachen Strafverfolgung und Bestrafung eines Täters wegen derselben Tat bezeichnet werden[426].

Zwar darf auch nach Art. 50 der *Europäischen Grundrechtecharta*, die als Teil II in der künftigen Europäischen Verfassung aufgehen wird, niemand wegen einer Straftat, derentwegen er bereits in der Union rechtskräftig verurteilt oder freigesprochen worden ist, (transnational) in einem Strafverfahren erneut verfolgt oder bestraft werden, jedoch ist der im Dezember 2000 in Nizza proklamierte endgültige Entwurf der Charta bis dato rechtsunverbindlich geblieben und hat lediglich deklaratorische Bedeutung[427]. Mangels Ratifizierung ebenfalls noch rechtsunverbindlich sind das *Übereinkommen über die Auslieferung zwischen den Mitgliedstaaten der EU* (1996) und

---

422 Territorialvorbehalt, Sicherheitsvorbehalt, Amtsträgervorbehalt. Zu den Begriffen vgl. schon die Ausführungen zum 1. Zusatzprotokoll zum EuAlÜbk in diesem Kapitel.

423 Jung, in: FS für Schüler-Springorum (1993), 493, 499.

424 Vgl. das Massnahmenprogramm zur Umsetzung des Grundsatzes der gegenseitigen Anerkennung gerichtlicher Entscheidungen in Strafsachen, ABl 2001 C 12/10.

425 Radtke/Busch, NStZ 2003, 281, 285 unter Verweis auf eine Entschliessung des Europäischen Parlaments, vgl. ABl 2002 C 34E(389) Ziff. 13.

426 Nach Ratifizierung des *Übereinkommens über die Rechtshilfe in Strafsachen zwischen den Mitgliedstaaten der EU* vom 29. Mai 2000 werden gemäss Art. 1 Abs. 1 lit. c. dieses Übereinkommens u.a. die Bestimmungen über die Rechtshilfe in Strafsachen des Schengener Durchführungsübereinkommens (SDÜ) ergänzt und ihre Anwendung zwischen den EU-Mitgliedstaaten erleichtert. Es sei denn, eine Bestimmungen des SDÜ wird durch Art. 2 Abs. 2 des vorbenannten Übereinkommens aufgehoben, was auf Art. 54 SDÜ nicht zutrifft, vgl. ABl 2000 C 197/3.

427 Dannecker, in: FS für Kohlmann (2003), 593, 596/611; Braum, StV 2003, 576, 578; Norouzi/Vogel, JuS 2003, S. 1059, 1060; Kühne (2003), Rn. 62.2; Dorr (2001), S. 238.

das *Übereinkommen über das vereinfachte Auslieferungsverfahren zwischen den Mitgliedstaaten der EU* (1995), auf die bereits im Zusammenhang mit dem EuAlÜbk eingegangen wurde[428].
Deshalb stellt momentan Art. 54 SDÜ „europaweit“ die umfassendste zwischenstaatliche Normierung des ne-bis-in-idem-Prinzips dar und ist deshalb mit Bezug auf die im 1. Kapitel herausgearbeitete Aufgaben- und Problemstellung Gegenstand der weiteren Betrachtung in dieser Arbeit.

In Bestätigung der zu Beginn dieser Arbeit aufgestellten zweiten Arbeits-These[429] bleibt darüber hinaus festzuhalten, dass es bisher offensichtlich nicht gelungen ist, ein universelles (weltumspannendes) Verbot doppelter Strafverfolgung und Bestrafung zu normieren.

E. Ergebnis

Ausgangspunkt für die Überlegungen in diesem Kapitel war die Feststellung, dass aufgrund der Fülle von Anknüpfungsprinzipien im sog. Internationalen Strafrecht zwischenstaatlich verschiedene Strafgewalten in Konkurrenz zueinander treten (können). Bedingt durch die aufgezeigte rechtliche Notwendigkeit zur Vermeidung iterativ oder simultan geführter Strafverfahren wurde im Hinblick auf diese Notwendigkeit eine Bewertung des einschlägigen, derzeit geltenden Rechts vorgenommen. Dieses, nachdem der ne-bis-in-idem-Grundsatz (nicht zweimal wegen desselben, Verbot doppelter Strafverfolgung und Bestrafung) zum besseren Verständnis soweit erklärt wurde, wie es für diese Arbeit erforderlich erscheint. Eruiert worden ist, ob – und wenn ja, inwieweit ne-bis-in-idem-Vorschriften in nationalen Gesetzen und internationalen Übereinkommen und Verträgen einen Beitrag zur Verhinderung einer zwischenstaatlich mehrfach geführten Strafverfolgung und Bestrafung leisten. Auf nationaler Ebene wurden, um ein reines Einzelfallergebnis zu vermeiden, die Rechtsvorschriften Deutschlands, Österreichs und der Schweiz betrachtet. Dabei wurde offenbar, dass weder verfassungsrechtliche noch straf(verfahrens)rechtliche Bestimmungen und auch nicht die Vorschriften des Rechtshilferechts umfassende, echte ne-bis-in-idem-Bestimmungen mit transnationaler Wirkung vorsehen. Auf zwischenstaatlicher Ebene wurden supranationale Übereinkommen und Übereinkommen des Europarates und der Europäischen Union untersucht. Herausgestellt hat sich, dass allein *Art. 54 SDÜ* nach seiner Integration in den Rahmen der EU ein *territorial*, *sachlich* und *inhaltlich* weit reichendes zwischenstaatliches ne-bis-in-idem-Prinzip

---

428 Vgl. D. II. in diesem Kapitel.
429 Vgl. S. 45.

normiert. Diese Vorschrift wird deshalb im Folgenden daraufhin überprüft, inwieweit sie einen Beitrag zu den beiden eingangs herausgearbeiteten Problemkreisen liefert.

Zur Erinnerung: Diese beinhalten zum einen das Problem einer iterativ (wiederholt) geführten Strafverfolgung und Bestrafung und zum anderen das Problem von Simultanverfahren (Parallelverfolgungen).

3. Kapitel: Zur Europäisierung, Internationalisierung und Fortentwicklung des Grundsatzes ne bis in idem

A. Vorbemerkung

Dem dieser Arbeit zugrunde gelegten methodischen Drei-Schritt entsprechend wurde voranstehend – in einem zweiten Schritt – eine Auswertung und Bewertung von ne-bis-in-idem-Bestimmungen des einschlägigen geltenden Rechts vorgenommen.

Die Suche nach möglichst weit reichenden ne-bis-in-idem-Bestimmungen in nationalen, europäischen und internationalen Rechtsvorschriften hat – wie schon im ersten Kapitel bei der Herausarbeitung der Aufgaben- und Fragestellung vermutet[430] – zu einer Fokussierung auf Art. 54 SDÜ geführt. Dieses deshalb, weil erst das Inkrafttreten des Schengener Durchführungsübereinkommens und die Überführung des sog. Schengener Besitzstandes in das Recht der EU durch den Amsterdamer Vertrag im Jahr 1999 zu einer gemeinschaftsweiten Geltung eines umfassenden ne-bis-in-idem-Grundsatzes mit transnationalem Charakter geführt hat. Diese Vorschrift gewährt ihrem Anspruch nach mithin erstmals – wenigstens für den Rechtsraum EU und zwei assoziierte Staaten[431] sowie zukünftig auch für die Schweiz[432] – ein umfassendes zwischenstaatliches Verbot doppelter Strafverfolgung und Bestrafung, welches insbesondere auch Drittstaaten-Erkenntnisse der von Art. 54 SDÜ erfassten Staaten in seinen Anwendungsbereich einbezieht.

In dem nun folgenden dritten Schritt (3. Kapitel) wird anhand der ne-bis-in-idem-Bestimmung in Art. 54 SDÜ zunächst überprüft, ob schon mit dieser Vorschrift eine praxisgerechte Umsetzung des – rechtlich notwendigen[433] – zwischenstaatlichen Gebots einmaliger Strafverfolgung und Bestrafung gelungen ist. Das Ergebnis dieser Überprüfung wird die Grundlage dafür bilden, um verneinendenfalls – dem dieser Arbeit zugrunde gelegten methodischen Drei-Schritt entsprechend – die Präzisierung, Konkretisierung und Fortentwicklung des geltenden Rechts zu betreiben.

---

[430] Vgl. D. im 1. Kapitel dieser Arbeit.

[431] Norwegen und Island. Vereinfachend wird im Folgenden terminologisch nur von EU gesprochen.

[432] Vgl. diesbezüglich schon D. III. im 2. Kapitel dieser Arbeit.

[433] Vgl. C. im 1. Kapitel dieser Arbeit.

B. Zur *Europäisierung* des Grundsatzes ne bis in idem

I. Introduktion – Ein Fallbeispiel:

Die nicht bloss rechtstheoretisch begründete[434], sondern auch praktische Notwendigkeit einer europaweiten zwischenstaatlichen Geltung des ne-bis-in-idem-Grundsatzes, sprich von dessen *Europäisierung*[435], wurde in jüngerer Zeit anhand eines alltäglichen Falles, wie er sich jederzeit zutragen kann, besonders deutlich. Gegenstand desselben war eine Trunkenheitsfahrt im deutsch-österreichischen Grenzgebiet:

Der später vor dem Amtsgericht Rosenheim angeklagte österreichische Fahrer eines Personenkraftwagens war aus Innsbruck kommend auf der Inntalautobahn in Richtung Kufstein unterwegs. Er verpasste es, an der Anschlussstelle Kufstein-Nord die Autobahn zu verlassen und anstatt nach Hause zu fahren gelangte er auf deutsches Staatsgebiet. Nach einer Fahrtstrecke von 800 Metern wurde er angehalten. Eine bei ihm entnommene Blutprobe ergab eine Blutalkoholkonzentration von 1,93 Promille im Mittelwert. Bei eigener kritischer Überprüfung seiner Fahrtüchtigkeit hätte der PKW-Lenker erkennen können, dass er schon aufgrund der vor Fahrtantritt genossenen Trinkmenge nicht mehr fahrtüchtig war. Obwohl gegen den Fahrzeugführer bereits eine Geldstrafe aufgrund Straferkenntnisses der (österreichischen) Bezirkshauptmannschaft Kufstein verhängt worden war, verurteilte das (deutsche) Amtsgericht Rosenheim den durch die Staatsanwaltschaft Traunstein angeklagten Autolenker zu einer Freiheitsstrafe von sechs Monaten wegen fahrlässiger Trunkenheit im

---

[434] Vgl. hierzu C. I. und II. im 1. Kapitel dieser Arbeit.

[435] Zu den Konvergenzentwicklungen im Hinblick auf eine Europäisierung des Straf(prozess)rechts vgl. Heike Jung, JuS 2000, 417ff., die bspw. auf die Konventionen des Europarates zu den Themen Geldwäscherei, Umweltschutz und Auslieferung hinweist. Ferner auf die zum Schutz der EG erlassenen Rechtsakte, bspw. das Übereinkommen zum Schutz der finanziellen Interessen der EG sowie die zwei ergänzenden Protokolle, betreffend Geldwäscherei und Bestechungshandlungen. Des Weiteren nennt Jung die europäischen Bemühungen zur Bekämpfung von Betrügereien gegen die EG (OLAF) und das durch Europol bereit gehaltene Informationssystem personenbezogener Daten von Straftätern. Ausserdem weist Jung auf das Strafrecht als Hauptanwendungsfall der EMRK hin und betont die Verdienste des EGMR in diesem Zusammenhang. Darüber hinaus weist Jung auf die Herauspräparierung von strafrechtlich relevanten Gemeinschaftsgrundrechten und die zu erwartende Grundrechtecharta hin. Als ambitionierteste Versuche, das europäische Strafrecht zu strukturieren, nennt Jung das Corpus Juris als einen Satz vollständiger straf(verfahrens)rechtlicher Vorschriften für bestimmte Straftaten und das sog. Modellstrafgesetzbuch, welches vorzugsweise das gesamte materielle Strafrecht umfassen soll. Vgl. auch Ursula Nelles, ZStW 109 (1997), 727ff., die insbesondere auf Tendenzen der "Verpolizeilichung" (Einsatz technischer Mittel, verdachtunabhängige Überwachung, vorbeugende Verbrechensbekämpfung, Vorfeldermittlungen usw.) hinweist.

Verkehr. Auf seine Berufung hin änderte das Landgericht Traunstein das Urteil des Amtsgerichts Rosenheim lediglich dahingehend ab, dass die verhängte Freiheitsstrafe zur Bewährung ausgesetzt wurde[436].

Mit der gegen dieses Urteil eingelegten Revision rügte der Angeklagte die Verletzung von Art. 54 SDÜ, da er aufgrund des in Österreich erlassenen Straferkenntnisses und der in Deutschland ergangenen Verurteilung doppelt verfolgt und bestraft worden sei. Dieser Rechtsauffassung ist das Revisionsgericht nicht gefolgt. Dieses deshalb nicht, weil nach Ansicht des Gerichts Art. 54 SDÜ nur verbiete, jemanden in einem Vertragsstaat strafrechtlich zu verfolgen, wenn er wegen derselben Tat in einem anderen Vertragsstaat bereits *rechtskräftig abgeurteilt* worden ist. Der Rechtsauffassung des Revisionsgerichts zufolge handelte es sich bei dem österreichischen Straferkenntnis jedoch um kein *Urteil* im Sinn von Art. 54 SDÜ, so dass die Strafverfolgung und Verurteilung in Deutschland keine Verletzung des aus Art. 54 SDÜ hervorgehenden ne-bis-in-idem-Grundsatzes darstelle[437].

Das Gericht liess zwar im Vorfeld der Entscheidung erkennen, dass es dazu neige, nur abschliessende Entscheidungen eines ordentlichen Gerichts als von Art. 54 SDÜ erfasst anzuerkennen, jedoch mochte es auch nicht ausschliessen, dass von den Vertragsstaaten eine umfassendere Auslegung des Grundsatzes ne bis in idem angestrebt werde. Deshalb gelangte das Revisionsgericht zu seiner – voranstehend erwähnten – Rechtsauffassung erst nach Einholung einer Stellungnahme der Regierung der Republik Österreichs[438], die vom dortigen Bundesministerium der Justiz erteilt wurde[439].

Diese recht alltägliche Fallkonstellation aus der zwischenstaatlichen Gerichtspraxis demonstriert erstens, dass abgesehen von der bereits aufgezeigten[440] rechtstheoretisch begründeten Notwendigkeit eines zwischenstaatlichen Doppelverfolgungs- und -bestrafungsverbots auch ein rein praktisches Bedürfnis für die Umsetzung desselben besteht, sofern der – innerstaatlich stets gewährte – Schutz vor doppelter Strafverfolgung und Sanktionierung nicht an den Landesgrenzen halt machen soll, während sich der allfällige Täter ganz alltäglich über diese hinweg bewegt. Zweitens veranschaulicht es durch das geführte (umständliche) Auskunftsprocedere zugleich, dass mit Art. 54 SDÜ zwar die formelle Grundlage für ein (zumindest) EU-weites transnationales Verbot doppelter Strafverfolgung und Bestrafung gelegt wurde, dass in der Vergangenheit aber offensichtlich nur schwer eine gemeinsame Vorstellung darüber

[436] Michel, StraFo 2000, 376f.
[437] BayObLG, Urt. v. 26.05.2000 – 1 St RR 67/00, in: StraFO 2000, 376ff.
[438] Michel, StraFo 1999, 49, 50.
[439] Michel, StraFo 2000, 376, 377.
[440] Vgl. C. im 1. Kapitel dieser Arbeit.

entwickelt werden konnte, was genau unter der Begrifflichkeit >rechtskräftige Aburteilung< verstanden werden soll und wann mithin das in Art. 54 SDÜ normierte Verbot einer zwischenstaatlichen Mehrfachverfolgung und Mehrfachbestrafung eingreift.

Insbesondere im Hinblick auf die Verwendung der auslegungsbedürftigen Rechtsbegriffe >rechtskräftige Aburteilung< als zentrale Elemente dieser Vorschrift ist deshalb zweifelhaft und nachfolgend zu überprüfen, ob mit Art. 54 SDÜ eine praxisgerechte Vorschrift geschaffen wurde, die keine unüberwindbaren Auslegungsprobleme eröffnet. Dieses Vorgehen entspricht dem zu Beginn dieser Arbeit formulierten Arbeitsschritt Nr. 2, der aus der aufgestellten zweiten Arbeits-These abgeleitetet wurde[441].

Der (umstrittene) Begriff *derselben Tat*, der in allen ne-bis-in-idem-Bestimmungen eine Rolle spielt, und der selbst (auch in anderem Zusammenhang) auf nationaler Ebene immer wieder zu heftigen Diskussionen Anlass bietet, muss in dieser Arbeit unberücksichtigt bleiben. Die erforderliche umfangreiche Behandlung des Tatbegriffs ist im Rahmen dieser Arbeit nicht (mehr) möglich. Specht[442] und Thomas[443] haben bereits darauf hingewiesen, dass in der zwischenstaatlichen Praxis bislang keine einheitliche Interpretation des im Schengener Durchführungsübereinkommen enthaltenen Tatbegriffs gesucht wird. Die Auslegung der als authentisch geltenden Vertragssprachen deute aber darauf hin, dass es auf die zugrunde liegenden Tatsachen und nicht die rechtliche Bewertung bzw. Einordnung der vorgenommenen Handlung ankomme. Denn sowohl der französische Ausdruck "fait" als auch das niederländische "feit" bedeute übersetzt Tatsache[444]. Auch die deutsche Fassung spreche lediglich von Tat (wohl im Sinne von Tatsache) und nicht von Straftat[445]. Demgemäss sei zur Bestimmung des Tatbegriffs auf den räumlichen und örtlichen Zusammenhang im Sinne eines geschichtlichen Vorgangs abzustellen, in dem die Handlung steht[446].

---

[441] Vgl. S. 45f.
[442] Die zwischenstaatliche Geltung des Grundsatzes ne bis in idem (1999).
[443] Das Recht auf Einmaligkeit der Strafverfolgung (2002).
[444] Thomas (2002), S. 203; Specht (1999), S. 159 u. 164.
[445] Thomas (2002), S. 203.
[446] Specht (1999), S. 164.

Insoweit wurde in diesem Kapitel aufgezeigt, dass für den Rechtsraum EU zwar ein zwischenstaatliches Verbot der Doppelverfolgung und Doppelbestrafung in Art. 54 SDÜ festgelegt ist, dennoch aber in der Vergangenheit stets Unklarheit darüber herrschte, welche Art der Verfahrenserledigung als >rechtskräftige Aburteilung< zu gelten hat[447]. Mit welcher Rechtsauffassung dieses oft als juristisches „Neuland“[448] bezeichnete Terrain von der deutschen Rechtsprechung betreten wird und welche Interpretation des bis heute weitgehend ungeklärten[449] Rechtsbegriffs >rechtskräftige Aburteilung< unter Berücksichtigung der in der rechtswissenschaftlichen Literatur geäusserten Stimmen[450] möglich und sinnvoll erscheint, ist nachfolgend Gegenstand der Betrachtung. Das auf diese Weise ermittelte Auslegungsergebnis wird im Anschluss daran an der vom EuGH seit Februar 2003 vertretenen Rechtsauffassung[451] gemessen.

In dieser Reihenfolge vorzugehen erscheint deshalb sinnvoll, weil damit erstens die „historische“ Entwicklung des Merkmals >rechtskräftige Aburteilung< nachgezeichnet wird, die ausgehend von nationaler (deutscher) Rechtsprechung über eine Kontroverse im rechtswissenschaftlichen Schrifttum zur Entscheidung des Europäischen Gerichtshofes geführt hat. Zweitens werden unter Beachtung dieser Chronologie die mit Art. 54 SDÜ verbundenen Probleme leichter einsichtig und damit besser verständlich. Drittens wird damit zugleich die hier ermittelte Interpretation an existierenden „Vorarbeiten“ orientiert, womit dem eingangs dargelegten[452] methodischen Vorgehen entsprochen wird.

---

[447] So auch Esser (2002), S. 11; Perron, ZStW 112 (2000), 202, 207; Böhm (2001), S. 65.

[448] Hecker, StV 2002, 71; ders., StV 2001, 306, 307; Schomburg, in: 50 Jahre GG (2000), 99, 105; Bohnert/Lagodny, NStZ 2000, 636; Lagodny, NStZ 1998, 154.

[449] Norouzi/Vogel, JuS 2003, S. 1059, 1060; Tansey, in: Anagnostopoulos, Internationalisierung des Strafrechts (2003), 115, 119; Hackner/Lagodny/Schomburg/Wolf (2003), Rn. 267; Radtke/Busch, NStZ 2003, 281, 282; Mansdörfer, StV 2003, 313, 314; Stein, NJW 2003, 1162, 1163; Kühne (2003), Rn. 661; ders., JZ 2003, 305. Leidenmühler/Plöckinger, wistra 2003, 81, 83; Biehler/Kniebühler/Lelieur-Fischer/Stein, Freiburg Proposal (2003), S. 20f. und 25; Vogel, JZ 2001, 937, 943.

[450] Berücksichtigt wurde die bis Mitte 2004 erschienene rechtswissenschaftliche Literatur.

[451] Vgl. Urteil des EuGH in den verbundenen Rechtssachen C-187/01 und C-385/01, in: StV 2003, 201ff. (= JZ 2003, 303ff.).

[452] Vgl. S. 6f.

1. Nachweis eines restriktiven Verständnisses in der deutschen Rechtsprechung
In der deutschen höchstrichterlichen Rechtsprechung lässt sich insoweit die Tendenz zu einem einengenden Verständnis des Rechtsbegriffes >rechtskräftige Aburteilung< in Art. 54 SDÜ erkennen. Dies veranschaulicht beispielhaft ein Fall, über den Gerichte verschiedener Instanzen in den letzten Jahren zu entscheiden hatten. Zum Nachweis dieser restriktiven Interpretation werden die wesentlichen Argumente aus den getroffenen Entscheidungen referiert. Auf diese und den ihnen zugrunde liegenden Sachverhalt wird jedoch nur insoweit eingegangen, wie es zum Erbringen dieses Nachweises geboten erscheint.

Im Jahr 1999 entschied der deutsche Bundesgerichtshof (BGH) in einem Fall, der eine belgische „transactie" betraf[453], dass nur Urteile eine strafklageverbrauchende Wirkung im Sinn von Art. 54 SDÜ haben. Relativierend wurde ausgeführt, um ein Doppelverfolgungs- und Doppelbestrafungsverbot nach dieser Vorschrift auszulösen, müsse mindestens aber eine gerichtliche Entscheidung vorliegen[454]. Diesem Urteil des deutschen BGH lag folgende Prozessgeschichte zugrunde:

Den z.T. in Hamburg ansässigen Angeklagten wurde im erstinstanzlichen Verfahren vor dem Landgericht (LG) Hamburg vorgeworfen, aus dem ehemaligen Jugoslawien stammenden Stahl nach Antwerpen (Belgien) verschifft und diesen mit falschen Ursprungszeugnissen vor den belgischen Zollbehörden als türkischen Stahl deklariert zu haben. Infolge dessen sei es zu einer Hinterziehung von an sich in der EG fälligem Antidumpingzoll i.H.v. ca. 2,9 Millionen DM gekommen[455]. Zur Begründung des deutschen Strafanspruchs wurde für diesen Fall auf das aus § 370 Abs. 6 Satz 2 AO folgende Universalitätsprinzip[456] abgestellt[457].

Im Vorfeld dieses Strafverfahrens wurde jedoch bereits eine sog. „administratieve transactie" – laut belgischem Justizministerium ein verwaltungsrechtlicher Vergleich in Form eines Vertrages[458] – zwischen dem Finanzminister des Königreichs Belgien und dem späteren Mitangeklagten K – namens der Firma E – geschlossen. Unter Annahme dieses Vergleichs verpflichtete sich letztere der belgischen Behörde für Zoll-

[453] BGH NStZ 1999, 250ff.; StV 1999, 244ff.
[454] BGH NStZ 1999, 250, 251; StV 1999, 244, 245.
[455] Zum Sachverhalt vgl. BGH, Beschl. vom 13.05.1997, in: NStZ 1998, 149f.; OLG Hamburg, Beschl. vom 08.03.1996, in: wistra 1996, 193ff.
[456] Zum Begriff vgl. schon B. II. im 1. Kapitel dieser Arbeit.
[457] OLG Hamburg, Beschl. vom 08.03.1996, in: wistra 1996, 193, 196; Böhm (2001), S. 66.
[458] Vgl. BGH, Urt. vom 02.02.1999, in: NStZ 1999, 250, 251.

und Verbrauchssteuern ca. 68,1 Millionen Fr. zu zahlen. Im Gegenzug sicherte die Empfängerin des Geldes zu, von einer weiteren Verfolgung abzusehen[459].
Das Landgericht Hamburg[460] beschloss zunächst, das Strafverfahren erst gar nicht zu eröffnen, weil mit der vereinbarten „transactie" im Vertragsstaat Belgien bereits eine Verfahrenserledigung im Sinn von Art. 54 SDÜ eingetreten sei, die eine weitere Strafverfolgung in Deutschland hindere. Dieses deshalb, weil es für die Auslegung des Rechtsbegriffes >rechtskräftige Aburteilung< in Art. 54 SDÜ – unabhängig von der formellen Form der Entscheidung – allein darauf ankomme, ob eine endgültige und abschliessende Verfahrenserledigung eingetreten sei. Dieses sei bei der „transactie" der Fall, da sie – ihrem Vertragsinhalt zufolge – eine weitere Verfolgung in Belgien verunmögliche[461].

Dass eine belgische „administratieve transactie" grundsätzlich ne-bis-in-idem-Wirkung hat, wird durch die belgischen Prozessrechtler van den Wyngeart und Stessens[462] gestützt, die ausführen, dass die „transactie" – wie ein Urteil – verfahrensabschliessenden Charakter habe, da keine Strafverfolgung mehr eingeleitet werden könne, sobald der im Wege der „transactie" auferlegte Geldbetrag bezahlt worden sei[463]. So auch das belgische Justizministerium, allerdings mit der Einschränkung, dass der Strafklagenverbrauch nicht die Delikte des allgemeinen Rechts erfasse, die in keinem Zusammenhang mit der in der „transactie" getroffenen Vereinbarung stünden[464].

In der Konsequenz bedeutet dies, dass nach dieser unterinstanzlichen Auffassung des LG Hamburg jede Form von Entscheidung als >rechtskräftige Aburteilung< im Sinn von Art. 54 SDÜ zu werten ist, sofern sie ein Verfahren endgültig abschliesst, also rechtskräftig wird[465].

Auf die sofortige Beschwerde der Staatsanwaltschaft entschied das Oberlandesgericht (OLG) Hamburg – als nächsthöhere Instanz – allerdings, dass eine „administratieve transactie" kein Verfahrenshindernis im Sinn von Art. 54 SDÜ darstelle, da sie

[459] Vgl. BGH, Beschl. vom 13.05.1997, in: NStZ 1998, 149, 150.

[460] LG Hamburg, Beschl. vom 14.05.1995, in: wistra 1995, 358.

[461] Vgl. das bestätigende Urteil des LG Hamburg vom 24.06.1996, in: wistra 1996, 359, 362.

[462] The international non bis in idem principle: Resolving some unanswered questions, ICLQ 1999, 779ff.

[463] Van den Wyngeart/Stessens, ICLQ 1999, 779, 799.

[464] Vgl. die Stellungnahme des belgischen Justizministeriums, in: NStZ 1999, 250, 251.

[465] So auch Böhm (2001), S. 67.

nicht – wie ein Urteil – unter Wahrung strafverfahrensrechtlicher Mindeststandards getroffen werde und deshalb diesem nicht gleichzustellen sei[466].

Während das LG Hamburg also noch jede rechtskräftige Entscheidung als >rechtskräftige Aburteilung< im Sinn von Art. 54 SDÜ anerkannte, macht das OLG Hamburg als nächsthöhere Instanz deutlich, dass es seiner Auffassung nach auf die Einhaltung verfahrensrechtlicher Standards – gleich denjenigen bei Erlass eines Urteils – ankommt, so dass zumindest nur gerichtlichen Entscheidungen – diese müssen nicht notwendig Urteile sein – eine ne-bis-in-idem-Wirkung nach Art. 54 SDÜ zugesprochen werden kann.

Da das LG Hamburg daraufhin zwar das Strafverfahren eröffnete, inhaltlich jedoch bei seiner im Nichteröffnungsbeschluss vertretenen Auffassung blieb, gelangte die Sache nach Anfechtung durch die Staatsanwaltschaft vor den BGH[467].

Dieser entschied, dass „nach herkömmlicher Auslegung“ nur Urteilen eine strafklageverbrauchende Wirkung im Sinn von Art. 54 SDÜ zukommt. Lediglich in einem gedanklichen Einschub relativiert der BGH seine Auffassung dahingehend, dass mindestens aber eine gerichtliche Entscheidung vorliegen muss[468].

Trotz dieser Positionierung liess der BGH im konkreten Fall jedoch offen, ob eine „administratieve transactie“ im Rahmen des Art. 54 SDÜ stets unbeachtlich ist. Jedenfalls in dem zu beurteilenden Fall sei so zu entscheiden gewesen, da die Gleichwertigkeit mit einer gerichtlichen Sanktion fehle. Dieses deshalb, weil die Sanktionsfolgen der hier in Rede stehenden „transactie“ unmittelbar gegen eine juristische Person gerichtet seien (die Firma E), die ne-bis-in-idem-Wirkung der transactie sich jedoch auf Dritte – natürliche Personen – erstrecke, ohne dass diese ihrerseits eine eigene Leistung zu erbringen hätten[469]. Den erst im Wege der Vertragsauslegung ermittelbaren beteiligten natürlichen Personen[470] sei damit faktisch keinerlei Sanktion auferlegt worden, so dass in Bezug auf diese keine >rechtskräftige Aburteilung< im Sinn von Art. 54 SDÜ vorliege[471].

Der soeben nachvollzogene Weg des dargelegten Falles durch die Instanzen deutscher Gerichte führt deutlich vor Augen, dass die deutsche höchstrichterliche Recht-

---

[466] OLG Hamburg, Beschl. vom 08. März 1996, in: wistra 1996, 193, 195f.; wistra 1996, 359.
[467] BGH, Urt. vom 02.02.1999, in: NStZ 1999, 250ff.
[468] BGH NStZ 1999, 250, 251; StV 1999, 244, 245.
[469] BGH NStZ 1999, 250, 251.
[470] BGH NStZ 1999, 250, 251.
[471] BGH NStZ 1999, 250, 252.

sprechung bislang zu einem einengenden Verständnis des Rechtsbegriffes >rechtskräftige Aburteilung< in Art. 54 SDÜ neigt. Während das LG Hamburg noch jede Form der endgütig abschliessenden Verfahrenserledigung als von Art. 54 SDÜ erfasst ansah, forderte das OLG Hamburg, dass mindestens eine gerichtliche Entscheidung vorliegen muss, bis schliesslich der BGH formulierte, dass nur Urteilen eine strafklageverbrauchende Wirkung zukommt. Lediglich in einem gedanklichen Einschub relativiert der BGH dahingehend, dass es sich aber mindestens um eine gerichtliche Entscheidung handeln muss. Damit wird die Tendenz in der höchstrichterlichen deutschen Rechtsprechung sichtbar, den Rechtsbegriff >rechtskräftige Aburteilung< in Art. 54 SDÜ zumindest restriktiv auszulegen, wenn nicht gar nur Entscheidungen in Urteilsform als von Art. 54 SDÜ erfasst anzusehen. Soweit ersichtlich formulierte zuletzt der 2. Strafsenat des OLG Köln im März 2001, dass er einer restriktiven Auslegung des Merkmals >rechtskräftige Auslegung< „zuneigt“[472].

Fraglich ist, ob das in der deutschen höchstrichterlichen Rechtsprechung insoweit erkennbare einengende Verständnis von der >rechtskräftigen Aburteilung< in Art. 54 SDÜ zwingend und nicht ein offeneres Verständnis sachgerechter ist, um dem in dieser Vorschrift normierten Verbot doppelter Strafverfolgung und Bestrafung breitere Wirkung zuteil werden zu lassen. Dies wird nachfolgend unter Berücksichtigung der im rechtswissenschaftlichen Schrifttum geäusserten Argumente und unter Zuhilfenahme juristischer Auslegungsmaximen überprüft.

2. Auslegung des Tatbestandsmerkmals >rechtskräftige Aburteilung<

Die voranstehenden Ausführungen in diesem Kapitel haben deutlich werden lassen, dass der Sinngehalt der in Art. 54 SDÜ verwendeten Begrifflichkeit >rechtskräftige Aburteilung< nicht ohne Weiteres offensichtlich und eindeutig erkennbar ist. Dies hat die jeweils unterschiedliche Interpretation durch deutsche Gerichte verschiedener Instanzen sichtbar gemacht. Wenn – wie in der Vergangenheit in Bezug auf Art. 54 SDÜ – Unklarheit über die Bedeutung eines in einer gesetzlichen Vorschrift verwendeten Rechtsbegriffes herrscht, ist dieser mit Hilfe des in der juristischen Methodenlehre anerkannten Auslegungskanons zu interpretieren, um die genaue Bedeutung desselben zu ermitteln. Diese Interpretation erfolgt normalerweise unter Berücksichtigung des Wortlauts, der Entstehungsgeschichte und der systematischen Stellung der Vorschrift sowie unter Beachtung des mit der Norm verbundenen Ziels und Zwecks[473]. Vorliegend ist diesbezüglich jedoch die Besonderheit zu berücksichtigen, dass Art. 54 SDÜ ursprünglich völkervertragsrechtlicher Natur ist. Denn – wie be-

---

[472] Vgl. Beschl. des 2. Strafsenats des OLG Köln vom 30.03.2001 (Az.: 2 Ws 590/97) a.E.

[473] Huber, JZ 2003, 1ff.

reits geschildert – war das SDÜ ursprünglich ein zwischen Deutschland, Frankreich und den Benelux-Staaten – ausserhalb der EU – geschlossener *völkerrechtlicher* Vertrag[474]. Demzufolge ist in Erwägung zu ziehen, die nachfolgende Auslegung des Merkmals >rechtskräftige Aburteilung< unter Beachtung des Wiener Übereinkommens über das Recht der zwischenstaatlichen[475] Verträge (Wiener VertrRÜbk[476]) durchzuführen, da dieses in den Art. 31ff. Interpretationsregeln für *völkerrechtliche* Verträge enthält. Ob deren Anwendung tatsächlich geboten ist, ist zunächst Gegenstand der weiteren Betrachtung.

a. Das Wiener Übereinkommen über das Recht der Verträge als Auslegungsmassstab

Durch das Schengener Vertragswerk[477] haben die Staaten der EU einen Rechtsraum mit freiem Personenverkehr und polizeilicher Zusammenarbeit geschaffen, der zunächst ausserhalb der Unions- bzw. Gemeinschaftsrechtsordnung angesiedelt war. Erst im Jahr 1999, infolge des Amsterdamer Vertrages[478] zur Änderung des Vertrages der EU und der Verträge zur Gründung der EG, ist der Schengen-Besitzstand[479] formal durch das Schengen-Protokoll[480] zum Vertrag von Amsterdam in den Rahmen der EU einbezogen worden[481]. Wie im Schengen-Protokoll vorgesehen, legte der EU-Rat mit Beschluss vom 20.05.1999[482] die Rechtsgrundlagen für jede einzelne Bestimmung des Schengen-Besitzstandes fest. Ein Teil der Rechtsgrundlagen, darunter jene für Art. 54 SDÜ, befinden sich seit dem in Titel VI des EUV[483], der sog.

---

[474] Norouzi/Vogel, JuS 2003, S. 1059, 1060, dort Anm. 14; Hecker, StV 2001, 306, 308; Radtke/Busch, EuGRZ 2000, 421, 424; BGH NStZ 1998, 149, 151.

[475] Vgl. den Anwendungsbereich des Übereinkommens gemäss Art. 1.

[476] Abgedruckt in: Schomburg/Lagodny, IRSt (1998), Anhang 12.

[477] Vertrag von Schengen (1985) und das Schengener Durchführungsübereinkommen von 1990.

[478] Vertrag vom 02.10.1997, in Kraft seit 01.05.1999.

[479] Erfasst werden davon u.a.: Das Schengener Übereinkommen (SÜ) 1985, das Schengener Durchführungsübereinkommen (SDÜ) 1990 mit der dazugehörigen Schlussakte und den dazu abgegebenen gemeinsamen Erklärungen und die Beitrittsprotokolle und -übereinkommen zum SÜ und SDÜ.

[480] Protokoll zur Einbeziehung des Schengen-Besitzstandes in den Rahmen der EU (zum EUV und EGV).

[481] Radtke/Busch, NStZ 2003, 281; Leidenmühler/Plöckinger, wistra 2003, 81, 82; Jung, JuS 2000, 417, 421.

[482] Beschluss 1999/436/EG.

[483] Geiger, EUV/EGV (2000), Art. 29 EUV, Rn. 14; Leidenmühler/Plöckinger, wistra 2003, 81, 82; Leidenmühler, The European Legal Forum 2002, 253, 254.

dritten Säule (polizeiliche und justizielle Zusammenarbeit in Strafsachen)[484]. Als Rechtsgrundlagen von Art. 54 SDÜ wurden die Art. 31 und 34 EUV bestimmt[485].

Das Schengener Durchführungsübereinkommen stellte somit ursprünglich einen in innerstaatliches Recht zu transformierenden völkerrechtlichen Staatsvertrag dar[486], der erst durch die Inkorporation in die Rechtsordnungen der einzelnen Schengen-Staaten zu unmittelbar anwendbarem Recht wurde[487]. Da völkerrechtliche Verträge auch bei unmittelbarer innerstaatlicher Anwendung Völkerrecht bleiben[488], waren bei der Auslegung von Art. 54 SDÜ stets die völkerrechtlichen Regeln, insbesondere die der Art. 31ff. des Wiener VertrRÜbk, anzuwenden[489]. Dieses galt selbst für die Schengen-Staaten, für die das letztgenannte Übereinkommen noch gar nicht in Kraft war, da die Bestimmungen der Art. 31ff. des Wiener VertrRÜbk lediglich eine Kodifizierung allgemein anerkannten und damit ohnehin geltenden Völkergewohnheitsrechts darstellen[490].

Problematisch ist, ob die Auslegungsregeln der Art. 31ff. des Wiener VertrRÜbk, die an sich für „herkömmliche" völkerrechtliche Verträge geschaffen wurden[491], auf Art. 54 SDÜ seit der Einbeziehung desselben in den Rahmen der EU noch anwendbar sind. Diese Frage ist zu bejahen, da es sich bei der Materie des Titels VI des EUV auch um Völkerrecht – nur eben im Bereich der EU – handelt[492]. Soweit ersichtlich spricht sich nur Thym[493] für einen rein europarechtlichen Charakter von Art. 54 SDÜ aus und will deshalb die völkerrechtlichen Auslegungsgrundsätze nicht massgebend sein lassen[494]. Zu bedenken ist aber, dass durch die Bestimmung der Art. 31 und 34 EUV als Rechtsgrundlagen von Art. 54 SDÜ, letzterer einer intergouvernemental und damit nicht gemeinschaftsrechtlich, sondern *völkerrechtlich* organisierten Säule der EU zugeordnet wurde[495]. Diese betrifft Fragen der zwischenstaatlichen politi-

---

[484] Geiger, EUV/EGV (2000), Art. 29 EUV, Rn. 1.

[485] Radtke/Busch, NStZ 2003, 281; Leidenmühler/Plöckinger, wistra 2003, 81, 83; Leidenmühler, The European Legal Forum 2002, 253, 255.

[486] Norouzi/Vogel, JuS 2003, 1059, 1061; Ebensperger, ÖJZ 1999, 171, 182.

[487] Böhm (2001), S. 52; Ebensperger, ÖJZ 1999, 171, 182.

[488] Ebensperger, ÖJZ 1999, 171, 182.

[489] Norouzi/Vogel, JuS 2003, 1059, 1061; Leidenmühler, The European Legal Forum 2002, 253, 256; Schomburg, JBl 1997, 553, 559; BGH NStZ 1998, 149, 151.

[490] BGH NStZ 1998, 149, 151; Bundesfinanzhof, Urt. vom 01.02.1989 (I R 74/86); Thomas (2002), S. 295; Buck (1998), S. 84; Anweiler (1997), S. 107.

[491] Böhm (2001), S. 121.

[492] Böhm (2001), S. 121.

[493] Anmerkung zu EuGH, Urt. v. 11.02.2003 – verb. Rs. C-187/01 u. C-385/01.

[494] Thym, NStZ 2003, 334.

[495] Geiger, EUV/EGV (2000), Art. 29 EUV, Rn. 1; Art. 34 EUV, Rn. 1.

schen Kooperation[496]. Nach Auffassung von Leidenmühler und Plöckinger[497] hat Art. 54 SDÜ durch seine Zuordnung zu dieser dritten Säule des Unionsverbundes zwar ein wenig von seinem *rein* völkervertragsrechtlichen Charakter verloren, doch ist er innerhalb dieser Säule weiterhin Bestandteil der *völkerrechtlichen*, intergouvernementalen Zusammenarbeit im Rahmen der EU[498]. Für Mansdörfer[499] hingegen handelt es sich ohne Einschränkung um einen *rein* völkerrechtlichen Bereich[500]. Für eine Anwendung der Art. 31ff. des Wiener VertrRÜbk spricht zudem, dass es sich bei den in ihnen enthaltenen Auslegungsregeln nicht um Grundsätze handelt, die ihrem Wesen nach von denen des allgemeinen Rechts verschieden sind, sondern nur um die Projektion der Auslegungsregeln der allgemeinen Rechtslehre auf die besonderen Verhältnisse des *zwischenstaatlichen* Rechtsverkehrs[501]. Genau letzterer ist betroffen, wenn es – wie hier – darum geht, zu entscheiden, ob das in einem Staat getroffene justizielle Erkenntnis in einem anderen ein Verfolgungs- und Bestrafungsverbot auslöst. Im Ergebnis – ohne nähere Begründung – so auch Radtke/Busch[502], Böhm[503] und Thomas[504] sowie Fink[505], die auch nach der Integration des Schengener Durchführungsübereinkommens in den Rahmen der EU noch auf die Art. 31ff. des Wiener VertrRÜbk abstellen.

Weiter gestützt wird diese Auffassung durch die zur Auslegung von Gemeinschaftsrecht entwickelte Methodenlehre. Selbst wenn man Art. 54 SDÜ nach seiner Integration in den Rahmen der EU einen ausschliesslich gemeinschaftsrechtlichen Charakter zusprechen wollte, wären die Art. 31ff. des Wiener VertrRÜbk für die Auslegung von Art. 54 SDÜ heranzuziehen, da – worauf Oppermann[506] hinweist – auch bei der Auslegung des geltenden Gemeinschaftsrechts auf die völkerrechtlichen Auslegungsregeln zurückgegriffen werden muss, wie sie sich insbesondere in den Art. 31ff. des Wiener VertrRÜbk finden[507]. Dementsprechend weisen auch Norouzi und Vogel[508]

---

[496] Jung, JuS 2000, 417 und 419.

[497] Zum Verbot doppelter Strafverfolgung nach Art. 54 SDÜ 1990, in: wistra 2003, 81ff.

[498] Leidenmühler/Plöckinger, wistra 2003, 81, 88; Leidenmühler, The European Legal Forum 2002, 253, 256.

[499] Anmerkung zu EuGH, Urt. vom 11.02.2003, StV 2003, 313ff.

[500] Mansdörfer, StV 2003, 313.

[501] Bundesfinanzhof, Urt. vom 01.02.1989 (I R 74/86).

[502] Transnationaler Strafklagenverbrauch in den sog. Schengen-Staaten, in: EuGRZ 2000, 421, 424.

[503] Der Grundsatz ne bis in idem im Verhältnis der Staaten zueinander (2001), S. 112ff.

[504] Das Recht auf Einmaligkeit der Strafverfolgung (2002), S. 295.

[505] Lösung zum Fall gemäss EuGH-Urteil vom 11.02.2003 in den Rechtssachen C-187/01 u. C-385/01, S. 8ff.

[506] Europarecht (1999).

[507] Oppermann (1999), Rn. 680; Meyer, Jura 1994, 455.

[508] Europäisches „ne bis in idem" ..., JuS 2003, 1059ff.

auf die Anwendung gemeinschaftsrechtlicher Auslegungsregeln hin, ohne aber eine Anwendung der Art. 31ff. des Wiener VertrRÜbk auszuschliessen[509]. Besondere Bedeutung hat im Gemeinschaftsrecht allerdings der Effektivitätsgrundsatz („Effet utile"), wonach eine Norm „ergiebig", mit „grösster Nutzwirkung" auszulegen ist[510]. Da sich der Nutzen einer Vorschrift aber nur aus der Zielsetzung des ihr zugrunde liegenden Vertrages entnehmen lässt, ist die Auslegung nach dem effet utile letztlich Teil der ohnehin anzustellenden teleologischen Auslegung, die sich als „klassische" Auslegungsmethode mit der Interpretation nach dem Sinn und Zweck einer Bestimmung befasst[511].

Insoweit darf mithin festgehalten werden, dass die im weiteren Verlauf dieser Ausführungen vorzunehmende Auslegung des Merkmals >rechtskräftige Aburteilung< aus Art. 54 SDÜ an den Interpretationsmassstäben der Art. 31ff. des Wiener VertrRÜbk orientiert wird.

Art. 31 Abs. 1 dieser Konvention bestimmt als Auslegungsgrundsatz, dass ein völkerrechtlicher Vertrag *„nach Treu und Glauben in Übereinstimmung mit der gewöhnlichen, seinen Bestimmungen in ihrem Zusammenhang zukommenden Bedeutung und im Lichte seines Zieles und Zweckes auszulegen"* ist.

Was dieser Auslegungsgrundsatz inhaltlich und methodisch für die hier beabsichtigte Interpretation von Art. 54 SDÜ bedeutet, wird nachfolgend unter Heranziehung des dritten Abschnitts des dritten Teils des Wiener VertrRÜbk (Art. 31 bis 33 – Auslegung von Verträgen) geklärt, da andernfalls eine Anwendung des vorerwähnten Interpretationsmassstabs nicht möglich erscheint.

Die Bestimmung der „gewöhnlichen Bedeutung" kann mit einer Wortlautinterpretation gleichgesetzt werden. Die Beachtung des „Zusammenhanges" darf als Hinweis auf die systematische Auslegung verstanden werden[512] und die Berücksichtigung von „Ziel und Zweck" deutet eine teleologische Interpretation an[513]. Diese drei Auslegungsgrundsätze sind sowohl nach völkerrechtlicher als auch nach gemeinschaftrechtlicher Methodenlehre gleichermassen heranzuziehen[514]. Darüber hinaus weist Art. 31 des Wiener VertrRÜbk darauf hin, dass die Auslegung an den Grundsätzen von Treu und Glauben zu orientieren ist.

---

509 Norouzi/Vogel, JuS 2003, 1059, 1061.

510 Oppermann (1999), Rn. 686; Meyer, Jura 1994, 455, 457.

511 Meyer, Jura 1994, 455, 457.

512 Anweiler (1997), S. 111.

513 Anweiler (1997), S. 118; Bleckmann, NJW 1982, 1177, 1178.

514 Oppermann (1999), Rn. 682ff.

Was in dieser Vorschrift fehlt, ist ein Hinweis auf die historische Interpretation, wodurch die Nachrangigkeit (Subsidiarität) dieser Auslegungsmethode deutlich wird[515], die auch in der gemeinschaftsrechtlichen Auslegungslehre eine nur untergeordnete Rolle spielt[516].

Für die Wortlautinterpretation ist gemäss Art. 31 Abs. 4 des Wiener VertrRÜbk zu beachten, dass nicht auf die „gewöhnliche Bedeutung" abzustellen ist, wenn feststeht, dass die Vertragsparteien beabsichtigt haben, einem Ausdruck eine „besondere Bedeutung" beizumessen. Letztere ist sodann ausschlaggebend. Weiter ist bei der Auslegung des Wortlauts nach Art. 33 Abs. 1 des Wiener VertrRÜbk zu beachten, dass bei Verträgen, die in zwei oder mehr Sprachen als authentisch gelten, der Vertragstext in jeder authentischen Sprache in gleicher Weise massgebend ist. Dabei wird zunächst vermutet, dass die Ausdrücke des Vertrages in jedem authentischen Text dieselbe Bedeutung haben, vgl. Art. 33 Abs. 3 des Wiener VertrRÜbk. Sollten jedoch Bedeutungsunterschiede aufgedeckt werden, die auch unter Zuhilfenahme systematischer, teleologischer und historischer Interpretation nicht ausgeräumt werden können, ist gemäss Art. 33 Abs. 4 des Wiener VertrRÜbk unter Berücksichtigung von Ziel und Zweck des Vertrages diejenige Bedeutung zugrunde zu legen, die die unterschiedlichen Wortlaute am besten miteinander in Einklang bringt.

Bei der systematischen Interpretation sind nach Art. 33 Abs. 2 des Wiener VertrRÜbk insbesondere der Vertragswortlaut samt Präambel und die Vertragsanlagen zu berücksichtigen. Darüber hinaus sind anlässlich des Vertragsschlusses getroffene Übereinkünfte und abgefasste Urkunden beachtenswert. Ausser der Übereinkünfte und Urkunden, die unmittelbar mit dem Vertragsschluss in Zusammenhang stehen, sind auch spätere Übereinkünfte, die sich explizit mit der Auslegung und Anwendung des Vertrages befassen, massgebend, wie auch jede spätere praktische Übung bei der Anwendung des Vertrages. Dieses deshalb, weil diese Kriterien in Art. 31 Abs. 3 des Wiener VertrRÜbk dem „Zusammenhang" ausdrücklich gleichgestellt werden und damit in die systematische Interpretation einzubeziehen sind[517].

Für die teleologische Interpretation gilt, dass das mit dem Vertrag verfolgte Ziel und der intendierte Zweck nur den Anhaltspunkten entnommen werden dürfen, die der Vertragstext selbst liefert, da die Entstehungsgeschichte und ergänzende Auslegungsmittel (Vorarbeiten, Umstände des Vertragsschlusses etc.) nur unter den Voraussetzungen von Art. 32 des Wiener VertrRÜbk herangezogen werden dürfen. Eine

---

[515] Bleckmann (2001), Rn. 343, der versehentlich „Art. 51" des Wiener VertrRÜbk zitiert; Anweiler (1997), S. 125.

[516] Oppermann (1999), Rn. 687.

[517] Vgl. Anweiler (1997), S. 111, der von „Parallelen" zur systematischen Auslegung spricht.

historische Interpretation ist demgemäss nur zulässig, wenn der auszulegende Ausdruck nach Anwendung aller anderen Auslegungsmittel immer noch mehrdeutig oder dunkel ist oder die insoweit ermittelte Auslegung offensichtlich sinnwidrig oder unvernünftig ist. Die historische Interpretation ist somit zu allen anderen Auslegungsmitteln subsidiär.

Abgesehen von der vorrangig anzuwendenden wörtlichen, systematischen und teleologischen Interpretation ist das ermittelte Auslegungsergebnis auch am Prinzip von Treu und Glauben zu messen. Letzteres ist ein allgemeiner Rechtsgrundsatz des Gemeinschafts- und Völkerrechts[518] und wird auch als „uneigentliche Auslegungsregel" bezeichnet[519], an der die Rechtsanwendung immer zu messen ist[520]. In Zusammenhang mit Art. 31 Abs. 1 des Wiener VertrRÜbk bedeutet dieser Grundsatz, dass bei der Anwendung der in dieser Vorschrift benannten drei[521] Auslegungsregeln die Pflicht besteht, den Grundsatz von Treu und Glauben zu beachten[522]. Das Wiener VertrRÜbk füllt diesen übergeordneten Interpretations-Massstab selbst mit keinem besonderen Sinngehalt. Die Auslegung nach Treu und Glauben wird deshalb – recht allgemein – als spezifische Ausprägung des Missbrauchs-[523] oder Willkürverbots[524] verstanden, denen zufolge ein Vertrag nicht ausschliesslich zum Nachteil des einen oder anderen Teils ausgelegt werden darf[525]. Im Ergebnis ist damit auch ein völkerrechtlicher Vertrag – wie allgemein üblich – möglichst immer so auszulegen, dass ungerechte Resultate vermieden und gerechte begünstigt werden, um dem Grundsatz von Treu und Glauben zu genügen[526].

Der nunmehr inhaltlich und methodisch konkretisierte Auslegungsgrundsatz aus Art. 31 Abs. 1 des Wiener VertrRÜbk, der – wie aufgezeigt – auch noch nach Überführung eines rein zwischenstaatlichen Vertrages in den Rahmen der EU auf diesen anwendbar ist, wird nachfolgend zur Interpretation des Merkmals >rechtskräftige Aburteilung< aus Art. 54 SDÜ benutzt.

---

[518] Anweiler (1997), S. 126.
[519] Köck (1976), S. 85.
[520] Buck (1998), S. 85.
[521] Wörtlich, systematisch, teleologisch.
[522] Ipsen (1999), § 11, Rn. 17.
[523] Ipsen (1999), § 11, Rn. 20.
[524] Köck (1976), S. 85.
[525] Anweiler (1997), S. 126.
[526] Arzt (1996), S. 100.

b. Art. 54 SDÜ im Lichte der Auslegungsmaximen des Wiener Übereinkommens über das Recht der Verträge

Die voranstehenden Ausführungen zu den in Art. 31 Abs. 1 des Wiener VertrRÜbk verankerten Auslegungsgrundsätzen konnten aufzeigen, dass unter Beachtung der Generalklausel von Treu und Glauben vorrangig eine wörtliche, systematische sowie teleologische und nur subsidiär eine historische Interpretation eines auslegungsbedürftigen Rechtsbegriffes – hier des Merkmals >rechtskräftige Aburteilung< aus Art. 54 SDÜ – vorzunehmen ist. Diese Auslegungsmaximen werden im Folgenden in dieser Reihenfolge angewandt, weil diese zum einen der in der Rechtswissenschaft üblichen Auslegungspraxis gerecht wird und zum anderen der im Wortlaut von Art. 31 Abs. 1 des Wiener VertrRÜbk aufgestellten Reihenfolge entspricht. Begonnen wird also mit der Auslegung des Wortlauts von Art. 54 SDÜ. Dies jedoch lediglich aus den vorerwähnten Gründen. Diese Auslegungsregel hat gegenüber der systematischen und der teleologischen Interpretationsmethode keinen besonderen Vorrang. Denn auch die Überschrift des Art. 31 des Wiener VertrRÜbk „Allgemeine Auslegungsregel" stellt klar, dass die Interpretation ein einheitlicher Vorgang unter Anwendung der dort benannten Interpretationsregeln in einem sachlichen Verbund ist[527].

aa) Verbal-Interpretation

Im Rahmen der Interpretation des Wortlautes vom Merkmal >rechtskräftige Aburteilung< ist – wie vorab erläutert – zunächst zu schauen, ob es eine „besondere Bedeutung" gibt, von der feststeht, dass die Vertragsparteien beabsichtigt haben, diese der Vorschrift zugrunde zu legen. Dies ist nicht der Fall, da ein erläuternder Bericht zum Schengener Durchführungsübereinkommen, aus dem ein solcher besonderer Sinngehalt herausgelesen werden könnte, nicht existiert[528]. Ferner gibt es keine Legaldefinitionen der in Art. 54 SDÜ verwendeten Rechtsbegriffe[529]. Auch fehlt bislang ein einheitliches europäisches Strafprozessrecht, auf dessen Grundlage auslegungsbedürftige Rechtsbegriffe interpretiert werden könnten[530].

---

[527] Ipsen (1999), § 11, Rn. 12; Anweiler (1997), S. 107; Schomburg, JBl 1997, 553, 559.

[528] Leidenmühler/Plöckinger, wistra 2003, 81, 84; Auer, ÖJZ 2000, 52, 53; Schomburg, in: 50 Jahre GG (2000), 99, 106; ders., JBl 1997, 553, 554; ders., StV 1999, 246; ders., StV 1997, 383, 384; Landerer (2000), S. 15; Ebensperger, ÖJZ 1999, 171, 182; Schomburg/Lagodny, IRSt (1998), S. 914, Rn. 1.

[529] Leidenmühler/Plöckinger, wistra 2003, 81, 84; Auer, ÖJZ 2000, 52, 53; Ebensperger, ÖJZ 1999, 171, 182; vgl. Art. 1 SDÜ in: Schomburg/Lagodny, IRSt (1998).

[530] Leidenmühler/Plöckinger, wistra 2003, 81, 84.

Ferner ist bei der Verbal-Interpretation zu berücksichtigen, dass das Schengener Durchführungsübereinkommen in den Vertragssprachen Deutsch, Niederländisch und Französisch ursprüngliche Authentizität besitzt[531], so dass die Wortlautbedeutung aller drei Sprachen – wie erwähnt – in gleicher Weise massgebend ist und qua Gesetz sogar zunächst eine Bedeutungsidentität vermutet wird. Da das Wiener VertrRÜbk – wie dargelegt – auch noch anwendbar ist, obwohl Art. 54 SDÜ inzwischen Bestandteil des dritten Pfeilers der EU ist, müssen daher die als authentisch geltenden Vertragssprachen bei der Auslegung beachtet werden[532]. Sofern Art. 54 SDÜ in seiner gemeinschaftsrechtlichen Dimension gesehen wird, sind sogar *alle* in den Sprachen der EU-Mitgliedstaaten existierenden Textfassungen für die Auslegung massgeblich[533]. Insofern behaupten Leidenmühler/Plöckinger[534] und Specht[535] zurecht, der Vertragstext besitze in den Sprachen aller Mitgliedstaaten Authentizität. Dennoch verwenden auch sie für ihre Auslegung nur die Textfassungen in den vorbenannten drei Sprachen[536]. Da auch im Gemeinschaftsrecht der Umgang mit verschiedenen Sprachfassungen als schwierig empfunden wird, ist es statthaft, „hilfsweise“ (nur) auf die bei der „Herstellung“ des Rechtstextes verwendeten Arbeitssprachen zurückzugreifen[537]. Dies sind hier, wie bereits festgestellt, Deutsch, Niederländisch und Französisch. Diese Sprachen dürfen in Bezug auf Art. 54 SDÜ daher wohl in jedem Fall als *originär* authentisch bezeichnet werden[538]. Alle späteren Sprachfassungen könnten auch amtlichen Übersetzungen gleichgesetzt werden, denen nicht notwendig Verbindlichkeit zukommt[539]. Auch Generalanwalt Colomer[540] berücksichtigt in seinem Schlussantrag vom 19. September 2002 vor dem EuGH, der eine Vorabentscheidungsfrage des OLG Köln zur Auslegung von Art. 54 SDÜ betraf[541], primär diese originär authentischen Textfassungen und führt den englischen, spanischen und portugiesischen sowie den italienischen Wortlaut (nur) beispielhaft

---

531 BGH 1998 NStZ 149, 151; Schomburg, NJW 1999, 540, 542.

532 Vgl. auch Böhm (2001), S. 121, 113.

533 Norouzi/Vogel, JuS 2003, 1059, 1061; vgl. auch Oppermann (1999), Rn. 483 sowie Meyer, Jura 1994, 455, 456 zur wörtlichen Auslegung von Gemeinschaftsrecht.

534 Leidenmühler/Plöckinger, Zum Verbot doppelter Strafverfolgung nach Art. 54 SDÜ 1990, in: wistra 2003, 81ff.

535 Specht, Die zwischenstaatliche Geltung des Grundsatzes ne bis in idem.

536 Leidenmühler/Plöckinger, wistra 2003, 81, 84; Specht (1999), S. 136ff.

537 Oppermann (1999), Rn. 483.

538 So wohl auch das OLG Innsbruck, NStZ 2000, 663, 665. Ähnlich Dannecker, in: FS für Kohlmann (2003), 593, 606.

539 Vgl. Ipsen (1999), § 11, Rn. 23.

540 Colomer, Reichweite des Ne-bis-in-idem-Prinzips gem. Art. 54 SDÜ bei Verfahrenseinstellung nach Vergleich zwischen Staatsanwaltschaft und Angeklagtem, in: EuGRZ 2002, 556ff.

541 Colomer, EuGRZ 2002, 556, 564.

als Ergänzung in den Fussnoten an[542]. Weiter ist zu beachten, dass bei der Auslegung eines interpretationsbedürftigen Rechtsbegriffes nach dem Wiener VertrRÜbk auf den allgemeinen und unter Umständen auch auf den fachspezifischen Sprachgebrauch abzustellen ist[543].

Dass die in den ursprünglichen Vertragssprachen verwendeten Rechtsbegriffe nicht notwendig denselben Bedeutungsinhalt haben, zeigt schon ein Vergleich der Überschriften des Kapitels, dessen Bestandteil Art. 54 SDÜ ist. In der niederländischen Fassung wird von „Toepassing van het beginsel ne bis in idem" und in der französischen von „Application du principe Ne bis in idem" gesprochen. Unter Berücksichtigung dieser Formulierungen wäre in der deutschen Version die Überschrift „Anwendung des Prinzips ne bis in idem" zu erwarten gewesen. Statt dessen ist dort aber vom „Verbot der Doppelbestrafung" die Rede[544].

Hinsichtlich des umstrittenen Merkmals >rechtskräftige Aburteilung< wird in der niederländischen Fassung der Begriff „vonnis" verwendet. Dieser steht zwar vornehmlich für das deutsche Wort „Urteil"[545], wird aber auch gleichbedeutend mit dem deutschen Wort „Beschluss" gebraucht. Das Wort „vonnis" lässt sich daher wohl am treffendsten mit dem Begriff „Entscheidung" oder „Erkenntnis" umschreiben[546].

Die französische Version verwendet den Terminus „définitivement jugée". Das Substantiv „jugement" kann übersetzt werden mit: Urteil, Erkenntnis, Entscheidung, Gerichtsentscheid, Beschluss, Werturteil, Meinung und Ansicht[547]. Die französische Textversion erfasst über den Begriff „jugement" somit neben dem deutschen Wort „Gerichtsurteil" auch (fast) alle anderen denkbaren Entscheidungsformen[548].

---

542 Colomer, EuGRZ 2002, 556, 564 Pkt. 5 und dort die Anm. 52 u. 53.

543 Ipsen (1999), § 11, Rn. 6; Anweiler (1997), S. 108.

544 Landerer (2000), S. 15; Schomburg, in: 50 Jahre GG (2000), 99, 102; ders., StV 1997, 383, 384; ders., JBl 1997, 553, 558.

545 Vgl. bspw. van Gelderen, Wolters Handwörterbuch Niederländisch-Deutsch (1997).

546 Radtke/Busch, NStZ 2003, 281, 284; Norouzi/Vogel, JuS 2003, 1059, 1061; Leidenmühler/Plöckinger, wistra 2003, 81, 84; Thomas (2002), S. 277; Hecker, StV 2001, 306, 308; Böhm (2001), S. 113; Stange/Rilinger, StV 2001, 540; Mayr (2000), S. 130; Radtke/Busch, EuGRZ 2000, 421, 424; Schomburg, in: 50 Jahre GG (2000), 99, 102; ders., JBl 1997, 553, 558f.; ders., StV 1997, 383, 384; Landerer (2000), S. 18; Specht (1999), S. 136; Endriss/Kinzig, StV 1997, 665, 668; a.A. (ohne weitere Begründung) van den Wyngeart/Stessens, ICLQ 1999, 779, 800 u. 802.

547 BGH NStZ 1998, 149, 151; Radtke/Busch, NStZ 2003, 281, 284.

548 Leidenmühler/Plöckinger, wistra 2003, 81, 84; Dannecker, in: FS für Kohlmann (2003), 593, 607; Fink (2003), S. 8; Stange/Rilinger, StV 2001, 540; Schomburg, in: 50 Jahre GG (2000), 99, 102; ders., NJW 1999, 540, 542.

Demgemäss kann unter Berücksichtigung der niederländischen und der französischen Textfassung – in Widerspruch zur dargelegten bislang vom BGH vertretenen Auffassung – weder gefolgert werden, Art. 54 SDÜ beziehe sich nur auf Gerichtsurteile noch das notwendigerweise mindestens eine richterliche Entscheidung[549] vorliegen müsse[550]. Den Anwendungsbereich des Art. 54 SDÜ insbesondere auf Endurteile zu beschränken wäre demnach verkehrt[551]. Beide Textfassungen lassen ihrem Wortlaut nach – bei weitestem Verständnis – sogar Raum, um auch aussergerichtliche Verfahrenserledigungen zu erfassen[552]. Die Wortlautinterpretationen sowohl der französischen als auch der niederländischen Textversion lassen es mithin zu, unter einer rechtskräftigen Aburteilung nicht nur Gerichtsurteile, sondern auch (alle) sonstigen Entscheidungen mit verfahrensabschliessendem und rechtskraftbewirkendem Charakter zu verstehen[553].

Die deutsche Fassung spricht von >rechtskräftiger Aburteilung<. Diese Formulierung lässt ebenso daran zweifeln, dass ausschliesslich eine abschliessende Entscheidung in Urteilsform gemeint ist[554]. Denn das Verb „aburteilen" dient als Oberbegriff zu „verurteilen" und „freisprechen"[555], womit aber nicht gesagt ist, dass diese Tätigkeiten notwendigerweise in ein formelles Urteil münden müssen[556]. Denn das Wort „Urteil" kann i.V.m. dem Verb "urteilen" grundsätzlich auch gleichbedeutend mit „wertende Entscheidung über eine Person oder Sache" gebraucht werden[557]. Folglich lässt auch der Begriff >rechtskräftige Aburteilung< in der deutschen Textfassung Raum für eine weiter gehende Auslegung, so dass – erneut in Widerspruch zur dargestellten bisher vom BGH vertretenen Ansicht – auch aussergerichtliche Entschei-

---

549 So aber der BGH, vgl. NStZ 1998, 149, 151.

550 In diesem Sinne jedoch Haas, in: Die Schengener Abkommen und ihre strafprozessualen Implikationen (2001), S. 114ff.. Dieses, obwohl sie die weiter gehende Wortlautbedeutung der französischen und niederländischen Fassung erkennt und „grundsätzlich" annimmt, dass einer weiten Interpretation der Vorzug gegeben wird.

551 Thomas (2002), S. 277.

552 A.A. Leidenmühler/Plöckinger, wistra 2003, 81, 85, die nach wörtlicher Interpretation die Tendenz zum Ausschluss nichtrichterlicher (bspw. staatsanwaltschaftlicher) Entscheidungen erkennen wollen.

553 Fink (2003), S. 8; Hecker, StV 2001, 306, 308; Endriss/Kinzig, StV 1997, 665, 668.

554 Schomburg, in: 50 Jahre GG (2000), 99, 102; ders., JBl 1997, 553, 558; ders., StV 1997, 383, 384; van den Wyngeart/Stessens, ICLQ 1999, 779, 802.

555 Stange/Rilinger, StV 1999, 540; Schröder, JuS 1997, 227, 230.

556 Radtke/Busch, NStZ 2003, 281, 284; dies., EuGRZ 2000, 421, 424; a.A. (ohne weitere Begründung) Böhm (2001), S. 113; a.A. ebenfalls Leidenmühler/Plöckinger, wistra 2003, 81, 84, unter Berufung auf das „tradierte" österreichische Rechtsverständnis.

557 Specht (1999), S. 137f.; vgl. bspw. auch Wiegand, Das grosse Wörterbuch der deutschen Sprache (2003).

dungen erfasst sein können[558]. Der in der deutschen Version verwendete Ausdruck >rechtskräftige Aburteilung< kann sich demzufolge ganz allgemein auf jede Entscheidung im justiziellen Bereich beziehen, mit der ausgedrückt wird, dass sich der Staat zu dem dem Täter vorgeworfenen Verhalten und seiner Schuld abschliessend geäussert hat[559].

Wenn wie hier ein in mehreren Sprachen verwendeter Begriff auf mehrere Bedeutungen hinweist, wird zum Teil die Auffassung vertreten, dass gemeinsame Minimum sei dann für die Auslegung verbindlich[560]. Für die Interpretation von Art. 54 SDÜ würde dies eine Beschränkung von dessen Anwendungsbereich auf formelle Gerichtsurteile bedeuten, da diese – wie die voranstehende Wortlautinterpretation zeigt – von allen drei originär-authentischen Textversionen erfasst sind. Die Gegenauffassung meint, in einem solchen Fall sei der Bedeutungsinhalt aller Sprachen zu kumulieren und erst mit Hilfe anderer Auslegungsmethoden sei sodann eine Auswahl oder Einschränkung zu treffen[561]. Dieser Ansicht zufolge können mithin alle vorab ermittelten Bedeutungen des Merkmals >rechtskräftige Aburteilung< als verbindlich zugrunde gelegt werden. Es kann hier dahinstehen, welche dieser beiden Auffassungen die richtige ist, da das Wiener VertrRÜbk in Art. 33 Abs. 1 selbst bestimmt, dass die Vertragsfassung in allen zu interpretierenden authentischen Sprachen massgebend ist (ebenso nach gemeinschaftsrechtlicher Methodenlehre). Demzufolge ist hier insoweit im Sinne der zweitgenannten Ansicht ein nicht restriktives Verständnis des Merkmals >rechtskräftige Aburteilung< zugrunde zu legen.

Unstreitig ist, dass Freisprüche von Art. 54 SDÜ erfasst werden. Dieses deshalb, weil andernfalls die Formulierung „im Falle einer Verurteilung“ im 2. Halbsatz des Art. 54 SDÜ bzw. die Differenzierung zwischen Ab- und Verurteilung nicht verständlich wäre[562]. Denn mit der soeben zitierten Wendung wird die Voraussetzung eingeleitet, dass „im Falle einer Verurteilung“ das Doppelbestrafungsverbot u.a. nur dann greift, sofern die Sanktion bereits vollstreckt worden ist. Wenn diese Voraussetzung also

---

[558] Van den Wyngeart/Stessens, ICLQ 1999, 779, 800; van den Wyngeart, NStZ 1998, 153.

[559] Colomer, EuGRZ 2002, 556, 564.

[560] Bleckmann (2001), Rn. 351.

[561] Bleckmann (2001), Rn. 351.

[562] Vgl. BGH 2 StR 458/00 – Beschluss vom 28.02.2001, in: HRR-Strafrecht, Rechtsprechungsdatenbank; Kühne, JZ 2004, 743; ders., JZ 2003, 305; Hackner/Lagodny/Schomburg/Wolf (2003), Rn. 262; Thym, NStZ 2003, 334; Mansdörfer, StV 2003, 313, 314; Leidenmühler/Plöckinger, wistra 2003, 81, 84; Dannecker, in: FS für Kohlmann (2003), 593, 607; Colomer, EuGRZ 2002, 556, 561; Stange/Rilinger, StV 2001, 540; Richtberg, StV 2001, 495; Radtke, NStZ 2001, 662, 663; Schomburg, in: 50 Jahre GG (2000), 99, 102; ders., StV 1997, 383, 384; ders., StV 1999, 246, 247; ders., NJW 2000, 1833, 1834 u. 1836; ders., JBl 1997, 553, 557; Ebensperger, ÖJZ 1999, 171, 182f.

nur „im Falle einer Verurteilung“ gilt, dann muss es daneben noch andere Fälle geben, auf die diese Voraussetzung eben nicht anzuwenden ist[563]. Dies kann neben einem Freispruch, bei dem naturgemäss eine vollstreckbare Strafe fehlt, auch eine Verfahrenseinstellung durch Beschluss nach Erfüllung von Auflagen (§ 153a dStPO) sein[564]. Bei letzterer fehlt nämlich eine vollstreckbare Sanktion, da es erst bei Nichterfüllung der Auflage zur Durchführung eines „normalen“ Strafverfahrens kommt[565]. Teilweise wird die Verfahrenseinstellung im vorbenannten Sinn jedoch nur dann als erfasst angesehen, wenn der entsprechende Beschluss mit richterlicher Zustimmung ergeht, weil er dann einem Urteil gleichwertig sei. Fehlt diese Zustimmung, weil sie nach der Rechtordnung des jeweiligen Landes gar nicht erforderlich ist[566], soll jedoch angenommen werden können, dass die das Verfahren einstellende Behörde auch eine richterliche Kompetenz inne hat und so die Verfahrenseinstellung auch in einem solchen Fall einem Urteil gleichstehe und demgemäss in den Anwendungsbereich von Art. 54 SDÜ falle[567].

Für den Fall einer Verurteilung erwähnt die deutsche Textfassung neben dem Begriff der >rechtskräftigen Aburteilung< zudem den Begriff „Urteilsstaat“, was annehmen lässt, dass Art. 54 SDÜ eben doch ausschliesslich an eine Verfahrenserledigung durch Gerichtsurteil anknüpft[568]. Diese Schlussfolgerung gilt auch für die niederländische Version, die an dieser Stelle im Text von „veroordelende Overennkomstsluitende Partij“ spricht, womit ebenso in erster Linie ein Urteil bzw. eine Verurteilung angesprochen wird[569]. In der französischen Version wird an dieser Stelle hingegen von „la Partie Contractante de condamnation“ gesprochen. Damit wird eine Formulierung gebraucht, die zunächst zwar auch in Richtung „Gerichtsurteil“ weist, da „condamnation“ Strafurteil, Verurteilung und Sachurteil bedeutet, jedoch weiter gehender auch für Strafe, Aburteilung und (allgemeinsprachlich) Missbilligung verwandt wird[570], so dass unter Berücksichtigung auch dieser französischen Formulie-

[563] Böhm (2001), S. 65.

[564] Colomer 2002, 556, 566; Hecker, StV 2001, 306, 308f.; Lagodny, NStZ 2001, 558, 560; Schomburg, NJW 2000, 1833, 1838; Ebensperger verneint die Anwendbarkeit auf Verfahrenseinstellungen durch die StA, vgl. ÖJZ 1999, 171, 183.

[565] Kleinknecht/Meyer-Gossner (2003), § 153a StPO, Rn. 46 und 52.

[566] Bspw. eine Verfahrenseinstellung nach Erfüllung von Auflagen durch die StA in den Niederlanden.

[567] Lagodny, NStZ 2001, 558, 560.

[568] Radtke/Busch, NStZ 2003, 281, 284; dies., EuGRZ 2000, 421, 424; Hecker, StV 2001, 306, 308; Böhm (2001), S. 114.

[569] Böhm (2001), S. 114; vgl. bspw. auch van Gelderen, Wolters Handwörterbuch Niederländisch - Deutsch (1997).

[570] Böhm (2001), S. 114; vgl. bspw. auch Lange-Kowal, Langenscheidts Handwörterbuch Französisch (1987).

rung nicht notwendig nur formelle Gerichtsurteile als von Art. 54 SDÜ erfasst anzusehen sind[571]. Die vorab erwähnte Auffassung von der Kumulation verschiedener (mehrsprachiger) Bedeutungsinhalte spricht im Zusammenhang mit Art. 33 Abs. 1 des Wiener VertrRÜbk[572] somit auch hier wieder für ein möglichst offenes Verständnis des Merkmals >rechtskräftige Aburteilung< in Art. 54 SDÜ.

Als Ergebnis der Verbal-Interpretation des Merkmals >rechtskräftige Aburteilung< in Art. 54 SDÜ kann demnach festgehalten werden, dass dessen Sinngehalt unter Berücksichtigung des Wortlauts der drei ursprünglichen Textfassungen zwar nicht eindeutig zu ermitteln ist, dass jedoch das von der deutschen höchstrichterlichen Rechtsprechung insoweit verfolgte restriktive Verständnis dieses Rechtsbegriffes nicht zwingend geboten ist. Vielmehr hat sich gezeigt, dass der Wortlaut von Art. 54 SDÜ es in allen drei ursprünglichen Vertragssprachen nahe legt, alle Entscheidungen mit verfahrensabschliessendem und rechtskraftbewirkendem Charakter als >rechtskräftige Aburteilung< zu erfassen.

Sichtbar wurde, dass insbesondere die Formulierungen „jugement" und „la Partie Contractante de condamnation" der französischen Fassung ein solches offenes Verständnis fordern, während der deutsche Begriff „Urteilsstaat" und die niederländische Formulierung „veroordelende Overennkomstsluitende Partij" ein wenig mehr in Richtung formelles Gerichtsurteil deuten. Da sich insoweit hinsichtlich der drei ursprünglichen Textversionen (leichte) Bedeutungsunterschiede herausgestellt haben, ist – wie dargelegt – unter Berücksichtigung von Ziel und Zweck des Vertrages eine solche Bedeutung zugrunde zu legen, die die verschiedenen Wortlaute am besten miteinander in Einklang bringt. Dieses jedoch nur dann, wenn sich die hier aufgedeckten Bedeutungsdifferenzen nachfolgend auch mit Hilfe systematischer, teleologischer und auch (subsidiär) historischer Interpretation nicht ausräumen lassen.

bb) Systematisch-logische Interpretation

Entsprechend der erwähnten üblichen Auslegungspraxis und der im Wortlaut von Art. 31 des Wiener VertrRÜbk niedergelegten Interpretationsreihenfolge, wird im Folgenden das Merkmal >rechtskräftige Aburteilung< vor dem Hintergrund des logisch-systematischen Normgefüges des Schengener Durchführungsübereinkommens interpretiert. Die systematische Auslegung stellt dabei (ganz generell) auf das äussere System ab, das in Kapiteln, Artikeln und Absätzen zum Ausdruck kommt[573]. Im Spe-

[571] Radtke/Busch, NStZ 2003, 281, 284; a.A. Böhm (2001), S. 114.
[572] Massgeblichkeit aller authentischen Sprachen.
[573] Bleckmann (2001), Rn. 355.

ziellen sind hier aber – wie erläutert – der Vertragswortlaut samt Präambel und Vertragsanlagen (Annexe), aber genauso anlässlich des Vertragsschlusses getroffene Übereinkünfte[574] und abgefasste Urkunden sowie die praktische Übung zu beachten.

Die Präambel zum Schengener Durchführungsübereinkommen gibt auf den ersten Blick keinen Aufschluss über die Auslegung des in Art. 54 SDÜ verwendeten Rechtsbegriffs >rechtskräftige Aburteilung<. Denn diese bringt (lediglich) zum Ausdruck, dass im Bestreben zum Abbau von Grenzkontrollen und zur Erleichterung des Transports und des Warenverkehrs sowie zur Schaffung eines gemeinsamen Binnenmarktes ohne Binnengrenzen etc. eine Reihe von geeigneten Massnahmen und eine enge Zusammenarbeit der Vertragsparteien erforderlich seien[575]. Mit diesen Zielvorgaben spricht sich die Präambel allerdings für eine schrittweise zwischenstaatliche Angleichung nationaler Rechtsvorschriften aus[576]. Letzteres gilt insbesondere, wenn bedacht wird, dass der Schengen-Besitzstand, zu dem das SDÜ gehört, nach der Präambel des Protokolls zur Einbeziehung des Schengen-Besitzstandes in den Rahmen der EU, zum Ziel hat, „die europäische Integration zu vertiefen und der EU die Möglichkeit zu geben, sich schneller zu einem Raum [...] des Rechts zu entwickeln“. Würden vor diesem Hintergrund im Sinne einer restriktiven Interpretation von Art. 54 SDÜ EU-weit nur Gerichtsurteile ne-bis-in-idem-Wirkung haben, obwohl national auch für andere (gerichtliche) Entscheidungsformen eine solche Wirkung anerkannt ist, dann würden die zwischen den einzelnen Rechtsordnungen bestehenden Trennlinien in ihrer abgrenzenden und trennenden Wirkung noch verstärkt. Von der Entwicklung hin zu einem einheitlichen Rechtsraum könnte dann keine Rede mehr sein. Die Deutung der Präambel zum Schengener Durchführungsübereinkommen legt mithin – auf einen zweiten Blick – eine weite Interpretation des Merkmals >rechtskräftige Aburteilung< nahe und nicht eine Beschränkung auf Gerichtsurteile[577].

Da die Präambel ein solches Verständnis zwar nahe legt, jedoch nicht ausdrücklich fordert, gilt es, sich – im Rahmen systematischer Auslegung – fortan auf das Art. 54 SDÜ unmittelbar umgebende Normgefüge zu konzentrieren. Insbesondere sind die Art. 55 – 58 SDÜ heranzuziehen, da diese Vorschriften auf die transnationale ne-bis-in-idem-Wirkung Bezug nehmen, die Gegenstand von Art. 54 SDÜ ist.

Wird Art. 54 SDÜ im Zusammenhang mit Art. 57 SDÜ gelesen, verifiziert sich, was auch schon die wörtliche Interpretation sichtbar machte, nämlich dass das Merkmal

---

[574] Auch spätere, sofern sie sich mit der Vertragsauslegung und -anwendung befassen, vgl. Art. 31 Abs. 3 lit. a. des Wiener VertrRÜbk.

[575] Vgl. auch BGH NStZ 1998, 149, 151.

[576] Thomas (2002), S. 296.

[577] Thomas (2002), S. 296.

>rechtskräftige Aburteilung< nicht notwendigerweise nur gerichtliche Entscheidungen oder gar nur Gerichtsurteile erfassen muss. Art. 57 Abs. 1 SDÜ regelt – zusammen mit den Abs. 2 und 3 – die gegenseitige Erteilung von Auskünften über die in einem Vertragsstaat erfolgte Aburteilung einer Person. In diesem Zusammenhang wird in der deutschen Fassung der sehr weite Begriff „Entscheidung“ gebraucht. Ebenso wird im französischen Text mit dem Begriff „décision“ (ebenfalls Entscheidung[578]) eine weite Formulierung verwendet. Beide vorbenannten Vertragstexte lassen es mithin zu, auch aussergerichtliche Entscheidungen in den Anwendungsbereich der Art. 54ff. SDÜ einzubeziehen[579]. Etwas enger ist der in der niederländischen Version an dieser Stelle verwendete Begriff „vonnis“, der – wie bereits gesagt – aber auch Beschlüsse und eben nicht nur Urteile umfasst.

Für diese Interpretation, also ein weites Verständnis des Merkmals >rechtskräftige Aburteilung< in Art. 54 SDÜ, kann ein zusätzlicher Blick auf Art. 58 SDÜ sprechen[580]. Nach dieser Vorschrift ist es jedem Mitgliedstaat gestattet, in Bezug auf ausländische Justizentscheidungen ne-bis-in-idem-Vorschriften zu erlassen, die über den Geltungsbereich des Verbots der Doppelbestrafung nach dem Schengener Durchführungsübereinkommen hinausgehen. In der niederländischen Fassung dieser Norm wird der Begriff „rechterlijke beslissingen“, in der französischen der Ausdruck „décisions judiciaires“ und in der deutschen Version der Begriff „Justizentscheidungen“ gebraucht. Dabei handelt es sich insgesamt um Begrifflichkeiten, die in ihrer Bedeutung über die der Gerichtsentscheidung im engeren Sinn hinausgehen. Denn ein „rechterlijke beslissingen“ kann übersetzt werden mit: Anordnung des Richters, richterliche Verfügung und gerichtliche Entscheidung. Ebenso ist eine „décision judiciaire“ eine gerichtliche Entscheidung, eine gerichtliche Anordnung oder ein Gerichtsbeschluss[581]. Daraus kann einerseits geschlossen werden, dass der Anwendungsbereich von Art. 54 SDÜ nach dem Willen der ursprünglichen Vertragsparteien nicht auf Gerichtsurteile im formellen Sinn beschränkt sein sollte[582]. Andererseits (also pro restriktiver Interpretation) darf aber auch der Schluss gezogen werden, dass mit einem auf Gerichtsurteile beschränkten Anwendungsbereich des Art. 54 SDÜ nur ein Mindeststandard des Grundsatzes ne bis in idem durchgesetzt werden sollte und mit Art. 58 SDÜ jedem Staat auf nationaler Ebene die Möglichkeit eröffnet werden

---

[578] Vgl. Weis, PONS Kompaktwörterbuch Französisch - Deutsch (1997).

[579] Böhm (2001), S. 115.

[580] A.A. Stein, Ein Meilenstein für das europäische „ne bis in idem“, in: NJW 2003, 1162, 1163; Leidenmühler/Plöckinger, Zum Verbot doppelter Strafverfolgung nach Art. 54 SDÜ 1990, in: wistra 2003, 81, 85; Böhm, Der Grundsatz ne bis in idem im Verhältnis der Staaten zueinander (2001), S. 115f.

[581] Böhm (2001), S. 115; vgl. auch Weis, PONS Kompaktwörterbuch Französisch - Deutsch (1997).

[582] Colomer, EuGRZ 2002, 556, 564.

sollte, diesen Grundsatz grosszügiger auszugestalten; also (nur/erst) auf nationaler Ebene auch andere ausländische Entscheidungsformen mit einer ne-bis-in-idem-Wirkung auszustatten[583]. Dementsprechend sei in Art. 58 SDÜ der (weite) Oberbegriff „Justizentscheidungen“ und in Art. 54 SDÜ der auf gerichtliche Urteile beschränkte Teilbegriff „Aburteilung“ gewählt worden[584].

Für ein restriktives Verständnis des Merkmals >rechtskräftige Aburteilung< sprechen auch die zu Art. 54 SDÜ möglichen und in Art. 55 SDÜ normierten Vorbehaltsregelungen. Diese sprechen in der deutschen Textfassung auffällig oft von einem „ausländischen Urteil“. Mit „ausländischem Urteil“ sind exakt jene Entscheidungen gemeint, die grundsätzlich in den Anwendungsbereich von Art. 54 SDÜ fallen, denen jedoch unter den Voraussetzungen des Art. 55 Abs. 1 lit. a - c SDÜ keine zwischenstaatliche Sperrwirkung zukommen soll. Dies spricht mit Blick auf Art. 54 SDÜ dafür, dass nur Gerichtsurteile im formellen Sinn eine transnationale ne-bis-in-idem-Wirkung haben sollen[585]. In der niederländischen Vertragsversion wird an dieser Stelle jedoch der Ausdruck „buitenland vonnis“ und in der französischen die Formulierung „jugement étranger“ gebraucht. Dies sind beides Begriffspaare, die gerade nicht (zwingend) für ein restriktives Verständnis des Merkmals >rechtskräftige Aburteilung< sprechen[586]. Dies ist im Rahmen der voranstehenden Verbal-Interpretation bereits ausführlich dargelegt und begründet worden.

Deutlich wird, dass sich aus den Normen, zu denen Art. 54 SDÜ in unmittelbarem systematischen und sachlogischen Zusammenhang steht, kein eindeutiger Hinweis darauf entnehmen lässt, ob eher ein restriktives oder ein weites/offenes Verständnis vom Merkmal >rechtskräftige Aburteilung< in Art. 54 SDÜ geboten ist. Zwar zeichnet sich insoweit mit Rücksicht auf die Art. 55 - 58 SDÜ – insbesondere im Hinblick auf die niederländische und die französische Textfassung – und auch unter Einbezug der Präambel die Tendenz zu einem offenen Verständnis ab, doch ist dieses nach der bisherigen systematischen Interpretation keineswegs zwingend.

Es ist deshalb weiter zu fragen, ob anlässlich des Vertragsschlusses abgefasste Urkunden[587] Aufschluss über die Auslegung des vorbenannten Merkmals >rechtskräftige Aburteilung< geben. Als eine solche Urkunde kann die deutsche Denkschrift[588]

---

583 Fink (2003), S. 9; Radtke/Busch, NStZ 2003, 281, 284 u. 285; Leidenmühler/Plöckinger, wistra 2003, 81, 85; Böhm (2001), S. 68 u. 115; BGH NStZ 1998, 149, 151.

584 Leidenmühler/Plöckinger, wistra 2003, 81, 85.

585 Hecker, StV 2001, 306, 308; Böhm (2001), S. 114.

586 A.A. (ohne weitere Begründung) Böhm (2001), S. 114.

587 Vgl. Art. 31 Abs. 2 lit. b des Wiener VertrRÜbk.

588 BT-Dr 12/2453.

zum Schengener Übereinkommen herangezogen werden. In dieser heisst es, durch die Art. 54 – 58 SDÜ werde „seitens der Bundesrepublik Deutschland der Grundsatz des Art. 103 III des Grundgesetzes (ne bis in idem), der bisher nur für inländische Urteile galt, erstmals auch auf ausländische Urteile erstreckt“[589]. Diese Aussage in der Denkschrift spricht – wegen der ausdrücklichen und ausschliesslichen Erwähnung von Urteilen – zunächst zwar dafür, dass Art. 54 SDÜ nur Urteile erfasst. Diese Schlussfolgerung ist jedoch nicht haltbar, wenn berücksichtigt wird, dass schon Art. 103 Abs. 3 dGG das Doppelbestrafungsverbot nicht bloss für Urteile, sondern auch für andere Sachentscheidungen der Strafgerichte anerkennt[590]. Die Denkschrift spricht mithin lediglich dafür, dass richterliche Entscheidungen (aber nicht notwendig Urteile) von Art. 54 SDÜ erfasst werden. Nach diesem Verständnis kann – wie schon im Rahmen wörtlicher Interpretation herausgearbeitet – beispielsweise auch die Verfahrenseinstellung durch die Staatsanwaltschaft mit richterlicher Zustimmung als rechtskräftige Aburteilung gelten[591].

Auf die hier im Rahmen systematischer Auslegung zu berücksichtigende so genannte "spätere Übung"[592] wurde am Beispiel deutscher Rechtsprechung bereits ausführlich eingegangen[593]. „Spätere Übung“ ist die Kurzbezeichnung für die Praxis zu einem völkerrechtlichen Vertrag nach dessen Abschluss. Diese Praxis der Vertragsdurchführung kann u.a. in den verschiedenen Rechtsakten der Judikative zum Ausdruck kommen[594]. Deutlich wurde, dass bisher selbst innerstaatlich (geschweige denn zwischenstaatlich) kein Meinungskonsens in Bezug auf die Auslegung des Merkmals >rechtskräftige Aburteilung< erzielt werden konnte. In der höchstrichterlichen deutschen Rechtsprechung zeichnete sich bisher zwar die Tendenz zu einem einengenden Verständnis des Merkmals >rechtskräftige Aburteilung< ab, doch plädierten unterinstanzliche Gerichte – die auch Teil dieser praktischen Übung sind – für ein offeneres Verständnis dieses Merkmals.

Zusammengefasst lässt sich als Ergebnis dieser systematisch-logischen Interpretation daher formulieren, dass sowohl die Präambel als auch die deutsche Denkschrift zum Schengener Durchführungsübereinkommen für ein weites/offenes Verständnis des Merkmals >rechtskräftige Aburteilung< in Art. 54 SDÜ sprechen. Die Art. 55 – 58 SDÜ, die in sachlogischem und systematischem Zusammenhang mit Art. 54 SDÜ

---

[589] Lagodny, NStZ 2001, 558, 559; Schomburg, NJW 2000, 1833, 1836.

[590] Nolte, in: v. Mangoldt/Klein/Starck, Bonner Grundgesetz Kommentar, Bd. 3 (2001), Art. 103 Rn. 173; Schulze-Fielitz, in: Dreier, Grundgesetz Kommentar, Bd. 3 (2000), Art. 103 Abs. 3 Rn. 25.

[591] Lagodny, NStZ 2001, 558, 560.

[592] Vgl. Art. 31 Abs. 3 lit. b des Wiener VertrRÜbk.

[593] Vgl. B. II. 1. dieses Kapitels.

[594] Anweiler (1997), S. 112f.

stehen, erfordern dieses Ergebnis zwar nicht zwingend, legen es aber nahe, da insgesamt mehr Argumente für eine solche Interpretation sprechen und aufgezeigt werden konnten. Dieses insbesondere deshalb, weil deutlich wurde, dass die drei Vertragstexte, die originäre Authentizität besitzen, sowohl in Art. 57 SDÜ als auch in Art. 58 SDÜ sehr weite Begriffe verwenden. So wird in Art. 58 SDÜ in der niederländischen, in der französischen und in der deutschen Fassung von (übersetzt) „Justizentscheidungen" gesprochen. In den beiden letztgenannten Vertragssprachen ist auch in Art. 57 SDÜ von (übersetzt) „Entscheidungen" die Rede. Lediglich die niederländische Version verwendet an dieser Stelle den engeren Begriff „vonnis", der aber – wie dargelegt – auch nicht bloss Gerichtsurteile im formellen Sinn umfasst. Im Hinblick auf Art. 55 SDÜ wurde sichtbar, dass nur die deutsche Fassung für eine Beschränkung auf formelle Gerichtsurteile spricht. Der niederländische und der französische Vertragstext verwenden an dieser Stelle erneut in ihrer Bedeutung weiter gehende Begrifflichkeiten.

Weiter wird geprüft, ob diese sich infolge wörtlicher und systematischer Interpretation abzeichnende Tendenz zu einem nicht restriktiven Verständnis des Merkmals >rechtskräftige Aburteilung<, die in Widerspruch zur aufgezeigten Tendenz in der bisherigen höchstrichterlichen deutschen Rechtsprechung steht, durch eine teleologische Auslegung gestützt werden kann.

cc) Objektiv-teleologische Interpretation

Wie eingangs dargelegt, wird an dieser Stelle nochmals in Erinnerung gerufen, dass sich die teleologische Interpretation, also eine Auslegung im Lichte von Ziel und Zweck (= telos)[595], nach dem Wiener VertrRÜbk ausschliesslich an den Anhaltspunkten orientieren darf, die der auszulegende Text selbst liefert, da die Entstehungsgeschichte und ergänzende Auslegungsmittel nur unter den engen Voraussetzungen von Art. 32 des Wiener VertrRÜbk berücksichtigt werden dürfen. Die Zielsetzung eines völkerrechtlichen Vertrages ist im Regelfall in einer den Einzelbestimmungen voranstehenden Generalklausel oder der Präambel festgelegt[596].

Der Präambel zum Schengener Durchführungsübereinkommen können Ziel und Zweck desselben entnommen werden. Danach ist erklärtes Ziel, die Kontrollen des Personenverkehrs an den gemeinsamen Grenzen abzuschaffen und den Transport und den Warenverkehr zu erleichtern. Diese Zielsetzung wird getragen von der Erwägung, dass der Vertrag zur Gründung der Europäischen Gemeinschaft, der ergänzt

---

[595] Bleckmann (2001), Rn. 361.
[596] Bleckmann (2001), Rn. 362.

wird durch die einheitliche Europäische Akte, vorsieht, dass der Binnenmarkt einen Raum ohne Binnengrenzen umfassen soll[597]. Gemäss dem Protokoll zur Integration des Schengen-Besitzstandes in den Rahmen der EU hat der Schengen-Besitzstand, zu dem das Durchführungsübereinkommen zählt[598], weiter zum Ziel, die europäische Integration zu vertiefen und insbesondere der Europäischen Union die Möglichkeit zu geben, sich schnell zu einem Raum der Freiheit, der Sicherheit und des Rechts zu entwickeln[599].

Auf diesem Weg ist – wie die soeben geschilderte Zielsetzung zeigt – die Aufhebung der Kontrollen an den gemeinsamen Grenzen ein notwendiger Schritt. Mit der Aufhebung der Grenzkontrollen wurde das Einhergehen von Sicherheitseinbussen befürchtet[600]. Diese sollen durch eine engere zwischenstaatliche Zusammenarbeit auf verschiedenen Gebieten, insbesondere im Bereich der Polizei und der Sicherheit, kompensiert werden[601]. Unter anderem enthält das Schengener Durchführungsübereinkommen Regelungen über den gegenseitigen Informationsaustausch und die wechselseitige Unterstützung in Ermittlungs- und Strafverfahren[602]. In dem Masse, in dem die polizeiliche und gerichtliche Zusammenarbeit nach diesen Vorschriften optimiert wird, soll zugleich verhindert werden, dass die dem Bürger im demokratischen Rechtsstaat gewährten Rechte abgebaut werden[603]. Als Gegengewicht oder Korrektiv zur verbesserten zwischenstaatlichen Zusammenarbeit in den Bereichen Polizei und Justiz soll das in Art. 54 SDÜ normierte transnationale Doppelverfolgungs- und Doppelbestrafungsverbot die Freiheit des einzelnen und den allgemeinen sozialen Frieden sichern[604].
Konkret soll dieses Verbot gewährleisten, dass die aus wechselseitiger Unterstützung gewonnenen Informationen nicht benutzt werden, um im Ausland bereits abgeschlossene Strafverfahren bei eigenem Strafanspruch im eigenen Land erneut zu ver-

---

[597] Vgl. Präambel zum SDÜ in: Grützner/Plötz, III 25, S. 6a f.

[598] Vgl. Anhang des Protokolls zur Einbeziehung des Schengen-Besitzstands in den Rahmen der EU in: Grützner/Plötz, III 25, S. 88.

[599] Vgl. Protokoll zur Einbeziehung des Schengen-Besitzstandes in den Rahmen der EU in: Grützner/Plötz, III 25, S. 84.

[600] Böse, in FS für Maiwald (2003), 233, 237; Gless/Lüke, Jura 2000, 400, 403; Sommer, StraFo 1999, 37; Nelles, ZStW 109 (1997), 727, 728 u. 735; BT-Dr 12/2453, S. 91.

[601] Böse, in: FS für Maiwald (2003), 233, 237; Colomer, EuGRZ 2002, 556, 559; Radtke/Busch, EuGRZ 2000, 421, 425; BGH NStZ 1998, 149, 151f.

[602] Vgl. insbes. Titel I, Kapitel 1 - 4 und Titel IV, Kapitel 1 - 2.

[603] Colomer, EuGRZ 2002, 556, 559.

[604] Hecker, StV 2001, 306, 309; Schomburg, JBl 1997, 553, 559; ders., NJW 2000, 1833, 1840.

handeln, um auf diese Weise die landeseigenen Wertvorstellungen zu realisieren[605]. Eine Kumulation der Strafverfolgung und Bestrafung stünde nämlich in krassem Widerspruch zum Grundsatz der Gerechtigkeit[606].

Kurz gesagt ist Art. 54 SDÜ damit eine Rechtsnorm, die den Prozess der europäischen Integration durch die Schaffung eines gemeinsamen Raums der Freiheit, der Sicherheit und der Gerechtigkeit fördern soll[607]. Sie leistet einen Beitrag (wie das Schengener Durchführungsübereinkommen insgesamt) für die Harmonisierung der nationalen Straf(prozess)rechtssysteme und hilft damit das einheitliche Europa weiter zu entwickeln[608], wobei vorausgesetzt wird, dass die Partnerländer wechselseitig ihre justiziellen Entscheidungen akzeptieren und sich an diese binden lassen[609].

Für diese Arbeit werden von diesen auf der Grundlage der Präambel und mit Blick auf Art. 54 SDÜ ermittelten Zielsetzungen – zusammengefasst – vier Funktionen des Schengener Durchführungsübereinkommens bestimmt:

α) Integrationsfunktion: Förderung eines Raums ohne Binnengrenzen in einem einheitlichen Europa (Einheitlichkeitsgedanke).

β) Kompensationsfunktion: Ausgleich von grenzabbaubedingten Sicherheitseinbussen durch optimierte (polizeiliche und justizielle) Zusammenarbeit.

γ) Korrektivfunktion: Vermeidung mehrfacher Strafverfolgung und Bestrafung infolge eines (möglichen) Informationsmissbrauchs.

δ) Sicherungsfunktion: Erhaltung von Freiheit und Mobilität des Einzelnen und von sozialem Frieden.

An diesen Funktionen, die als Ziel und Zweck des Schengener Durchführungsübereinkommens unter Berücksichtigung von Art. 54 SDÜ gewonnen werden konnten, wird nachfolgend die Auslegung des Merkmals >rechtskräftige Aburteilung< gemessen.

---

[605] BGH NStZ 1998, 149, 151f.; Leidenmühler/Plöckinger, wistra 2003, 81, 85; Colomer, EuGRZ 2002, 556, 560; Hecker, StV 2001, 306, 309; Radtke/Busch, EuGRZ 2000, 421, 425; Rüter, in: FS für Tröndle (1989), 855, 868.

[606] Colomer, EuGRZ 2002, 556, 560; vgl. auch C. II. im 1. Kapitel dieser Arbeit.

[607] Colomer, EuGRZ 2002, 556, 559.

[608] Leidenmühler/Plöckinger, wistra 2003, 81, 88; Colomer, EuGRZ 2002, 556, 560; Radtke/Busch, EuGRZ 2000, 421, 422/425.

[609] Schomburg, JBl 1997, 553, 559.

α) Der Präambel zum Schengener Durchführungsübereinkommen konnte entnommen werden, dass dieses auf die Umsetzung eines Raums ohne Binnengrenzen abzielt (Integrationsfunktion). Unter Beachtung des Protokolls zur Integration des Schengen-Besitzstands in den Rahmen der EU bedeutet dies – wie dargelegt – auch die Herstellung eines einheitlichen Rechtsraums. Ein restriktives Verständnis des Merkmals >rechtskräftige Aburteilung< würde diesem Einheitlichkeitsgedanken in der Tendenz widersprechen. Denn ein Verfahrensabschluss, der in einem Staat zufällig in Urteilsform erfolgt, könnte u.U. im Nachbarland in Form eines (ausser)gerichtlichen Beschlusses erzielt werden. Dies würde – bei restriktivem Verständnis von Art. 54 SDÜ – bedeuten, dass einmal ein transnationaler Strafklagenverbrauch eintritt und im anderen Fall nicht – entsprechend der "zufälligen" Ausgestaltung des Rechts[610]. Von verfahrensabschliessenden Entscheidungen aus Staaten, in denen die Beendigung durch formelles Urteil dominiert, würde so eine wesentlich umfangreichere Bindungswirkung für die anderen Mitgliedstaaten ausgehen, als von Abschlussentscheidungen aus Mitgliedstaaten, in denen die Verfahrensbeendigung verstärkt durch nichtrichterliche Erledigung erfolgt[611]. Von der Herstellung eines einheitlichen Rechtsraums und der Verwirklichung des Einheitlichkeitsgedankens könnte bei einem solchen Verständnis keine Rede mehr sein.

β) Wie aufgezeigt, bezweckt das Schengener Durchführungsübereinkommen den mit dem Abbau der Grenzkontrollen an den Binnengrenzen möglicherweise einhergehenden Sicherheitsverlust durch eine wirksamere polizeiliche und justizielle Zusammenarbeit auszugleichen (Kompensationsfunktion). Basis einer jeden Zusammenarbeit ist gegenseitiges Vertrauen, so dass auch eine verbesserte Zusammenarbeit in den vorbenannten Tätigkeitsfeldern ein gegenseitiges umfängliches Vertrauen der Mitgliedstaaten in ihre Strafrechtssysteme erfordert. Bestandteil dieses wechselseitigen Vertrauens in das jeweils andere Strafrechtssystem ist, dass justizielle Entscheidungen, die auf nationaler Ebene ein Strafverfahren beenden, unabhängig von ihrer Form, auch zwischenstaatlich diese Wirkung haben. Mithin spricht schon das Ziel, Sicherheitsverluste durch optimiertes polizeiliches und justizielles Zusammenwirken zu kompensieren, für eine weite Auslegung des Merkmals >rechtskräftige Aburteilung< in Art. 54 SDÜ[612].

Dem kann nicht entgegen gehalten werden, wie es Böhm[613] versucht, dass eine weite Interpretation des Merkmals >rechtskräftige Aburteilung< dem Sinn und Zweck des Schengener Durchführungsübereinkommens entgegen stehe, weil ein solches Ver-

---

[610] Thomas (2002), S. 277f.

[611] Radtke/Busch, NStZ 2003, 281, 284; dies., EuGRZ 2000, 421, 426.

[612] In diesem Sinne auf den „ersten Blick" auch Böhm (2001), S. 117.

[613] Böhm (2001), Der Grundsatz ne bis in idem im Verhältnis der Staaten zueinander.

ständnis für viele Entscheidungsarten ein Verfolgungs- und Bestrafungsverbot auslöse und damit gerade eine zwischenstaatliche polizeiliche und gerichtliche Zusammenarbeit hindere[614]. Zu bedenken ist nämlich, dass Sinn und Zweck dieser Zusammenarbeit ist, Sicherheitsverluste infolge des Wegfalls von Binnengrenzen auszugleichen, nicht aber möglichst viele Straftaten – im gegenseitigen Zusammenwirken – transnational mehrfach zu verfolgen und zu bestrafen.

γ) Die Mitgliedstaaten haben also einerseits zwecks Kompensation von Sicherheitsverlusten, die mit der Schaffung eines grenzkontrollfreien gemeinsamen Binnenmarktes verbunden sein können, vereinbart, in den Bereichen Polizei und Justiz verstärkt zusammen zu arbeiten. Andererseits haben sie mit dem in Art. 54 SDÜ verankerten Verbot mehrfacher Strafverfolgung und Bestrafung aber auch anerkannt, als Gegengewicht zu dieser optimierten Zusammenarbeit die Ausübung ihrer jeweiligen Befugnis zur Strafverfolgung und Ahndung von Straftaten zu begrenzen (Korrektivfunktion). Wenn es also tatsächlich darum geht, dass ein Verdächtiger, der verfolgt und im Falle seiner Strafbarkeit sanktioniert worden ist, das Recht haben soll, dass kein anderer Vertragsstaat dasselbe tut, dann kann es auf die Form und die Art der Entscheidung nicht ankommen[615]. Einer möglichst extensiven Auslegung des Merkmals >Aburteilung< ist aus Gründen des Individualschutzes deshalb der Vorzug zu geben, damit in weitem Masse iterativ und/oder simultan betriebene Verfahren verhindert werden[616] und sich nicht einzelne Staaten die Rolle einer Art „Berufungs- oder Superrevisionsinstanz" anmassen[617].

Der Präambel lässt sich – wie aufgezeigt – der Gedanke entnehmen, dass mit Art. 54 SDÜ als Korrektiv insbesondere verhindert werden soll, dass infolge verbesserter polizeilicher und justizieller Zusammenarbeit gesammelte Informationen für eine Doppelung der Strafverfolgung und Bestrafung missbraucht werden (Korrektivfunktion). Gerade dieses Ziel lässt eine restriktive Auslegung des Merkmals >rechtskräftige Aburteilung< nicht zu. Denn auch ausserhalb von in Gerichtsurteile einmündenden Strafverfahren werden nutzbare Informationen gesammelt und aktenkundig ge-

---

614 Böhm (2001), S. 117f.

615 Colomer, EuGRZ 2002, 556, 565; Thomas spricht in diesem Zusammenhang von „Verpackung", in: Das Recht auf Einmaligkeit der Strafverfolgung (2002), S. 278.

616 Thomas (2002), S. 277 u. 283; Mayr (2000), S. 130; Sommer, StraFo 1999, 37, 39; Ebensperger, ÖJZ 1999, 171, 183; in diesem Sinn „grundsätzlich" auch Haas, in: Die Schengener Abkommen und ihre strafprozessualen Implikationen (2001), S. 114 u. 116.

617 Leidenmühler/Plöckinger, wistra 2003, 81, 85; Specht (1999), S. 152; vgl. auch OLG Köln, Beschl. vom 30.03.2001, Az. 2 Ws 590/97.

macht. Die Informations- und Interessenlage ist also ausserhalb eines Strafverfahrens, dem ein Sachurteil zugrunde liegt, genau die gleiche[618].

δ) Die Begrenzung der eigenen nationalen Befugnis zur Strafverfolgung und zur Sanktionierung von Straftaten soll – wie erwähnt – dazu dienen, auch die Freiheit des einzelnen zu sichern (Sicherungsfunktion). Diesem Zweck kann nur eine weite Auslegung des Merkmals >rechtskräftige Aburteilung< gerecht werden. Denn kein gut beratener Betroffener würde sich auf eine einverständliche (aussergerichtliche) Verfahrensbeendigung durch Einstellung (ggf. gegen Auflage) oder beispielsweise einen Strafbefehl einlassen, wenn er befürchten müsste in einem anderen Mitgliedstaat erneut zur Rechenschaft gezogen zu werden, nur weil es – wegen eines restriktiven Verständnisses von Art. 54 SDÜ – an einem förmlichen Urteil oder etwa der richterlichen Mitwirkung fehlt[619]. Um nach abgeschlossenem Strafverfahren (und ggf. Strafvollzug) wieder vollumfängliche Freiheit und Mobilität zu geniessen, müsste der Betroffene also – bei ganz enger Auslegung des Merkmals >rechtskräftige Aburteilung< – stets den Erlass eines förmlichen Urteils anstreben[620]. Dieser Effekt wäre im Hinblick auf das Interesse an einer Verfahrensbeschleunigung kontraproduktiv und kann unter prozessökonomischen Gründen angesichts der knappen Ressource „Rechtsgewährung" nicht beabsichtigt sein[621]. Auch um die Effizienz der Verfolgungsbehörden zu steigern[622] und den nationalen Finanzhaushalten ein Einsparungspotenzial zu bieten[623], ist mithin eine möglichst weite Auslegung des Merkmals >rechtskräftige Aburteilung< anzustreben. Denn wenn Art. 54 SDÜ für eine Vielzahl von verfahrensabschliessenden Entscheidungsformen offen ist, wird in einer Vielzahl von Fällen für weitere Verfahren (in derselben Sache) ein Verfahrenshindernis geschaffen, so dass letztere notwendigerweise ins Leere laufen und keine weiteren Kosten verursachen.

Zwar ist einerseits richtig, die Freiheit des einzelnen durch ein Verbot doppelter Strafverfolgung und Bestrafung zu schützen, doch muss andererseits unter dem Ge-

---

[618] Thomas (2002), S. 296; Radtke/Busch, EuGRZ 2000, 421, 425.

[619] Kühne, JZ 2003, 305, 306; Fink (2003), S. 12; Leidenmühler/Plöckinger, wistra 2003, 81, 86; Schomburg, in: 50 Jahre GG (2000), 99, 116; ders., NJW 2000, 1833, 1839f.; ders., JBl 1997, 553, 559; OLG Innsbruck NStZ 2000, 663, 665.

[620] Norouzi/Vogel, JuS 2003, 1059, 1062; Rübenstahl/Krämer, HRR-Strafrecht 2003, 65, 68; Schomburg, StV 1999, 246, 247; OLG Innsbruck NStZ 2000, 663, 665.

[621] Rübenstahl/Krämer, HRR-Strafrecht 2003, 65, 68; Esser (2002), S. 10; Thomas (2002), S. 277 u. 297; Hecker, StV 2001, 306, 307; Schomburg, in: 50 Jahre GG (2000), 99, 107 u. 116; ders., JBl 1997,553, 559 ders., StV 1999, 246, 247; ders., NJW 2000, 1833, 1840; ders., StV 1997, 383, 385.

[622] Leidenmühler/Plöckinger, wistra 2003, 81, 85; Specht (1999), S. 151.

[623] Eser, in: Biehler u.a., Freiburg Proposal (2003), S. 3; Vander Beken/Vermeulen/Lagodny, NStZ 2002, 624, 625.

sichtspunkt der Sicherung sozialen Friedens auch stets gewährleistet sein, dass begangene Straftaten aufgedeckt und geahndet werden (Sicherungsfunktion). Im Hinblick auf letzteres hat sich im Kampf gegen die organisierte Kriminalität als wirksam erwiesen, einem Straftäter unter bestimmten Voraussetzungen in einer gemeinsamen Absprache eine Art Immunität zuzusichern, sofern er im Gegenzug bereit ist, mit den Strafverfolgungsbehörden zu kooperieren, damit diese schwerwiegende Delikte anderer Straftäter ermitteln können. Dieses ursprünglich in Italien verstärkt angewandte Konzept wird derzeit von immer mehr europäischen Staaten adaptiert. Aber auch dieses Instrument, das für den kooperierenden Täter eine Verfahrensbeendigung bedeutet, macht nur Sinn, wenn es in anderen Staaten auch diese Wirkung hat[624]. Andernfalls dürfte die Kooperationsbereitschaft gerade im Kampf gegen die organisierte Kriminalität, die von grenzüberschreitenden Delikten geprägt ist, wesentlich geringer sein. Auch die Sicherung des sozialen Friedens durch effiziente Kriminalitätsbekämpfung spricht mithin dafür, dass es für die Auslegung des Merkmals >rechtskräftige Aburteilung< nicht auf die Form der Entscheidung ankommen kann und mithin ein weites Verständnis dieses Merkmals sachgerecht ist[625].

Unter Berücksichtigung der aus der Präambel mit Blick auf Art. 54 SDÜ abgeleiteten Integrations-, Kompensations-, Korrektiv- und Sicherungsfunktion spricht die teleologische Interpretation (nun) deutlich gegen eine Einschränkung der transnationalen ne-bis-in-idem-Wirkung auf bestimmte Entscheidungsformen. Insofern stützt die teleologische Auslegung die Tendenz zu einem nicht restriktiven Verständnis des Merkmals >rechtskräftige Aburteilung<, die sich (mit Einschränkungen) bereits nach wörtlicher und systematischer Auslegung dieser Begrifflichkeit abzeichnete. Nachfolgend wird untersucht, ob ein solches offenes oder weites Verständnis des Merkmals >rechtskräftige Aburteilung< auch dem übergeordneten Interpretations-Massstab von Treu und Glauben gerecht wird.

dd) Beachtung des Grundsatzes von Treu und Glauben

An dieser Stelle wird nochmals in Erinnerung gerufen, dass Art. 31 Abs. 1 des Wiener VertrRÜbk ausdrücklich fordert, dass die interpretationsbedürftigen Bestimmungen eines völkerrechtlichen Vertrages unter Beachtung des Grundsatzes von Treu und Glauben ausgelegt werden. Dies bedeutet, wie vorab beschrieben, dass wörtliche, systematische und teleologische Interpretation nicht zu einem willkürlichen und missbräuchlichen Auslegungsresultat führen dürfen. Die im Wege der vorerwähnten

---

[624] Vgl. Kühne (2003), Rn. 661.2; van den Wyngeart/Stessens, ICLQ 1999, 779, 801, im Ergebnis aber unentschlossen.

[625] Kühne (2003), Rn 661.2; andeutungsweise auch Colomer, EuGRZ 2002, 556, 560.

Auslegungsregeln durchgeführte Interpretation muss mithin ungerechte Resultate vermeiden und gerechte begünstigen[626].

Die dargelegte, von der deutschen höchstrichterlichen Rechtsprechung bisher vertretene restriktive Auslegung des Merkmals >rechtskräftige Aburteilung< könnte leicht zu absurden und damit ungerechten Ergebnissen führen. Würde nämlich ein Angeklagter beispielsweise durch rechtskräftiges Gerichtsurteil freigesprochen, weil bewiesen wäre, dass er an den angeklagten Delikten nicht beteiligt war, so könnte er – bei einengendem Verständnis des hier in Rede stehenden Merkmals – in einem anderen Mitgliedstaat nicht erneut strafrechtlich verfolgt werden. Hingegen würde ein Beschuldigter, gegen den die Ermittlungen durch staatsanwaltschaftlichen Beschluss eingestellt sind, weil sich herausgestellt hat, dass er an den Straftaten nicht beteiligt war, in der ständigen Gefahr einer erneuten Strafverfolgung stehen[627]. Das Recht muss Auslegungen vermeiden, die derart unvernünftig und ungerecht sind und damit dem Grundsatz von Treu und Glauben widersprechen.

Aber auch im Hinblick auf die an sich gebotene unterschiedliche Behandlung von schweren und weniger schweren Straftaten würde ein ganz restriktives Verständnis von Art. 54 SDÜ, welches – wie vom BGH zumindest angedacht – ausschliesslich formelle Urteile anerkennt, zu paradoxen Ergebnissen führen. Dieses deshalb, weil der Täter, der sich eines schweren Verbrechens strafbar gemacht hat, besser gestellt würde, als derjenige Täter, dem „nur“ ein leichter Verstoss zur Last gelegt wird, dessen soziale Verwerflichkeit erheblich geringer ist. Denn der Schwerstverbrecher, über dessen Tat nur durch Gerichtsurteil im engeren Sinn entschieden werden kann, könnte in einem anderen Mitgliedstaat nicht erneut verfolgt, verklagt und verurteilt werden. Wohingegen der Täter eines leichten Vergehens, über das beispielsweise per Strafbefehl entschieden wird, in der Gefahr einer weiteren Strafverfolgung leben müsste[628]. Es kann nicht angehen, dass ein von vornherein weniger belasteter Beschuldigter im Hinblick auf die Möglichkeit einer weiteren Strafverfolgung schlechter gestellt wird als ein stark belasteter[629]. Auch ein solches Ergebnis wäre rechtsmissbräuchlich und offensichtlich ungerecht und steht damit in Widerspruch zum Grundsatz von Treu und Glauben.

Damit kann insoweit festgehalten werden, dass ein restriktives Verständnis des Merkmals >rechtskräftige Aburteilung< nicht geeignet ist – wie es der vorab defi-

---

[626] Vgl. B. II. 2. a. in diesem Kapitel.

[627] Colomer, EuGRZ 2002, 556, 565.

[628] Norouzi/Vogel, JuS 2003, 1059, 1061; Rübenstahl/Krämer, HRR-Strafrecht 2003, 65, 68; Fink (2003), S. 12; Colomer, EuGRZ 2002, 556, 565.

[629] Stein, NJW 2003, 1162, 1164; Kühne, JZ 1998, 876, 879.

nierte Grundsatz von Treu und Glauben aber erfordert – ungerechte Resultate zu vermeiden.

In einem integrierten Europa, das sich in einem Prozess immer engerer Zusammenarbeit seiner Mitgliedstaaten befindet, kann nur eine Interpretation von Art. 54 SDÜ als akzeptabel und gerecht bezeichnet werden, die umfänglich garantiert, dass niemand ein zweites Mal wegen derselben Tat strafrechtlich verfolgt wird[630]. Insofern führt nur eine offene und weite Auslegung des Merkmals >rechtskräftige Aburteilung< zu gerechten Resultaten und steht damit in Einklang mit dem Interpretations-Massstab von Treu und Glauben.

Das Erfordernis eines nicht restriktiven Verständnisses des Merkmals >rechtskräftige Aburteilung< in Art. 54 SDÜ, welches sich bereits nach wörtlicher und systematischer Interpretation abzeichnete und durch eine teleologische Auslegung deutlich gestützt wird, hat unter Berücksichtigung des Auslegungs-Massstabs von Treu und Glauben somit weitere Bestätigung erfahren. Es bleibt im Hinblick auf den im dritten Kapitel des dritten Teils des Wiener VertrRÜbk aufgestellten Auslegungskanon zu überprüfen, ob noch Raum für eine historische Interpretation gegeben ist.

ee) Historische Interpretation

Eingangs wurde bereits dargelegt[631], dass hier eine historische Interpretation nur subsidiär zu allen anderen Auslegungsmethoden vorzunehmen ist. Gemäss Art. 32 des Wiener VertrRÜbk sind die Umstände des Vertragsschlusses, vorbereitende Arbeiten und andere ergänzende Auslegungsmittel nur zu berücksichtigen, wenn unter Beachtung des Massstabs von Treu und Glauben nach wörtlicher, systematischer und teleologischer Interpretation die Bedeutung des auszulegenden Begriffes immer noch „mehrdeutig" oder „dunkel"[632] ist oder ein offensichtlich „sinnwidriges" oder „unvernünftiges"[633] Ergebnis erzielt wurde. Die historische Interpretation lediglich als ergänzendes Auslegungsmittel heranzuziehen entspricht der Überlegung, dass Gegenstand der Auslegung der Vertrag als solcher sein soll und nur hilfsweise dessen begleitende Materialien[634].

Im Rahmen teleologischer Interpretation und unter Nutzbarmachung des Grundsatzes von Treu und Glauben wurde soeben ausführlich dargelegt und begründet, dass das

---

630 Colomer, EuGRZ 2002, 556, 560 (565).

631 Vgl. B. II. 2. a. in diesem Kapitel.

632 Vgl. Art. 32 lit. a) Wiener VertrRÜbk.

633 Vgl. Art. 32 lit. b) Wiener VertrRÜbk.

634 Ipsen (1999), § 11, Rn. 18; Anweiler (1997), S. 125.

insoweit ermittelte extensive Verständnis des Merkmals >rechtskräftige Aburteilung< weder im Hinblick auf Ziel und Zweck des Schengener Durchführungsübereinkommens „sinnwidrig“, noch unter Gerechtigkeitserwägungen „unvernünftig“ ist. Ob dieses Ergebnis noch „mehrdeutig“ oder „dunkel“ im Sinn von Art. 32 lit. b des Wiener VertrRÜbk ist, kann dahinstehen, da jedenfalls mittels historischer Interpretation keine weitere Klärung des in Rede stehenden Rechtsbegriffs erreichbar ist. Dieses deshalb nicht, weil dem Schengener Durchführungsübereinkommen geheime Verhandlungen vorausgegangen sind. Aus diesem Grund gibt es keine öffentlich zugänglichen Materialien zu seiner Entstehungsgeschichte[635], die weiteren Aufschluss geben könnten.

Lediglich aus der Denkschrift der deutschen Bundesregierung[636] kann – als mögliches ergänzendes Auslegungsmittel – entnommen werden, dass sich Art. 54 SDÜ nur auf ausländische Gerichtsurteile beziehen soll. Denn wörtlich heisst es dort, dass sich „der Grundsatz des Artikels 103 Abs. 3 des Grundgesetzes (ne bis in idem), der bisher nur für inländische Urteile galt, erstmals auch auf ausländische Urteile erstreckt“[637]. Diese Einschränkung, das im Bundesrat zustimmungsbedürftige Ratifizierungsgesetz zum Schengener Durchführungsübereinkommen betreffend, erfolgte jedoch offenbar mit Rücksicht auf die Vorbehalte einiger deutscher Bundesländer. Es handelt sich mithin um eine spezifisch nationale Sichtweise, die nicht verallgemeinert werden darf[638]. Dass eine Verallgemeinerung nicht statthaft ist, zeigt ein Blick in die österreichische und die dänische Denkschrift. Diese beschränken den Anwendungsbereich des Art. 54 SDÜ nicht auf formelle Gerichtsurteile und fordern bloss (irgend)eine verfahrensabschliessende gerichtliche Entscheidung[639].

Überlegenswert ist allenfalls noch, auf die Entstehungsgeschichte des EG-ne-bis-in-idem-Übereinkommens abzustellen, da das in diesem verankerte Verbot doppelter Strafverfolgung und Bestrafung mit dem in Art. 54 SDÜ nahezu wortidentisch ist, worauf bereits an anderer Stelle hingewiesen wurde[640]. Rückschlüsse vom einen auf das andere Übereinkommen verbieten sich jedoch, da erstens die Vertragspartner jeweils andere sind und zweitens weil die Entstehungsjahre nicht identisch sind[641]. Beim EG-ne-bis-in-idem-Übereinkommen handelt es sich um einen Vertrag aus dem Jahr 1987 zwischen den seinerzeit 12 Mitgliedstaaten, wohingegen das Schengener

[635] Böhm (2001), S. 119.
[636] BT-Dr 12/2453.
[637] BT-Dr 12/2453, S. 93.
[638] Dannecker, in: FS für Kohlmann (2003), 593, 607; Radtke/Busch, EuGRZ 2000, 421, 425.
[639] Lagodny, NStZ 2001, 558, 559.
[640] Vgl. D. III. im 2. Kapitel dieser Arbeit.
[641] A.A. Leidenmühler/Plöckinger, wistra 2003, 81, 85.

Durchführungsübereinkommen ursprünglich aus dem Jahre 1990 datiert und nur von den damals 5 Schengenstaaten unterzeichnet wurde[642]. Böhm[643] „unterstellt“ zwar, dass aufgrund der Wortidentität beider Übereinkommen die Vertragsparteien von 1990 dasselbe gewollt haben, wie die von 1987, also eine restriktive Auslegung[644], doch sind Unterstellungen oder Mutmassungen kein Mittel der (historischen) Interpretation[645] und daher in diesem Zusammenhang unergiebig.

Fink[646] hält es ohnehin für unzulässig im Rahmen historischer Interpretation auf den Abschlusszeitpunkt des SDÜ abzustellen. Vielmehr sei der Zeitpunkt der Integration des Schengen-Besitzstandes in das Gemeinschaftsrecht massgebend. Für diesen lasse sich jedoch ein historischer Wille nicht eindeutig feststellen[647].

Diesen Überlegungen zufolge kann erstens festgehalten werden, dass schon zweifelhaft ist, ob hier das grundsätzlich nur subsidiär einsetzbare Auslegungsmittel „historische Interpretation“ überhaupt angewendet werden darf. Dieses deshalb, weil nach teleologischer Interpretation und Beachtung des Grundsatzes von Treu und Glauben kein „sinnwidriges“ oder „unvernünftiges“ Ergebnis ermittelt wurde und das aus wörtlicher und systematischer Auslegung folgende offene Verständnis von Art. 54 SDÜ eine Bestätigung erfahren hat. Zweitens ist deutlich geworden, dass selbst wenn die insoweit ermittelte Auslegung noch als „mehrdeutig“ oder „dunkel“ bezeichnet würde, eine weitere Konkretisierung mittels historischer Interpretation mangels verfügbarer Materialien nicht möglich ist und sich demzufolge allenfalls im Bereich der Spekulation bewegt werden könnte.

ff. Resultat der Auslegung

Ausgangspunkt der voranstehenden Auslegung des Merkmals >rechtskräftige Aburteilung< war die Feststellung, dass erstens die Bedeutung dieser Begrifflichkeit nicht ohne Weiteres (sprich Auslegung) offensichtlich und eindeutig erkennbar ist, dennoch aber – zweitens – in der deutschen höchstrichterlichen Rechtsprechung bislang die Tendenz zu einem restriktiven Verständnis dieses Merkmals dominierte. Dies wurde infolge der nachgewiesenen unterschiedlichen Interpretation durch deutsche Gerichte verschiedener Instanzen deutlich.

[642] LG Hamburg, wistra 1996, 359, 362.
[643] Böhm, Der Grundsatz ne bis in idem im Verhältnis der Staaten zueinander (2001).
[644] Böhm (2001), S. 120.
[645] So in anderem Zusammenhang auch Anweiler (1997), S. 118.
[646] Fink, Lösung zum Fall gemäss EuGH-Urteil vom 11.02.2003 in den Rechtssachen C-187/01 u. C 385/01.
[647] Fink (2003), S. 10.

Anschliessend wurde dargelegt, dass Art. 54 SDÜ – als konstitutiver Bestandteil des Schengener Besitzstandes – auch noch nach Integration desselben in den Rahmen der EU anhand der Auslegungsmaximen des Wiener VertrRÜbk interpretiert werden darf. Nach einer inhaltlichen und methodischen Präzisierung der im dritten Abschnitt des dritten Teils des Wiener VertrRÜbk enthaltenen Interpretationsgrundsätze wurde festgestellt, dass unter Beachtung des Grundsatzes von Treu und Glauben vorrangig eine wörtliche, systematische sowie teleologische und nur subsidiär eine historische Auslegung vorzunehmen ist. Die vorrangig anzuwendenden Auslegungsmethoden besitzen unter sich jedoch Gleichwertigkeit.

Begonnen wurde – der üblichen Praxis entsprechend – mit einer Interpretation des Wortlauts des Merkmals >rechtskräftige Aburteilung<. Hierbei war der Wortlaut von Art. 54 SDÜ in den drei originär-authentischen Sprachen (Französisch, Niederländisch und Deutsch) zu berücksichtigen. Deutlich wurde, dass der Sinngehalt des vorbenannten Merkmals mittels Verbal-Interpretation zwar nicht eindeutig zu ermitteln ist, jedoch das von der deutschen höchstrichterlichen Rechtsprechung bislang verfolgte restriktive Verständnis nicht zwingend geboten ist. Vielmehr wurde erkannt, dass alle drei authentischen Textfassungen es nahe legen, alle Entscheidungen mit verfahrensabschliessendem und rechtskraftbewirkendem Charakter – unabhängig von ihrer Form – als von Art. 54 SDÜ erfasst anzusehen. Denn der in der niederländischen Fassung verwendete Begriff „vonnis“ und das in der französischen Version gebrauchte Wort „jugement“ werden sowohl für den (deutschen) Ausdruck „Urteil“ als auch für den (deutschen) Begriff „Beschluss“ benutzt. Auch im Deutschen ist der vom Substantiv „Urteil“ und vom Verb „urteilen“ stammende Ausdruck „Aburteilung“ grundsätzlich mit „wertende Entscheidung über eine Person oder Sache“ gleichbedeutend. Ebenso ermöglicht die in der französischen Textfassung des Art. 54 SDÜ ebenfalls gebrauchte Formulierung „la Partie Contractante de condamnation“ ein solches offenes Verständnis, da „condamnation“ neben „Gerichtsurteil“ auch allgemeinsprachlich mit „Missbilligung“ gleichgesetzt werden kann. Lediglich der an dieser Stelle in der deutschen Fassung verwendete Begriff „Urteilsstaat“ und die niederländische Formulierung „veroordelende Overennkomstsluitende Partij“ deuten ein wenig mehr in Richtung des Erfordernisses eines förmlichen Gerichtsurteils.

Anschliessend wurde das Merkmal >rechtskräftige Aburteilung< vor dem Hintergrund des logisch-systematischen Normgefüges des Schengener Durchführungsübereinkommens interpretiert. Hierbei wurde festgestellt, dass die Zielvorgabe der Präambel, die sich für eine zwischenstaatliche Angleichung nationaler Rechtsvorschriften ausspricht, eine möglichst weite Interpretation des hier in Rede stehenden Merkmals verlangt. Aufgezeigt wurde, dass auch die deutsche Denkschrift zum Schengener Durchführungsübereinkommen allenfalls für eine Beschränkung auf richterliche

Entscheidungen spricht, nicht aber notwendigerweise für eine Beschränkung auf formelle Gerichtsurteile. Ebenfalls legen die Art. 55 - 58 SDÜ, die in sachlogischem und systematischem Zusammenhang mit Art. 54 SDÜ stehen, ein nicht restriktives Verständnis des Merkmals >rechtskräftige Aburteilung< nahe. Denn die drei originären Vertragstexte gebrauchen sowohl in Art. 57 SDÜ als auch in Art. 58 SDÜ sehr weite Begriffe. So wird in Art. 58 SDÜ der niederländischen, der französischen und der deutschen Fassung von (übersetzt) „Justizentscheidungen" gesprochen. In den beiden letztgenannten Vertragssprachen ist auch in Art. 57 SDÜ von (übersetzt) „Entscheidungen" die Rede. Lediglich die niederländische Version verwendet an dieser Stelle den engeren Begriff „vonnis", der aber auch nicht bloss Gerichtsurteile im formellen Sinn umfasst. Im Hinblick auf Art. 55 SDÜ wurde sichtbar, dass nur die deutsche Fassung mit der Formulierung „ausländische Urteile" für eine Beschränkung auf formelle Gerichtsurteile spricht. Der niederländische und der französische Vertragstext verwenden an dieser Stelle erneut in ihrer Bedeutung weiter gehende Begrifflichkeiten („buitenland vonnis" und „jugement étranger").

Im Rahmen teleologischer Auslegung wurden auf der Grundlage der Präambel zum Schengener Durchführungsübereinkommen und des Protokolls zur Einbeziehung des Schengen-Besitzstands in den Rahmen der EU und mit Blick auf Art. 54 SDÜ die Zielsetzungen des Schengener Durchführungsübereinkommens ermittelt und daraus vier Funktionen abgeleitet. Es war nachfolgend möglich aufzuzeigen, dass der der Integrationsfunktion zugrunde liegende Einheitlichkeitsgedanke eine möglichst weite Interpretation des Merkmals >rechtskräftige Aburteilung< erfordert. Gleiches gilt für die Kompensationsfunktion, die beabsichtigt, grenzabbaubedingte Sicherheitseinbussen durch optimierte polizeiliche und justizielle Zusammenarbeit auszugleichen. Zwischenstaatliche Zusammenarbeit erfordert nämlich gegenseitiges Vertrauen in das jeweils andere Justiz- und Rechtssystem und mithin wechselseitige Akzeptanz der national ergangenen justiziellen Entscheidungen und zwar unabhängig von deren Form. Auch die Korrektivfunktion, die zwischenstaatliche Mehrfachverfolgung und Mehrfachbestrafung infolge von Informationsmissbrauch verhindern will, gebietet ein solches offenes Verständnis, sofern das Doppelbestrafungsverbot als effektives und justizielle Ressourcen schonendes Gegengewicht zur verbesserten transnationalen Zusammenarbeit fungieren soll. Dies gilt auch für die Sicherungsfunktion und innerhalb dieser insbesondere für die Sicherung der Freiheit und Mobilität des Einzelnen. Letztere sind nur gesichert, wenn nach abschliessender Verfahrensbeendigung – in welcher Form auch immer – vollumfänglich gewährleistet ist, dass eine erneute Strafverfolgung in einem anderen Mitgliedstaat ausgeschlossen ist.

Bestätigung hat ein solches extensives Verständnis des Merkmals >rechtskräftige Aburteilung< durch eine Interpretation, orientiert am Grundsatz von Treu und Glauben, erfahren. Denn jedes restriktive Verständnis dieses Merkmals hätte absurde sowie paradoxe und damit ungerechte Ergebnisse zur Folge, womit ein Verstoss gegen das Prinzip von Treu und Glauben vorläge. Es wäre – bei ganz restriktivem Verständnis – beispielsweise nicht einsichtig, dass der durch formelles Urteil verurteilte Schwerstverbrecher in den Genuss eines EU-weiten Doppelverfolgungs- und Bestrafungsverbots käme, nicht aber derjenige, dessen Vergehen durch Strafbefehl geahndet wurde.

Abschliessend konnte offen gelassen werden, ob unter den engen Voraussetzungen von Art. 32 des Wiener VertrRÜbk noch Raum für die grundsätzlich subsidiäre historische Interpretation gewesen wäre, da jedenfalls wegen der im Geheimen geführten Verhandlungen zum Schengener Durchführungsübereinkommen öffentlich zugängliche historische Materialien nicht existieren und ein Abstellen auf die Materialien zu anderen (nahezu) wortlautidentischen Vorschriften lediglich in den Bereich der Spekulation geführt hätte.

Nach alldem kann festgehalten werden, dass sowohl eine wörtliche als auch eine systematische Auslegung des Merkmals >rechtskräftige Aburteilung< es nahe legen, dass diese Begrifflichkeit als >formunabhängige Entscheidung mit verfahrensabschliessendem und rechtskraftbewirkendem Charakter< interpretiert werden darf. Diese Interpretation hat – wie soeben nochmals resümiert – durch eine teleologische Auslegung deutliche Unterstützung erfahren und konnte durch Nutzbarmachung des übergeordneten Interpretations-Massstabs von Treu und Glauben untermauert werden[648].

c. Bestätigende Rechtsprechung des Europäischen Gerichtshofs

Das voranstehende Auslegungsergebnis, das – wie aufgezeigt – in Widerspruch zu der bislang vom BGH und von Teilen der Literatur vertretenen Rechtsauffassung steht, wird durch ein im Februar 2003 ergangenes Urteil des EuGH[649] weitgehend bestätigt. Dieser äussert sich im Wege eines Vorabentscheidungsverfahrens[650] erstmals zur Auslegung des Merkmals >rechtskräftige Aburteilung< in Art. 54 SDÜ.

Eine Auslegung durch den EuGH wurde nach der Integration des Schengen-Besitzstandes in den Rahmen der EU möglich. Rechtsgrundlage ist die (neue) Zu-

---

[648] Im Ergebnis so auch Widmaier u.a., Stellungnahme des Strafrechtsausschusses der Bundesrechtsanwaltskammer vom 8. Januar 2003.

[649] EuGH-Urteil vom 11.02.03 in den verb. Rechtssachen C-187/01 und C-385/01, vgl. StV 2003, 201ff. (= JZ 2003, 303ff.).

[650] Zum Verfahren vgl. Hakenberg, DRiZ 2000, 345ff.

ständigkeitsregelung in Art. 35 EUV des Titels VI des EUV[651] (so genannte dritte Säule) i.V.m. Art. 1 Abs. 2 EuGHG weil Art. 54 SDÜ diesem Titel – wie erwähnt[652] – zugeordnet wurde[653]. Eine Vorabentscheidung durch den EuGH auf Vorlage eines nationalen Gerichts bedarf allerdings der besonderen Anerkennung der Zuständigkeit des EuGH durch den jeweiligen Mitgliedstaat (Anerkennungserklärung)[654], vgl. Art. 35 Abs. 2 EUV.

Dem Urteil des EuGH liegen zwei verbundene Rechtssachen zugrunde, die in Deutschland und Belgien zur Entscheidung anstanden. Zur Veranschaulichung genügt es, an dieser Stelle nur auf den Sachverhalt und die Prozessgeschichte des Falles einzugehen, mit dem sich deutsche Gerichte zu beschäftigen hatten.

Diese Rechtssache betraf einen in den Niederlanden lebenden türkischen Staatsbürger, für den polizeiliche Ermittlungen ergaben, dass er illegal mit Betäubungsmitteln handelte. Das Angebot der niederländischen Staatsanwaltschaft, das Verfahren im Wege einer „transactie"[655] gegen Zahlung eines bestimmten Geldbetrages einzustellen, nahm der Beschuldigte an und entrichtete den geforderten Betrag. Gleichwohl wurde gegen ihn – zeitlich später – vor dem Amtsgericht Aachen wegen derselben Delikte Anklage erhoben. Der deutsche Strafanspruch wurde auf das Weltrechtsprinzip[656] gestützt, da mit dem Vertrieb von Betäubungsmitteln ein international geschütztes Rechtsgut verletzt worden sei, vgl. § 6 Nr. 5 dStGB[657]. Gegen die Verurteilung zu einer Freiheitsstrafe legte der Beschuldigte vor dem LG Köln Berufung ein, welches das Verfahren unter Hinweis auf den Grundsatz ne bis in idem einstellte. Gegen den Einstellungsbeschluss legte die Staatsanwaltschaft sofortige Beschwerde ein. Nachdem Rechtsauskünfte der niederländischen Regierung ausblieben, übergab das OLG Köln die Frage, ob die niederländische transactie Strafklagenverbrauch nach Art. 54 SDÜ begründe, dem EuGH zur Vorabentscheidung[658].

Unter (sinngemässer) Heranziehung wörtlicher, systematischer und teleologischer (sowie angedachter historischer) Interpretationsmassstäbe antwortet der EuGH auf die ihm vorgelegte Vorabentscheidungsfrage, „dass das in Artikel 54 des Durchfüh-

---

[651] In Kraft seit 01.05.1999.

[652] Vgl. B. II. 2. a. dieses Kapitels.

[653] Mansdörfer, StV 2003, 313; Radtke/Busch, NStZ 2003, 281, 282; Geiger, EuZW 2002, 705.

[654] Die BRD hat von dieser Möglichkeit des sog. „opt-in" Gebrauch gemacht.

[655] Zum Begriff vgl. schon B. II. 1. dieses Kapitels.

[656] Zum Begriff vgl. schon B. II. im 1. Kapitel dieser Arbeit.

[657] OLG Köln, Beschl. des 2. Strafsenats, Az.: 2 Ws 590/97.

[658] EuGH-Urteil vom 11.02.03 in den verb. Rechtssachen C-187/01 und C-385/01, vgl. StV 2003, 201ff. (= JZ 2003, 303ff.; OLG Köln, Beschl. des 2. Strafsenats, Az.: 2 Ws 590/97.

rungsübereinkommens aufgestellte Verbot der Doppelbestrafung auch für zum Strafklageverbrauch führende Verfahren [...] gilt, in denen die Staatsanwaltschaft [...] ohne Mitwirkung eines Gerichts ein [...] Strafverfahren einstellt [...]"[659]. Der EuGH vertritt damit deutlich eine extensive Auslegung[660] des Merkmals >rechtskräftige Aburteilung< in Art. 54 SDÜ, da er das aus dieser Vorschrift resultierende Verbot (zumindest) auch für staatsanwaltschaftliche Entscheidungen anerkennt, an denen kein Gericht beteiligt war. Er begründet seine Rechtsauffassung allerdings nur recht knapp; jedenfalls weit weniger ausführlich als vor dem Hintergrund der soeben aufgezeigten im rechtswissenschaftlichen Schrifttum geäusserten Argumente zu erwarten gewesen wäre. Seine Ausführungen werden jedoch verständlich, wenn sie – im Folgenden – in die im Rahmen dieser Arbeit ermittelten und argumentativ vertretenen einzelnen Auslegungsergebnisse eingeordnet werden. Dieses ist – soweit ersichtlich – auch durch die allerneuesten Veröffentlichungen bislang nur ansatzweise geschehen[661], insbesondere übersehen diese z.T., dass der EuGH seiner Interpretation nicht nur den gemeinschaftsrechtlichen Auslegungsgrundsatz der „praktischen Wirksamkeit" (effet utile) zugrunde legt[662], sondern sich zumindest an den „klassischen" Auslegungsmaximen orientiert[663], wie nachfolgend aufgezeigt wird.

In Bezug auf den *Wortlaut* von Art. 54 SDÜ stellt der EuGH fest, dass „die Verwendung des Ausdrucks rechtskräftig abgeurteilt nicht einer Auslegung dieser Vorschrift entgegen [steht], nach der sie auch auf zum Strafklageverbrauch führende Verfahren der in den Ausgangsverfahren in Rede stehenden Art Anwendung finden kann, in denen kein Gericht mitgewirkt hat"[664]. In den Ausgangsverfahren war problematisch, ob eine (niederländische) transactie und eine (deutsche) staatsanwaltschaftliche Einstellung gegen Auflagen strafklageverbrauchende Wirkung i.S.v. Art. 54 SDÜ geniessen. Da der EuGH diese als von Art. 54 SDÜ erfasst betrachtet, erfährt das vorab ermittelte Auslegungsergebnis der Verbal-Interpretation Bestätigung. Diesem zufolge legen es die drei originär-authentischen Textfassungen des Art. 54 SDÜ zumin-

---

[659] EuGH-Urteil vom 11.02.03 in den verb. Rechtssachen C-187/01 und C-385/01, Absatz 48 und Urteilstenor, vgl. StV 2003, 201ff. (= JZ 2003, 303ff.).

[660] So auch Rübenstahl/Krämer, HRR-Strafrecht 2003, 65, 68.

[661] Bspw. wird die Entscheidung von Hackner/Lagodny/Schomburg/Wolf in ihrer zur Internationalen Rechtshilfe in Strafsachen erschienenen Veröffentlichung aus dem Jahr 2003 unter dem Stichwort „ne bis in idem" gar nicht aufgegriffen, vgl. Hackner/Lagodny/Schomburg/Wolf (2003), Rn. 261ff.. Ebenso nicht aufgegriffen von Dannecker, Die Garantie des Grundsatzes "ne bis in idem" in Europa, in: FS für Kohlmann (2003), 593ff.

[662] So Thym, NStZ 2003, 334, 335.

[663] Vgl. bspw.: Norouzi/Vogel, JuS 2003, 1059, 1061; Mansdörfer, StV 2003, 313ff.; Leidenmühler/Plöckinger, wistra 2003, 81ff.; Stein, NJW 2003, 1162ff.; Kühne, JZ 2003, 305ff.; Rübenstahl/Krämer, HRR-Strafrecht 2003, 65ff.

[664] EuGH-Urteil vom 11.02.03 in den verb. Rechtssachen C-187/01 und C-385/01, 42. Absatz.

dest nahe, auch aussergerichtliche Entscheidungen mit verfahrensabschliessendem und rechtskraftbewirkendem Charakter als von dieser Vorschrift erfasst anzusehen[665]. Zur Erinnerung: Vorab wurde ausführlich begründet, dass insbesondere die niederländische Fassung über den Begriff „vonnis“ sowohl Urteile als auch Beschlüsse und die französische Version mit dem Terminus "jugement" zudem (allgemein) Erkenntnisse, Entscheidungen, Werturteile, Meinungen und Ansichten erfasst. Aber auch das Wort „Urteil“ in der deutschen Textfassung kann bei weitestem Verständnis als „wertende Entscheidung“ gebraucht werden. Ferner konnte aufgezeigt werden, dass die Formulierung „la Partie Contractante de condamnation“ der französischen Fassung ein solches offenes Verständnis fordert, während lediglich der deutsche Begriff „Urteilsstaat“ und die niederländische Formulierung „veroordelende Overennkomstsluitende Partij“ ein wenig mehr in Richtung formelles Gerichtsurteil deuten[666].

In *systematischer* Hinsicht führt der EuGH aus, dass „die Art. 55 und 58 des Durchführungsübereinkommens keineswegs [verlangen], dass Artikel 54 des Durchführungsübereinkommens ausschliesslich auf Urteile oder zum Strafklageverbrauch führende Verfahren, an denen ein Gericht mitgewirkt hat, anwendbar ist, [...]“[667]. Die im Rahmen dieser Arbeit durchgeführte systematisch-logische Interpretation hat zwar in Bezug auf Art. 55 SDÜ ergeben, dass die Formulierung „ausländisches Urteil“ in der deutschen Fassung dieser Vorschrift, die in unmittelbarem systematischen Zusammenhang mit Art. 54 SDÜ steht, für eine restriktive Interpretation des Merkmals >rechtskräftige Aburteilung< spricht. Doch wurde auch sichtbar, dass die in der niederländischen und der französischen Textversion verwendeten Begriffspaare „buitenland vonnis“ und „jugement étranger“ in ihrer Bedeutung weiter gehend sind und daher – wie in systematischer Auslegung auch der EuGH – ein extensives Verständnis des Merkmals >rechtskräftige Aburteilung< verlangen.
Hinsichtlich Art. 58 SDÜ sei nochmals in Erinnerung gerufen, dass diese Vorschrift jedem Mitgliedstaat gestattet, in Bezug auf ausländische Justizentscheidungen ne-bis-in-idem-Vorschriften zu erlassen, die über den Geltungsbereich des Art. 54 SDÜ hinausgehen. Nach Auffassung des EuGH räumt diese Vorschrift damit das Recht ein, auf ausländische Entscheidungen nationale Rechtsvorschriften anzuwenden, die dem Verbot der Doppelverfolgung und -bestrafung (noch) grössere Tragweite verleihen oder seine Anwendung an weniger strenge Voraussetzungen knüpfen[668]. Insofern widerlegt der EuGH das hier in systematischer Interpretation pro restriktivem Verständnis aufgezeigte Argument, das Verbot aus Art. 54 SDÜ solle nur als „Mindest-

[665] Vgl. B. II. 2. b. aa. dieses Kapitels.
[666] Vgl. B. II. 2. b. aa. dieses Kapitels.
[667] EuGH-Urteil vom 11.02.03 in den verb. Rechtssachen C-187/01 und C-385/01, 43. Absatz.
[668] EuGH-Urteil vom 11.02.03 in den verb. Rechtssachen C-187/01 und C-385/01, 45. Absatz.

standard" für Gerichtsurteile dienen, und die Ausdehnung des Doppelbestrafungsverbots auf andere Entscheidungsformen solle dem nationalen Recht überlassen bleiben[669]. Denn der EuGH stellt klar, dass seiner Ansicht nach Art. 54 SDÜ auf staatsanwaltschaftliche rechtskraftbewirkende Entscheidungen Anwendung finden soll, an denen kein Gericht mitgewirkt hat. Es soll jedoch (noch) darüber hinaus jeder nationalen Rechtsordnung überlassen sein, für ausländische Entscheidungen Vorschriften vorzusehen, die im Verbot der Doppelverfolgung und Doppelbestrafung noch weiter gehend sind oder weniger strenge Voraussetzungen für das Eingreifen dieses Verbots vorsehen. Das in dieser Arbeit ermittelte und vom EuGH ebenso vertretene extensive Verständnis des Merkmals >rechtskräftige Aburteilung< nimmt Art. 58 SDÜ also nicht seine praktische Wirksamkeit, wie zum Teil behauptet wird[670]. Zu Art. 57 SDÜ, der in dieser Arbeit in die systematische Auslegung einbezogen worden ist, äussert sich der EuGH leider nicht.

Entsprechend der in dieser Arbeit gewählten Vorgehensweise formuliert auch der EuGH unter Heranziehung der Präambel zum Durchführungsübereinkommen und des Protokolls zur Integration des Schengen-Besitzstandes in den Rahmen der EU die Ziel- und Zwecksetzung des Durchführungsübereinkommens und seines Art. 54. Wie hier unter dem Blickwinkel teleologischer Interpretation bereits ausgeführt[671], wird auch laut EuGH das Ziel verfolgt, die Kontrollen des Personenverkehrs an den gemeinsamen Grenzen abzuschaffen, die europäische Integration zu vertiefen und der EU die Möglichkeit zu geben, sich schneller zu einem Raum der Freiheit, der Sicherheit und des Rechts zu entwickeln, in dem der freie Personenverkehr gewährleistet ist[672].

Im Rahmen *teleologischer* Interpretation konnte in dieser Arbeit aufgezeigt werden, dass befürchtete grenzabbaubedingte Sicherheitsverluste durch eine optimierte polizeiliche und justizielle Zusammenarbeit kompensiert werden sollen (Kompensationsfunktion). Wie dargelegt ist dies jedoch nur möglich, wenn zwischenstaatlich ein wechselseitiges Vertrauen in das jeweils andere Strafrechtssystem existiert. Dazu gehört auch die gegenseitige Akzeptanz der auf nationaler Ebene rechtskräftig ergangenen justiziellen Entscheidungen[673]. Im Sinne des in dieser Arbeit ermittelten Auslegungsergebnisses stellt auch der EuGH fest, dass Art. 54 SDÜ zwingend impliziert, „dass ein gegenseitiges Vertrauen der Mitgliedstaaten in ihre jeweiligen Strafjustizsysteme besteht und dass jeder Mitgliedstaat die Anwendung des in den ande-

---

[669] Vgl. B. II. 2. b. bb. dieses Kapitels.
[670] Vgl. B. II. 2. b. bb. dieses Kapitels.
[671] Vgl. B. II. 2. b. cc. dieses Kapitels.
[672] EuGH-Urteil vom 11.02.03 in den verb. Rechtssachen C-187/01 und C-385/01, Absätze 5 und 36f.
[673] Vgl. B. II. 2. b. cc. dieses Kapitels.

ren Mitgliedstaaten geltenden Strafrechts akzeptiert“[674] und zwar „unabhängig davon, ob es [das Verbot der Doppelbestrafung] auf zum Strafklageverbrauch führende Verfahren unter oder ohne Mitwirkung eines Gerichts oder auf Urteile angewandt wird, [...]“[675].
Weiter wurde in dieser Arbeit dargelegt, dass der verbesserten transnationalen Zusammenarbeit in den Bereichen Polizei und Justiz das Verbot der Doppelverfolgung und -bestrafung aus Art. 54 SDÜ als Gegengewicht gegenüber steht. Seiner korrigierenden Wirkung (Korrektivfunktion) kann dieses Verbot jedoch nur gerecht werden, wenn in weitestem Umfang eine Mehrfachverfolgung und -bestrafung verhindert wird. Dies wiederum ist – wie dargelegt – nur möglich, wenn es auf die Form oder „Verpackung“ der Entscheidung nicht ankommt[676]. Zu diesem Ergebnis gelangt auch der EuGH, der diesbezüglich ausdrücklich feststellt, dass rein „formale Gesichtspunkte“ – mangels eines entgegenstehenden Hinweises in Art. 54 SDÜ – keinen Einfluss haben dürfen[677].
Des Weiteren wurde hier im Wege teleologischer Interpretation festgestellt, dass Mobilität und Freiheit des Einzelnen nur gesichert sind (Sicherungsfunktion), wenn ein auf nationaler Ebene abgeschlossenes Strafverfahren – unabhängig von der Form der Entscheidung – zwischenstaatlich ne-bis-in-idem-Wirkung entfaltet[678]. Dies erkennt auch der EuGH an, indem er formuliert, dass Art. 54 SDÜ zur vollständigen Verwirklichung des „Rechts auf Freizügigkeit“ nur dann wirksam beitragen kann, „wenn er [Art. 54 SDÜ] auch auf Entscheidungen anwendbar ist, mit denen die Strafverfolgung in einem Mitgliedstaat endgültig beendet wird, auch wenn sie ohne Mitwirkung eines Gerichts und nicht in Form eines Urteils ergehen“[679].

Die Ausführungen des EuGH – soviel sollte deutlich geworden sein – bestätigen damit auch die im Rahmen dieser Arbeit durch teleologische Interpretation ermittelte extensive Auslegung des Merkmals >rechtskräftige Aburteilung< in Art. 54 SDÜ.

Zu den hier unter dem Gesichtspunkt „*Treu und Glauben*“ behandelten Argumenten äussert sich der EuGH in seinem Urteil ebenfalls. Der EuGH vertritt die Ansicht, dass ein restriktives Verständnis des Merkmals >rechtskräftige Aburteilung< und insbesondere eine Beschränkung seines Anwendungsbereichs auf Gerichtsurteile dazu führen würde, dass ein zwischenstaatliches Doppelverfolgungs- und -bestrafungsverbot „nur solchen Beschuldigten zugute käme, die Straftaten begangen haben,

---

[674] EuGH-Urteil vom 11.02.03 in den verb. Rechtssachen C-187/01 und C-385/01, 33. Absatz.
[675] EuGH-Urteil vom 11.02.03 in den verb. Rechtssachen C-187/01 und C-385/01, 33. Absatz.
[676] Vgl. B. II. 2. b. cc. dieses Kapitels.
[677] EuGH-Urteil vom 11.02.03 in den verb. Rechtssachen C-187/01 und C-385/01, 31. Absatz.
[678] Vgl. B. II. 2. b. cc. dieses Kapitels.
[679] EuGH-Urteil vom 11.02.03 in den verb. Rechtssachen C-187/01 und C-385/01, 38. Absatz.

bei denen aufgrund ihrer Schwere oder aufgrund der Sanktionen, mit denen sie geahndet werden können, nicht die Möglichkeit der vereinfachten Erledigung bestimmter Strafsachen besteht, wie sie ein zum Strafklageverbrauch führendes Verfahren der in den Ausgangsverfahren in Rede stehenden Art darstellt“[680]. Dass eine solche Auslegung, die Schwerstverbrecher, die nur durch Gerichtsurteil abgeurteilt werden können, bevorzugt, elementaren Gerechtigkeitserwägungen widerspricht und daher mit dem Grundsatz von Treu und Glauben unvereinbar ist, wurde ausführlich dargelegt und begründet[681].

Auch der EuGH beendet seine Auslegung mit einem Hinweis auf eine *historische* Interpretation. Im Hinblick auf diese schliesst auch er aus, dass mit Art. 54 SDÜ nahezu wortidentische EG-ne-bis-in-idem-Übk heranzuziehen. Dieser „Ausschluss“ gilt seiner Ansicht nach ebenso für parlamentarische Arbeiten im Rahmen nationaler Ratifizierungsverfahren, die Art. 54 SDÜ betreffen. Insofern deckt sich die Auffassung des EuGH mit dem hier zuvor dargelegten Argument, dass nationale Befindlichkeiten im jeweiligen Ratifizierungsverfahren nicht zu berücksichtigen sind[682]. Der EuGH führt weiter aus, eine Beachtung komme nicht in Betracht, da „diese Arbeiten zeitlich vor der Einbeziehung des Schengen-Besitzstands in den Rahmen der Europäischen Union durch den Vertrag von Amsterdam liegen“[683].

Wichtig zu beachten ist, auch das sollte aus den wörtlich zitierten Ausführungen des EuGH deutlich geworden sein, dass der EuGH seine extensive Auslegung des Merkmals >rechtskräftige Aburteilung< sowohl im Urteilstenor als auch in den Urteilsgründen stets auf Verfahren bezieht, in denen die aussergerichtliche Verfahrenseinstellung gegen Auflage durch die *Staatsanwaltschaft* ohne richterliche Mitwirkung erfolgt ist. Entweder stellt der EuGH dies ausdrücklich durch die Erwähnung der Staatsanwaltschaft klar oder er bezieht sich nur auf justizielle Entscheidungen aus „Verfahren der in den Ausgangsverfahren in Rede stehenden Art“. Dies war zum einen in dem hier geschilderten Fall die staatsanwaltschaftliche Verfahrenseinstellung gegen Auflage im Wege der „transactie“ und zum anderen – in dem hier nicht beschriebenen zweiten Fall – die staatsanwaltschaftliche Verfahrenseinstellung nach Erfüllung von Auflagen[684] gemäss § 153a dStPO.

Damit scheint offen geblieben zu sein, ob auch aussergerichtliche Verfahrenseinstellungen einer nicht an der Strafrechtspflege im engeren Sinn beteiligten Verwal-

---

[680] EuGH-Urteil vom 11.02.03 in den verb. Rechtssachen C-187/01 und C-385/01, 40. Absatz.
[681] Vgl. B. II. 2. b. dd. dieses Kapitels.
[682] Vgl. B. II. 2. b. ee. dieses Kapitels.
[683] EuGH-Urteil vom 11.02.03 in den verb. Rechtssachen C-187/01 und C-385/01, 46. Absatz.
[684] EuGH-Urteil vom 11.02.03 in den verb. Rechtssachen C-187/01 und C-385/01, 21. Absatz.

tungsbehörde als von Art. 54 SDÜ erfasst anzusehen sind[685]. Zur Erinnerung, in dem Fall, der hier zum Nachweis des bislang restriktiven Verständnisses in der (höchstrichterlichen) deutschen Rechtsprechung herangezogen wurde, ging es beispielsweise ebenfalls um eine Verfahrenseinstellung im Wege einer belgischen transactie, allerdings erlassen durch eine Zollbehörde, die dem Finanzministerium untersteht[686].

Der EuGH führt in seinen Urteilsgründen an, dass „ein zum Strafklageverbrauch führendes Verfahren [...]“ ein solches sei, in dem die „[...] hierzu befugte Staatsanwaltschaft beschliesst, die Strafverfolgung gegen einen Beschuldigten zu beenden [...]“[687]. Somit sei festzustellen, dass „[...] die Strafverfolgung durch eine Entscheidung einer Behörde beendet wird, die zur Mitwirkung bei der Strafrechtspflege in der betreffenden nationalen Rechtsordnung berufen ist“[688]. Hieraus den Schluss ziehen zu wollen, es könne sich dabei nur um gerichtliche oder staatsanwaltschaftliche Entscheidungen handeln, geht fehl[689]. Vielmehr legt der allgemeine Verweis auf die an der Strafrechtspflege beteiligte Behörde den Schluss nahe, dass es ausreichend ist, dass eine Behörde an der Entscheidung mitgewirkt hat, die hierzu berufen ist, was grundsätzlich auch auf jede Ermittlungs- oder Verwaltungsbehörde zutreffen kann[690]. Dies bedeutet in der Sache nicht mehr, als dass eine von Gesetzes wegen zuständige Behörde die die Strafrechtspflege tangierende Entscheidung getroffen haben muss.

Unter Berücksichtigung des im Rahmen dieser Arbeit ermittelten Interpretationsergebnisses, dem zufolge *alle* justiziellen Erkenntnisse von Art. 54 SDÜ erfasst werden, die verfahrensabschliessenden und rechtskraftbewirkenden Charakter haben, und unter Beachtung des soeben dargelegten (auch) extensiven Verständnisses des EuGH, darf angenommen werden, dass auch zum Strafklageverbrauch führende Entscheidungen eines nicht mit der Strafrechtspflege *im engeren Sinn* betrauten Organs als vom Merkmal >rechtskräftige Aburteilung< erfasst betrachtet werden können.

Bedenkenswert ist allerdings, ob diese sehr extensive und damit verfolgungshemmende Auslegung von Art. 54 SDÜ nicht durch einen Vorbehalt "abgefedert" werden sollte. Denn in Ausnahmefällen kann eine doppelte Strafverfolgung angezeigt erscheinen, um andernfalls eintretende stossende Konsequenzen zu vermeiden. Ein Beispiel: In Staat A wird wegen mehrfachen Mordes ermittelt, die Strafverfolgung

---

[685] So auch Rübenstahl/Krämer, HRR-Strafrecht 2003, 65, 70.

[686] Vgl. B. II. 1. dieses Kapitels.

[687] EuGH-Urteil vom 11.02.03 in den verb. Rechtssachen C-187/01 und C-385/01, 27. Absatz.

[688] EuGH-Urteil vom 11.02.03 in den verb. Rechtssachen C-187/01 und C-385/01, 28. Absatz.

[689] So wohl auch Kühne, JZ 2004, 743, 744; ders., (2003), Rn. 79.

[690] So auch Mansdörfer, StV 2003, 313, 314, nach dessen Auffassung der EuGH generell auch Entscheidungen von „berufenen“ Ermittlungs- und Verwaltungsbehörden erfassen will.

aber aus Mangel an Beweisen eingestellt. Während in Staat A Verfolgungsverjährung eintritt, werden in Staat B neue Beweise gefunden, die eine Verurteilung erlauben würden. Sofern in Staat B noch keine Verfolgungsverjährung eingetreten ist, wäre es stossend, wenn der mehrfache Mord in Staat B "nur" wegen des Verbots doppelter Strafverfolgung ungeahndet bliebe. Der EuGH selbst macht keine ausdrückliche Einschränkung seiner weiten Auslegung. Einen Hinweis darauf, dass er den Grundsatz ne bis in idem möglicherweise nicht völlig vorbehaltlos verstanden wissen will liefert der EuGH allerdings mit der Hervorhebung, dass nationale Rechtsordnungen den Strafklageverbrauch für Verfahren der im EuGH-Urteil in Rede stehenden Art nur "für einige abschliessend aufgezählte oder bezeichnete Straftaten vor[sehen], die im Allgemeinen nicht zu den *schwersten*[691] zählen und für die nur ein begrenzter Strafrahmen vorgesehen ist"[692]. Dementsprechend könnte Art. 54 SDÜ unter Beachtung eines (nationalen) ordre public-Vorbehalts, also einer zwingend zu beachtenden Vorbehalts-Bestimmung[693], dahingehend interpretiert werden, dass er eine doppelte Strafverfolgung zulässt, sobald besonders schwere Verbrechen, sog. Kapitalverbrechen, also solche, die das Leben betreffen[694], zur Verfolgung anstehen. Auch ein Missbrauchsvorbehalt, der verhindert, dass eine weitere (doppelte) Strafverfolgung mittels sog. Alibiverurteilung unter dem Deckmantel von ne bis in idem ausgeschlossen wird, ist als Vorbehalt wünschenswert.

Voranstehend wurden damit die zentralen vom EuGH in seiner Entscheidung vorgetragenen Argumente zu den vorab dargelegten einzelnen Interpretationsergebnissen dieser Arbeit in Beziehung gesetzt. Dabei wurde deutlich, dass auch der EuGH sowohl unter Beachtung wörtlicher und systematischer als auch teleologischer Argumente zu einem weitgehend extensiven Verständnis des Merkmals >Aburteilung< gelangt und aus einer angedachten historischen Interpretation keine weiteren Erkenntnisse zu ziehen vermag. Das konträr zur bisherigen Rechtsauffassung des BGH stehende Auslegungsergebnis dieser Arbeit, welches unter Aufgreifen und Einbezug der im rechtswissenschaftlichen Schrifttum vorgetragenen Argumente ermittelt wurde, konnte damit eine Bestätigung und argumentative Erweiterung erfahren. Gleichzeitig darf angenommen werden, dass die Einordnung der vom EuGH gelieferten Argumente in die hier sehr ausführlich erarbeiteten einzelnen Interpretationsresultate einen Beitrag für ein besseres Verständnis der EuGH-Entscheidung leistet. Letzteres insbesondere deshalb, weil so sichtbar wurde, welche Problembereiche das Urteil des EuGH (scheinbar) offen gelassen hat, die im Sinne des in dieser Arbeit ermittelten Verständnisses – wie soeben dargestellt – geschlossen werden sollten.

---

691 Hervorhebung hier durch den Verfasser.

692 EuGH-Urteil vom 11.02.03 in den verb. Rechtssachen C-187/01 und C-385/01, 39. Absatz.

693 Heimgartner (2002), S. 30.

694 capitalis (lat.) = das Leben betreffend.

d. Ergebnis und Konsequenzen

Ausgangspunkt für die in diesem Abschnitt betriebene Auslegung des in Art. 54 SDÜ enthaltenen Merkmals >rechtskräftige Aburteilung< war die Feststellung, dass die rechtliche Bedeutung des vorbenannten Merkmals nicht ohne Auslegung offensichtlich und eindeutig erkennbar ist. Dies hat in der Vergangenheit die – hier aufgezeigte – jeweils unterschiedliche Interpretation durch deutsche Gerichte verschiedener Instanzen beispielhaft vor Augen geführt. Gemäss dem Wiener VertrRÜbk wurde das Merkmal >rechtskräftige Aburteilung< deshalb – unter Projektion der allgemeinen Auslegungslehre auf die besonderen Verhältnisse des bei grenzüberschreitender Kriminalität betroffenen zwischenstaatlichen Rechtsverkehrs – wörtlich, systematisch, teleologisch und im Ansatz auch historisch interpretiert. Im Ergebnis dieser Auslegung wurde unter Berücksichtigung der im rechtswissenschaftlichen Schrifttum geäusserten Argumente offenkundig, dass nur ein möglichst extensives Verständnis dieses Merkmals sachgerecht ist. Dieses in dem Sinne, dass *alle* Entscheidungsformen mit verfahrensabschliessendem und rechtskraftbewirkendem Charakter als von Art. 54 SDÜ erfasst anzusehen sind. Dies – wie dargelegt – in Widerspruch zu der bislang in der deutschen höchstrichterlichen Rechtsprechung erkennbaren Tendenz zu einem restriktiven Verständnis. Diesem zufolge sollen nur Gerichtsurteile – zumindest aber nur gerichtliche Entscheidungen – in den Anwendungsbereich von Art. 54 SDÜ fallen. Das eine solche einengende Interpretation nicht sachgerecht ist, hat unlängst (2003) auch der EuGH in einer Entscheidung, in der er sich erstmals mit der Auslegung des vorerwähnten Merkmals beschäftigt, erkennen lassen. Unter Einordnung der vom EuGH vorgetragenen Argumente in die hier vorab ermittelten einzelnen Interpretationsergebnisse, und unter Bezugnahme auf die in dieser Arbeit aufgezeigten Argumente aus der rechtwissenschaftlichen Literatur, wurde verständlich, warum auch der EuGH der Auffassung folgt, dass das in Art. 54 SDÜ aufgestellte Doppelverfolgungs- und -bestrafungsverbot (zumindest) auch für zum Strafklageverbrauch führende Verfahren gilt, in denen eine – die Strafrechtspflege tangierende – Entscheidung seitens einer dazu befugten Behörde (Ermittlungs- oder Verwaltungsbehörde) getroffen worden ist.

In der Konsequenz ist die Rechtsauffassung des EuGH vom Vorlagegericht und späteren Instanzen verbindlich zu befolgen und entfaltet Präjudizwirkung für spätere ähnliche Fälle in allen Mitgliedstaaten[695]. In Anbetracht dieser Rechtsprechung des EuGH, die auch in und für Staaten ohne Abgabe einer Anerkennungserklärung Wirkung entfaltet[696], und des im Rahmen dieser Arbeit ermittelten Interpretationsergebnisses, ist dem – aufgezeigten – in der deutschen höchstrichterlichen Rechtsprechung

[695] Dannecker, in: FS für Kohlmann (2003), 593, 606; Hakenberg, DRiZ 2000, 345, 347.

[696] Röben, in: Grabitz/Hilf (2002), Art. 35 EUV, Rn. 18.

bislang erkennbaren – tendenziell restriktiven – Verständnis des Merkmals >rechtskräftige Aburteilung< nicht weiter zu folgen. Die dargelegte Auffassung des BGH, wonach lediglich Urteile und allenfalls gerichtliche Entscheidungen die ne-bis-in-idem-Wirkung des Art. 54 SDÜ auslösen, ist daher zukünftig zu korrigieren. Das in dieser Arbeit insoweit ermittelte extensive Auslegungsergebnis wird den nachfolgenden Überlegungen zugrunde gelegt.

Insofern wird hier ein Verständnis des Merkmals >Aburteilung< herangezogen, dass grundsätzlich *alle* zum Strafklageverbrauch führenden justiziellen Erkenntnisse erfasst. Dieses unabhängig davon, ob das Entscheidungsorgan eines der Strafrechtspflege *im engeren Sinn* ist oder nicht[697]. Denn auch die Entscheidung des EuGH weist in Richtung eines solchen extensiven Verständnisses. Aber selbst wenn der EuGH nur aussergerichtliche Entscheidungen der *Staatsanwaltschaft* hätte erfassen wollen und nicht auch andere aussergerichtliche Entscheidungsformen (beispielsweise einer Finanzbehörde), ist es – mindestens im hier betriebenen wissenschaftlichen Diskurs – statthaft, von diesem „Gerichtsgebrauch“ abzuweichen. Dieses jedenfalls dann, wenn – wie hier mittels umfangreicher Auslegung aufgezeigt – bessere Argumente für eine andere – noch offenere – Interpretation sprechen[698].

Bemerkenswert ist in diesem Zusammenhang, dass selbst der BGH eine gewisse Offenheit signalisiert und zugestanden hat, dass er die Erstreckung des Doppelverfolgungs- und -bestrafungsverbots aus Art. 54 SDÜ über gerichtliche Entscheidungen hinaus nicht für völlig ausgeschlossen hält[699]. Ferner vermag er – der hier vertretenen Interpretation entsprechend – nicht „auszuschliessen, dass die zunächst beteiligten Vertragsstaaten [...] eine umfassende Auslegung des Grundsatzes ne bis in idem nach Art. 54 SDÜ angestrebt haben“[700].

Nicht unerwähnt bleiben soll an dieser Stelle, wie der Europäische Gerichtshof für Menschenrechte die "Parallelvorschrift" von Art. 54 SDÜ, Art. 4 des 7. ZP-EMRK[701], interpretiert. Uneinheitlich und von einer Fortentwicklung im "Rechtsprechungsdialog" mit dem österreichischen Verfassungsgerichthof geprägt ist die Recht-

[697] Auch der auf der Initiative Griechenlands beruhende Rahmenentwurf für die Anwendung des ne-bis-in-idem-Prinzips (2003) deutet in Richtung einer extrem extensiven Auslegung. Als „Entscheidung“ will er strafgerichtliche Entscheidungen und alle aussergerichtlich vermittelten Erledigungen in Strafsachen anerkennen, vgl. Art. 1 lit. (b).

[698] Vgl. Kerschner (1997), S. 36.

[699] BGH NJW 1999, 1270, 1271.

[700] BGH NStZ 1998, 149, 152.

[701] Recht, wegen derselben Sache nicht zweimal vor Gericht gestellt oder bestraft zu werden, vgl. diesbezüglich schon C. II. im 2. Kapitel dieser Arbeit.

sprechung des EGMR in den Fällen "Gradinger", "Oliveira" und "Fischer"[702] wenn es darum geht, festzustellen, ob zwei in einer Strafsache betriebenen Verfahren *dieselbe strafbare Handlung* (Tat) zugrunde liegt[703]. Ein Aspekt, der wie erwähnt[704], in dieser Arbeit nicht weiter berücksichtigt wird[705]. Im Fall Gradinger befand der EGMR jedoch auch, dass der österreichische Vorbehalt zum 7. ZP-EMRK, wonach sich Art. 4 des 7. ZP-EMRK ausschliesslich auf Strafverfahren der StPO beziehe, ungültig sei. Die in einem österreichischen *Verwaltungsstrafverfahren* getroffene Entscheidung war somit als vom Begriffspaar "rechtskräftig verurteilt" aus Art. 4 des 7. ZP-EMRK erfasst anzusehen[706]. Auch ein Bericht der Europäischen Kommission für Menschenrechte[707] stellte 1997 fest, dass eine *verwaltungsbehördliche* Entscheidung Art. 4 des 7. ZP-EMRK verletze, weil der Betroffene zuvor schon gerichtlich verurteilt worden war[708]. Im Sinne einer weiten Interpretation werden demnach auch verwaltungsbehördliche Entscheidungen von dem in Art. 4 des 7. ZP-EMRK normierten Doppelverfolgungs- und -bestrafungsverbot erfasst.

Wenn es – im Sinne der Entscheidung des EuGH – für die Anwendbarkeit von Art. 54 SDÜ nicht auf die äussere Gestalt bzw. die Form oder „Verpackung“ einer Entscheidung ankommt, dann kann nach dem Wortlaut von Art. 54 SDÜ allein massgebend sein, ob die nicht einer konkreten Form bedürfende Entscheidung das Verfahren endgültig erledigt und mithin in *Rechtskraft* erwächst[709]. Denn unter Berücksichtigung des insoweit ermittelten Auslegungsresultats spricht Art. 54 SDÜ von einer *rechtskräftigen* Entscheidung (statt Aburteilung im engeren Sinn).

Wird anerkannt, dass nicht nur Urteile im formellen Sinn oder andere gerichtliche Entscheidungen ein Doppelverfolgungs- und Doppelbestrafungsverbot nach Art. 54 SDÜ auslösen können, so stellt sich hier – von einem solchen offenen Verständnis dieser Vorschrift ausgehend – die Frage, nach dem Recht welchen Landes oder nach welchem Massstab die *Rechtskraft* der ergangenen Entscheidung beurteilt werden

---

[702] Gradinger, Urteil vom 23. Oktober 1995, JBl 1997, 577; Oliveira, Urteil vom 30. Juli 1998, RJD 1998-V; Fischer, Urteil vom 29. Mai 2001, Nr. 37950/97.

[703] Grabenwarter (2003), § 24, Rn. 97, vgl. dort auch Anm. 441.

[704] Vgl. B. I. im 3. Kapitel dieser Arbeit.

[705] Zur Entwicklung der Rechtsprechung vgl. Grabenwarter (2003), § 24, Rn. 95ff.

[706] Ebensperger, ÖJZ 1999, 171, 173.

[707] Bericht der EMRK vom 09.04.1997, Newsletter 1997/5/4.

[708] Ebensperger, ÖJZ 1999, 171, 173.

[709] Im Ergebnis so auch: Leidenmühler/Plöckinger, wistra 2003, 81, 86; Radtke/Busch, NStZ 2003, 281, 284 (285); dies., EuGRZ 2000, 421, 426 u. 427; Thomas (2002), S. 297 u. 301; Satzger (2001), S. 691; Stange/Rilinger, StV 2001, 540; Bohnert/Lagodny, NStZ 2000, 636; Lagodny, NStZ 1997, 265; Schomburg, JBl 1997, 553, 559.

soll. Die Untersuchung und Beantwortung dieser Fragestellung ist Gegenstand der weiteren Betrachtung in dieser Arbeit.

3. Beurteilungsgrundlagen für die >*Rechtskraft*< von Entscheidungen im Sinne von Art. 54 SDÜ

In diesem Kapitel konnte insoweit, ausgehend von der im ersten Kapitel dargelegten rechtlich begründeten Notwendigkeit für die Umsetzung eines transnationalen Doppelverfolgungs- und -bestrafungsverbots, aufgezeigt werden, dass mit Art. 54 SDÜ zwar erstmals "europaweit" eine umfassende Normierung dieses Verbots erfolgt ist[710], dieses jedoch seiner in der Präambel festgelegten Zielsetzung nur gerecht werden kann, sofern das Merkmal >Aburteilung< – im Gegensatz zur bisherigen deutschen höchstrichterlichen Rechtsprechung – nicht restriktiv ausgelegt wird. Es sollten vielmehr – dies hat die voranstehende Auslegung unter Berücksichtigung der Rechtsauffassung des EuGH deutlich gemacht – solche gerichtlichen und aussergerichtlichen Erkenntnisse als von Art. 54 SDÜ erfasst betrachtet werden, die *rechtskraftbewirkenden* Charakter haben. Nicht beantwortet ist hier damit aber die Frage, nach dem Recht welchen Landes diese Rechtskraftbeurteilung *sinnvollerweise* vorgenommen werden sollte. Im Hinblick auf Straftaten, die ein grenzüberschreitendes Gepräge aufweisen, gibt es – einschliesslich eines in der Literatur nahezu unbeachteten kombinatorischen Ansatzes[711] – insgesamt vier denkbare Alternativen, um die *Rechtskraft* einer auf nationaler Ebene ergangenen Entscheidung zu beurteilen. In Betracht kommt erstens eine Beurteilung nach dem Recht des erstverfolgenden bzw. *ersterkennenden Staates* (a), zweitens eine Beurteilung nach dem Recht des potenziellen Zweit- bzw. *Nachverfolgerstaates*, also desjenigen Staates, der die Sache erneut aufgreifen will (b) und drittens die Beurteilung auf der Grundlage eines den Betroffenen bestmöglich protegierenden Ansatzes, der *die beiden vorbenannten Denk-Alternativen vereint* (c) sowie viertens die Beurteilung auf der Grundlage eines *allgemeinen (Mindest)Standards* (d)[712]. Ziel der nachfolgenden Überlegungen ist es, notwendige Umsetzungsvoraussetzungen einer jeden Denk-Alternative aufzuzeigen und diesen (beispielhaft) mögliche Einwände entgegen zu setzen, um daraus die praktische Anwendbarkeit des jeweiligen Lösungsansatzes folgern zu können.

---

[710] Vgl. C. und D. im 2. Kapitel dieser Arbeit.

[711] Vgl. aber – wenn auch knapp – Thomas, Das Recht auf Einmaligkeit der Strafverfolgung (2002), S. 304ff.

[712] Radtke/Busch, NStZ 2003, 281, 286f., die allerdings nur die Alt. a), b) und d) unterscheiden. Ebenso Schomburg, in: 50 Jahre GG (2000), 99, 106; ders., StV 1999, 246; Landerer (2000), S. 15; Bohnert/Lagodny, NStZ 2000, 636; Lagodny, NStZ 1997, 265. Die drei letztgenannten Autoren differenzieren allerdings nur zwischen den Alt. a) und d).

Nicht weiter diskutiert werden muss *an dieser Stelle*, wie der Terminus >rechtskräftig< zu verstehen ist. Denn dieser Begriff wird – unter Berücksichtigung aller drei originär-authentischen Sprachen[713] – in der jüngsten Literatur[714] und Rechtsprechung[715] überwiegend mit „endgültig verfahrensbeendend" gleichgesetzt[716].

Demgemäss spricht auch der EuGH in der bereits zitierten Entscheidung[717] davon, dass das Verfahren „endgültig verbraucht"[718] bzw. „die Strafverfolgung in einem Mitgliedstaat endgültig beendet"[719] sein muss. Durchgängig wird vom EuGH auch der Begriff „Strafklageverbrauch" verwendet[720].

Insgesamt werden also sowohl in der neueren Literatur als auch in der nationalen und europäischen Rechtsprechung Termini gebraucht, die eine endgültige Verfahrensbeendigung bezeichnen. Deshalb werden die angesprochenen vier Denk-Alternativen nachfolgend unter dieser Prämisse erörtert. Im Anschluss daran wird die ermittelte „Lösung" – wieder[721] – an den vom EuGH in seinem Urteil gemachten Erwägungen gemessen. Dieses deshalb, weil sich der EuGH im Jahr 2003 erstmals zur Auslegung des Merkmals >rechtskräftige Aburteilung< aus Art. 54 SDÜ geäussert hat.

713 Vgl. B. II. 2. b. aa. dieses Kapitels.

714 Norouzi/Vogel, Europäisches „ne bis in idem" ...; Thomas, Das Recht auf Einmaligkeit der Strafverfolgung; Mayr, Der räumliche Geltungsbereich des österreichischen Strafrechts unter besonderer Berücksichtigung des Grundsatzes ne bis in idem im internationalen Recht; Specht, Die zwischenstaatliche Geltung des Grundsatzes ne bis in idem.

715 EuGH-Urteil vom 11.03.2003 in den verb. Rechtssachen C-187/01 und C-385/01, vgl. StV 2003, 201ff. (= JZ 2003, 303ff.); BGH StV 1999, 478ff.

716 Norouzi/Vogel, JuS 2003, 1059, 1061; Thomas (2002), S. 275; Mayr (2000), S. 130; Specht (1999), S. 138f.; BGH StV 1999, 478, 479.

717 Vgl. B. II. 2. c. dieses Kapitels.

718 EuGH-Urteil vom 11.03.2003 in den verb. Rechtssachen C-187/01 und C-385/01, 30. Absatz.

719 EuGH-Urteil vom 11.03.2003 in den verb. Rechtssachen C-187/01 und C-385/01, 38. Absatz.

720 EuGH-Urteil vom 11.03.2003 in den verb. Rechtssachen C-187/01 und C-385/01, Absätze 30, 34, 39, 41, 42, 43, 45, 48.

721 Vgl. B. II. 2. c. dieses Kapitels in Bezug auf den Begriff >Aburteilung<.

a. Das Recht des Erstentscheidungsstaates als massgebende Beurteilungsgrundlage zwischenstaatlicher Rechtskraftwirkung von Entscheidungen

Der vorab erwähnten ersten Denk-Alternative liegt der Gedanke zugrunde, dass der Staat, der die Strafsache erneut aufzugreifen beabsichtigt (Nachverfolgerstaat), anhand der Rechtsordnung des Erstverfolgerstaates beurteilt, ob die dort ergangene Entscheidung in Rechtskraft erwächst. Denn wenn dem hier ermittelten Auslegungsergebnis zufolge – unabhängig von ihrer Form – alle in Rechtskraft erwachsenden Entscheidungen des *Erstverfolgerstaates* in einem potenziellen Zweitverfolgerstaat, der die Strafsache erneut aufgreifen will, ein Verfolgungs- und Bestrafungsverbot nach Art. 54 SDÜ auszulösen vermögen, dann erscheint es – auf den ersten Blick – nur konsequent, die *Rechtskraft* dieser Entscheidungen auch nach dem Recht des *ersterkennenden* Staates zu beurteilen. Diese Überlegung, die der voranstehend erwähnten ersten Denk-Alternative entspricht, wird sowohl von der deutschen höchstrichterlichen Rechtsprechung[722] als auch vom EuGH[723] geteilt. Denn – entgegen der Ansicht von Landerer[724] – hat es der BGH, um über den Strafklageverbrauch nach Art. 54 SDÜ im hier bereits mehrfach erwähnten belgischen transactie-Fall[725] entscheiden zu können, als Gericht des Zweitverfolgerstaates, seinerzeit für geboten erachtet, zu klären, „ob nach belgischem Recht [also des Erstverfolgerstaates] durch eine >transactie< [...] materielle Rechtskraft eintritt [...]“[726]. Der EuGH äussert sich zu dieser Frage nicht explizit, formuliert aber, es sei erforderlich, „dass jeder Mitgliedstaat die Anwendung des in den anderen Mitgliedstaaten geltenden Strafrechts akzeptiert, auch wenn die Anwendung seines eigenen nationalen Rechts zu einem anderen Ergebnis führt“[727]. Aus dieser Forderung nach vollumfänglicher Akzeptanz des jeweiligen anderen gesamten Strafrechts darf geschlossen werden, dass sich diese Forderung auch auf die *Rechtskraft* von Entscheidungen bezieht, so dass naheliegenderweise auch letztere auf der Grundlage des jeweils anderen Rechts (also des Erstverfolgerstaates) beurteilt werden soll. Auch weite Teile der Lehre[728] sind im Ergebnis dieser ersten Denk-Alternative gefolgt.

---

[722] BGH NStZ 1998, 149; BGH StV 1999, 478.

[723] EuGH-Urteil vom 11.02.03 in den verb. Rechtssachen C-187/01 und C-385/01, vgl. StV 2003, 201ff. (= JZ 2003, 303ff.).

[724] Landerer (2000), S. 18.

[725] Vgl. B. II. 1. dieses Kapitels.

[726] BGH NStZ 1998, 149, 150; vgl. auch BGH StV 1999, 478.

[727] EuGH-Urteil vom 11.02.03 in den verb. Rechtssachen C-187/01 und C-385/01, 33. Absatz.

[728] Vgl. Leidenmühler/Plöckinger, wistra 2003, 81, 86; Biehler/Gless/Parra/Zeiler (2002), S. 64; Thomas (2002), S. 297 u. 303; Maatz, in: FS für Meyer-Gossner (2001), 257, 259; Hecker, StV 2001, 306, 309; Radtke, NStZ 2001, 662; Satzger (2001), S. 691; Radtke/Busch, EuGRZ 2000, 421, 426; Kühne, JZ 1998, 876, 877; Lagodny, NStZ 1997, 265; Meyer (1992), S. 130.

Ob diese Sichtweise allerdings sinnvoll ist und mit ihr nicht das Eingreifen eines zwischenstaatlichen Doppelverfolgungs- und -bestrafungsverbots davon abhängig gemacht wird, in welchem Land „zufällig“ die Erstverfolgung stattfindet, wird nachfolgend betrachtet, indem die Voraussetzungen dieser Denk-Alternative geklärt und diesen mögliche Einwände entgegen gesetzt werden.

aa. *Voraussetzung*: Gegenseitige Rechtskraft-Anerkennung

Dieser ersten Denk-Alternative, die im Hinblick auf eine ausländische Entscheidung ausschliesslich das Straf(verfahrens)recht des erstentscheidenden (ausländischen) Staates für die Rechtskraftbeurteilung massgebend sein lässt, liegt der Gedanke der gegenseitigen *Rechtskraft-Anerkennung* zugrunde. Denn wenn aus der Perspektive des zweitverfolgenden Staates ausschliesslich das Recht des Erstverfolgerstaates ausschlaggebend sein soll, dann ist Voraussetzung für die Anwendung von Art. 54 SDÜ, dass zwischenstaatlich und gegenseitig die Rechtskraftwirkung von Entscheidungen, die diesen nach jeweils nationalem Recht zukommt, *anerkannt* wird. In diesem Sinne fordert beispielsweise Mayr[729], dass „die endgültige Erledigung im erstentscheidenden Vertragsstaat [...] von jedem anderen mit dem Sachverhalt erneut befassten Vertragsstaat hinzunehmen“ sei[730]. Diese Forderung geschieht unter Berufung auf Schomburg[731], der selbst von „binden lassen“ und „akzeptieren“ spricht[732]. Auch für Hecker[733] ist „entscheidend [...], dass nach dem Recht des erstverfolgenden Staates die ergriffene Massnahme eine erneute Verfolgung [...] ausschliesst“ und das in diesem Zusammenhang im Bereich der zwischenstaatlichen Strafrechtspflege „die Anwendung des Prinzips der *gegenseitigen Anerkennung*[734] realisiert“ wird[735]. Ebenso formuliert Kühne[736], dass „in Art. 54 SDÜ auch die wechselseitige Anerkennung von Verfahrenserledigungen akzeptiert und eingeführt“ ist[737] bzw. dass nach „Art. 54 SDÜ [...] die Bundesrepublik Deutschland *„rechtskräftige Aburteilungen“* aus den anderen Vertragsstaaten anzuerkennen“ hat[738]. Auch Landau[739] spricht im Zusam-

[729] Mayr, Der räumliche Geltungsbereich des österreichischen Strafrechts unter besonderer Berücksichtigung des Grundsatzes ne bis in idem im internationalen Recht (2000).

[730] Mayr (2000), S. 130.

[731] Schomburg, Das Schengener Durchführungsübereinkommen, in: JBl 1997, 553ff.

[732] Schomburg, JBl 1997, 553, 559.

[733] Hecker, Das Prinzip >Ne bis in idem< im Schengener Rechtsraum (Art. 54 SDÜ), in: StV 2001, 306ff.; ders. ähnlich in: StV 2002, 71, 72.

[734] Hier Hervorhebung durch den Verfasser.

[735] Hecker, StV 2001, 306, 309.

[736] Kühne, Anmerkung zu EuGH, Urteil v. 11.02.2003, C-387/01 u. C-385/01, in: JZ 2003, 305ff.

[737] Kühne, JZ 2003, 305.

[738] Kühne (2003), Rn. 79.

menhang mit Art. 54 SDÜ von der „Anerkennung der ausländischen rechtskräftigen Entscheidungen“[740]. Gleichermassen plädieren Norouzi und Vogel[741] in Bezug auf die Rechtskraft von strafrechtlichen Entscheidungen dafür, dass eine Lösung verfolgt werden müsse, die „dem Prinzip der gegenseitigen Anerkennung“ entspricht[742], denn das Prinzip der gegenseitigen Anerkennung stehe im „Hintergrund“ von Art. 54 SDÜ[743]. Weder Rechtsprechung noch die Vertreter aus dem rechtswissenschaftlichen Schrifttum, die der hier fokussierten ersten Denk-Alternative im Ergebnis folgen, legen jedoch offen, was sie im hier betrachteten Kontext unter dem Prinzip der gegenseitigen Anerkennung verstanden wissen wollen. In der neuesten Literatur wird gar behauptet, dass im rechtswissenschaftlichen Schrifttum bislang noch gar nicht wirklich bemerkt worden ist, dass das Verbot mehrfacher Strafverfolgung in Europa ein Anwendungsfall des Prinzips der gegenseitigen Anerkennung ist[744]. Deshalb wird nachfolgend unter inhaltlicher Präzisierung dieses Rechtsinstituts eruiert, ob dieses sowohl formell als auch materiell überhaupt geeignet ist, um es für die zwischenstaatliche Akzeptanz der Rechtskraft von gerichtlichen oder aussergerichtlichen Entscheidungen nutzbar zu machen.

aaa. Das Rechtsinstitut der gegenseitigen Anerkennung als ein Grundmodell zwischenstaatlicher justizieller Kooperation

„Anerkennung“ ist ein Begriff, der interdisziplinär[745] und auch auf allen Gebieten des Rechts verwendet wird[746]. Bezogen auf ausländische Strafentscheidungen wurde der Gedanke der Anerkennung als ein Modell der zwischenstaatlichen Zusammenarbeit bzw. *Kooperation* soweit ersichtlich erstmals 1883 vom Institut de Droit International aufgebracht; ebenso auf dem Gefängniskongress in Brüssel im Jahr 1900[747]. Nach Sieber[748] werden heute – lokal betrachtet – im Wesentlichen vier Grundmodelle *strafrechtlicher Kooperation* zwischen Gebietskörperschaften[749] unterschie-

---

739 Landau, Verwirklichung eines europaweiten „ne bis in idem“ im Rahmen der Anwendung des § 153c Abs. 1 Nr. 3 StPO, in: FS f. Söllner (2000), 627ff.

740 Landau, in: FS für Söllner (2000), 627, 635.

741 Norouzi/Vogel, Europäisches „ne bis in idem“ – EuGH, NJW 2003, 1173, in: JuS 2003, 1059ff.

742 Norouzi/Vogel, JuS 2003, 1059, 1061f.

743 Norouzi/Vogel, JuS 2003, 1059, 1062.

744 Norouzi/Vogel, JuS 2003, 1059, 1062.

745 Vgl. Schild, Anerkennung – interdisziplinäre Dimension eines Begriffs (2000).

746 Berber (1975), S. 232.

747 Oehler (1983), Rn. 950.

748 Sieber, Memorandum für ein Europäisches Modellstrafgesetzbuch (1996), ders., Europäische Einigung und Europäisches Strafrecht, in: ZStW 103 (1991), 957ff.

749 Staat, Bund, Länder, vgl. Ipsen, Staatsrecht I (2002), Rn. 8; Haug, Staats- und Verwaltungsrecht (1996), S. 142.

den[750]. Da Art. 54 SDÜ – wie erwähnt – integrierter Bestandteil von Titel VI des EU-Vertrages ist und dieser auch als „dritte Säule" bezeichnete Regelungsbereich von zwischenstaatlicher politischer und justizieller *Kooperation* in Strafsachen gekennzeichnet ist[751], erscheint es lohnenswert, diese vier Grundmodelle der Kooperation zwischen Gebietskörperschaften etwas näher zu betrachten und deren gemeinsamen Kern herauszuarbeiten. Aus dem Ergebnis dieser Betrachtung soll gefolgert werden, ob das Rechtsinstitut der gegenseitigen Anerkennung als ein Modell der *Kooperation* zwischen Gebietskörperschaften formell geeignet ist, um es für die zwischenstaatliche Rechtskraftwirkung von Entscheidungen fruchtbar zu machen.

α) Das „deutsche Kooperationsmodell" ist sowohl auf strafprozessualer als auch auf materiell-strafrechtlicher Ebene von einer starken Zentralisierung gekennzeichnet. Seit der Resolution des ersten Deutschen Juristentages für die „Dringlichkeit und das Bedürfnis einer gemeinsamen Strafgesetzgebung" aus dem Jahr 1860 vergingen nicht einmal zwanzig Jahre, bis das Deutsche Reich über ein einheitliches Straf(verfahrens)recht verfügte[752]. Denn nach Überwindung der politischen Zersplitterung Deutschlands, aus der eine Aufspaltung des Straf(prozess)rechts in zahlreiche Partikulargesetze resultierte, traten am 15.05.1871 das Reichsstrafgesetzbuch[753] und am 01.02.1877 die Reichsstrafprozessordnung[754] in Kraft. Seither ist die heutige Zusammenarbeit zwischen Bund und Ländern im Bereich des Strafrechts von einem *zentralistischen* Element geprägt, da die Gesetzgebungskompetenz für diesen Bereich gemäss Art. 74 Abs. 1 Nr. 1 dGG vom Bund wahrgenommen worden ist. Ausdruck findet dies in der Existenz eines einheitlichen (Bundes)Strafgesetzbuches und einer einheitlichen (Bundes)Strafprozessordnung, deren vorrangige Anwendung über Art. 31 GG gesichert werden, der explizit normiert, dass Bundesrecht Landesrecht bricht.

β) Für den Bereich des Straf(prozess)rechts ist ein zweites Kooperationsmodell zwischen Bund und „Ländern" bzw. Kantonen in der Schweiz zu finden. Es gleicht dem von Zentralisierung geprägten deutschen Modell insoweit, als dass die Gesetzgebungskompetenz für das materielle Strafrecht seit 1942 überwiegend dem Bund[755] zusteht[756] und auch ein einheitliches schweizerisches (Bundes)Strafgesetzbuch exis-

[750] Sieber (1996), S. 7f.; ders., ZStW 103 (1991), 957ff.

[751] Böse, in: FS für Maiwald (2003), 233, 238; Jung, JuS 2000, 417; Gless/Lüke, Jura 2000, 400; dies., Jura 1998, 70, 75.

[752] Sieber (1996), S. 7; ders., ZStW 103 (1991), 957, 959.

[753] Tröndle/Fischer (2003), Einl., Rn. 3; Roxin (1994), § 4 Rn. 1.

[754] Roxin (1994), § 4, Rn. 2.

[755] Vgl. Art. 123 Abs. 1 BV, in: Ehrenzeller u.a., Die Schweizerische Bundesverfassung (2002) und Art. 335 chStGB.

[756] Sieber (1996), S. 7; ders., ZStW 103 (1991), 957, 959.

tiert. Am 12. März 2000 nahmen Volk und Stände zwar die Justizreform an, die nunmehr dem Bund auch die Kompetenz verleiht, das Strafverfahrensrecht zu regeln[757], doch ist damit lediglich der formale Weg hin zu einer gesamtschweizerischen Strafprozessordnung geebnet. Trotz eines seit Juni 2001 vorliegenden Vorentwurfes für ein schweizweites einheitliches Strafverfahrensrecht ist die Bund-„Länder"-Praxis derzeit von 26 kantonalen und drei Strafprozessordnungen des Bundes[758] gekennzeichnet[759]. Insofern wird die Praxis des Straf*verfahrens* in der Schweiz derzeit noch von (auch) *dezentralen* Elementen bestimmt. Eine Änderung ist erst ab Ende 2004 zu erwarten, wenn das Eidgenössische Justiz- und Polizeidepartement im Auftrag des Bundesrates die Botschaft für eine einheitliche schweizerische Strafprozessordnung vorlegt[760].

γ) Ein in den USA gegebenes drittes Kooperationsmodell weist eine noch stärkere Dezentralisierung zwischen Bund und „Ländern" bzw. Staaten auf. Vor dem verfassungsrechtlichen Hintergrund der begrenzten Macht des Bundes haben sich dort neben einem Bundesstrafrecht 50 einzelstaatliche *Strafrechtssysteme* entwickelt, die sich sowohl in ihren strafverfahrensrechtlichen als auch in ihren materiellrechtlichen Bestimmungen unterscheiden und für *weit reichende Souveränität* der einzelnen Staaten im Bereich des Straf(prozess)rechts sorgen. So wird das Bundesstrafrecht von Bundesgerichten mit vollem Instanzenzug und das Landesstrafrecht von Landesgerichten angewandt, was immer wieder zu ernsthaften Problemen unter dem Gesichtspunkt der Mehrfachverfolgung führt[761].

δ) Diese weitgehend dezentrale US-amerikanische Kooperationsform kommt der vierten und lockersten Form der Kooperation am nächsten. Diese betrifft die Europäisierung des Rechts durch wechselseitige Anerkennungsregeln, die als Minimalbedingungen fungieren[762]. Auf dem Gebiet der Normanwendung im Straf(prozess)recht ist dies insbesondere die Zusammenarbeit souveräner Staaten, die in Anbetracht der Verschiedenheit ihrer Rechtsordnungen (lediglich) die gegenseitige Anerkennung von Entscheidungen koordinieren, wobei letztere völlig selbständig auf der Basis nationalen Rechts getroffenen worden sind[763]. Als ein „altes" Beispiel dieses Modells ist die Kooperation zwischen den eng verbundenen nordischen Staaten Europas, Dänemark, Finnland, Island, Norwegen und Schweden (Nordischer Rat) zu nennen,

---

[757] Vgl. Art. 123 Abs. 1 BV, in: Ehrenzeller u.a, Die Schweizerische Bundesverfassung (2002).
[758] Bundesstrafprozess, Militärstrafprozess, Verwaltungsstrafrecht.
[759] Eicker, AJP 2003, 13.
[760] Vgl. NZZ vom 03.07.2003, S. 11.
[761] Sieber (1996), S. 7f.; ders., ZStW 103 (1991), 957, 960.
[762] Geiger, EuZW 2002, 705; Jung, JuS 2000, 417, 418; Weigend ZStW 105 (1993), 774, 793.
[763] Weigend ZStW 105 (1993), 774, 793; Sieber, ZStW 103 (1991), 957, 961.

die bereits seit Abschluss des Helsinki-Vertrages in den sechziger Jahren[764] (auch im Bereich des Strafrechts) praktiziert wird[765].

Dieser kurze Überblick über seit langem praktizierte Formen der Kooperation auf dem Gebiet des Straf- und Strafprozessrechts veranschaulicht, dass die Formen der Zusammenarbeit zwischen Gebietskörperschaften formell – im Kern – danach differieren, inwieweit sie von zentralen oder dezentralen Elementen bestimmt werden[766]. Anders ausgedrückt: Die Kooperationsformen zwischen Gebietskörperschaften, sei es zwischen Bund und Land/Kanton/Gliedstaat oder zwischen zwei Staaten, unterscheiden sich danach, wie stark ein zentralistisches Element ausgeprägt ist bzw. wieviel Souveränität den kooperierenden Gebietskörperschaften zugestanden wird. Als lockerste Form der Zusammenarbeit bzw. als in weitem Umfang *souveränitätswahrend* konnte dabei die zwischenstaatliche Kooperation auf der Basis des Prinzips der gegenseitigen Anerkennung aufgezeigt werden.

Traditionell beruht jede normanwendende und verfolgende Tätigkeit im Bereich des Strafrechts auf staatlich-souveräner Zuständigkeit[767] und auch heute noch werden Strafbefugnis, Strafanspruch und Strafgewalt als die „letzte Bastion“ oder „Kern“ nationalstaatlicher Gewalt gesehen[768]. Denn – wie zu Beginn dieser Arbeit herausgestellt[769] – wird einzelstaatlich an den verschiedenen Anknüpfungsmaximen des so genannten Internationalen Strafrechts festgehalten, um jedem Souverän weit reichende Strafansprüche einzuräumen. Mit Rücksicht auf dieses (noch) ausgeprägte staatliche Interesse an strafrechtlicher Souveränitätswahrung erscheint es geboten und als derzeit allein praktikabel, auch in Fragen der zwischenstaatlichen *Rechtskraftwirkung* von Entscheidungen auf eine möglichst lockere Form der Kooperation, mithin auf das Rechtsinstitut der gegenseitigen Anerkennung, abzustellen. Es trägt dem traditionell im Strafrecht verankerten Gedanken staatlicher Souveränität Rechnung und erscheint deshalb auch für die Problematik der zwischenstaatlichen Rechtskraft-Anerkennung als Rechtsinstitut formell geeignet. Das Konzept der Anerkennung von Entscheidungen würde es erlauben, ausländische Entscheidungen unmittelbar anzuwenden und dennoch staatliche Selbständigkeit zu gewährleisten, wie es auch innerhalb von föderalen Staaten der Fall ist[770].

---

[764] 23.03.1962.

[765] Sieber (1996), S. 8; ders., ZStW 103 (1991), 957, 961; Grützner, NJW 1969, 345.

[766] Sieber (1996), S. 7; ders., ZStW 103 (1991), 957, 958.

[767] Sieber, ZStW 103 (1991), 957, 962.

[768] Braum, StV 2003, 576; Schomburg, DRiZ 1999, 107.

[769] Vgl. B. im 1. Kapitel dieser Arbeit.

[770] Sieber (1996), S. 13.

bbb. Begriff und Wirkung des Rechtsinstituts der gegenseitigen Anerkennung

Sofern das Rechtsinstitut der gegenseitigen Anerkennung für die zwischenstaatliche Akzeptanz der Rechtskraftwirkung von Entscheidungen nutzbar gemacht werden soll, muss dieses jedoch nicht nur – wie soeben dargelegt – ein *formell* geeignetes Instrument sein, sondern auch *materielle* Eignung besitzen, um die Rechtskraft von Entscheidungen als Gegenstand der Anerkennung zu erfassen.

Das Prinzip der Anerkennung wird – wie erwähnt – auf allen Gebieten des Rechts gebraucht[771]. Im Sinne eines gemeinsamen Kerns wird Anerkennung definiert als „Feststellung der Existenz", also als rechtliche Fixierung einer Situation in bindender Weise[772]. Unter Berücksichtigung dessen kann der Begriff der Anerkennung hier definiert werden als Erstreckung oder Fixierung derjenigen Wirkung einer ausländischen Entscheidung auf das Inland, die dieser nach dem Recht des (ausländischen) Erstentscheidungsstaates zukommt. Dadurch entfaltet diese Wirkung Beachtlichkeit oder Bindung (auch) für inländische Gerichte und Behörden des potenziellen Zweitverfolgerstaates. Kurz gesagt, ist Anerkennung – im hier betrachteten Kontext – also *Wirkungserstreckung* vom Ausland auf das Inland[773]. Aus dem Wesen der Anerkennung als Wirkungserstreckung folgt, dass einer Entscheidung auf dem Wege der Anerkennung im potenziellen Zweitverfolgerstaat aber nur eine Wirkung beigelegt werden kann, die diese im Erstentscheidungsstaat tatsächlich inne hat. Denn die *Erstreckung* einer Wirkung über den Erstentscheidungsstaat hinaus, die im Erstentscheidungsstaat gar nicht eingetreten ist, ist schon logisch ausgeschlossen[774]. Zusammengefasst ist Anerkennung hier also die Erstreckung einer im Ausland *tatsächlich* eingetretenen Wirkung auf das Inland.

Der hier fokussierten ersten Denk-Alternative liegt jedoch – wie erwähnt – nicht bloss der Gedanke einer schlichten einseitigen Anerkennung zugrunde, sondern der einer *gegenseitigen* Anerkennung. Unter Berücksichtigung dessen ist Anerkennung die *wechselseitige* Erstreckung einer im Ausland eingetretenen Wirkung auf das Inland. Gegenstand des Rechtsinstituts der gegenseitigen Anerkennung kann demzufolge nur eine Wirkung sein, die *grundsätzlich* nach der Rechtsordnung eines *jeden* an diesem Rechtsinstitut partizipierenden Staats eintritt, denn andernfalls wäre die Beidseitigkeit bzw. Gegenseitigkeit der Anerkennung von vornherein ausgeschlossen.

[771] Vgl. B. II. 3. a. aa. aaa. dieses Kapitels.
[772] Berber (1975), S. 232f.
[773] Vgl. Geimer (1995), S. 86.
[774] Vgl. Geimer (1995), S. 88.

Nach dem in dieser Arbeit insoweit ermittelten Auslegungsergebnis wird vom Merkmal >rechtskräftige Aburteilung< in Art. 54 SDÜ – unabhängig von ihrer Form – jede Entscheidung mit verfahrensabschliessendem und *rechtskraftbewirkendem* Charakter erfasst. Das Wesen der Rechtskraft ist – wie bereits dargelegt[775] – gekennzeichnet durch die (endgültige) Verbindlichkeit der Entscheidung. Denn Rechtskraft tritt ein, wenn die Entscheidung von den Verfahrensbeteiligten nicht mehr mit einem ordentlichen Rechtsmittel angefochten werden kann (*formelle* Rechtskraft) und daher nicht mehr abänderbar ist[776]. Die wichtigste Wirkung der *materiellen* Rechtskraft ist sodann der Verbrauch der Strafklage. Diese Sperrwirkung – auch ne bis in idem oder Grundsatz der Einmaligkeit der Strafverfolgung genannt – macht national eine erneute Strafverfolgung gegen dieselbe Person wegen derselben Tat unzulässig[777]. Im Interesse des verfolgenden Staates und der von der Strafverfolgung betroffenen Person, dass jedes Strafverfahren einmal zu Ende sein muss, wird also der bei jeder juristischen Entscheidung allgegenwärtige Konflikt zwischen dem (endlosen) Streben nach Wahrheit und Gerechtigkeit einerseits und der Wahrung von Rechtsfriede und Rechtssicherheit andererseits zugunsten der letztgenannten Alternative (Rechtsfriede und Rechtssicherheit) entschieden. Mit diesem Grundproblem, ob und wenn ja, wann die einmal begonnene Strafverfolgung (sicher) endet, muss sich *jede* nationale Rechtsordnung – mit welchem Ergebnis auch immer – zwangsläufig beschäftigen. Jede Rechtsordnung muss für sich bestimmen, ob ein Strafprozess – im Interesse der (ganzen) Wahrheit – soll (theoretisch) endlos fortgeführt werden können, oder ob er – im Interesse individueller Rechtssicherheit – soll zu einem bestimmten Zeitpunkt sicher enden müssen. Insofern ist die Rechtskraft – unabhängig von der individuellen nationalen Ausgestaltung – ihrerseits ein *universelles* Prinzip und daher eine Wirkung, die grundsätzlich geeignet ist, Gegenstand einer zwischenstaatlichen und *wechselseitigen* (gegenseitigen) Anerkennung zu sein[778]. Schon Jescheck, Meyer u.a. haben in einer rechtsvergleichenden Studie darauf hingewiesen, dass in der Sache stets zwischen formeller und materieller Rechtskraft differenziert wird, wenn auch diese begriffliche Trennung nicht in allen Ländern gebräuchlich ist[779].

Da das Prinzip der Rechtskraft also seinem universellen Charakter nach Gegenstand des Rechtsinstituts der *gegenseitigen* Anerkennung sein kann, ist letzteres mithin auch *materiell* geeignet, um es für die Problematik der zwischenstaatlichen Rechtskraftwirkung von Entscheidungen nutzbar zu machen.

---

[775] Vgl. B. im 2. Kapitel dieser Arbeit.

[776] Kleinknecht/Meyer-Gossner (2003), Einl. Rn. 168 i.V.m. Rn. 164.

[777] Kleinknecht/Meyer-Gossner (2003), Einl. Rn. 171.

[778] Vgl. Geimer (1995), S. 147f.

[779] Meyer, in: Jescheck/Meyer, Wiederaufnahme im deutschen und ausländischen Recht (1974), S. 741.

ccc. Anwendbarkeit des Rechtsinstituts der gegenseitigen Anerkennung auf Art. 54 SDÜ

Nachdem das Rechtsinstitut der gegenseitigen Anerkennung im Hinblick auf eine mögliche Rechtskraft-Anerkennung eine Präzisierung erfahren hat und aufgezeigt werden konnte, dass es sowohl seinem formellen Charakter als auch seinem materiellen Gehalt nach geeignet erscheint, um es für die transnationale Akzeptanz der Rechtskraftwirkung von Entscheidungen fruchtbar zu machen, bleibt zu klären, ob dieses Rechtsinstitut, so wie es bereits rechtlich anerkannt und „verortet" ist, auf Art. 54 SDÜ – der selbst völkerrechtlicher Bestandteil von Titel VI (sog. dritter Pfeiler) des EU-Vertrages ist[780] – angewendet werden kann.

(1) Das Rechtsinstitut der (gegenseitigen) Anerkennung im Völkerrecht

Wie bereits ausführlich dargestellt[781], legte der EU-Rat mit Beschluss vom 20.05.1999 die Art. 31 und 34 EUV als Rechtsgrundlagen von Art. 54 SDÜ fest. Damit wurde diese Vorschrift einer intergouvernemental und somit nicht gemeinschaftsrechtlich, sondern *völkerrechtlich* organisierten Säule der EU zugeordnet. Durch diese Zuordnung hat Art. 54 SDÜ also seinen (ursprünglich) völkerrechtlichen Charakter nicht eingebüsst, vielmehr ist er innerhalb des so genannten dritten Pfeilers weiterhin Bestandteil der völkerrechtlichen, intergouvernementalen Zusammenarbeit im Unionsverbund. Deshalb ist es nahe liegend, zunächst zu betrachten, ob der Gedanke der Anerkennung, so wie er im Völkerrecht ausgestaltet ist, auf Art. 54 SDÜ Anwendung finden kann. Denn auch im Völkerrecht wird bei grenzüberschreitenden Sachverhalten unter den Stichworten „extraterritoriale Wirkung fremder Hoheitsakte" und „Anerkennung" u.a. eruiert, inwieweit Staaten verpflichtet sind, die Gestaltungswirkung bzw. *Rechtskraftwirkung* fremder Hoheitsakte, die diese nach deren jeweiligem Recht entfalten, zu respektieren[782].

Das Schengener Durchführungsübereinkommen, selbst ein in den Rahmen der EU integrierter völkerrechtlicher Vertrag, ist im Hinblick auf die zwischenstaatliche Rechtskraft-Anerkennung von Entscheidungen nichts sagend und muss erst inhaltlich bestimmt werden. In Bezug auf ausländische Entscheidungen werden als weitere völkerrechtliche Grundlagen des Prinzips der Anerkennung das Völkergewohnheits-

---

[780] Vgl. B. II. 2. a. dieses Kapitels.
[781] Vgl. B. II. 2. a. dieses Kapitels.
[782] Geimer (1997), Rn. 157f.; ders. (1995), S. 12.

recht (a), die prinzipielle Achtung staatlicher Souveränität[783] (b) sowie die Völkersitte[784] (c) diskutiert.

(a) Anerkennung im Völkergewohnheitsrecht

„Anerkennung" wurde inhaltlich definiert als „die *wechselseitige* Erstreckung einer im Ausland tatsächlich eingetretenen Wirkung auf das Inland", wobei dargetan wurde, dass die hier in Rede stehende Rechtskraftwirkung von Entscheidungen als universelles Prinzip grundsätzlich geeignet ist, inhaltlicher Gegenstand einer zwischenstaatlichen gegenseitigen Anerkennung zu sein.

Völkergewohnheitsrechtlich betrachtet wird das Rechtsinstitut der Anerkennung verstanden als die Verpflichtung des Anerkennenden, eine bestimmte von einem anderen gesetzte Rechtslage und die sich daraus ergebenden rechtlichen Konsequenzen als bestehend hinzunehmen[785]. Mit dem Prozess einer solchen Anerkennung wird demgemäss eine bestimmte Rechtslage zumindest zwischen den anerkennenden Parteien dem Zweifel entzogen. Denn ein Staat erklärt mit der Anerkennung, dass er eine von einem anderen Staat geschaffene Rechtslage für sich selbst als rechtsverbindlich zu akzeptieren bereit ist, was zur Folge hat, dass er die anerkannte Rechtslage nicht mehr bestreiten kann[786]. Damit ist aber noch nicht klargestellt, dass eine (gerichtliche) Entscheidung und ihre Wirkung als ein möglicher Gegenstand einer derartigen völkergewohnheitsrechtlichen Anerkennung aufgefasst werden darf, wie es Bindschedler[787] zumindest einmal angedacht hat[788]. Zwar können Gerichte, wenn sie über die Gültigkeit fremder Hoheitsakte entscheiden, diese implizit anerkennen, doch besteht in Theorie und Praxis (heute) Einigkeit darüber, dass das völkergewohnheitsrechtliche Rechtsinstitut der Anerkennung vorwiegend in Bezug auf die Anerkennung von Staaten und Regierungen eine Rolle spielt und darüber hinaus Kriegsführende, Insurgenten, Befreiungsbewegungen und internationale Organisationen sowie Rechtszustände und Rechtsvorgänge als Gegenstände der völkergewohnheitsrechtlichen Anerkennung in Betracht kommen[789]. Nicht in den Anwendungsbereich der völkergewohnheitsrechtlichen Anerkennung gehören jedoch (ge-

[783] Geimer (1995), S. 10ff.
[784] Thomas (2002), S. 125ff.
[785] Seidl-Hohenveldern (2000), Rn. 180; Ipsen (1999) § 22, Rn. 1; Dahm (1989), S. 186; Loudwin (1983), S. 21 u. 23; Bindschedler (1961), S. 1.
[786] Loudwin (1983), S. 22f.
[787] Bindschedler, Die Anerkennung im Völkerrecht (1961).
[788] Bindschedler (1961), S. 5.
[789] Frowein, in: Seidl-Hohenveldern (2001), S. 10ff.; Ipsen (1999), § 22, Rn. 2.

richtliche) Entscheidungen[790]. Denn nach allgemeinem Völkergewohnheitsrecht ist kein Staat verpflichtet, (gerichtliche) Entscheidungen anderer Staaten anzuerkennen, da die allgemeine Staatenpraxis eine solche Regel nicht kennt[791]. Sachlogisch kann in der Konsequenz dann auch kein Staat *völkergewohnheitsrechtlich* verpflichtet sein, die hier in Rede stehende Wirkung, also die Rechtskraft, einer im Ausland getroffenen gerichtlichen oder aussergerichtlichen Entscheidung anzuerkennen.

Gegen eine Anwendung des völkergewohnheitsrechtlichen Prinzips der Anerkennung auf die Rechtskraftwirkung von Entscheidungen spricht ausserdem, dass ihm das Element der *Gegenseitigkeit* formell immer fehlt und materiell zumindest fehlen kann. Dieses Element wurde jedoch vorab als eine Voraussetzung zwischenstaatlicher Rechtskraft-Anerkennung definiert. Bei Anwendung des völkergewohnheitsrechtlichen Grundsatzes der Anerkennung geht es stets darum, dass ein Staat formell durch einseitige empfangsbedürftige Willenserklärung einen bis dahin zweifelhaften Sachverhalt (bspw. die Existenz eines Staates oder das Bestehen einer Regierung) anerkennt[792]. Zwar wird der auf diese Weise anerkannte Staat im Regelfall seinerseits auch die Existenz des anerkennenden Staates akzeptieren, so dass materiell betrachtet – im Ergebnis – die völkerrechtliche Anerkennung von Gegenseitigkeit geprägt ist und u.U. sogar von vornherein ein synallagmatischer Anerkennungsvertrag[793] vorliegt, doch ist dies nach dem völkergewohnheitsrechtlichen Verständnis der Anerkennung nicht zwingend. Denn erstens erfolgt die Anerkennungserklärung inhaltlich (materiell) zumeist schlicht einseitig und zweitens ändert auch eine in Vertragsform gekleidete Erklärung des anerkennenden Staates nichts an der Tatsache, dass es sich auf Seiten des Anerkennenden zunächst (nur) um eine individuell-einseitige Erklärungen handelt[794].

Das im Völkergewohnheitsrecht anerkannte Rechtsinstitut der Anerkennung kann mithin für die zwischenstaatliche (gegenseitige) Akzeptanz (Wirkungserstreckung) der Rechtskraftwirkung von Entscheidungen nicht nutzbar gemacht werden. Denn erstens erfasst es nicht die Rechtskraftwirkung von Entscheidungen und zweitens ist es in aller Regel nicht von Gegenseitigkeit geprägt.

---

[790] Bindschedler (1961), S. 3ff.
[791] Geimer (1995), S. 10f.
[792] Bleckmann (2001), Rn. 391.
[793] Loudwin (1983), S. 23; Guggenheim (1948), S. 185f.
[794] Loudwin (1983), S. 24, dort Anm. 32; Berber (1975), S. 233.

(b) Anerkennung als Achtung staatlicher Souveränität

Im völkerrechtlichen Schrifttum wird z.T. in Erwägung gezogen, dass aus dem Anspruch eines jeden Staates auf Achtung seiner Souveränität durch alle anderen Staaten (völkerrechtliches Einmischungsverbot) folge, dass seine völkerrechtliche uneingeschränkte Zuständigkeit für seine internen Angelegenheiten nicht dadurch konterkariert werden dürfe, dass andere Staaten seine Hoheitsakte als nicht existent behandeln[795]. Vielmehr müssten die anderen Staaten insbesondere die *Rechtskraftwirkung*, die eine Entscheidung nach dem ihr zugrunde liegenden Recht entfaltet, beachten[796]. Die Vertreter dieser Auffassung folgern aus der Pflicht zur Achtung des fremden Souveränitätsbereichs aber nur dann das Gebot, die Wirkung eines fremden Hoheitsaktes nicht in Frage zu stellen und damit anzuerkennen, wenn der fremde Staat völkerrechtlich zur Vornahme dieses Hoheitsaktes *ausschliesslich* zuständig war, also nur er einen seine Zuständigkeit begründenden Anknüpfungspunkt aufzuweisen hatte. Eine völkerrechtliche Pflicht zur Achtung der Wirkung fremder Hoheitsakte wird deshalb immer dann verneint, wenn die Kompetenz eines Staates zur Vornahme des Hoheitsaktes mit der eines zweiten Staates konkurriert, weil der zu beurteilende Sachverhalt auch zum potenziellen zweitentscheidenden Staat eine ausreichend enge Beziehung hat[797]. Dieses deshalb, weil auch der zweitentscheidende Staat in gleichem Masse souverän ist (Prinzip und Recht auf Achtung der souveränen Gleichheit) und daher seine eigene Entscheidungsbefugnis für denselben Sachverhalt (hier aufgrund der dargelegten Anknüpfungsprinzipien im sog. Internationalen Strafrecht) nicht durch die Entscheidung im erstentscheidenden Staat beeinträchtigen lassen muss[798].

Damit kann dieses völkerrechtliche Gebot zur zwischenstaatlichen (wechselseitigen) Rechtskraft-Anerkennung von Entscheidungen, abgeleitet aus dem völkerrechtlichen Einmischungsverbot, nicht für die in dieser Arbeit betrachteten Sachverhalte nutzbar gemacht werden. Denn diese sind zwar von grenzüberschreitender Deliktsbegehung gekennzeichnet, doch ist nicht stets – wie im ersten Kapitel dargelegt und begründet[799] – ein Staat *ausschliesslich* für die Strafverfolgung zuständig. Dieses deshalb nicht, weil auf der Grundlage vielfältiger Anknüpfungsprinzipien des so genannten Internationalen Strafrechts die Strafansprüche verschiedener Staaten miteinander konkurrieren (können). Da diesen Sachverhalten also eine *ausschliessliche* Zuständigkeit für die Strafverfolgung fehlt und sie – im Gegenteil – von der Möglichkeit

[795] Geimer (1997), Rn. 161; ders. (1995), S. 11f.; Geiger (1994), S. 351.

[796] Geimer (1995), S. 12.

[797] Geimer (1997), Rn. 164; ders. (1995), S. 12; Geiger (1994), S. 352 u. 354.

[798] Geimer (1997), Rn. 161; ders. (1995), S. 12, Fn. 37; Geiger (1994), S. 351.

[799] Vgl. B. im 1. Kapitel dieser Arbeit.

(zwischenstaatlicher) positiver Kompetenzkonflikte geprägt sind, scheidet eine Nutzbarmachung des Rechtsinstituts der gegenseitigen (Rechtskraft)Anerkennung auf der Basis des völkerrechtlichen Einmischungsverbots hier aus.

(c) Anerkennung als Völkersitte

Ähnlich dem völkerrechtlichen Einmischungsverbot, welches jedem Staat *gebietet*, fremde Souveränitätsbereiche zu achten, ist es international üblich, die innenpolitischen Entscheidungen eines anderen Staates zu respektieren und nicht öffentlich zu kritisierten[800]. In diesem Sinne liesse sich begründen, die Nichtanerkennung der Rechtskraftwirkung einer ausländischen strafrechtlichen gerichtlichen oder aussergerichtlichen Entscheidung sei eine negative Wertentscheidung über das ausländische Justiz- und Politsystem. Insofern liesse sich weiter der Schluss ziehen, aus der Völkersitte des Respekts vor fremden Rechtsordnungen und Politsystemen folge auch eine Pflicht zur Anerkennung der Wirkung fremder (justizieller) Entscheidungen[801]. Eine solche Schlussfolgerung ist jedoch unangebracht. Denn Völkersitten gewinnen zwar mehr und mehr an Bedeutung, begründen jedoch keine Regeln, die rechtsverpflichtend sind, sie sind lediglich Ausdruck von Anstand und Höflichkeit[802]. Die zwischenstaatliche Rechtskraftwirkung von Entscheidungen jedoch lediglich auf eine internationale *unverbindliche* Anstandsregel zu fussen, wird der dargelegten[803] und rechtlich begründeten Notwendigkeit eines transnationalen Verbots der Doppelverfolgung und Doppelbestrafung nicht gerecht.

[800] Thomas (2002), S. 126.

[801] Ähnlich Thomas, er sieht in der Anerkennung ausländischer Urteile und der strikten Anwendung von ne bis in idem einen Beitrag zur Völkersitte, vgl. S. 126f. in: Das Recht auf Einmaligkeit der Strafverfolgung (2002).

[802] Thomas (2002), S. 125.

[803] Vgl. C. im 1. Kapitel dieser Arbeit.

(d) Konklusion

Ausgangspunkt der voranstehenden Überlegungen war die Feststellung, dass der hier fokussierten ersten Denk-Alternative, die die Rechtskraft einer Entscheidung anhand des Rechts des Erstentscheidungsstaats beurteilt, das Prinzip gegenseitiger Rechtskraft-Anerkennung zugrunde liegt. Da das Schengener Durchführungsübereinkommen im Hinblick auf die Rechtskraft-Anerkennung nichts sagend ist und Art. 54 SDÜ trotz Integration in den Rahmen der EU seine völkerrechtliche Natur nicht verloren hat, war es nahe liegend, zu untersuchen, ob der Grundsatz der Anerkennung, so wie er im Völkerrecht ausgestaltet ist, für eine gegenseitige Rechtskraft-Anerkennung nutzbar gemacht werden kann. Dabei wurde erstens ersichtlich, dass die Rechtskraft von Entscheidungen nicht in den Anwendungsbereich des *völkergewohnheitsrechtlichen* Grundsatzes der Anerkennung fällt und letzterer weder formell und i.d.R. auch nicht materiell von Gegenseitigkeit geprägt ist. Zweitens hat sich herausgestellt, dass eine Rechtskraft-Anerkennung, abgeleitet aus dem *völkerrechtlichen Einmischungsverbot*, nicht zum Zuge kommen kann, sobald – wie in den hier betrachteten Sachverhalten – zwischenstaatliche Kompetenzkonflikte möglich sind. Ebenso führt – drittens – eine Ableitung aus der *Völkersitte* nicht weiter, da sich mit ihrer Hilfe nur eine rechts*un*verbindliche Rechtskraft-Anerkennung begründen liesse.

Da insoweit eine Rechtskraft-Anerkennung auf völkerrechtlicher Grundlage für die hier betrachteten Sachverhalte nicht nutzbar zu machen ist, bleibt zu untersuchen, ob das Rechtsinstitut der gegenseitigen Anerkennung im Recht der EU eine solche Ausgestaltung und „Verortung" erfahren hat, dass es für Art. 54 SDÜ, der – wie erwähnt[804] – selbst in den Rahmen der EU integriert ist, fruchtbar gemacht werden kann.

(2) Das Rechtsinstitut der gegenseitigen Anerkennung im Recht der EU

Auf der Ebene der Europäischen Union wurde das Konzept der gegenseitigen Anerkennung von Entscheidungen in Strafsachen anlässlich der Tagung des Europäischen Rates Mitte Juni 1998 in Cardiff aktuell[805]. Der Europäische Rat ist sodann Mitte Oktober 1999 in Tampere zu einer Sondertagung über die Schaffung eines Raums der Freiheit, der Sicherheit und des Rechts in der EU (ERSFR) zusammengetreten. Auf diesem Sondergipfel der Staats- und Regierungschefs wurde beschlossen, die Integration der EU in einem für die Bürger wichtigen Bereich zu vertiefen und einen

[804] Vgl. B. II. 2. a. dieses Kapitels.

[805] Vgl. Schünemann, ZRP 2003, 185, 186; Amtsblatt der EG vom 15.01.2001, C 12/10.

Europäischen Raum der Freiheit, der Sicherheit und des Rechts zu verwirklichen[806]. Der erwähnte Beschluss von Tampere strebt mit Blick auf diese Zielsetzung (u.a.) an, einen gemeinsamen europäischen Rechtsraum zu schaffen[807]. Das von der Europäischen Union angestrebte Ziel, seinen Bürgern langfristig in einem ERSFR ein hohes Mass an Sicherheit zu bieten, ist in Titel VI, Art. 29 EUV definiert[808], also innerhalb der so genannten dritten Säule des EUV, deren integrierter Bestandteil auch der hier in Rede stehende Art. 54 SDÜ ist[809].

Ein Mittel zur Erreichung des vorbenannten Ziels ist u.a. die unionsweite Kriminalitätsbekämpfung durch die (langfristige) Einführung einer gemeinsamen Strafrechtspolitik sowohl im materiellen Strafrecht als auch im Strafprozessrecht. Für das Verfahrensrecht in Strafsachen soll dies u.a. eine Ergänzung desselben durch den Grundsatz der *gegenseitigen Anerkennung* bedeuten[810]. Mit diesem im Oktober 1999 vom Europäischen Rat in Tampere (erneut) aufgegriffenen Gedanken ist die Forderung verbunden, dass der Grundsatz der gegenseitigen Anerkennung zum „Eckstein" der justiziellen Zusammenarbeit (auch) in Strafsachen innerhalb der Union wird[811]. Der Europäische Rat hat ausdrücklich festgestellt, dass dieser Grundsatz sowohl für Urteile als auch für andere justizielle Entscheidungen sowie für behördliche Entscheidungen im Rahmen des Ermittlungsverfahrens gelten solle[812]. Der Mitteilung der Kommission an den Rat und das Europäische Parlament zufolge solle der Grundsatz der gegenseitigen Anerkennung auch für Entscheidungen von Verwaltungsbehörden gelten und seine Anwendung in allen Stadien des Strafverfahrens angestrebt werden[813]. Anerkennung bedeute dabei, dass eine Entscheidung, der Rechtskraftwirkung zukommt, nicht mehr in Frage gestellt werden dürfe[814], vielmehr müsse die Wirkung einer Entscheidung unmittelbar in der gesamten Union gelten. Ziel ist, dass die in

---

806 O.V., Europäischer Rat in Tampere, ZAR 6/1999, 284.

807 O.V., Europäischer Rat in Tampere, ZAR 6/1999, 286.

808 Schünemann, ZRP 2003, 185, 186; Dieckmann, NStZ 2001, 617 (618); Vogel, JZ 2001, 937, 939.

809 Vgl. Geiger, EUV/EGV (2000), Art. 29 EUV, Rn. 5 und 14.

810 Böse, in: FS für Maiwald (2003), 233; Wolter, in: FS für Kohlmann (2003), 693, 697; Satzger, StV 2003, 137, 138; ders. (2001), S. 689; Vogel, JZ 2001, 937, 939; Europäische Kommission, Justiz und Inneres, Gemeinsames Vorgehen im Bereich der justiziellen Zusammenarbeit in Strafsachen – Angleichung und Zusammenarbeit, S. 2.

811 Schünemann, ZRP 2003, 185, 186f.; Vogel, JZ 2001, 937, 939; Amtsblatt der EG vom 15.01.2001, C 12/10.

812 Amtsblatt der EG vom 15.01.2001, C 12/10; Europäisches Parlament, Tampere Europäischer Rat, 15./16.10.1999: Schlussfolgerungen des Vorsitzes, S. 5.

813 Mitteilung der Kommission an den Rat und das Europäische Parlament über: Gegenseitige Anerkennung verfahrensbeendender Entscheidungen in Strafsachen, S. 2 u. 4.

814 Amtsblatt der EG vom 15.01.2001, C 12/11.

einem Mitgliedstaat schon untersuchte Tat oder Verhaltensweise in keinem anderen Mitgliedstaat erneut verfolgt wird[815].

Wichtig zu beachten ist, dass der Grundsatz der gegenseitigen Anerkennung bereits existierende Instrumente, wie bspw. den hier in Rede stehenden Art. 54 SDÜ, nicht überflüssig machen soll, vielmehr werde das Rechtsinstitut der gegenseitigen Anerkennung so weit wie möglich auf den Lösungen aufbauen, die im Rahmen bereits existierender Instrumente gefunden wurden und diese mithin ergänzen[816]. In diesem Zusammenhang wird auch eine Revision von Art. 54 SDÜ angestrebt[817]. In Erwägung gezogen wird, zukünftig auch diese Vorschrift „im Lichte einer uneingeschränkten Anwendung des Grundsatzes der gegenseitigen Anerkennung" zu betrachten[818]. Ein entsprechendes Massnahmenprogramm des Rats der Innen- und Justizminister vom November/Dezember 2000[819] sieht u.a. vor, dass die Mitgliedstaaten sich in den nächsten Jahren bemühen sollten, schrittweise zu einer gegenseitigen Anerkennung der Entscheidungen in Strafsachen innerhalb der Europäischen Union zu gelangen[820]. Hinzugefügt werden muss allerdings, dass die Überprüfung einer uneingeschränkten Anwendung des Grundsatzes der gegenseitigen Anerkennung auf Art. 54 SDÜ nur den (niedrigst möglichen) Prioritätsgrad 6 erhalten hat[821]. Wie sprichwörtlich zukunftsweisend diese Vision also ist, wird deutlich, wenn – erstens – berücksichtigt wird, dass andere Massnahmen mit den Prioritätsstufen 1[822] und 2[823] versehen worden sind, und das – zweitens – im Hinblick auf deren Umsetzung bis Ende 2002 gerade mal wesentliche Fortschritte erzielt werden sollten[824].

Dennoch, deutlich wird, dass auf der Ebene der Europäischen Union, deren integrierter Bestandteil der hier in Rede stehende Art. 54 SDÜ ist, ausdrücklich das Ziel ver-

---

815 Mitteilung der Kommission an den Rat und das Europäische Parlament über: Gegenseitige Anerkennung verfahrensbeendender Entscheidungen in Strafsachen, S. 2.

816 Radtke/Busch, NStZ 2003, 281, 285; Amtsblatt der EG vom 15.01.2001, C 12/12.

817 Mansdörfer, StV 2003, 313, 314; vgl. auch den auf griechischer Initiative beruhenden Rahmenentwurf für die Anwendung des ne-bis-in-idem-Prinzips (2003), Abs. 4. Siehe zu letzterem: Initiative of the Hellenic Republic for the adoption of a Framework Decision of the Council on the application of the „ne bis in idem" principle, vgl. Agathocles (2003), Council of the European Union, 6356/03 COPEN 11.

818 Amtsblatt der EG vom 15.01.2001, C 12/13.

819 Vgl. Dieckmann, NStZ 2001, 617, 619.

820 Amtsblatt der EG vom 15.01.2001, C 12/12.

821 Amtsblatt der EG vom 15.01.2001, C 12/13, 21.

822 Z.B. Ausarbeitung eines Instruments für das Einfrieren von Guthaben, vgl. Amtsblatt der EG vom 15.01.2001, C 12/21.

823 Z.B. Ausarbeitung eines Instruments zur Eintreibung von Geldstrafen und Geldbussen, vgl. Amtsblatt der EG vom 15.01.2001, C 12/22.

824 Amtsblatt der EG vom 15.01.2001, C 12/19.

folgt wird, das Verfahrensrecht in Strafsachen durch das Rechtsinstitut der gegenseitigen Anerkennung zu erweitern; und diesen Grundsatz nicht etwa – ganz im Sinne des in dieser Arbeit ermittelten extensiven Auslegungsergebnisses von Art. 54 SDÜ – auf förmliche Gerichtsurteile zu beschränken. Dabei wird ausdrücklich in Erwägung gezogen und angestrebt, das in Art. 54 SDÜ normierte Verbot der Doppelverfolgung und Doppelbestrafung zu revidieren und im Lichte einer uneingeschränkten Anwendung des Grundsatzes der gegenseitigen Anerkennung zu betrachten.

Das Prinzip der gegenseitigen Anerkennung hat jüngst Aufnahme in den am 16. Juni 2003 vom EU-Parlament verabschiedeten Entwurf für eine gemeinsame europäische Verfassung gefunden, der am 20. Juni 2003 den Regierungschefs der EU-Mitgliedstaaten überreicht wurde[825], vgl. Art. III-171 Abs. 1 im 4. Abschnitt („Justizielle Zusammenarbeit in Strafsachen") von Kapitel IV („Raum der Freiheit, der Sicherheit und des Rechts") des 3. Titels der Verfassung[826].

Auch im neueren rechtswissenschaftlichen Schrifttum[827] wird die Gefahr erkannt, dass das Postulat, einen Raum der Freiheit, der Sicherheit und des Rechts zu schaffen, ein reines „Lippenbekenntnis" oder eine „nutzlose Leidenschaft" bliebe, wenn nicht zugleich die Bereitschaft bestünde, die Entscheidung eines anderen Staates „verkehrsfähig" zu machen und sie so anzuerkennen, dass für den Bürger neue (weitere) Belastungen (z.B. Strafverfahren) vermieden werden[828], was letztlich auch die Akzeptanz von deren Rechtskraftwirkung mit einschliesst. Der Grundsatz der gegenseitigen Anerkennung wird daher von vielen als eine in grossen Teilen Europas noch weitgehend ungenutzte Alternative zur Harmonisierung der Strafverfolgung angesehen[829]. Dieses jedenfalls solange, wie im Bereich des Straf(prozess)rechts eine europaweite einheitliche Ordnung kurzfristig nicht denkbar ist[830]. Seine Anwendung verspreche eine weitere Erleichterung in der Kooperation zwischen den Mitgliedstaaten

---

[825] Epping, JZ 2003, 821; Wolter, in: FS für Kohlmann (2003), 693, 713.

[826] Vgl. den Entwurf für eine Europäische Verfassung in: Fischer, Konvent zur Zukunft Europas (2003), S. 368.

[827] Vgl. z.B. Brüner/Hetzer, Nationale Strafverfolgung und Europäische Beweisführung, NStZ 2003, 113ff.; Dieckmann, Europäische Kooperation in der Strafrechtspflege, NStZ 2001, 617ff.; Landau, Verwirklichung eines europaweiten „ne bis in idem" im Rahmen der Anwendung des § 153c Abs. 1 Nr. 3 StPO, in: FS für Söllner (2000), S. 627ff.; Klip, Harmonisierung des Strafrechts – eine fixe Idee?, NStZ 2000, 626ff.

[828] Brüner/Hetzer, NStZ 2003, 113; Böse, in: FS für Maiwald (2003), 233; Landau, in: FS für Söllner (2000), 627, 628.

[829] Böse, in: FS für Maiwald (2003), 233, 246 (249); Geiger, EuZW 2002, 705; Klip, NStZ 2000, 626, 628.

[830] Geiger, EuZW 2002, 705.

zu bringen[831], so dass sich langfristig auch das ne-bis-in-idem-Problem nicht mehr stellen würde[832].

Die Skeptiker[833] bezeichnen die Annahme, dass jede konkrete Strafverfolgung in jedem konkreten Einzelfall rechtsstaatlichen Standards entspreche, als lebensfremd und als Ausdruck eines blinden Vertrauens gegenüber der Rechtsstaatlichkeit fremder Strafverfolgungen[834]. Die Annahme, dass „europaweit" eine gemeinsame Rechtstradition existiere, wird als nicht zutreffend bezeichnet[835]. Die „pauschale" Verankerung des Prinzips der gegenseitigen Anerkennung laufe daher Gefahr, die Bürger- und Grundrechte des einzelnen nicht ausreichend zu wahren[836]. Es werden dementsprechend Zweifel an der möglichen Geltung des Grundsatz der gegenseitigen Anerkennung im Strafrecht geäussert. Begründet werden diese u.a. mit zu tiefen Einschnitten in die Begrenzungen staatlicher Souveränität[837] und die Eigenheiten nationaler Rechtssysteme, die nur begrenzt kompatibel seien[838]. Unmittelbare gegenseitige Anerkennung sei in keinem Fall eine Form zwischenstaatlicher *Kooperation* und überschreite daher die durch Art. 31 und 34 EUV gesetzten Grenzen der transnationalen Zusammenarbeit. Vielmehr bedürfe es gemeinsam festgelegter Bestimmungen, die regeln, ob und wann die Behörde eines Mitgliedstaates zur Entscheidung eines bestimmten Falles zuständig ist. Erst wenn dies gegeben sei, könne die getroffene Entscheidung – und damit auch ihre Wirkung – von anderen Mitgliedstaaten (leicht) akzeptiert werden[839].

Den Skeptikern darf entgegnet werden, dass die Europäische Kommission daran erinnert hat, dass sich der Grundsatz der gegenseitigen Anerkennung auf das Konzept

---

831 Dieckmann, NStZ 2001, 617, 619.

832 Satzger (2001), S. 689, dort Anm. 2885.

833 Vgl. z.B. Schünemann, ZRP 2003, 185ff.; Schünemann/Nestler, Thesen zur „Europäisierung der Strafverfolgung durch das Prinzip der gegenseitigen Anerkennung" vom 02.06.2003 anlässlich der Strafrechtslehrertagung 2003; Satzger, StV 2003, 137, 141; Vogel, JZ 2001, 937, 940; Kaiafa-Gbandi, KritV 2001, 290ff.

834 Vogel, JZ 2001, 937, 940.

835 Satzger, StV 2003, 137, 141.

836 Böse, in: FS für Maiwald (2003), 233, 240; Schünemann, ZRP 2003, 185, 187; Schünemann/Nestler, Thesen zur „Europäisierung der Strafverfolgung durch das Prinzip der gegenseitigen Anerkennung" vom 02.06.2003 anlässlich der Strafrechtslehrertagung 2003.

837 Kaiafa-Gbandi, KritV 2001, 290, 295.

838 Satzger, StV 2003, 137, 141; Wuermeling, Stellungnahme des Ausschusses für Recht und Binnenmarkt des EU-Parlaments vom 11. April 2001.

839 Kaiafa-Gbandi, KritV 2001, 290, 295.

von gegenseitigem Vertrauen stützt[840]. Mangelndes Vertrauen gegenüber der Wirkung von Entscheidungen anderer Mitgliedstaaten zu haben, ist heute nur noch in beschränktem Masse berechtigt[841], denn erstens kann – zumindest in Europa – kein Staat für sich allein in Anspruch nehmen im Alleinbesitz von Strafrechtskultur zu sein und zweitens hat sich längst eine gemeinsame Strafrechtskultur herausgebildet. Letzteres gilt jedenfalls dann, wenn unter einer solchen Kultur der vernunftgesteuerte Einsatz des Strafrechts zur Unrechtsvermeidung, die Beachtung der Menschenrechte und die Wahrung des ultima-ratio-Prinzips verstanden werden[842]. Hinzu kommt, dass sich alle Staaten der EU den Gedanken der Demokratie, der Rechtsstaatlichkeit und der Unabhängigkeit der Justiz verpflichtet fühlen[843], so dass der rechtsstaatliche Grundstandard der Strafverfolgung in Europa nahezu überall gleich sein sollte[844].

Insofern darf als Ergebnis dieser Ausführungen festgehalten werden, dass für die hier fokussierte erste Denk-Alternative, der der Gedanke gegenseitiger Rechtskraft-Anerkennung zugrunde liegt, zwar kein völkerrechtliches Rechtsinstitut der Anerkennung nutzbar zu machen ist[845]. Doch erscheint es als möglich und realistisch, dass (zukünftig) ein auf *EU-Ebene* für das Strafverfahrensrecht etablierter Grundsatz der gegenseitigen Anerkennung die Rechtskraft von Entscheidungen erfassen kann.

Der Weg, im Hinblick auf Art. 54 SDÜ für die Rechtskraftbeurteilung einer Entscheidung ausschliesslich das Recht des erstverfolgenden Staates massgebend sein zu lassen, was faktisch seitens des Zweitverfolgerstaates die Akzeptanz (Anerkennung) der im Erstverfolgerstaat bewirkten Rechtskraft voraussetzt, kann damit insoweit als gangbar bezeichnet werden. Denn bei Betrachtung von Art. 54 SDÜ im Lichte eines uneingeschränkten (EU-)Grundsatzes der gegenseitigen Anerkennung wird eine solche „Hinnahme" der Rechtskraft zumindest im räumlichen Anwendungsbereich von Art. 54 SDÜ möglich.

Da es nach der dargelegten[846] Wirkungsweise des Rechtsinstituts der gegenseitigen Anerkennung jedoch stets nur möglich ist, die Wirkung einer Entscheidung anzuer-

---

840 Mitteilung der Kommission an den Rat und das Europäische Parlament über: Gegenseitige Anerkennung verfahrensbeendender Entscheidungen in Strafsachen, S. 1; vgl. auch Norouzi/Vogel, JuS 2003, 1059, 1061f. unter Verweis auf den EuGH.

841 So auch Norouzi/Vogel, JuS 2003, 1059, 1061 unter Verweis auf den EuGH. Ebenso: Biehler/Gless/Parra/Zeitler (2002), S. 66 in Bezug auf die europäischen Rechtssysteme.

842 Weigend, ZStW 105 (1993), 774, 784ff.; a.A. Satzger, StV 2003, 137, 141.

843 Norouzi/Vogel, JuS 2003, 1059, 1062; Landau, in: FS für Söllner (2002), 627, 630 (636); Vogel, JZ 2001, 937, 940.

844 Leidenmühler/Plöckinger, wistra 2003, 81, 86.

845 Vgl. B. II. 3. a. aa. ccc. (1) dieses Kapitels.

846 Vgl. B. II. 3. a. aa. bbb. dieses Kapitels.

kennen, die nach dem Recht des erstentscheidenden Staates *tatsächlich* eingetreten ist, bedarf es seitens des Zweit- bzw. Nachverfolgerstaates dann denknotwendig in jedem Einzelfall einer entsprechenden Analyse des betroffenen fremden Rechts. Welche weiteren notwendigen Umsetzungsbedingungen daraus für die zwischenstaatliche Anwendung des Rechtsinstituts der gegenseitigen Anerkennung resultieren, ist Gegenstand der folgenden Betrachtung.

ddd. Umsetzungsbedingungen einer zwischenstaatlichen Anwendung des Rechtsinstituts der gegenseitigen Anerkennung

Die Rechtskraftwirkung einer Entscheidung – im Sinne der hier betrachteten ersten Denk-Alternative – auf der Grundlage gegenseitiger Anerkennung anhand der Rechtsvorschriften des erstentscheidenden Staates zu beurteilen, hat sich zwar insoweit als theoretisch beschreitbarer Weg erwiesen, doch unbeachtet und ungelöst sind hier bislang zwei mit diesem Denk-Ansatz verbundene praktische Probleme: Erstens muss den entscheidenden Behörden überhaupt bekannt werden, dass sie sich in der Rolle des Zweit- bzw. Nachverfolgers befinden; ihnen muss also bekannt werden, dass in derselben Sache in einem anderen Mitgliedstaat bereits eine Entscheidung getroffen worden ist. Zweitens muss der Entscheidungsträger im potenziellen Zweit- bzw. Nachverfolgerstaat überhaupt Kenntnis darüber gewinnen können, ob dieser Erstentscheidung nach dem Recht des erstentscheidenden Staates tatsächlich Rechtskraftwirkung zukommt oder nicht, damit letztere als Gegenstand der Anerkennung in Frage kommt. Nachfolgend wird der derzeit praktizierte Umgang mit diesen – noch zu konkretisierenden – Problembereichen betrachtet, um davon ausgehend wünschenswerte Umsetzungsbedingungen für die zwischenstaatliche Anwendung des Grundsatzes der gegenseitigen Rechtskraft-Anerkennung zu formulieren.

(1) Ausländisches Recht als Rechts*anwendungs*problem des Grundsatzes der gegenseitigen Anerkennung

Im Zusammenhang mit der Anwendung ausländischen Rechts wird vornehmlich die Gefahr einer Überforderung von inländischen Behörden und Gerichten gesehen[847]. Praktisch dürften nämlich erhebliche Auslegungsschwierigkeiten auftreten, wenn Richter (oder andere Entscheidungsträger) in einem Mitgliedstaat die Rechtskraftwirkung einer Entscheidung eines anderen Mitgliedstaates allein anhand des Rechts des erstentscheidenden Staates prüfen und definieren sollen[848]. Eine solche Beurtei-

[847] Vogel, ZStW 110 (1998), 974, 977.

[848] Radtke/Busch, NStZ 2003, 281, 286; Biehler/Gless/Parra/Zeitler (2002), S. 64; Schomburg, ZRP 1999, 237; ders., StV 1998, 153, 158.

lung bedingt nämlich, dass das der (potenziell) verfahrensbeendenden Entscheidung zugrunde liegende Recht des ausländischen Mitgliedstaates analysiert und verstanden werden muss[849]. D.h., unter Anwendung dieser ersten Denk-Alternative ist „Rechtsfindung" in Europa ohne Kenntnis des ausländischen tagesaktuellen Straf- und Strafprozessrechts nicht möglich[850]. Die erste Schwierigkeit besteht darin, dass ausreichende Kenntnisse zur Rechtsvergleichung fehlen. Eine weitere Schwierigkeit bei der einzelfallbezogenen Erforschung der aktuellen Rechtslage im anderen Staat ist, dass zudem bestehende Sprachbarrieren überwunden werden müssen[851]. Unter Berücksichtigung dieser u.a. Faktoren wird vom Auftreten einer „vorgezeichneten Konfliktlage" gesprochen, wenn bspw. ausländische Richter oder Staatsanwälte in einem dort anhängigen Verfahren beurteilen sollen, wie weit die Rechtskraftwirkung einer in Deutschland getroffenen Entscheidung nach deutschem Recht(sverständnis) reicht[852].

Die Abklärung der im erstentscheidenden Mitgliedstaat zur Frage der Rechtskraftwirkung einer Entscheidung(sform) vorherrschenden Rechtsauffassung wird bislang – auch seitens des BGH[853] – auf dem Wege des zwischenstaatlichen Ersuchens um Rechtsauskunft vorgenommen. Dies geschieht auf der Grundlage des Zusatzprotokolls vom 15.03.1978[854] zum Europäischen Übereinkommen betreffend Auskünfte über ausländisches Recht vom 07.06.1968[855] (EuRAÜbk)[856]. Zwar enthält das SDÜ in Art. 57 selbst auch eine Regelung über die notwendige Kommunikation zwischen den Vertragsstaaten, um die Einhaltung des in Art. 54 SDÜ normierten Doppelverfolgungs- und -bestrafungsverbots zu gewährleisten, doch betrifft diese Bestimmung in erster Linie die Problematik, ob in einem anderen Vertragsstaat bereits tatsächlich eine Entscheidung in derselben Sache ergangen ist und weniger die Fragestellung, ob diese auch nach dortigem Recht in *Rechtskraft* erwächst[857]. Denn besteht im potenziellen Zweit- oder Nachverfolgerstaat Grund zu der Annahme, dass eine Tat in einem Vertragsstaat bereits abgeurteilt wurde, so haben die zuständigen Behörden – sofern sie es für erforderlich erachten – die Behörden dieses Staates gemäss Art. 57 Abs. 1

---

[849] Kühne (2003), Rn. 79; ders., JZ 1998, 876, 877 (880).

[850] Kühne (2003), Rn. 79; Schomburg, in: Delors, Schutz des Bürgers vor internationaler Kriminalität (2000), S. 45; ders., StV 1999, 246, 248.

[851] Schomburg, in: Delors, Schutz des Bürgers vor internationaler Kriminalität (2000), 33, 46; ders., DRiZ 2000, 341; ders., ZRP 1999, 237, 238 (unter Hinweis auf Art. 54 SDÜ); ders., StV 1998, 153, 158.

[852] Maatz, in: FS für Meyer-Gossner (2001), 257, 259.

[853] BGH NStZ 1998, 149, 152.

[854] BGBl 1987 II, S. 58f., 593f.

[855] BGBl 1974 II, S. 937ff.

[856] Satzger (2001), S. 691, dort Anm. 2896; Wolf (1999), S. 67, 74.

[857] Böhm (2001), S. 59; Wolf (1999), S. 67, 75.

SDÜ um sachdienliche Auskunft zu ersuchen. Neben Auskünften zu dieser tatsächlichen Fragestellung wollen Schomburg/Lagodny[858] in dieser Vorschrift allerdings zusätzlich die Grundlage für Rechtsauskünfte (bspw. die Rechtskraftwirkung betreffend) sehen[859].

Festgehalten werden darf damit insoweit, dass mit Art. 57 SDÜ und dem soeben erwähnten Europäischen Übereinkommen (betreffend Rechtsauskünfte über ausländisches Recht) Instrumente existieren, mit deren Hilfe im Wege zwischenstaatlicher Konsultation seitens des potenziellen Zweit- bzw. Nachverfolgerstaates entschieden werden kann, ob – erstens – in einem Mitgliedstaat in derselben Sache bereits eine Entscheidung ergangen ist und ob – zweitens – diese nach dem Recht des erstentscheidenden Staates in Rechtskraft erwächst.

Zu kritisieren ist an diesem Auskunftsprocedere unter dem Gesichtspunkt der Gewaltenteilung allerdings, dass die Rechtsauskünfte nicht – wie eigentlich zu erwarten – von Fachleuten der Fachgerichte des um Auskunft ersuchten Staates, sondern von dessen Exekutive erteilt werden[860]. Denn in den in dieser Arbeit angesprochenen Fällen[861] war stets das Ministerium für Justiz Adressat des Ersuchens um Rechtsauskunft und letztlich auch Auskunftserteilender[862]. Ausserdem wird insbesondere in Haftsachen mit Rücksicht auf das in Art. 6 EMRK normierte Beschleunigungsgebot die Langwierigkeit, Umständlichkeit und Schwerfälligkeit dieses rein bilateralen Rechtsauskunftsverfahrens moniert[863]. Dieses sei für die Verfahrensbeteiligten ausserdem wenig transparent und nicht „fremdsprachenfest“[864]. Abhilfe, im Sinne von mehr Effektivität und weniger Bürokratie, wird von einer permanent multilateralen Form justizieller Kooperation erwartet[865].

[858] Schomburg/Lagodny, Internationale Rechtshilfe in Strafsachen (1998).

[859] Schomburg/Lagodny, IRSt (1998), Art. 57 SDÜ, Rn. 2.

[860] Schomburg, StV 1999, 246.

[861] Vgl. B. II. 1. und B. II. 2. c. dieses Kapitels.

[862] Zum belgischen „transactie-Fall“ vgl. BGH StV 1999, 244, 245.

[863] Esser (2002), S. 11; Schomburg, in: Delors, Schutz des Bürgers vor internationaler Kriminalität (2000), S. 45; ders., BMJ 2001, S. 125; ders., StV 1999, 246, 248; Lagodny, NStZ 1998, 154.

[864] Schomburg, StV 1999, 246, 248.

[865] Esser (2002), S. 11; Schomburg, in: Delors, Schutz des Bürgers vor internationaler Kriminalität (2000), S. 34, 51; ders., StV 1999, 246, 248; Lagodny, NStZ 1998, 154.

(2) Eurojust als neue Dimension permanenter justizieller Kooperation in Strafsachen

Da es wie erwähnt für die Rechtskraft-Anerkennung von Entscheidungen praktisch darauf ankommt, – erstens – über die Existenz einer Entscheidung und – zweitens – über ihre Wirkung Bescheid zu wissen, ist der Gedanke nicht fern liegend, entsprechende Dokumentations- und Auskunftsbefugnisse einer europäischen und permanent verfügbaren Dokumentations- und Clearingstelle, vergleichbar mit Europol[866], zu übertragen[867]. Diese würde als europäisches Institut zur Förderung der justiziellen Rechtshilfe in Strafsachen fungieren[868].

Auf der im Vertrag von Nizza geschaffenen Rechtsgrundlage (Art. 31 Abs. 2 EUV) haben die Mitgliedstaaten der EU in intensiven Diskussionen die Voraussetzungen für die – ebenfalls in Tampere[869] verabredete[870] – Institution Eurojust vorbereitet[871]. Seit 1. März 2001 arbeitet in Brüssel bereits die vorläufige Stelle proEurojust[872] und am 28. Februar 2002 hat der EU-Rat einen Beschluss über die Errichtung von Eurojust angenommen[873]. Eurojust soll zukünftig eine entscheidende Erleichterung, Verbesserungen und Intensivierung in der justiziellen Zusammenarbeit der Mitgliedstaaten bei grenzüberschreitender Kriminalität bringen[874]. Unter einem Dach sollen Justizpraktiker der Fachgerichte und Behörden (jedenfalls) der EU-Mitgliedstaaten zentral und institutionalisiert zusammenarbeiten, um sowohl das Kooperationsrecht wie auch das Straf- und Strafprozessrecht des eigenen Staates tagesaktuell unter Nutzung aller technischen Möglichkeiten als „public domain" zur Verfügung zu stellen (Dokumentationsfunktion)[875]. Darüber hinaus sollen sie u.a. abstrakte Normenver-

---

866 Kühne (2003), Rn. 100.3; Satzger (2001), S. 696; Lagodny, BMJ 2001, S. 125; Schomburg, DRiZ 2000, 341, 343; ders., ZRP 1999, 237, 239; ders., JBl 1997, 553, 561.

867 Esser (2002), S. 11; Wolf (1999), S. 67, 75; Lagodny, NStZ 1998, 154; Schomburg, JBl 1997, 553, 561.

868 Schomburg, StV 1998, 153, 158; ders., JBl 1997, 553, 561.

869 15./16. Oktober 1999.

870 Bericht aus Brüssel 2/2001 – Europäischer Rat von Laeken; Schomburg, in: Delors, Schutz des Bürgers vor internationaler Kriminalität (2000), S. 33; ders., Kriminalistik 2000, 13; ders., DRiZ 2000, 341.

871 Vgl. Pkt. 46 der Schlussfolgerungen des Justizgipfels in Tampere.

872 Vgl. den Beschluss des EU-Rats vom 14.12.2000, ABl. der EG (L 324/2) vom 21.12.2000; Kühne (2003), Rn. 100.3.

873 Mitteilung der EU-Kommission zur Einrichtung von Eurojust, KOM (2000) 746 endg.; Kühne (2003), Rn. 100.3.

874 Kühne (2003), Rn. 100.3; Dieckmann, NStZ 2001, 617, 620; Lagodny, BMJ 2001, S. 125; Schomburg, Kriminalistik 2000, 13, 18; ders., DRiZ 2000, 341, 343; Mitteilung der EU-Kommission zur Einrichtung von Eurojust, KOM (2000) 746 endg.

875 Schomburg, in: Delors, Schutz des Bürgers vor internationaler Kriminalität (2000), S. 34; ders., Kriminalistik 2000, 13, 17; ders., DRiZ 2000, 341, 344; ders., StV 1999, 246, 248.

gleiche erstellen und in ihrer Funktion als Ansprechpartner für nationale Justizangehörige Einzelfragen abklären (Clearingfunktion)[876], also Rechtsberatung in juristischen Fragen erteilen[877].

Das bereits durch die „Gemeinsame Massnahme“ des Europäischen Rates vom 29. Juni 1998 eingerichtete Europäische Justizielle Netz (EJN)[878] wird mangels permanenter Institutionalisierung und dem damit verbundenen ständigen Personalwechsel als nicht ausreichend für die Erfüllung der vorbenannten Aufgaben und mithin nur als Vorstufe von Eurojust angesehen[879]. Der Mitteilung der Kommission zufolge stellt Eurojust einen „qualitativen Sprung“ nach vorn dar und soll als zentrale Stelle innerhalb des EJN fungieren[880]. Dementsprechend sieht auch Art. III-174 Abs. 1 und 2 (Abschnitt 4 des IV. Kapitels von Titel III) des Entwurfs für eine Europäische Verfassung ausdrücklich vor, dass Eurojust den Auftrag bekommt, die Zusammenarbeit zwischen nationalen Behörden zu koordinieren, zu unterstützen und zu verstärken. Dies in enger Zusammenarbeit mit dem EJN[881]. In der Literatur wird aus Kosten- und Verwaltungsgründen allerdings für eine Zusammenfassung des EJN und Eurojust plädiert[882].

Nach einem von Schomburg[883] entworfenen Denkmodell würden in der Abteilung I von Eurojust sog. Verbindungsjuristen aller beteiligten Staaten permanent residieren. Treten bei Kollegen im Heimatstaat „grenzüberschreitende“ Rechtsprobleme auf, die bspw. die Rechtskraftwirkung einer Entscheidung betreffen, könnten die Verbindungsjuristen von Eurojust in der eigenen Sprache kontaktiert werden[884]. Unter Zuhilfenahme eines juristisch spezialisierten Sprachmittlers (Abteilung II) könnte der vom Heimatkollegen angesprochene Verbindungsjurist sodann mit dem entsprechenden Verbindungsjuristen des Landes, welches das Rechtsproblem betrifft, eine Klä-

---

[876] Dieckmann, NStZ 2001, 617, 620; Schomburg, DRiZ 2000, 341, 344; ders., Kriminalistik 2000, 13, 17; ders., StV 1998, 153, 158; ders., JBl 1997, 553, 561.

[877] Mitteilung der EU-Kommission zur Einrichtung von Eurojust, KOM (2000) 746 endg.

[878] Ausführlich hierzu Kühne (2003), Rn. 100.2.

[879] Schomburg, ZRP 1999, 237, 239f.

[880] Mitteilung der EU-Kommission zur Einrichtung von Eurojust, KOM (2000) 746 endg.

[881] Vgl. den Entwurf für eine Europäische Verfassung in: Fischer, Konvent zur Zukunft Europas (2003), S. 370.

[882] Kühne (2003), Rn. 100.3.

[883] Schomburg, in: Delors, Schutz des Bürgers vor internationaler Kriminalität (2000), S. 33ff.; ders., ZRP 1999, 237ff.

[884] So auch Satzger (2001), S. 697, der sich explizit auf Art. 54 SDÜ bezieht.

rung der Rechtsfrage herbeiführen (Clearingfunktion)[885]. Eurojust wäre so in der Lage, in kürzester Zeit Antwort darauf zu geben, ob bspw. einer bestimmten Entscheidung nach ihrem nationalen Recht Rechtskraftwirkung zuteil wird[886], so dass diese als Gegenstand zwischenstaatlicher Anerkennung in Betracht kommt. Dem Modell von Schomburg zufolge befände sich in Abteilung III eine zentrale computergestützte Dokumentationsstelle[887]. Vorstellbar wäre, auf dieser Ebene (auch) ein europäisches Register für Strafsachen einzurichten[888]. Dieses würde es nationalen Strafverfolgungsbehörden mittels elektronischer Links ermöglichen, rasch und einfach Kenntnis darüber zu erlangen, ob gegen eine bestimmte Person bereits ein Verfahren eingeleitet worden ist[889] oder im Ausland bereits ein Straferkenntnis getroffen wurde (Dokumentationsfunktion)[890]. So vernünftig dies auch klingt, darüber, welche Aufgaben und Befugnisse Eurojust letztendlich übertragen werden, ist das letzte Wort noch nicht gesprochen[891]. Ferner darf im Rahmen dieser Überlegungen nicht unberücksichtigt bleiben, dass nach dem gegenwärtigen Diskussionsstand die Frage der Verantwortlichkeit für die Dateneinspeisung und die Aktualisierung der Informationen noch in weiten Teilen ungeklärt ist. Ebenso ungeklärt sind Fragen des Datenschutzes, nationale Unterschiede der Eintragungsmodalitäten und die Zugriffsrechte[892]. In Bezug auf letztere wird aus Gründen der „Waffengleichheit" und des „fair trial" bedacht werden müssen, ob auch der Strafverteidigung Zugang zu solchen Dokumentationen gewährt werden kann oder gar muss[893].

Nicht übersehen werden darf ferner, dass das dargelegte Modell von Eurojust auf das Lösen von transnationalen Rechtsproblemen im Konsens zugeschnitten ist. Für den

---

[885] Schomburg, in: Delors, Schutz des Bürgers vor internationaler Kriminalität (2000), S. 51; ders., ZRP 1999, 237, 239; vgl. auch die Mitteilung der EU-Kommission zur Einrichtung von Eurojust, KOM (2000) 746 endg.

[886] Radtke/Busch, NStZ 2003, 281, 286.

[887] Satzger (2001), S. 697; Schomburg, in: Delors, Schutz des Bürgers vor internationaler Kriminalität (2000), S. 51; ders., ZRP 1999, 237, 239.

[888] Bericht aus Brüssel 2/2001 - Europäischer Rat von Laeken; Schomburg, Kriminalistik 2000, 13, 19; ders., DRiZ 2000, 341, 344; Wolf (1999), S. 67, 75.

[889] Mitteilung der Kommission an den Rat und das Europäische Parlament über: Gegenseitige Anerkennung verfahrensbeendender Entscheidungen in Strafsachen, S. 2.; Hackner/Lagodny/Schomburg/Wolf (2003), Rn. 262.

[890] Hackner/Lagodny/Schomburg/Wolf (2003), Rn. 262; Wolf (1999), S. 67, 75.

[891] Schomburg, BMJ 2001, S. 125.

[892] Mitteilung der Kommission an den Rat und das Europäische Parlament über: Gegenseitige Anerkennung verfahrensbeendender Entscheidungen in Strafsachen, S. 2.

[893] Dafür: Satzger (2001), S. 697; Lagodny 1998, 154; Schomburg, DRiZ 2000, 341, 344; ders. (noch unentschlossen), ZRP 1999, 237, 239.

Konfliktfall bedarf es darüber hinaus einer gerichtlichen Instanz[894], die als ultima-ratio berufen ist, allfällige Rechtsfragen verbindlich und einheitlich zu klären[895]. Wie im Rahmen der Auslegung des Merkmals >Aburteilung< aus Art. 54 SDÜ aufgezeigt wurde, erfolgt die Beilegung von Streitigkeiten über die Interpretation von europäischen Übereinkommen im strafrechtlichen Bereich im Wege der Vorabentscheidung durch den Gerichtshof der Europäischen Gemeinschaften. Für bedenklich wird an dieser Zuweisung erachtet, dass im Hinblick auf Art. 6 EMRK (Beschleunigungsgebot) – insbesondere in Haftsachen – vom EuGH deutlich schnellere Entscheidungen erwartet werden müssen. Es sollte daher zukünftig ein auf das Strafrecht spezialisierter Spruchkörper beim EuGH vorgesehen werden, der in der Lage ist, praxis- und zeitnah die erforderlichen Entscheidungen zu treffen[896]. Art. 225a EGV biete hierfür bereits eine vertragliche Grundlage[897].

(3) Zwischenergebnis

Deutlich wurde insoweit, dass die hier fokussierte erste Denk-Alternative, der theoretisch der Gedanke der Rechtskraft-Anerkennung zugrunde liegt, es praktisch erforderlich macht, dass der potenzielle Zweit- bzw. Nachverfolgerstaat feststellt, ob in der zu entscheidenden Strafsache bereits eine Entscheidung ergangen ist und bejahendenfalls, ob diese nach dem Recht des Erstverfolgerstaates in Rechtskraft erwächst. Dieses deshalb, weil nach dem dargelegten Konzept der gegenseitigen Anerkennung stets nur das anerkannt werden kann, was tatsächlich existent geworden ist. Die Beantwortung dieser Fragen geschieht heute vorwiegend auf dem Weg zwischenstaatlicher Konsultationen. Abgesehen davon, dass ein solches Rechtsauskunftsprocedere aufgrund bürokratischer Hürden langwierig ist, erfordert es seitens der Rechtsanwender ein Verständnis fremder Strafrechtsordnungen und die Überbrückung von Sprachbarrieren. Dies kann allzu leicht zu einer Überforderung nationaler Behörden und Gerichte führen. Um die hier betrachtete erste Denk-Alternative unter Anwendung einer gegenseitigen Rechtskraft-Anerkennung nicht dem Vorwurf der Ineffektivität auszusetzen, sollte der angesprochene Konsultationsmechanismus daher auf eine andere Ebene verlagert werden. Die voranstehenden Ausführungen konnten aufzeigen, dass (auch) im justiziellen Bereich statt einer (ggf. mehrfachen) einzelfallorientierten bilateralen Konsultation eine permanente multilaterale Koope-

---

894 Lagodny, BMJ 2001, S. 126; Schomburg, in: Delors, Schutz des Bürgers vor internationaler Kriminalität (2000), S. 36; ders., Kriminalistik 2000, 13, 20.

895 Schomburg, Kriminalistik 2000, 13, 20; ders., StV 1998, 153, 158.

896 Hackner/Lagodny/Schomburg/Wolf (2003), Rn. 277; Schomburg, in: Delors, Schutz des Bürgers vor internationaler Kriminalität (2000), S. 36; ders., Kriminalistik 2000, 13, 20; auch Satzger hält dies für unumgänglich, vgl. StV 2003, 137, 142.

897 Thym, NStZ 2003, 334.

ration angestrebt werden sollte. Als zentrale Plattform hierfür könnte die europäische Dokumentations- und Clearingstelle Eurojust fungieren. Vorstellbar ist, auf dieser Ebene ein europäisches Strafregister zu führen, welches dokumentiert, ob EU-weit in einer Strafsache gegen eine bestimmte Person bereits ein Verfahren geführt wird oder gar bereits ein Straferkenntnis getroffen worden ist (Dokumentationsfunktion). Die Verbindungsjuristen von Eurojust könnten ausserdem unter Zuhilfenahme von Sprachmittlern abklären, ob eine Entscheidung nach dem ihr zugrunde liegenden nationalen Recht Rechtskraftwirkung besitzt (Clearingfunktion), die sodann als Gegenstand zwischenstaatlicher Anerkennung in Betracht kommt. Insofern erweist sich die tatsächliche Umsetzung der bereits beschlossenen Institution Eurojust als eine notwendige Umsetzungsbedingung für eine effiziente Anwendung der hier fokussierten ersten Denk-Alternative. Da Eurojust jedoch auf Rechtsfindung im Konsens angelegt ist, bedarf es daneben – als weitere Umsetzungsbedingung – eines auf Strafrecht spezialisierten Spruchkörpers beim EuGH, der mit Rücksicht auf Art. 6 EMRK zeitnahe Entscheidungen in Streitfällen trifft.

Nachdem insoweit die theoretischen Voraussetzungen und praktischen Umsetzungsbedingungen für die Anwendung der hier ins Blickfeld genommenen ersten Denk-Alternative dargelegt wurden, wird fortan betrachtet, welchen Einwänden sich dieser Denk-Ansatz ausgesetzt sieht.

bb. *Einwand*: Divergierende Rechtskraftqualität vergleichbarer justizieller Entscheidungen

Die hier fokussierte erste Denk-Alternative basiert – wie aufgezeigt – auf dem Gedanken gegenseitiger Rechtskraft-Anerkennung. Sofern – wie dargelegt – (zukünftig) auch Art. 54 SDÜ im Lichte eines EU-weiten Grundsatzes der gegenseitigen Anerkennung gesehen wird und seine Anwendung durch Eurojust und einen auf Strafrecht spezialisierten Spruchkörper beim EuGH flankiert wird, erscheint dieses hier zuerst betrachtete Gedankenmodell insoweit als ein sowohl theoretisch als auch praktisch beschreitbarer Weg, um – aus der Perspektive des potenziellen Nachverfolgerstaates – nach dem Straf(verfahrens)recht des erstverfolgenden Staates zu entscheiden, ob (irgend)eine Entscheidung in Strafsachen – unabhängig von ihrer Form – ein Verfahren endgültig erledigt und damit dem Anwendungsbereich von Art. 54 SDÜ unterliegt.

Einzuwenden ist gegen diesen Lösungsansatz allerdings, dass er zwischenstaatlich divergierende *Rechtskraftqualitäten* von Entscheidungen nicht ausreichend berücksichtigt und daher zu Zufallsergebnissen führen kann. Denn wenn zur Ermittlung dessen, ob eine *rechtskräftige* Entscheidung im Sinn von Art. 54 SDÜ vorliegt, allein darauf abgestellt wird, ob die Entscheidung nach dem (Verfahrens)Recht des erstererkennenden Staates in Rechtskraft erwächst, dann hängt die Gefahr, „Objekt" einer doppelten Strafverfolgung und Bestrafung zu werden, davon ab, in welchem Staat „zufällig" die Erstverfolgung stattfindet. Dieses deshalb, weil die in verschiedenen Staaten getroffenen *vergleichbaren* justiziellen Straferkenntnisse nicht notwendig dieselbe *Rechtskraftqualität* nach dem ihnen zugrunde liegenden nationalen Recht aufweisen (müssen)[898].

Um diesen Einwand seinerseits nicht dem Vorwurf auszusetzen, ein rein theoretisches Problem zu sein, wird er nachfolgend unter Anknüpfung an einen Fall aus der deutsch-französischen Gerichtspraxis verständlich gemacht, über den der BGH am 10.06.1999 entschied[899]. Dem Urteil des BGH lag folgende Prozessgeschichte zugrunde:

Die Anklagekammer des Appellationsgerichtshofs von Metz (Frankreich) hatte das gegen den Tatverdächtigen, einen in Deutschland wohnenden Franzosen, wegen Mordes geführte Verfahren durch untersuchungsrichterlichen Beschluss eingestellt, weil ihm die Tatbeteiligung nicht nachgewiesen werden konnte („ordonnance de non lieu"-Entscheidung[900]). Aufgrund eines in Österreich bestehenden Haftbefehls wurde der Tatverdächtige dort festgenommen und wegen desselben Tatvorwurfs an die BRD ausgeliefert. Vor dem LG Saarbrücken wurde gegen ihn – weil das Opfer ein Deutscher war[901] – in derselben Sache erneut ein Strafverfahren betrieben, das mit einer Verurteilung zu einer lebenslangen Freiheitsstrafe (wegen Mordes aus Habgier) endete[902].

Ganz im Sinne der hier betrachteten ersten Denk-Alternative und des mit dieser (noch) verbundenen bilateralen Rechtsauskunftsprozederes hat der BGH seinerzeit auf der Grundlage des bereits erwähnten EuRAÜbk[903] beim Justizministerium der Republik Frankreich um Auskunft darüber gebeten[904], ob der von der Anklagekammer des Appellationsgerichtshofs getroffenen Entscheidung in Frankreich materielle Rechtskraft zukommt[905].

---

898 Radtke/Busch, NStZ 2003, 281, 286; Thomas (2002), S. 305; Bohnert/Lagodny, NStZ 2000, 636, 640; andeutungsweise auch Kühne (2003), Rn. 79.

899 Vgl. BGH StV 1999, 478ff.

900 Einstellung des Verfahrens durch Beschluss/Verfügung.

901 Kühne, JZ 1998, 876, 877.

902 BGH StV 1999, 478.

903 Vgl. B. II. 3. a. aa. ddd. (1) dieses Kapitels.

904 Zur grundsätzlichen Kritik an dieser Vorgehensweise vgl. schon B. II. 3. aa. ddd. (1) dieses Kapitels.

905 BGH StV 1999, 478.

Das französische Justizministerium teilte auf die Anfrage des BGH mit: „Es ist zwischen dem rechtlich begründeten Einstellungsbeschluss [...], der absolut und endgültig rechtskräftig ist [...], und dem sachlich begründeten Einstellungsbeschluss [...], der [nur] vorläufig und beschränkt rechtskräftig ist, zu unterscheiden“[906]. Letzterer ergeht u.a. dann, wenn – wie im hier betrachteten Fall – die belastenden Tatsachen nicht ausreichend nachgewiesen werden können[907]. Das französische Justizministerium teilte weiter mit, dass „der Beschluss der Anklagekammer in Metz [...], die eine Einstellung wegen >fehlenden Beweismaterials< verkündet hat, unbestreitbar eine sachlich begründete Einstellung [ist], die keine [endgültige] Rechtskraft erlangen kann“[908]. Die endgültige oder absolute Rechtskraft dieser Entscheidung wird auch in der deutschen[909] und französischen[910] Literatur ausdrücklich abgelehnt. Dieses, obwohl durch die richterliche „non-lieu“-Entscheidung bestätigt wird, dass aus Mangel an Beweisen kein Anlass zu weiterer Strafverfolgung besteht[911]. Die nicht endgültige Rechtskraft einer solchen Entscheidung[912] wird damit begründet, dass das Verfahren schon bei Vorliegen neuer Tatsachen jederzeit wieder aufgenommen werden kann[913].

Infolge dieser Rechtsauskunft urteilte der BGH, dass die "Einstellung des Verfahrens [...] aus tatsächlichen Gründen durch den französischen Appellationsgerichtshof [...] einer weiteren Strafverfolgung in Deutschland nach Art. 54 des Schengener Durchführungsübereinkommens nicht entgegen [steht]“[914]. Dies war folgerichtig, denn – wie erwähnt – ist nach Auffassung des BGH Voraussetzung für die Anwendbarkeit von Art. 54 SDÜ, dass eine Entscheidung betroffen ist, die nach nationalem Recht als „endgültig verfahrensbeendend“ und damit strafklageverbrauchend gewertet wird[915]. Die weitere Strafverfolgung in Deutschland wurde mithin durch den BGH höchstrichterlich für rechtens erklärt.

Angenommen, der Tatverdächtige wäre statt in Frankreich, aus welchem Grund auch immer, z.B. in Österreich wegen eines Mangels an Beweisen durch *richterliches Urteil* freigesprochen worden, dann wäre diese Entscheidung nach österreichischem Recht unstreitig in Strafklageverbrauch auslösender endgültiger Rechtskraft erwach-

---

906 BGH StV 1999, 478.

907 BGH StV 1999, 478f.; Bohnert/Lagodny, NStZ 2000, 636, 639.

908 BGH StV 1999, 478, 479.

909 Kühne (2003), Rn. 661.1.

910 Vgl. Nachweise bei Bohnert/Lagodny, NStZ 2000, 636, 639, dort Anm. 38.

911 Kühne, JZ 1998, 876, 877.

912 Satzger (2001), S. 692; Bohnert/Lagodny, NStZ 2000, 636, 639.

913 Satzger (2001), S. 692; Bohnert/Lagodny, NStZ 2000, 636, 640.

914 BGH StV 1999, 478.

915 Vgl. S. 132, dort Fn. 715.

sen[916]. Letztere wäre mit Blick auf die hier behandelte erste Denk-Alternative von deutschen Gerichten anzuerkennen gewesen, was zur Folge gehabt hätte, dass der Tatverdächtige unter Verweis auf Art. 54 SDÜ nicht erneut hätte strafrechtlich verfolgt werden dürfen. Auch der BGH räumt in der hier in Rede stehenden Entscheidung ein, dass ein durch gerichtliches Urteil ergangener Freispruch eine rechtskräftige Entscheidung im Sinn von Art. 54 SDÜ dargestellt hätte[917].

Der von der Anklagekammer des französischen Appellationsgerichtshofs aus Mangel an Beweisen getroffene richterliche Beschluss wird – zumindest von Teilen der Literatur[918] – als eine „freisprechende" Entscheidung bezeichnet[919]. Ungeachtet dessen, ob diese Terminologie zutreffend ist, verdeutlicht die voranstehende Überlegung, dass beide „freisprechenden" Erkenntnisse (französische „ordonnance de non lieu"-Entscheidung und österreichischer Freispruch durch Urteil) offensichtlich in der ihnen nach nationalem Recht zugedachten Rechtskraftqualität divergieren. Die französische „ordonnance de non lieu"-Entscheidung wird lediglich als vorläufig rechtskräftig angesehen, so dass ihr (schon nach nationalem Recht) eine ne bis in idem auslösende Wirkung versagt wird, wohingegen der österreichische Freispruch durch Urteil als rechtskräftig betrachtet wird, so dass er diese Wirkung auszulösen vermag. Dieses, obwohl beide „freisprechenden" Entscheidungen miteinander vergleichbar sind[920]. Denn sie wären unter vergleichbaren Bedingungen ergangen[921] und auch das ihnen zugrunde liegende Verfahren hätte unter denselben (weiten) Voraussetzungen wieder aufgegriffen werden dürfen, wie nachfolgend aufgezeigt wird.

Der hier in Rede stehenden „ordonnance de non lieu"-Entscheidung lag – zumindest rechtstheoretisch – folgender Verfahrensablauf zugrunde: Da ein Verbrechen (Mord) betroffen war, musste die ermittelnde Staatsanwaltschaft die Sache zwingend einem Untersuchungsrichter überantworten, der – nach erfolgter erster Beweisaufnahme –

---

[916] Vgl. Platzgummer (1990), S. 157.

[917] BGH StV 1999, 478, 479.

[918] Bohnert/Lagodny, Art. 54 SDÜ im Lichte der nationalen Wiederaufnahmegründe, in: NStZ 2000, 636ff.; Kühne, Ne bis in idem in den Schengener Vertragsstaaten, in: JZ 1998, 876ff.

[919] Bohnert/Lagodny, NStZ 2000, 636; Kühne, JZ 1998, 876, 877.

[920] In diesem Sinne Kühne, dem zufolge das Verfahren der „non-lieu"-Entscheidung dem einer Beweisaufnahme in einer Hauptverhandlung entsprach, vgl. Kühne, StV 1999, 480; ders., JZ 1998, 876, 879.

[921] A.A. BGH StV 1999, 478, 479, der behauptet, ein auf Freispruch erkennendes Urteil stehe der „non-lieu"-Entscheidung nicht gleich, da das Verfahren von letzterer dem eines deutschen Zwischenverfahrens entsprach. Dieses, obwohl der Schwerpunkt des Verfahrens (Beweiserhebung) beim untersuchungsrichterlichen Verfahren lag. Das französische Zwischenverfahren diente hingegen lediglich als erste Plausibilitätskontrolle der durch die Staatsanwaltschaft vorgelegten Beweise, vgl. Kühne, StV 1999, 480.

seine Entscheidung dem Generalstaatsanwalt vorzulegen hatte. Dieser musste die Sache – wegen des Verbrechenscharakters wiederum obligatorisch – an die Anklagekammer des Appellationsgerichtshofes weiterleiten[922], also an ein Gericht im formalen Sinn[923], und dort auch vertreten[924]. Vor der mit einem vorsitzenden Untersuchungsrichter und zwei Beisitzern besetzten Kammer musste sodann eine weitere Beweisaufnahme stattfinden (sog. „Untersuchungsgerichtsbarkeit in 2. Instanz")[925]. Zu dieser wurden Beschuldigter, Opfer(vertreter), Rechtsbeistände und die Staatsanwaltschaft geladen[926]. Der Richter musste die Identität des Angeklagten feststellen, ihm die Anklage in juristischer und tatsächlicher Hinsicht eröffnen und ihn darauf hinweisen, dass es ihm freistehe, zur Sache auszusagen und sich von einem (mit den üblichen Rechten[927] ausgestatteten) Rechtsanwalt verteidigen zu lassen. Bei Teilnahme eines Verteidigers erhielt das mündlich geführte Verfahren kontradiktorischen Charakter und wurde öffentlich. Nach Einvernahme des Angeklagten musste der Richter Zeugen und Sachverständige unter Beteiligung des Angeklagten und seines Verteidigers hören. Sofern erforderlich hatte der Richter die Möglichkeit Zwangsmassnahmen zu verhängen. Danach musste die Verteidigung gehört werden und der Angeklagte hatte das letzte Wort[928]. Abschliessend musste die richterliche Entscheidung – wie ein Urteil – beschlossen, begründet und verfasst werden[929].

Die richterliche Ablehnung der Strafverfolgung durch den Beschluss der Anklagekammer des Appellationsgerichtshofs, also die französische „non-lieu"-Entscheidung, beruhte demnach auf einem Verfahren, dass dem einer „normalen" Tatsacheninstanz vor einem (österreichischen) Gericht entspricht, so wie es auch einem gerichtlichen Freispruch in Urteilsform zugrunde liegt[930]. Denn sehr ähnlich zu den voranstehend geschilderten Verfahrensschritten hat der mit einem Berufsrichter und zwei Schöffen besetzte Senat eines österreichischen Landgerichts auch zunächst den Angeklagten zur Person durch den Vorsitzenden zu vernehmen. Anschliessend eröffnet der Staatsanwalt dem Angeklagten, was ihm in rechtlicher und tatsächlicher Hinsicht vorgeworfen wird. Dem vorab geschilderten Verfahrensablauf entspre-

---

[922] Bohnert/Lagodny, NStZ 2000, 636, 638; Kühne, JZ 1998, 876. 879.

[923] Bohnert/Lagodny, NStZ 2000, 636, 638; Kühne, JZ 1998, 876, 877.

[924] Bohnert/Lagodny, NStZ 2000, 636, 638.

[925] Bohnert/Lagodny, NStZ 2000, 636, 638; Kühne, JZ 1998, 876, 877.

[926] Bohnert/Lagodny, NStZ 2000, 636, 638.

[927] Recht auf Information über anberaumte Sitzungstermine, Recht auf Akteneinsicht, Recht auf Kommunikation mit dem Angeklagten etc., vgl. Kühne, JZ 1998, 876, 879.

[928] Böhm (2001), S. 78; Kühne, StV 1999, 480; ders., JZ 1998, 876, 879.

[929] Bohnert/Lagodny, NStZ 2000, 636.

[930] So auch Kühne in Bezug auf die Gleichstellung mit der Tatsacheninstanz vor einem deutschen Amts- oder Landgericht, vgl. Kühne, JZ 1998, 876, 879 (880). Für die Vergleichbarkeit mit einem Freispruch nach gerichtlichem Verfahren auch: Bohnert/Lagodny, NStZ 2000, 636.

chend, erhält daraufhin der Angeklagte die Gelegenheit, sich zur Sache zu äussern, wobei er das Recht hat, die Aussage überhaupt oder die Beantwortung einzelner Fragen zu verweigern. Im Rahmen der Beweisaufnahme werden – neben dem Augenscheins- und Urkundenbeweis – auch hier Zeugen und Sachverständige vernommen. Das Verfahren erhält hier ebenfalls kontradiktorischen Charakter, weil der Verteidiger die Möglichkeit hat, in einem Gegenvortrag zu erwidern und selbst Gegenbeweise vorzubringen. Nach dem Schlussvortrag des Staatsanwaltes gebührt – wie im voranstehend geschilderten Verfahrenslauf – dem Angeklagten und seinem Verteidiger das letzte Wort[931]. Anschliessend muss auch hier das Urteil verkündet, begründet und verfasst werden.

Aber nicht nur im Hinblick auf den soeben geschilderten Verfahrenslauf, sondern auch mit Blick auf die Wiederaufnahmevoraussetzungen sind die französische „non-lieu"-Entscheidung und ein österreichischer Freispruch in Urteilsform miteinander vergleichbar, so dass es – wie dargelegt – erstaunt, dass die Qualität der Rechtskraft, die ihnen jeweils zuerkannt wird, unterschiedlich ist. Denn das Verfahren der französischen „ordonnance de non lieu"-Entscheidung hätte – wie bereits erwähnt – schon bei Vorliegen neuer Tatsachen wieder aufgegriffen werden können[932]. Neu wäre eine Tatsache in diesem Sinne dann, wenn sie eine gewisse Wahrscheinlichkeit für die zuvor abgelehnte Täterschaft (bzw. gegen die zuvor angenommene Täterschaft) begründete[933]. Ähnlich weit gehend ist die österreichische Strafprozessordnung im Hinblick auf einen durch Urteil ergangenen Freispruch. Das ihm zugrunde liegende Verfahren kann u.a. dann zum Nachteil des Freigesprochenen wieder eröffnet werden, „wenn sich [bloss...] neue [...] Tatsachen ergeben, die [...] geeignet erscheinen, die Bestrafung des Angeklagten zu begründen"[934]. Im Vergleich dazu ist nach deutschem Recht die Wiederaufnahme zu*un*gunsten des Betroffenen nur auf der Grundlage neuer Tatsachen möglich, soweit diese auf ganz bestimmten (einschränkenden) Umständen beruhen[935].

Damit darf insoweit festgehalten werden, dass beide vorab betrachteten Entscheidungsformen nicht bloss (beide) unter Beachtung zentraler Elemente einer Hauptverhandlung ergangen wären, sondern beide hätten auch unter vergleichbaren Voraussetzungen wieder aufgegriffen werden dürfen. Letzteres deshalb, weil die Voraussetzungen für die Wiederaufnahme einer „ordonnance de non lieu"-Entscheidung in

---

931 Bertel (1997), Rn. 11ff.

932 Vgl. S. 163.

933 Kühne, JZ 1998, 876, 878; ähnlich weit Satzger (2001), S. 692.

934 § 355 Nr. 2 öStPO, in: Foregger/Bachner-Foregger, StPO mit Anm. (2002).

935 Vgl. § 362 dStPO.

Frankreich denen eines Freispruchs durch Urteil in Österreich entsprochen hätten[936]. Trotz dieser Vergleichbarkeit beider Entscheidungen hätte der österreichische Freispruch in Urteilsform in Deutschland nach Art. 54 SDÜ ein Verfolgungs- und Bestrafungsverbot ausgelöst, da deutsche Behörden und Gerichte seine nach österreichischem Recht zugedachte endgültige Rechtskraft anerkannt hätten[937]. Hingegen hätten deutsche Behörden und Gerichte die nach französischem Recht einer „non-lieu"-Entscheidung zugesprochene nur vorläufige (beschränkte) Rechtskraft nicht als im Sinn von Art. 54 SDÜ strafklageverbrauchend anerkannt, wie die vorab zitierte Entscheidung des BGH deutlich macht. Bei Erstverfolgung in Österreich mit Verfahrensbeendigung durch Freispruch wäre der Tatverdächtige also in Deutschland vor weiterer Strafverfolgung sicher gewesen, weil das österreichische Recht diesem das Prädikat „endgültig verfahrensbeendend" zuerkennt. In den Genuss des Strafklagenverbrauchs wäre der Betroffene bei Erstverfolgung in Frankreich mit Verfahrensbeendigung durch eine *vergleichbare* richterliche Entscheidung hingegen nicht gekommen. Dieses deshalb nicht, weil das französische Recht die „non-lieu"-Entscheidung nur mit dem Prädikat „vorläufig rechtskräftig" versieht und ihr damit keine „endgültig verfahrensbeendende" Wirkung zuspricht, die von deutschen Behörden und Gerichten hätte unter Anwendung von Art. 54 SDÜ *anerkannt* werden können. Denn – zur Erinnerung – Art. 54 SDÜ setzt nach bisherigem Meinungsstand eine endgültig verfahrensbeendende Entscheidung voraus[938] und nach der bereits dargelegten Wirkungsweise des hier in Erwägung gezogenen Grundsatzes der gegenseitigen Anerkennung kann zwischenstaatlich stets nur das anerkannt werden, was national tatsächlich existent geworden ist[939].

Deutlich wird an diesem Beispiel, dass bei einer am nationalen Recht des Erstverfolgerstaates orientierten Auslegung von Art. 54 SDÜ im Hinblick auf das Verbot doppelter Strafverfolgung und Bestrafung Wertungswidersprüche auftreten können, da nicht ausgeschlossen werden kann, dass die Endgültigkeit *vergleichbarer* Entscheidungen nach jeweils nationalem Recht unterschiedlich beurteilt wird[940]. Das Recht, von mehrfacher Strafverfolgung und ggf. Bestrafung verschont zu bleiben, gerät damit in Abhängigkeit davon, wo „zufällig" die Erstverfolgung stattfindet. Der Betroffene ist immer dann benachteiligt, wenn gegen ihn eine Entscheidung getroffen wird, die nach dem Recht des Erstverfolgerstaats nicht in endgültiger Rechtskraft erwächst, aber in einer solchen Rechtskraft erwachsen würde, wenn sie in einem anderen Staat

---

936 So auch Thomas (2002), S. 276; Bohnert/Lagodny, NStZ 2000, 636, 640.

937 Ein Freispruch in Urteilsform wird „unstreitig" von Art. 54 SDÜ erfasst, vgl. B. II. 2. b. aa. dieses Kapitels.

938 Vgl. S. 132.

939 Vgl. B. II. 3. a. aa. bbb. dieses Kapitels.

940 Bohnert/Lagodny, NStZ 2000, 636, 640.

in *vergleichbarer* Weise getroffen worden wäre. Der Betroffene sieht sich dann der Gefahr einer Zweitverfolgung ausgesetzt, die nicht bestünde, wenn er in dem anderen Staat zuerst verfolgt worden wäre[941]. Zur Beurteilung dessen, wann eine *rechtskräftige* Entscheidung im Sinn von Art. 54 SDÜ vorliegt, kann demgemäss nicht im Sinne der hier betrachteten ersten Denk-Alternative allein darauf abgestellt werden[942], ob eine Entscheidung nach dem Recht des erstverfolgenden Staates in Rechtskraft erwächst, wenn derartig beliebige Ergebnisse vermieden werden sollen.

Mit Blick auf dieses Beispiel ist in der neueren Literatur[943] z.T. unerwähnt geblieben, dennoch aber zu beachten, dass die „Untersuchungsgerichtsbarkeit in 2. Instanz" vor der Anklagekammer des Appellationsgerichtshofs, auf der die hier betrachtete französische „non-lieu"-Entscheidung fusste, zwar zum 01.01.2001 durch Gesetz vom 15.06.2000 abgeschafft wurde, die Anklagekammer jedoch als Berufungsinstanz auch für untersuchungsrichterliche Einstellungsbeschlüsse fortbesteht. Rechtskonstellationen der soeben besprochenen Art sind deshalb auf dieser Ebene weiterhin möglich[944], so dass die anhand dieses Beispiels entwickelte Kritik an der hier fokussierten ersten Denk-Alternative nicht an Aktualität eingebüsst hat.

Auch wenn die hier erhobene Kritik an der ersten Denk-Alternative nur anhand *eines* Beispieles aus der Rechtsprechung näher konkretisiert wurde, so darf doch festgehalten werden, dass gerade im Hinblick auf die stetige Erweiterung der EU nicht auszuschliessen ist, dass das aufgezeigte Problem *divergierender Rechtskraftqualitäten* von Entscheidungen an Brisanz gewinnen wird. Denn je grösser der räumliche Anwendungsbereich von Art. 54 SDÜ wird, desto facettenreicher wird das Bild von im Detail verschiedenen nationalen Rechtsordnungen unter dem gemeinsamen Dach EU. Bei zunehmender Vervielfältigung unterschiedlicher Rechtsordnungen in der EU kann – wie bisher – auch zukünftig nicht ausgeschlossen werden, dass *vergleichbare* justizielle Entscheidungen in der Qualität oder Intensität ihrer Rechtskraftwirkung national unterschiedlich bewertet werden. Auf der Grundlage dessen, dass weiterhin nur eine Entscheidungsform mit „*endgültig* verfahrensbeendendem" Charakter als von Art. 54 SDÜ erfasst angesehen wird, birgt die hier fokussierte erste Denk-Alternative mit Blick auf die EU-Erweiterung in zunehmendem Masse das Risiko, dass das Wirksamwerden eines Doppelverfolgungs- und -bestrafungsverbots vom Zufall abhängig gemacht wird. Denn je nachdem, ob das nationale Recht des Erstverfolgerstaates seiner Entscheidung das Prädikat „endgültig verfahrensbeendend" ver-

---

941 Thomas (2002), S. 304f. u. 275f.

942 Ohne nähere Begründung i.E. so auch Kühne (2003), Rn. 79.

943 Satzger, Die Europäisierung des Strafrechts (2001); Thomas, Das Recht auf Einmaligkeit der Strafverfolgung (2002).

944 Böhm (2001), S. 77 u. 78, dort Anm. 577; Bohnert/Lagodny, NStZ 2000, 636, 638.

leiht oder nicht, würde diese absolute Rechtskraft vom potenziellen Zweitverfolgerstaat nach Art. 54 SDÜ *anzuerkennen* sein und mithin ein solches Verbot auslösen (oder eben nicht).

Unter Berücksichtigung der bereits dargelegten und rechtlich begründeten Notwendigkeit eines transnationalen Verbots mehrfacher Strafverfolgung und Bestrafung[945] ist eine solche zumindest vorstellbare Beliebigkeit des Eingreifens dieses Verbots äusserst bedenklich. Das hier in Erwägung gezogene Gedankenmodell der Rechtskraft-Anerkennung wird in dieser Arbeit für die Beurteilung einer zwischenstaatlichen Rechtskraftwirkung von Entscheidungen deshalb nicht weiter verfolgt.

cc. Ergebnis und Konsequenz der ersten Denk-Alternative

Ausgangspunkt des hier zuerst betrachteten Denk-Ansatzes war die durch Auslegung ermittelte Feststellung, dass es für das Wirksamwerden des in Art. 54 SDÜ normierten Doppelverfolgungs- und -bestrafungsverbots nicht auf die formelle Gestalt der auf nationaler Ebene getroffenen Entscheidung ankommt, sondern vielmehr bedeutsam ist, ob diese endgültig verfahrensbeendend ist und mithin in Rechtskraft erwächst. Um im Sinne von Art. 54 SDÜ festzustellen, ob die fragliche Entscheidung einen solchen Charakter aufweist, konnte als ein möglicher Weg die zwischenstaatliche Rechtskraft-Anerkennung von Entscheidungen aufgezeigt werden. Danach beurteilt der potenzielle Zweitverfolgerstaat nach dem Recht des Erstverfolgerstaates ob die in letzterem getroffene Entscheidung endgültig verfahrensbeendend ist. Faktisch erkennt der potenzielle Nachverfolgerstaat es also an, wenn der Erstverfolgerstaat seinem getroffenen Straferkenntnis das Prädikat „endgültig verfahrensbeendend" verleiht.

Nach Darlegung, dass das Rechtsinstitut der gegenseitigen Anerkennung grundsätzlich formell und materiell geeignet ist für die zwischenstaatliche Anerkennung der Rechtskraft von Entscheidungen, wurde zunächst untersucht, ob das Rechtsinstitut der Anerkennung, so wie es im Völkerrecht konkret ausgestaltet ist, für die zwischenstaatliche Rechtskraft-Anerkennung nutzbar gemacht werden kann. Dieses deshalb, weil Art. 54 SDÜ in Titel VI des EUV integriert wurde, also in die völkerrechtlich organisierte sog. dritte Säule des EUV. Diese Überlegung musste im Ergebnis verneint werden, da – erstens – die Rechtskraft von Entscheidungen nicht dem Anwendungsbereich des völkergewohnheitsrechtlichen Grundsatzes der Anerkennung unterliegt. Zweitens kommt eine transnationale Rechtskraft-Anerkennung, abgeleitet aus dem völkerrechtlichen Einmischungsverbot, nicht in Frage, sobald die in

[945] Vgl. C. im 1. Kapitel dieser Arbeit.

Rede stehenden Sachverhalte – wie hier – von zwischenstaatlichen Kompetenzkonflikten gekennzeichnet sind. Und drittens wurde die zwischenstaatliche Rechtskraft-Anerkennung auf der Grundlage einer entsprechenden Völkersitte wegen deren nur rechts*un*verbindlichem Charakter abgelehnt.

Ebenfalls aufgrund der Inkorporation des Schengener Durchführungsübereinkommens in den Rahmen der EU wurde anschliessend eruiert, ob der Grundsatz der gegenseitigen Anerkennung auf dieser Ebene eine solche Ausprägung erfährt, dass er für die zwischenstaatliche Rechtskraft-Anerkennung nutzbar gemacht werden kann. Dabei hat sich herausgestellt, dass auf der Ebene der Europäischen Union das Ziel verfolgt wird, das Verfahrensrecht in Strafsachen zukünftig durch das Rechtsinstitut der gegenseitigen Anerkennung zu erweitern. Ausdrücklich wird dabei in Erwägung gezogen und angestrebt, das in Art. 54 SDÜ normierte Verbot der Doppelverfolgung und Doppelbestrafung im Lichte einer uneingeschränkten Anwendung des Grundsatzes der gegenseitigen Anerkennung zu betrachten.

Da jedoch nach der dargelegten Konzeption des Rechtsinstituts der gegenseitigen Anerkennung vom Zweitverfolgerstaat stets nur eine Wirkung anerkannt werden kann, die im erstverfolgenden Staat tatsächlich eingetreten ist, muss der potenzielle Zweitverfolgerstaat feststellen, ob im Erstverfolgerstaat bereits eine Entscheidung ergangen ist und bejahendenfalls, ob diese nach dem Recht des Erstverfolgerstaates in Rechtskraft erwächst. Aufgezeigt wurde, dass die Beantwortung dieser Fragen derzeit (noch) im Wege eines bilateralen Rechtsauskunftsprozederes geschieht. Um Sprachbarrieren und die (oft) fehlende Kenntnis fremder Rechtsordnungen bei den Rechtsanwendern zu überbrücken, und um den Gedanken der zwischenstaatlichen Rechtskraft-Anerkennung mit Blick auf Art. 6 EMRK (Beschleunigungsgebot) nicht dem Vorwurf der unangemessenen Langwierigkeit auszusetzen, sollte der einzelfallbezogene bilaterale Konsultationsmechanismus durch eine permanente multilaterale Kooperation ersetzt werden. Die bereits beschlossene europäische Institution Eurojust könnte dafür eine geeignete Plattform bieten. Als weitere Umsetzungsbedingung der hier betrachteten ersten Denk-Alternative sollte Eurojust von einem auf Strafsachen spezialisierten Spruchkörper beim EuGH flankiert werden. Letzterer wäre in der Lage die von Eurojust im Konsens nicht beizulegenden Streitfälle mit Rücksicht auf Art. 6 EMRK zeitnah und rechtsverbindlich zu entscheiden.

Eingewendet werden kann gegen den Gedanken der zwischenstaatlichen gegenseitigen Rechtskraft-Anerkennung jedoch, dass er die Problematik divergierender Rechtskraftqualitäten von vergleichbaren Entscheidungen ungelöst lässt und damit das Wirksamwerden des Doppelverfolgungs- und -bestrafungsverbots aus Art. 54 SDÜ davon abhängig macht, wo „zufällig" die Erstverfolgung stattfindet. In Anlehnung an ein Beispiel aus der deutschen höchstrichterlichen Rechtsprechung wurde deutlich gemacht, dass ein in Frankreich aus Mangel an Beweisen getroffener richterlicher Einstellungsbeschluss der Anklagekammer des Appellationsgerichtshofs nach dem ihm zugrunde liegenden Recht nicht „endgültig verfahrensbeendend“ wirkt, während einem in Österreich aus Mangel an Beweisen ergangenen Freispruch nach österreichischem Recht diese Eigenschaft zuerkannt wird. Dieses, obwohl beide Entscheidungen in der Literatur als „freisprechend“ bezeichnet werden, unter vergleichbaren Verfahrensmodalitäten ergehen und das ihnen zugrunde liegende Verfahren unter denselben Voraussetzungen wieder aufgegriffen werden darf. Da das in Art. 54 SDÜ normierte Doppelverfolgungs- und -bestrafungsverbot dem Wortlaut der (EuGH-)Rechtsprechung zufolge eine Entscheidung mit „endgültig verfahrensbeendendem“ Charakter verlangt, wäre die Folge dieser ersten Denk-Alternative, dass die (endgültige) Rechtskraftwirkung des österreichischen Freispruchs zwischenstaatlich anerkannt und einen Strafklageverbrauch nach Art. 54 SDÜ auslösen würde; nicht hingegen – mangels zuerkannter endgültiger Rechtskraft – die französische „ordonnance de non lieu“-Entscheidung.

Nicht ausgeschlossen werden kann, dass sich die Problematik divergierender Rechtskraftqualitäten von Entscheidungen mit der zunehmenden Vervielfältigung verschiedener nationaler Rechtsordnungen unter dem Dach der EU infolge der EU-Erweiterung noch verstärkt. Ausserdem ist das dargelegte „beliebige“ Wirksamwerden des in Art. 54 SDÜ normierten Verbots angesichts der im ersten Kapitel aufgezeigten und rechtlich begründeten Notwendigkeit eines transnationalen Doppelverfolgungs- und -bestrafungsverbots nicht sachgerecht. Aus diesen Gründen wird die hier fokussierte erste Denk-Alternative und der ihr zugrunde liegende Gedanke der zwischenstaatlichen Rechtskraft-Anerkennung in dieser Arbeit nicht weiter betrachtet.

Nachfolgend wird deshalb untersucht, ob die zu Beginn dieser Ausführungen erwähnte zweite Denk-Alternative[946] eine adäquate Lösung darstellt, um über die zwischenstaatliche Rechtskraftwirkung von Entscheidungen zu befinden.

b. Das Recht des Zweit- bzw. Nachverfolgerstaates als massgebende Beurteilungsgrundlage zwischenstaatlicher Rechtskraft von Entscheidungen

Aus der Sicht eines potenziellen Zweit- bzw. Nachverfolgerstaates, der eine im so genannten Erstverfolgerstaat bereits entschiedene Strafsache erneut aufgreifen will, wäre es nach den aufgezeigten Problemen, die sich bei der Anwendung fremden

[946] Vgl. S. 131.

Rechts stellen[947], der denkbar einfachste Weg, zu überprüfen, ob diese Entscheidung in Rechtskraft erwächst und damit ein Verfolgungs- und Bestrafungsverbot gemäss Art. 54 SDÜ auslöst, wenn dieser Prüfung die entsprechenden Vorschriften der *eigenen* Rechtsordnung zugrunde gelegt werden könnten. Denn die (be)urteilenden Personen sind mit diesen Normen in der Regel vertraut. Da dieses – auf den ersten Blick – im Vergleich zur Alternative eines allgemeinen Standards[948] die näher liegende Lösung ist, wird sie im Weiteren Gegenstand der Betrachtung sein.

aa. *Voraussetzung*: Formelle Erkenntnis-Analogie

Der eingangs[949] formulierten Vorgehensweise entsprechend, wird zunächst eruiert, welche Voraussetzung erfüllt sein muss, um für die Rechtskraftbeurteilung der im Erstverfolgerstaat ergangenen Entscheidung auf das nationale Recht desjenigen Staates abstellen zu können, der – bei eigenem Strafanspruch – eine neuerliche Beurteilung der Strafsache anstrebt. Diese zweite (von den angedachten vier) Denk-Alternative(n) würde die strafverfolgenden Organe des potenziellen Nachverfolgerstaates immer dann gemäss Art. 54 SDÜ an einer neuerlichen (und damit doppelten) Verfolgung hindern, wenn die im Erstverfolgerstaat ergangene Entscheidung (auch) nach dem Recht des Zweitverfolgerstaates endgültig verfahrensbeendend wirkt. Dieser Lösungsansatz setzt damit von vornherein voraus, dass die vom Schengener Durchführungsübereinkommen erfassten Staaten über analoge, also gleich*artige*, Entscheidungs- oder Erkenntnisformen verfügen. Denn diesem Ansatz zufolge ist zu entscheiden, ob eine im Ausland getroffene Entscheidung nach inländischem Recht in Rechtskraft erwächst. Diese Entscheidung kann aber nur getroffen werden, wenn innerstaatlich eine mindestens gleichartige (analoge) Entscheidungsform zu dem im Ausland getroffenen Straferkenntnis existiert. Denn wenn im Zweit- bzw. Nachverfolgerstaat ein Entscheidungs-Pendant – im Sinne einer Entsprechung – zu dem vom ersterkennenden Staat getroffenen justiziellen Erkenntnis fehlt, dann hat der Zweit- bzw. Nachverfolgerstaat keine Grundlage oder Bezugsgrösse, anhand deren Vorschriften er die Beurteilung der Rechtskraft der (ausländischen) „Erst-Entscheidung" vornehmen könnte. Die Beurteilung der Rechtskraft dieser fremden Entscheidung auf der Basis seiner *eigenen* Verfahrens- oder (allgemein) Rechtsordnung ist dem Nachverfolgerstaat mithin ohne eine *Erkenntnis-Analogie* unmöglich.

---

947 Vgl. B. II. 3. a. aa. ddd. dieses Kapitels.

948 Vgl. B. II. 3. d. dieses Kapitels.

949 Vgl. B. II. 3. dieses Kapitels.

Wichtig zu beachten ist, dass lediglich der Form nach Gleich*artigkeit* zwischen ausländischem und inländischem Straferkenntnis gegeben sein muss (formelle Analogie), da der materielle Gehalt (Rechtskraft ja oder nein) der ausländischen Entscheidung ja gerade erst auf der Grundlage inländischen Rechts ermittelt werden soll. Diese zweite Denk-Alternative erfordert mithin keine materielle Erkenntnis-Äquivalenz – im Sinne einer inhaltlichen Gleich*wertigkeit* – zwischen dem im Ausland ergangenen justiziellen Erkenntnis und seinem inländischen Entscheidungs-Pendant.

Zusammengefasst setzt die hier betrachtete zweite Denk-Alternative somit eine formelle Analogie – im Sinne einer der Form nach bestehenden Entsprechung, Gleichartig- oder Ähnlichkeit – zwischen einem ausländischen justiziellen Erkenntnis und seinem inländischen Pendant voraus. Nur wenn diese formelle Analogie besteht, kann das inländische Entscheidungs-Pendant des Zweit- bzw. Nachverfolgerstaats die Grundlage für die Rechtskraftbeurteilung der im Erstverfolgerstaat ergangenen Entscheidung liefern.

bb. *Einwand*: Fehlende formelle Erkenntnis-Analogie

Die aus Sicht des potenziellen Zweit- oder Nachverfolgerstaates nahe liegende Möglichkeit, die Rechtskraft einer ausländischen Entscheidung anhand inländischen (eigenen) Rechts zu beurteilen, setzt – wie dargelegt – voraus, dass dem im Ausland getroffenen Erkenntnis im Inland der Form nach ein Entscheidungs-Pendant gegenüber steht. Das von einer solchen formellen Erkenntnis-Analogie nicht stets ausgegangen werden kann[950], zeigt schon der bereits erwähnte „transactie-Fall“[951]. Anhand dessen wurde die in der deutschen Rechtsprechung bislang erkennbare Tendenz zu einer restriktiven Auslegung des Merkmals >rechtskräftige Aburteilung< in Art. 54 SDÜ nachgezeichnet[952]. Zur Erinnerung, den z.T. in Hamburg ansässigen Angeklagten wurde seinerzeit in einem in Deutschland geführten Strafverfahren, das seinen Weg bis vor den BGH fand, vorgeworfen, in der EG fälligen Antidumpingzoll hinterzogen zu haben. Dieses, nachdem das Strafverfahren in Belgien zuvor schon im Wege der „transactie“ – einem verwaltungsrechtlichen Vergleich in Form eines Vertrages – beendet worden war. Hätte der BGH – im Sinne der hier betrachteten zweiten Denk-Alternative – zur Entscheidung darüber, ob die transactie ein Verfolgungs- und Bestrafungsverbot nach Art. 54 SDÜ auslöst, die Rechtskraft der belgischen transactie nach deutschem Recht beurteilen wollen, hätte dies notwendig gemacht,

[950] Im Ergebnis auch: Thomas (2002), S. 297; Böhm (2001), S. 14f., 93; van den Wyngeart/Stessens ICLQ 1999, 779, 801.

[951] BGH NStZ 1999, 250ff.

[952] Vgl. B. II. 1. dieses Kapitels.

die transactie (irgend)einer im deutschen Recht vorgesehenen Entscheidungsform gleichzusetzen. Anhand der für diese Norm vorgesehenen Vorschriften, die Rechtskraft betreffend, hätte er sodann über die Rechtskraft der belgischen transactie zu entscheiden gehabt.

Sowohl in der belgischen und der niederländischen als auch in der französischen Rechtsordnung sind transactie-Verfahren für Straftaten vorgesehen, die im Höchstmass mit einer Freiheitsstrafe nicht über fünf Jahren bedroht sind, um diese in einem Verfahren ausserhalb einer Hauptverhandlung „erledigen" zu können. Dabei beendigt die Staatsanwaltschaft oder eine Verwaltungsbehörde das Verfahren gegen Zahlung eines bestimmten Geldbetrages, sofern der Beschuldigte das einseitige Behördenangebot annimmt[953]. Das Rechtsinstitut „transactie" ist der deutschen Rechtsordnung jedoch fremd[954]. Bezogen auf den vom BGH zu entscheidenden Fall, in dem das Angebot zur Verfahrenseinstellung letztlich vom belgischen Finanzministerium kam[955], ist die transactie am ehesten mit der – einer rechtskräftigen Verurteilung gleichstehenden – Unterwerfung nach § 445 dAO[956] vergleichbar[957]. Ähnlich dem transactie-Verfahren konnte der Beschuldigte danach in einer vor dem Finanzamt stattfindenden Unterwerfungsverhandlung das Steuervergehen vorbehaltlos einräumen und sich einer festzusetzenden Strafe sofort unterwerfen. Im Gegenzug wurde auf den Erlass eines Strafbescheides verzichtet[958]. Vor dem Hintergrund von Art. 92 dGG, der die rechtsprechende Gewalt ausdrücklich den Richtern anvertraut (Richtermonopol), wurden die §§ 421 Abs. 2, 445 und 447 Abs. 1 dAO, nach denen die Finanzämter Kriminalstrafen verhängen konnten, jedoch als mit dem Grundgesetz unvereinbar und daher für nichtig erklärt[959]. Ein dem transactie-Verfahren vergleichbares Unterwerfungsverfahren existiert seither nicht mehr, so dass die Unterwerfung nicht mehr als Pendant zur transactie herangezogen werden kann.

Im Sinne der zweiten Denk-Alternative bleibt zu schauen, welche anderen rechtsgültigen Entscheidungsformen ein formell analoges Pendant – im Sinne einer der Form nach gleichartigen Entsprechung – zur transactie darstellen könnten.

Offensichtlich ist, dass ein förmliches Gerichtsurteil kein solches Entscheidungs-Pendant zur transactie ist. Der augenscheinlichste Unterschied besteht darin, dass

---

953 Van den Wyngeart, NStZ 1998, 153.
954 BGH NStZ 1998, 149, 152; Thomas (2002), S. 301; Hecker, StV 2001, 306, 307.
955 Vgl. B. II. 1. dieses Kapitels.
956 Deutsche Abgabenordnung (a.F.).
957 Schomburg, in: 50 Jahre GG (2000), 99, 104; BGH NStZ 1998, 149, 152.
958 Kühn (1954), S. 485.
959 BVerfGE 22, 49, 73.

letztere seitens der Exekutive (Verwaltungsbehörde oder Staatsanwaltschaft) dem Beschuldigten zur Annahme angeboten wird, wohingegen ein Urteil von der rechtsprechenden Gewalt im Staat (Judikative) über den Angeklagten gesprochen wird, ohne dass es darauf ankäme, ob dieser damit einverstanden ist oder nicht. Die aussergerichtlich ergehende transactie hat damit nicht den einem gerichtlichen Urteil vergleichbaren prozessualen Charakter[960].

Ähnliches gilt auch im Hinblick auf die „Verfahrenseinstellung nach Erfüllung von Auflagen", die auf den ersten Blick ein Pendant zur transactie sein könnte. Denn der transactie vergleichbar kann gemäss diesem Rechtsinstitut bei einem Vergehen von der Erhebung öffentlicher Klage abgesehen werden, sofern der Beschuldigte zustimmt, eine bestimmte Auflage zu erfüllen. Beispielsweise kann ihm – wie bei der transactie – auferlegt werden, einen bestimmten Geldbetrag zugunsten der Staatskasse zu zahlen[961]. Die Verfahrenseinstellung kann – vergleichbar einer transactie – sowohl durch die Staatsanwaltschaft (gemäss Art. 153a StPO) als auch durch eine Verwaltungsbehörde erfolgen. Letzteres insbesondere deshalb, weil bei Steuerstraftaten (und auch Zollstraftaten[962]) die Finanzbehörden nach § 399 AO von der Einstellungsbefugnis des § 153a StPO Gebrauch machen dürfen[963]. Der wesentliche formelle Unterschied zur transactie besteht jedoch darin, dass – abgesehen von Bagatellfällen – die Verfahrenseinstellung nach § 153a StPO unter Richtervorbehalt steht[964] und damit formell ein Stück weit in die Nähe eines Urteils rückt, mit dem die transactie – wie ausgeführt – gerade nicht vergleichbar ist, weil sie ausschliesslich exekutiven Ursprungs ist. Zwar ändert das richterliche Zustimmungserfordernis nichts daran, dass die Verfahrenseinstellung durch die Staatsanwaltschaft oder eine Verwaltungsbehörde formal auch eine solche eines Exekutivorgans ist[965], doch hat sie – im Gegensatz zur transactie – auch einen formell-*prozessualen* Charakter, weil ihr durch den Richtervorbehalt der Rechtsgedanke der gegenseitigen Kontrolle zugrunde liegt[966]. Denn durch das richterliche Zustimmungserfordernis wird – im Unterschied zur transactie – bei der „Verfahrenseinstellung gegen Auflage" das Absehen vom Legalitätsprinzip[967] (Verfolgungszwang) im Regelfall durch ein Gericht mitverantwortet und zusätzlich legitimiert[968].

---

[960] Van den Wyngeart, NStZ 1998, 153.
[961] Vgl. § 153a Abs. 1 Nr. 2 dStPO.
[962] Kleinknecht/Meyer-Gossner (2003), § 153, Rn. 20.
[963] Wesslau, in: SK StPO (2002), § 153a, Rn. 22; Kleinknecht/Meyer-Gossner (2003), § 153a, Rn. 37.
[964] Vgl. § 153a Abs. 1 Sätze 1 u. 6 dStPO.
[965] Kleinknecht/Meyer-Gossner (2003), § 153, Rn. 10; Radtke/Busch EuGRZ 2000, 421, 429; Loos, JZ 1978, 592, 594.
[966] Vgl. Kleinknecht/Meyer-Gossner (2003), § 153, Rn. 26.
[967] § 152 Abs. 2 dStPO.
[968] Vgl. Kleinknecht/Meyer-Gossner (2003), § 153, Rn. 10.

Das Beispiel der transactie veranschaulicht erstens, wie mühsam und diffizil es mangels exakter Kriterien ist, überhaupt zu bestimmen, ob ein im Ausland getroffenes justizielles Erkenntnis im Inland eine formell analoge Entscheidungsform besitzt. Zweitens führt es vor Augen, dass die Rechtskraft einer ausländischen Entscheidung im potenziellen Nachverfolgerstaat unter Umständen nach dessen eigenen Vorschriften bewertet werden muss, obwohl es – wie im Fall der transactie – eigentlich keine entsprechende (analoge) Erledigungsform nach nationalem Recht gibt.

Aber selbst wenn sich im Zweit- bzw. Nachverfolgerstaat zu der im erstverfolgenden Staat ergangenen Entscheidung ein Pendant finden liesse, anhand dessen Vorschriften die Rechtskraft der Erst-Entscheidung feststellbar wäre, hätte dies zur Folge, dass für ein und dieselbe Erst-Entscheidung die Frage der Rechtskraft in vielen verschieden Vertragsstaaten ggf. unterschiedlich beantwortet würde[969]. Denn es wäre erstens nicht gewährleistet, dass *jeder* potenzielle Zweitverfolgerstaat, der in den Anwendungsbereich des Art. 54 SDÜ einbezogen ist, ein Entscheidungs-Pendant zur Erst-Entscheidung kennt und zweitens wäre für den Fall das jeweils doch ein Entscheidungs-Pendant existiert, nicht gewährleistet, dass ein zweitverfolgender Vertragsstaat die Frage der Rechtskraft mittels der Vorschriften, die sein eigenes Entscheidungs-Pendant betreffen, genauso beurteilt wie ein anderer möglicher zweitverfolgender Vertragsstaat anhand seiner nationalen Vorschriften. Es hinge für den Betroffenen also wieder (vgl. den Einwand zur ersten Denk-Alternative[970]) vom Zufall ab, ob nach erfolgter Entscheidung über seine Straftat diese im potenziellen Nachverfolgerstaat ein Verfolgungs- und Bestrafungsverbot gemäss Art. 54 SDÜ auslöst oder nicht. Für den Betroffenen wäre diesmal nämlich entscheidend, welcher potenzielle Zweitverfolgerstaat zufällig die Strafsache erneut aufgreift.

cc. Ergebnis und Konsequenz der zweiten Denk-Alternative

Das Beispiel der im französischen, niederländischen und belgischen Recht bekannten und in der deutschen Rechtsordnung unbekannten transactie veranschaulicht, dass nicht jeweils zu einer im Ausland ergangenen Entscheidungsform im Inland auch ein formell analoges Entscheidungs-Pendant existiert. Gerade dies wäre aber – wie aufgezeigt – Voraussetzung dafür, dass die Rechtskraft der im Erstverfolgerstaat ergangenen Entscheidung anhand der Rechtsvorschriften des potenziellen Zweit- bzw. Nachverfolgerstaats beurteilt werden könnte. Da im Ergebnis die für die zweite Denk-Alternative notwendige Voraussetzung damit nicht erfüllt ist, ist dieser Lösungsansatz nicht praktikabel und daher hier nicht weiter zu verfolgen. Dieses auch

---

[969] Kühne, JZ 2004, 743; Thomas (2002), S. 297; Radtke/Busch EuGRZ 2000, 421, 425.
[970] Vgl. B. II. 3. a. bb. dieses Kapitels.

deshalb nicht, weil diese Ausführungen zudem die Schwierigkeiten deutlich machen konnten, die auftreten, wenn beurteilt werden soll ob eine im Ausland ergangene Entscheidung im Inland überhaupt ein formell analoges Pendant besitzt. Da schon für diese Beurteilung keine allgemein verbindlichen Kriterien existieren, würde das in dieser Arbeit betrachtete Problem, nämlich ob eine bestimmte Entscheidung eine >rechtskräftige< Aburteilung im Sinn von Art. 54 SDÜ ist, nur auf eine andere – ebenso problembeladene – Ebene verlagert. Hinzu kommt, dass bei Beurteilung der Rechtskraft der Erst-Entscheidung nach dem nationalen Recht des Zweitverfolgerstaates diese (die Rechtskraft) in jedem Vertragsstaat unterschiedlich gewertet werden könnte, so dass es für den Betroffenen vom Zufall abhinge, ob das in Bezug auf seine Straftat einmal getroffene justizielle Erkenntnis ein zwischenstaatliches Verfahrenshindernis nach Art. 54 SDÜ begründet oder nicht. All das ist nicht sinnvoll und kann daher nicht richtig sein, so dass im Folgenden die dritte aufgezeigte Denk-Alternative[971] angesprochen wird.

c. Das Vereinigungsmodell als massgebende Beurteilungsgrundlage zwischenstaatlicher Rechtskraftwirkung von Entscheidungen

Die beiden zuvor behandelten Denk-Alternativen (a) und (b) haben sich bei jeweils isolierter Anwendung als nicht praktikabel erwiesen. Dieses deshalb nicht, weil sie – wie dargelegt – das Recht des Täters, von zwischenstaatlicher doppelter Strafverfolgung und ggf. doppelter Bestrafung verschont zu bleiben, davon abhängig machen, wo „zufällig" die Erst- bzw. Zweitverfolgung stattfindet. Unter Anwendung der ersten Variante kommt es – wie aufgezeigt – darauf an, ob die Erstverfolgung „zufällig" in einem Staat stattfindet, der der seinerseits getroffenen Entscheidung das Prädikat „endgültig verfahrensbeendend" beimisst. Bei Heranziehung der zweiten Variante kommt es – wie dargetan – darauf an, ob der potenzielle Zweitverfolgerstaat „zufällig" einer ist, der ein formal analoges Entscheidungs-Pendant zu der im Erstverfolgerstaat getroffenen Entscheidung kennt und dieser auch noch „zufällig" das Prädikat „endgültig verfahrensbeendend" zuschreibt. Das Zufalls-Moment liegt also einmal auf der Seite des erstverfolgenden Staates und ein anderes Mal auf der Seite des (potenziell) zweitverfolgenden Staates. Zur Umgehung dieser Zufalls-Komponenten erscheint es erwägenswert, einen Ansatz zu wählen, der beide vorab behandelten Denk-Alternativen derart in sich vereint (Vereinigungsmodell), dass für den Betroffenen jeweils die günstigere Lösung zum Tragen kommt[972].

---

[971] Vgl. S. 131f.

[972] Ähnlich auch die von Thomas favorisierte Meistbegünstigungstheorie, vgl. Thomas, Das Recht auf Einmaligkeit der Strafverfolgung (2002), S. 304ff.

aa. *Voraussetzung*: Anwendung eines „entweder-oder-Ausschlussprinzips“

Voraussetzung dieser hier unter dem Stichwort „Vereinigungsmodell“ behandelten dritten Denk-Alternative kann nicht eine Kumulation der beiden zuvor diskutierten Denk-Ansätze sein. Dies liesse keine Umgehung, sondern eine Kumulation der mit beiden Varianten verbundenen Probleme erwarten. Das den Denk-Alternativen (a) und (b) jeweils innewohnende, (aus Sicht des Betroffenen) ungerechte Zufalls-Moment lässt sich – wenn überhaupt – schon logisch nur dann ausschliessen, wenn stets diejenige der vorab behandelten Denk-Alternativen gewählt wird, die den Täter bestmöglich protegiert. Im Sinne eines „entweder-oder-Ausschlussmodells“ sollte also stets die Variante zum Zuge kommen, die zugunsten des Täters ein Doppelverfolgungs- und -bestrafungsverbot nach Art. 54 SDÜ begründet bzw. die Variante ausgeschlossen werden, die ein solches Verbot nicht auslöst. Eine derartige Begünstigung des Täters ist mit Rücksicht auf die im ersten Kapitel dargelegte und rechtlich begründete Notwendigkeit der Umsetzung eines zwischenstaatlichen Verbots mehrfacher Strafverfolgung und Bestrafung auch sachgerecht[973]. Diesem (dritten) Denk-Ansatz zufolge darf der Betroffene also nicht mehr gemäss Art. 54 SDÜ wegen derselben Tat strafrechtlich verfolgt werden, wenn *entweder* Denk-Alternative (a) *oder* Denk-Alternative (b) ein Strafverfolgungsverbot auslöst. Anders gewendet greift zugunsten des Betroffenen ein Verbot zwischenstaatlicher doppelter Strafverfolgung und Bestrafung, wenn die Entscheidung *entweder* nach dem Recht des Erstentscheidungsstaates in (endgültiger) Rechtskraft erwächst (was vom potenziellen Zweitverfolgerstaat anzuerkennen wäre)[974] *oder*, sofern sie im möglichen Zweitverfolgerstaat in *vergleichbarer* Weise ergangen wäre (formal analoges Entscheidungs-Pendant), nach dortigem Recht einen endgültig verfahrensbeendenden Charakter hat[975].

bb. *Einwand*: Relevanz des „zufällig“ erstverfolgenden Staates für die räumliche Weite des Verbots doppelter Strafverfolgung und Bestrafung

Dem so genannten Vereinigungsmodell darf als Einwand entgegengehalten werden, dass auch seine Anwendung die Relevanz des „zufällig“ erstentscheidenden Staates für das Wirksamwerden eines Doppelverfolgungs- und -bestrafungsverbots nicht vollständig aufzuheben vermag. Denn fehlt der Entscheidung im erstentscheidenden Staat X die Rechtskraftwirkung, hätte sie diese aber gehabt, wenn sie im potenziellen Zweitverfolgerstaat Y in vergleichbarer Weise getroffen wäre, dann löst das Vereini-

---

[973] Vgl. C. im 1. Kapitel dieser Arbeit.

[974] Vgl. die Ausführungen zur ersten Denk-Alternative, B. II. 3. a. dieses Kapitels.

[975] Vgl. die Ausführungen zur zweiten Denk-Alternative, B. II. 3. b. dieses Kapitels.

gungsmodell (auf Basis der zweiten Denk-Alternative)[976] zugunsten des Betroffenen eine ne-bis-in-idem-Wirkung nach Art. 54 SDÜ zunächst *nur* im Staat Y aus. Denn jeder andere potenzielle Zweitverfolgerstaat müsste ja – wie Staat Y – auf der Grundlage seiner eigenen Rechtsordnung darüber befinden, ob auch nach seinen Vorschriften der im Staat X getroffenen Entscheidung Rechtskraft zukäme, sofern sie in vergleichbarer Weise in diesem anderen Staat getroffen worden wäre. Im – wenigstens denkbaren – Extremfall wäre also das Verbot mehrfacher Strafverfolgung und Bestrafung auf den Staat Y begrenzt. Erginge die Entscheidung jedoch von vornherein (also als Erst-Entscheidung) im Staat Y, wäre die ihr nach dortigem Recht zukommende (endgültige) Rechtskraftwirkung von *allen* anderen am SDÜ beteiligten Staaten schon auf der Grundlage der ersten Denk-Alternative *anzuerkennen* gewesen[977]. Letztere ist – wie dargelegt – Teil des hier fokussierten Vereinigungsmodells. Insoweit darf mithin festgehalten werden, dass nach dem Vereinigungsmodell die räumliche Weite des ne-bis-in-idem-Grundsatzes in Abhängigkeit davon gerät, wo „zufällig" die Erstverfolgung stattfindet.

Problematisch ist weiter, was in der zuvor zitierten Literatur übersehen wird[978], dass auch das Vereinigungsmodell dem Einwand ausgesetzt ist, dass es im Falle fehlender (anerkennbarer) Rechtskraftwirkung im Erstentscheidungsstaat danach fragt, ob im potenziellen Zweitverfolgerstaat ein formal analoges Entscheidungs-Pendant Rechtskraft haben würde[979]. Auch diesbezüglich muss wieder der Vorwurf erhoben werden, dass – erstens – keine verbindlichen Kriterien existieren, um zu entscheiden, ob eine bestimmte Entscheidungsform im möglichen Zweitverfolgerstaat ein Entscheidungs-Pendant zu dem im Erstverfolgerstaat getroffenen Erkenntnis darstellt. Zweitens kann (wieder) nicht ausgeschlossen werden, dass im potenziellen Zweitverfolgerstaat kein Entscheidungs-Pendant gefunden wird, jedoch eines (mit u.U. verfahrensbeendendem Charakter) gefunden worden wäre, wenn ein anderer möglicher Zweitverfolgerstaat sich um die erneute Strafverfolgung bemüht hätte. Das der bereits diskutierten zweiten Denk-Alternative innewohnende Zufalls-Moment[980] bleibt also auch in einem Vereinigungsmodell erhalten.

Deutlich wird, dass das so genannte Vereinigungsmodell zum einen die mit dem Auffinden eines formal analogen Entscheidungs-Pendants verbundenen Probleme im potenziellen Zweitverfolgerstaat nicht lösen kann. Doch selbst wenn sich ein solches Entscheidungs-Pendant finden lässt, hängt – zum anderen – nach diesem Modell

[976] Vgl. B. II. 3. b. dieses Kapitels.
[977] Ähnlich Thomas, Das Recht auf Einmaligkeit der Strafverfolgung (2002), Anm. 1237.
[978] Vgl. Fn. 972.
[979] Vgl. B. II. 3. c. aa. dieses Kapitels.
[980] Vgl. B. II. 3. c. bb. dieses Kapitels.

immer noch die *räumliche Weite* des Doppelverfolgungs- und -bestrafungsverbots davon ab, wo „zufällig" die Erstverfolgung stattfindet.

cc. Ergebnis und Konsequenz der dritten Denk-Alternative

Ausgehend von der begründeten Feststellung, dass sowohl die erste in dieser Arbeit dargelegte Denk-Alternative (a) als auch das zweite aufgezeigte Gedankenmodell (b) je für sich nicht „Einwand-frei" praktikabel sind, um über die zwischenstaatliche Rechtskraftwirkung einer Entscheidung zu befinden, wurden beide Denk-Ansätze miteinander vereint (Vereinigungsmodell). Dieses in der Erwartung, dass unter Anwendung *entweder* der Variante (a) *oder* unter Anwendung der Variante (b) stets die Lösung zum Tragen kommt, die dem Betroffenen garantiert, in den „Genuss" des Verbots von doppelter Strafverfolgung und Bestrafung zu gelangen („entweder-oder-Ausschlussprinzip"). Letzteres, ohne dass das Wirksamwerden eines solchen Verbotes davon abhängt, wo „zufällig" die Erst- oder Zweitverfolgung stattfindet. Die Abhängigkeit von einem solchen Zufalls-Moment konnte zuvor sowohl für die erste als auch für die zweite Denk-Alternative nachgewiesen werden. Jedoch hat sich auch in Bezug auf das so genannte Vereinigungsmodell herausgestellt, dass bei seiner Anwendung die räumliche Weite des Doppelverfolgungs- und Bestrafungsverbots in Abhängigkeit davon gerät, wo „zufällig" die Erstverfolgung erfolgt. Abgesehen davon ist dieses Gedankenkonstrukt auch nicht in der Lage, die der zweiten Denk-Alternative innewohnende Zufalls-Komponente zu umgehen.

Da sich also die beiden zuerst betrachteten Denk-Ansätze auch nicht kritikfrei zu einem (dritten) gemeinsamen Modell vereinen lassen, bleibt im Folgenden zu eruieren, ob sich ein allgemeiner (Mindest)Standard ermitteln lässt, um im Sinne der eingangs angesprochenen vierten Denk-Alternative[981] über die zwischenstaatliche Rechtskraftwirkung von Entscheidungen zu befinden.

d. Ein allgemeiner Standard als massgebende Beurteilungsgrundlage zwischenstaatlicher Rechtskraftwirkung von Entscheidungen

Unter der Prämisse, dass Art. 54 SDÜ eine endgültig rechtskräftige Entscheidung erfordert[982], konnte insoweit nachvollzogen werden, dass für die Auslegung des Merkmals >rechtskräftig< kein Ansatz praktikabel ist, der die Rechtskraftwirkung einer Entscheidung von vornherein *ausschliesslich* nach der Rechtsordnung des Erst-

[981] Vgl. S. 132.
[982] Vgl. S. 132, dort Fn. 715.

oder Zweitverfolgerstaates beurteilt[983]. Dasselbe konnte für ein Gedankenmodell aufgezeigt werden, welches dem beurteilenden Entscheidungsträger noch die *Wahl* gibt, im Interesse des Betroffenen, dieser Beurteilung (alternativ) entweder das Recht des einen oder des anderen Staates zugrunde zu legen (Vereinigungsmodell)[984]. Denn – wie jeweils dargelegt – wird das Eingreifen des Verbots doppelter Strafverfolgung und Bestrafung vom „Zufall" abhängig gemacht, sofern Beurteilungsgrundlage für die zwischenstaatliche Rechtskraftwirkung eine *singuläre* Rechtsordnung ist. Deshalb wird im Folgenden als vierte Denk-Alternative eruiert, ob dieses Zufalls-Moment durch die Formulierung eines *allgemeinen* Standards umgangen werden kann.

aa. *Voraussetzung*: Formulierung eines einheitlichen Massstabs für die Beurteilung der Rechtskraftqualität strafrechtlicher Entscheidungen

Im Rahmen der Ausführungen zur ersten Denk-Alternative wurde bereits deutlich, dass mit Blick auf die dem Anwendungsbereich des SDÜ unterliegenden Rechtsordnungen offensichtlich unterschiedliche Verständnisse darüber vorherrschen, ob und wann (vergleichbaren) Entscheidungen die *Qualität* „endgültig verfahrensbeendend" bzw. „endgültig rechtskräftig" zuerkannt wird[985]. Wenn – wie hier im Sinne der vierten Denk-Alternative – angestrebt wird, einen einheitlichen Massstab oder Standard dafür zu finden, ob einer Entscheidung „europaweit" die Qualität >rechtskräftig< im Sinn von Art. 54 SDÜ zukommt, muss zunächst geklärt werden, welche Faktoren diese *Rechtskraft-Qualität* einer Entscheidung bestimmen. Diese können sodann Ausgangspunkt für die Ableitung einer allgemeinen Beurteilungsgrundlage sein. In der einschlägigen neueren Literatur wird von Radtke und Busch[986] angenommen und von Dannecker[987] bestätigt, jedoch von allen nicht weiter begründet, dass die materielle Rechtskraftfähigkeit von Entscheidungen im Rahmen von Art. 54 SDÜ allein von den Regeln über die Verfahrenswiederaufnahme her gelöst werden könne[988]. Dieser Gedanke wird in die nachfolgenden Überlegungen einbezogen und ggf. verifiziert.

---

983 Vgl. Ausführungen zu den Denk-Alternativen (a) und (b); i.E. so auch Radtke/Busch, NStZ 2003, 281, 286.

984 Vgl. Ausführungen zur Denk-Alternative (c).

985 Vgl. B. II. 3. a. bb. dieses Kapitels.

986 Radtke/Busch, Transnationaler Strafklageverbrauch in der Europäischen Union, in: NStZ 2003, 281ff.; Radtke, Anmerkung zu BGH, Beschl. v. 28.02.2001 – 2 StR 458/00, in: NStZ 2001, 662ff.

987 Dannecker, Die Garantie des Grundsatzes "ne bis in idem" in Europa, in: FS für Kohlmann (2003), 593ff.

988 Radtke/Busch, NStZ 2003, 281, 286; Radtke, NStZ 2001, 662, 664; Dannecker, in: FS für Kohlmann (2003), 593, 610.

aaa. Die Rechtskraftqualität in Abhängigkeit der formellen Wahrheitsgarantie einer strafrechtlichen Entscheidung

Wie sowohl zu Beginn dieser Arbeit als auch schon im Zuge der erörterten ersten Denk-Alternative aufgezeigt wurde, ist das Wesen der Rechtskraft einer Entscheidung durch die (endgültige) Verbindlichkeit derselben gekennzeichnet[989]. Voraussetzung für den Eintritt sog. materieller Rechtskraft ist, dass die getroffene Entscheidung von den Verfahrensbeteiligten nicht mehr mit einem ordentlichen Rechtsmittel angefochten werden kann (*formelle* Rechtskraft) und daher nicht mehr abänderbar ist. Die Wirkung der *materiellen* Rechtskraft ist sodann der in dieser Arbeit in Rede stehende Verbrauch der Strafklage. Diese Sperrwirkung – ne bis in idem, Grundsatz der Einmaligkeit der Strafverfolgung – macht eine erneute Strafverfolgung gegen dieselbe Person wegen derselben Tat unzulässig.

Beim Institut der Rechtskraft geht es in erster Linie also darum, eine endgültige Entscheidung zu gewinnen[990]. Die meisten Darstellungen zu den Wirkungen von strafrechtlichen Entscheidungen setzen die Existenz der Rechtskraft kommentarlos voraus, vielfach wird ihre Existenz auch einfach aus prozessökonomischen Gründen gefordert[991]. Doch erst die Besinnung auf die rechtstheoretischen Grundlagen gibt dem juristischen Denken einen festen Halt und bewahrt bei der Anwendung einer (prozessualen) Bestimmung vor einem (solchen) reinen Pragmatismus[992]. Im Rahmen dieser Arbeit soll deshalb geklärt werden, auf welchem Gedanken oder „inneren Grund" bzw. auf welchen allgemeinen Rechtsgrundsätzen dieses Rechtsinstitut beruht, um dessen Tragweite zu erfassen. Der Rechtskraftgedanke wird gewissermassen – bildhaft gesprochen – auf seine „Wurzeln" zurückgeführt. Aus dieser Betrachtung soll sachlogisch und begründet gefolgert werden, wovon die Rechtskraftqualität einer strafrechtlichen Entscheidung im Kern abhängig ist[993]. Die am weitesten mögliche „Rückführung" des Instituts der Rechtskraft erscheint gewährleistet, wenn bei seiner Einordnung in die eigentliche Aufgabe des Strafverfahrens angesetzt wird[994].

[989] Vgl. B. des 2. Kapitels dieser Arbeit.
[990] Geppert, GA 1972, 165, 170.
[991] Geppert, GA 1972, 165, 170.
[992] Schmidhäuser, in: FS für Eb. Schmidt (1971), 511 (unter Berufung auf Eb. Schmidt).
[993] Methodisch so auch Pickert (1984), S. 38ff.; Geppert, GA 1972, 165, 170ff.
[994] Geppert, GA 1972, 165, 170.

(1) Das Spannungsverhältnis zwischen den Bezugsgrössen „Wahrheit“ und „Gerechtigkeit“ einerseits sowie „Rechtsfrieden“ und „Rechtssicherheit“ andererseits

Der Strafprozess orientiert sich im kontinentalen Europa am Grundsatz der „materiellen Wahrheit“[995]. Strafprozessual wird unter dem Begriff der Wahrheit dasjenige verfahrensgegenständliche Geschehen verstanden, welches sich in der Realität ereignet hat[996]. Diese ganze bzw. objektive oder absolute Wahrheit zu finden und auf ihrer Grundlage Recht zu sprechen, ist das eigentliche Ziel der Strafjustiz[997]. Die Wahrheitsermittlung ist sowohl der primäre Zweck bzw. das zentrale Anliegen eines jeden Strafprozesses[998] als auch die Intention der Strafrechtspflege insgesamt[999]. Dieses deshalb, weil Wahrheit im soeben genannten Sinn die Basis dafür ist, um jedes Strafverfahren einer „richtigen“ und damit *gerechten* Entscheidung zuführen zu können[1000]. Denn eine solche richtige und damit gerechte Entscheidung liegt nur dann vor, wenn sie auf der Grundlage des geltenden Rechts und des tatsächlichen Geschehens, so wie es sich wirklich zugetragen hat, getroffen wird[1001]. Derartige Gerechtigkeit zu verwirklichen wird z.T. wiederum als der wesentliche oder gar einzige Zweck eines Staates angesehen[1002]. Zur Wahrung von Gerechtigkeit sieht sich jede Staatsgewalt (also auch die Exekutive und die Judikative) verpflichtet[1003]. Gerechtigkeit im Strafverfahren bedeutet demgemäss das Treffen einer inhaltlich richtigen Entscheidung, die sich am materiellen Recht und dem absolut wahren Geschehen orientiert[1004]. Das Gerechtigkeitsgebot, dem – wie gerade dargelegt – (auch) durch die Ermittlung materieller Wahrheit entsprochen wird, ist seinerseits ein tragendes Prinzip eines jeden Rechtsstaats, mithin ein auf das allgemeine Rechtsstaatsprinzip zurückgehender Grundsatz[1005].

Da aber die menschlichen Erkenntniskräfte naturbedingt beschränkt sind, wird die absolute bzw. ganze oder objektive Wahrheit entweder gar nicht erkannt, oder wenn doch, dann wird sie nicht als solche erkannt, weil Überprüfungsmöglichkeiten feh-

[995] Pickert (1984), S. 38.
[996] Gössel, in: FS für Meyer-Gossner (2001), 187, 199.
[997] Strate, Schriftenreihe 1992, 23, 34; ders., DuR 1992, 278, 286.
[998] Lagodny, in: FS für Trechsel (2002), 153, 158; Strate, Schriftenreihe 1992, 23, 24; ders., DuR 1992, S. 278f.
[999] Strate, Schriftenreihe 1992, 23, 24; ders., DuR 1992, 278f.
[1000] Geppert, GA 1972, 165, 170; Schmidhäuser, in: FS für Eb. Schmidt (1971), 511, 512.
[1001] Radtke (1994), S. 40; Schmidhäuser, FS f. Eb. Schmidt (1971), 511, 512.
[1002] Stratenwerth, in: FS für Kaufmann (1993), S. 353.
[1003] Gössel, in: FS für Meyer-Gossner (2001), 187, 200.
[1004] Radtke (1994), S. 40.
[1005] BVerfG NJW 1997, 929, 930; Loré (1997), S. 221.

len[1006]. Die Wahrheit über ein „historisches" Ereignis – die geschehene Straftat – und die darin eingebundenen Personen wird im Regelfall nur in Ausschnitten getroffen[1007]. Selbst wenn die Ermittlung der objektiven ganzen Wahrheit zumeist unerreichbar ist[1008], müsste aus Gründen der Gerechtigkeit dennoch nach ihr gesucht werden[1009]. Würde letzteres ernst genommen, bedeutete dies, dass die Strafverfolgung theoretisch frühestens mit dem Tod des Betroffenen enden könnte. Der Anspruch der vollen und ganzen Wahrheitsermittlung müsste dazu führen, dass der Fall bei Bekanntwerden neuer Tatsachen zeitlich unbegrenzt neu zu beurteilen wäre. Dieses deshalb, weil die zuletzt getroffene strafrechtliche Entscheidung der (ganzen) Wahrheit näher kommen könnte als die vorausgegangene[1010]. Eine solche wiederholte oder gar „permanente" Strafverfolgung würde zwar dem vorab aufgezeigten Ziel der Strafrechtspflege, materielle Wahrheit zu ermitteln, gerecht werden, doch würde der von der Strafverfolgung Betroffene zeitlebens zum blossen Objekt staatlicher Untersuchungshandlungen gemacht[1011]. Eine solche Degradierung zum blossen Verfahrensobjekt im Wahrheitsfindungsprozess widerspricht der Menschenwürde[1012]. Das theoretisch denkbare endlose Streben nach der ganzen Wahrheit bedarf deshalb einem Schlusspunkt. Das die Gemeinschaft und den Einzelnen belastende Verfahren muss einmal seinen Abschluss finden. Die Dinge können nicht immer wieder von neuem aufgerollt werden[1013]. Denn der rechtlich gebotenen Suche nach materieller Wahrheit steht das individuelle Bedürfnis des Strafverfolgten nach Rechtsfrieden gegenüber. Ohne den endgültigen Abschluss seiner Strafverfolgung würde die Möglichkeit einer fortlaufenden oder wiederkehrenden Überprüfung einer einmal ergangenen Entscheidung den Betroffenen einer unerträglichen und menschenunwürdigen Ungewissheit aussetzen[1014]. In der Strafverfolgung existiert demgemäss ein Spannungsverhältnis zwischen der rechtlich gebotenen Pflicht zum Aufspüren materieller Wahrheit einerseits und dem (Individual)Interesse nach Rechtsfrieden andererseits[1015]. Anders gewendet besteht ein Spannungsverhältnis zwischen Gerechtigkeit und Rechtssicherheit. Gerechtigkeit bedeutet dabei die Bewertung des Menschen entsprechend seinem tatsächlichen bzw. wahren Verhalten und seinem tatsächlichen bzw. wahren persönlichen Sein nach Massgabe der über ihm stehenden Rechtsordnung. Rechtssicherheit bedeutet in dieser Gegenüberstellung die Gewähr-

---

[1006] Pickert (1984), S. 38.
[1007] Strate, Schriftenreihe 1992, 23, 26; ders., DuR 1992, 278, 280.
[1008] Gössel, FS für Meyer-Gossner (2001), 187, 199.
[1009] Gössel, in: FS für Meyer-Gossner (2001), 187, 199; Pickert (1984), S. 39.
[1010] Pickert (1984), S. 39; Schmidhäuser, in: FS für Eb. Schmidt (1971), 511, 513.
[1011] Landau, in: FS für Söllner (2000), 627, 639.
[1012] Thomas (2002), S. 144; Strate, Schriftenreihe 1992, 23, 26; ders., DuR 1992, 278, 280.
[1013] Peters, K. (1985), S. 84.
[1014] Radtke (1994), S. 47.
[1015] Dorr (2001), S. 85; Böhm (2001), S. 5; Pickert (1984), S. 42; Geppert, GA 1972, 165, 170.

leistung von persönlicher Freiheit, der Möglichkeit zur Entfaltung der Persönlichkeit und zur Gestaltung eines menschenwürdigen Daseins[1016].

Zusammengefasst darf gesagt werden: Die Erforschung materieller (ganzer) Wahrheit dient der Wahrung des im Rechtsstaatsprinzip verankerten *Gerechtigkeitsgebots*. Das Bedürfnis des Einzelnen nach Rechtsfrieden kann mit einem individuellen *Rechtssicherheitsinteresse* gleichgesetzt werden[1017]. Deshalb darf insoweit – verkürzend – der Schluss gezogen werden, dass Strafverfolgung von einem Spannungsverhältnis zwischen Rechtssicherheit auf der einen Seite und Gerechtigkeit auf der anderen Seite gekennzeichnet ist. Damit ist – abgeleitet vom Ursprungsziel der Strafrechtspflege – das (lösungsbedürftige) Spannungsfeld abgesteckt, innerhalb dessen sich das hier in Rede stehende Institut der materiellen Rechtskraft bewegt[1018].

(2) Das Rechtsinstitut der materiellen Rechtskraft als limitierender Faktor

Die soeben angestellte Betrachtung macht deutlich, dass mit Rücksicht auf den von der Strafverfolgung Betroffenen und sein Rechtssicherheitsinteresse ein Rechtsinstitut notwendig ist, welches die endgültige Massgeblichkeit der einmal getroffenen Entscheidung garantiert und die Unsicherheit über das Recht (weg)nimmt[1019]. Erforderlich ist zum einen also eine *Beendigungswirkung*, die gewährleistet, dass ein laufendes Verfahren irgendwann endet[1020] und zum anderen eine *Stabilisierungswirkung*, die gewährleistet, dass auf die Endgültigkeit des beendeten Verfahrens (dauerhaft) vertraut werden kann[1021]. Diese Wirkungen kommen in den bereits erwähnten Unterkategorien des Rechtskraftbegriffes, also der formellen und materiellen Rechtskraft, zum Ausdruck. Denn – wie bereits dargelegt – tritt *formelle* Rechtskraft ein, wenn eine Entscheidung mit ordentlichen Rechtsmitteln nicht mehr anfechtbar ist und daher im Rahmen des durchgeführten Verfahrens unabänderbar wird. Der Status der Unanfechtbarkeit bewirkt mithin die Verfahrens*beendigung*[1022]. Die formelle Rechtskraft löst sodann den Eintritt *materieller* Rechtskraft aus, die Rechtsfrieden gewährt, indem sie die in einer bestimmten Sache getroffene Entscheidung für die Zukunft *stabil* hält und eine erneute Strafverfolgung derselben Person in derselben Sache grundsätzlich sperrt (Sperrwirkung)[1023].

1016 Peters, K. (1985), S. 83f.
1017 Schmidhäuser, in: FS für Eb. Schmidt (1971), 511, 516f. m.w.N.
1018 I.E. so auch Thomas (2002), S. 184; Landau, in: FS für Söllner (2000), 627, 639.
1019 Radtke (1994), S. 47.
1020 Meyer (1992), S. 113.
1021 Radtke (1994), S. 41.
1022 Meyer (1992), S. 113.
1023 Radtke (1994), S. 41.

Das individuelle Interesse nach endgültiger Streitbeendigung ist folglich im Begriff der Rechtskraft institutionell verfestigt worden[1024]. Dieses Rechtsinstitut steht damit im Interesse von Rechtsfrieden (Rechtssicherheit) der rechtlich gebotenen – grundsätzlich endlosen – Pflicht zum Aufspüren materieller (ganzer) Wahrheit als limitierender oder begrenzender Faktor gegenüber.

Damit kann festgehalten werden, dass die Existenz der hier in Rede stehenden materiellen Rechtskraft sich aus ihrer Rechtsfriedensfunktion heraus rechtfertigt[1025]. Letztere soll bewirken, dass der Strafverfolgte im Hinblick auf das justizielle Streben nach absoluter Wahrheit nicht Objekt eines endlos betriebenen Wahrheitsfindungsprozesses wird.

Die Rechtfertigung des Rechtsinstituts der materiellen Rechtskraft allein aus seiner individuellen Rechtsfriedensfunktion heraus greift jedoch im hier betrachteten Kontext zu kurz. Denn die Rechtfertigung dieses Rechtsinstituts durch ein individuelles Bedürfnis nach Rechtsfrieden ist eine eher pragmatische Erwägung und noch keine Rückführung desselben auf eine allgemein anerkannte rechtstheoretische Grundlage. Dieser Schritt wurde jedoch eingangs als notwendig formuliert, um rechtlich begründet zu klären, von welchen Faktoren die Rechtskraft*qualität* einer Entscheidung bestimmt wird[1026].

Um beim eingangs bemühten Bild zu bleiben, ist hier deshalb weiter fraglich, ob es ein allgemeines und übergeordnetes Rechtsprinzip gibt, auf dem das Rechtsinstitut der materiellen Rechtskraft „wurzelt".

(3) Das Rechtsinstitut der materiellen Rechtskraft als Umsetzung des Vertrauensschutzgedankens

Als rechtstheoretische Grundlage von der hier fokussierten materiellen Rechtskraft kommt vordergründig der Gedanke des Vertrauensschutzes in Frage[1027]. Dieser durchzieht das gesamte Öffentliche Recht, also auch das Straf(prozess)recht, welches als Teil des Öffentlichen Rechts angesehen wird[1028]. Die Geltung des Vertrauens-

---

1024 Tiedemann (1969), S. 5.
1025 So auch Radtke (1994), S. 50f.
1026 Vgl. S. 180.
1027 Radtke (1994), S. 53; Momberg, NStZ 1984, 535, 537; Loos, JZ 1978, 592, 594.
1028 Radtke (1994), S. 53, 66; Neu-Berlitz (1983), S. 41.

schutzgedankens im Bereich des Straf(prozess)rechts wird heute weitgehend unumstritten anerkannt[1029].

Im Bereich des Öffentlichen Rechts – ausserhalb des Straf(prozess)rechts – wird der Vertrauensschutzgedanke insbesondere bei der Rücknahme begünstigender rechtswidriger und rechtmässiger Verwaltungsakte herangezogen. Diese Fallgruppe ist mit der hier betrachteten Problematik einer erneuten (sprich: doppelten) Strafverfolgung zumindest vergleichbar, so dass das Aufgreifen des Vertrauensschutzgedankens, so wie er im Öffentlichen Recht ausgestaltet ist, nahe liegt. Die Vergleichbarkeit rührt daher, dass die Interessenlage des Betroffenen in beiden Situationen eine Parallele aufweist. Denn jeweils hat sich der Bürger auf die Beständigkeit des Verwaltungsaktes bzw. der strafrechtlichen Entscheidung eingestellt. In beiden Fällen werden Dispositionen, die im Glauben an die Stabilität der Entscheidung getroffen wurden, bedroht[1030].

(a) Aspekte des Vertrauensschutzes im (Straf)Prozessrecht

Die Wirkungsweise des Instituts der materiellen Rechtskraft wurde vorab – eher untechnisch – als „Stabilisierungswirkung" bezeichnet, die dem von der Strafverfolgung Betroffenen ab einem bestimmten (Zeit)Punkt Rechtsfrieden gewährt. Dieser stabilisierenden Funktion der materiellen Rechtskraft entspricht auch die generelle Wirkungsweise des Vertrauensschutzes. Denn auch der Schutz eines bestimmten Vertrauens beinhaltet den Schutz einer subjektiven Erwartungshaltung bzw. den eines individuellen Bedürfnisses. Geschützt wird – der materiellen Rechtskraft entsprechend – die Erwartung oder das Bedürfnis des Bürgers auf Beständigkeit und Stabilität einer ihm seitens des Staates gewährten Rechtsposition[1031]. Auch dem Vertrauensschutz wird also die Eigenschaft zuerkannt, staatliche Gewalt in ihrem Handeln gegenüber dem Bürger zu begrenzen[1032], so dass ein durch die Staatsgewalt geschaffener Zustand stabilisiert wird und nachträgliche Veränderungen ausschlossen sind[1033]. Vertrauensschutz in diesem Sinne bedeutet also Bestandsschutz und Kontinuitätswahrung[1034], so dass auch unter Anwendung des Vertrauensschutzgedankens, wie bei dem der materiellen Rechtskraft, für den Betroffenen ab einem bestimmten Zeitpunkt Rechtsfriede eintritt. Kurz gesagt gewährleistet der Vertrauensschutzge-

---

[1029] Graalmann-Scheerer, in: Löwe-Rosenberg, StPO-Kommentar (2001), § 170 Rn. 49; Loré (1997), S. 318; Radtke (1994), S. 67; Riess, in: Löwe-Rosenberg, StPO-Kommentar (1989), § 170 Rn. 46.

[1030] Radtke (1994), S. 54f. u. 58.

[1031] Radtke (1994), S. 54.

[1032] Loré (1997), S. 219.

[1033] Ossenbühl, DÖV 1972, 25, 27.

[1034] Neu-Berlitz (1983), S. 33; Ossenbühl, DÖV 1972, 25, 27.

danke, ebenso wie die materielle Rechtskraft, dass der Staat sich an seinem vorangegangenen eigenen Handeln festhalten lassen muss[1035]. Deshalb erscheint der Grundgedanke des Vertrauensschutzes, dem Bürger Verlässlichkeit in staatliches Handeln zu garantieren, als geeignet, um mit ihm die materielle Rechtskraft in ihrer Existenz rechtsdogmatisch zu begründen[1036].

Zwar darf das Rechtsinstitut der materiellen Rechtskraft nach dem soeben Gesagten als Umsetzung des *Vertrauensschutzgedankens* betrachtet werden, doch kann in letzterem nicht die eigentliche rechtstheoretische Grundlage desselben gesehen werden. Der Grund dafür liegt – mit Blick auf die deutsche und die schweizerische Rechtsordnung – nicht in der mangelnden ausdrücklichen verfassungsrechtlichen Verankerung des Vertrauensschutzgedankens[1037]. Dieses deshalb nicht, weil der Gedanke des Vertrauensschutzes in der Rechtsprechung des (deutschen) Bundesverfassungsgerichts eine überragende Bedeutung erlangt hat und ihm der Charakter einer Verfassungsnorm zuerkannt wird, die einen leitenden Rechtsgedanken verkörpert[1038]. Auch in der schweizerischen Literatur wird für die Anerkennung des Vertrauensschutzgedankens als selbständiges, ungeschriebenes Grundrecht plädiert[1039]. Nicht übersehen werden darf aber, dass der Vertrauensschutz als ausdrücklich formulierter Rechtsgedanke erst in den 50er Jahren Einzug in das Öffentliche Recht erhalten hat[1040]. Der dem Rechtsinstitut der materiellen Rechtskraft zugrunde liegende Gedanke geht jedoch auf eine weit ältere Rechtstradition zurück[1041]. Es wird deshalb weiter untersucht, auf welches allgemeine Rechtsprinzip der Vertrauensschutzgedanke und mit ihm die materielle Rechtskraft zurückgeführt werden kann.

(b) Das Gebot von Treu und Glauben und das Rechtsstaatsprinzip als rechtstheoretische Grundlagen des Vertrauensschutzes

Als rechtstheoretische Grundlage des Vertrauensschutzgedankens wird u.a. das dem Zivilrecht entstammende, aber im gesamten öffentlichen Recht anerkannte Rechtsprinzip von Treu und Glauben diskutiert[1042]. Die Rechtsgrundlage des Vertrauens-

---

1035 Loré (1997), S. 70; Neu-Berlitz (1983), S. 39.

1036 Radtke (1994), S. 55.

1037 Loré (1997), S. 219; Weber-Dürler (1983), S. 50; Ossenbühl, DÖV 1972, 25, 26.

1038 Loré (1997), S. 219; Pieroth, JZ 1990, 279; Neu-Berlitz (1983), S. 36f.

1039 Weber-Dürler (1983), S. 50.

1040 Neu-Berlitz (1983), S. 33; Ossenbühl, DÖV 1972, 25, 26.

1041 Vgl. Schwarplies, Die rechtsgeschichtliche Entwicklung des Grundsatzes „ne bis in idem" im Strafprozess (1970).

1042 Loré (1997), S. 220, dort Anm. 837; Radtke (1994), S. 60; Weber-Dürler (1983), S. 47f.; Neu-Berlitz (1983), S. 38; Püttner, VVDStRL 32 (1974), 200, 201f.; Ossenbühl, DÖV 1972, 25, 27.

schutzgedankens im Grundsatz von Treu und Glauben zu sehen, hiesse jedoch, Vertrauensschutz auf eine blosse „Billigkeitserwägung" zu reduzieren[1043]. Denn der Grundsatz von Treu und Glauben ist ein derart unscharfes Rechtsprinzip, dass aus Sicht des Betroffenen nicht vorhersehbar wäre, ob er sich auf den Bestand eines bestimmten staatlichen Aktes verlassen kann oder nicht. Verlässlichkeit und Beständigkeit staatlichen Handelns zu gewährleisten ist jedoch – wie dargelegt[1044] – der beabsichtigte Zweck des Vertrauensschutzgedankens. Eine solche Rechts*un*sicherheit und Vertrauensschutz sind mithin unvereinbare Grössen, so dass im Grundsatz von Treu und Glauben nicht die Rechtsgrundlage des Vertrauensschutzgedankens – und mithin nicht der materiellen Rechtskraft – gesehen werden sollte[1045].

Vor diesem Hintergrund neigen die Stimmen aus der jüngeren Literatur dazu, sich vom Treu-und-Glauben-Grundsatz als Rechtsgrundlage des Vertrauensschutzgedankens zu lösen und letzteres aus dem Rechtsstaatsprinzip[1046] zu deduzieren[1047]. Genau genommen erfolgt eine Rückführung auf die Unter-Kategorie „Rechtssicherheit"[1048], die ihrerseits ein wesentliches Element des übergeordneten Rechtsstaatsprinzips ist[1049]. Letzteres wiederum gilt als ein fundamentales Strukturprinzip, welches – zusammen mit den Grundrechten und den Prinzipien „Demokratie" sowie „Sozialstaatlichkeit" – als Teil eines unmittelbar geltenden Wertesystems aufgefasst wird, das die gesamte Rechtsordnung – und mithin auch das Straf(prozess)recht – durchzieht[1050].

Die Herleitung des Vertrauensschutzgedankens aus dem Rechtssicherheitselement des Rechtsstaatsprinzips wird einsichtig, wenn das Gebot der Rechtssicherheit in die

---

1043 Neu-Berlitz (1983), S. 38; Püttner, VVDStRL 32 (1974), 200, 202.

1044 Vgl. B. II. 3. d. aa. aaa. (3) (a) dieses Kapitels.

1045 Radtke (1994), S. 61; Neu-Berlitz (1983), S. 38; i.E. ebenso Weber-Dürler (1983), S. 48.

1046 Für die deutsche Rechtsordnung abgeleitet aus Art. 20 Abs. 3 GG.

1047 Loré (1997), S. 220; Radtke (1994), S. 62ff.; Weber-Dürler (1983), 47ff.; Neu-Berlitz (1983), S. 39.

1048 Loré (1997), S. 220; Radtke (1994), S. 62; Weber-Dürler (1983), 47ff. m.w.N. in § 6 Anm. 1; auch schon Neu-Berlitz (1983), S. 33 u. 39f. und Ossenbühl, DÖV 1972, 25, 27, die allerdings zudem noch auf den Grundsatz von Treu und Glauben verweisen.

1049 Dürig, in: Maunz/Dürig, Kommentar zum Grundgesetz, Art. 103 Rn. 124; Thomas (2002), S. 184; Loré (1997), S. 220 u. 245; Radtke (1994), S. 41; Meyer (1992), S. 58; Weber-Dürler (1983), S. 49; Neu-Berlitz (1983), S. 39; Püttner, VVDStRL 32 (1974), 200, 202; Ossenbühl, DÖV 1972, 25, 27; BVerfGE 3, 225 (237); 13, 261, (271); 35, 41, (47).

1050 Ossenbühl, DÖV 1972, 25, 27.

von ihm umfassten Einzelkomponenten zerlegt wird[1051]. Als solche gelten zum einen die Orientierungssicherheit und zum anderen die Realisierungssicherheit[1052].

Unter dem Begriff der Orientierungssicherheit wird die Möglichkeit verstanden, dass der einzelne Bürger absehen kann, welches Verhalten das geltende (auch gesprochene) Recht von ihm fordert[1053]. Diese Sicherheit ist gewährleistet, wenn das Recht – erstens – inhaltlich in weitest möglichem Umfang bestimmt und – zweitens – von Stabilität im Sinne einer Unwandelbarkeit geprägt ist[1054]. Der Begriff der Rechtssicherheit vereint mithin sowohl die Forderung nach Bestimmtheit und Voraussehbarkeit als auch nach Stabilität und Kontinuität des Rechts[1055]. Für die hier angestellte Betrachtung ist bedeutsam, dass im Rechtssicherheitselement des Rechtsstaatsprinzips durch die Komponente „Orientierungssicherheit" der Gedanke von *Rechts-Stabilität* zum Ausdruck kommt. Denn das unmittelbar geltende Fundamentalprinzip „Rechtsstaatlichkeit" verkörpert damit gerade *diejenige* Wirkung, die auch dem hier in Rede stehenden Rechtsinstitut der materiellen Rechtskraft für strafrechtliche Entscheidungen beigemessen wird[1056]. Zur Erinnerung, vorab wurde dargelegt und begründet, dass mit Rücksicht auf die Menschenwürde und das (Individual)Interesse nach Rechtsfrieden verhindert werden sollte, dass der Strafverfolgte unter dem Aspekt der Erforschung materieller (ganzer) Wahrheit zum blossen Objekt eines schier endlos betriebenen Wahrheitsfindungsprozesses wird. Die im Rechtsinstitut der materiellen Rechtskraft zum Ausdruck kommende *Stabilisierungswirkung* wurde infolge dessen betont. Diese gewährleistet individuellen Rechtsfrieden, indem sie die in einer bestimmten Sache getroffene Entscheidung für die Zukunft *stabil* hält (zementiert) und eine erneute Strafverfolgung derselben Person in derselben Sache grundsätzlich sperrt[1057]. Der in der materiellen Rechtskraft institutionalisierte Vertrauensschutzgedanke erweist sich demnach – in einem ersten Schritt – als eine Ableitung aus der Orientierungssicherheitskomponente des Rechtssicherheitsgebots[1058].

Als Zwischenergebnis darf insoweit resümiert werden, dass im hier fokussierten Rechtsinstitut der materiellen Rechtskraft der im gesamten Öffentlichen Recht – und damit auch im Straf(prozess)recht – anerkannte Vertrauensschutzgedanke zum Aus-

---

[1051] Radtke (1994), S. 62; Weber-Dürler (1983), S. 52.

[1052] Herzberg, JuS 1972, 113, 115f.; Hruschka, JZ 1966, 700, 701.

[1053] Radtke (1994), S. 62.

[1054] Hruschka, JZ 1966, 700, 701.

[1055] Weber-Dürler (1983), S. 52.

[1056] Radtke (1994), S. 41.

[1057] Vgl. B. II. 3. d. aa. aaa. (1) dieses Kapitels.

[1058] Die zweite Komponente des vom Rechtsstaatsprinzip umfassten Rechtssicherheitselements ist die hier nicht weiter interessierende „Realisierungssicherheit". Sie soll die faktische Durchsetzbarkeit des geltenden Rechts gewährleisten, vgl. Hruschka JZ 1966, 700, 701.

druck kommt. Letzterer geht auf die Orientierungssicherheitskomponente des Rechtssicherheitsgebots zurück, welches selbst ein wesentliches Element des (fundamentalen) Rechtsstaatsprinzips ist, dem – als letzte Abstraktionsstufe – Verfassungsrang zukommt.

Folgende rechtstheoretische Ableitungskette konnte hiermit für das Institut der materiellen Rechtskraft ermittelt werden:

Rechtsstaatsprinzip → Rechtssicherheitsgebot (in Form von Orientierungssicherheit) → Vertrauensschutzgedanke[1059] → Materielle Rechtskraft (als institutionelle Verfestigung im Strafrecht)

Kurz gesagt gilt im Strafrecht damit (auch) über das Institut der materiellen Rechtskraft der Vertrauensschutzgedanke als Konkretisierung des Rechtsstaatsprinzips[1060].

Damit ist zwar festgestellt, dass die materielle Rechtskraft als Institutionalisierung des *Vertrauensschutzgedankens* auf dem *Rechtsstaatsprinzip* – als letzte Abstraktionsstufe – basiert. Weiterhin offen ist damit aber, wovon die *Qualität* der materiellen Rechtskraft im einzelnen abhängt. Dieses zu bestimmen, wurde jedoch zuvor als notwendig herausgestellt, um für das Merkmal >rechtskräftig< in Art. 54 SDÜ „europaweit" einen allgemeinen Standard festzulegen[1061]. Eine (etwas) genauere Betrachtung des dem Rechtsinstitut „materielle Rechtskraft" innewohnenden Vertrauensschutzgedankens selbst erscheint daher geboten.

So wie der Vertrauensschutzgedanke im Öffentlichen Recht ausgestaltet ist, darf auf die Beständigkeit eines staatlichen Hoheitsaktes stets nur unter ganz bestimmten – kumulativ zu erfüllenden – Voraussetzungen vertraut werden (sog. Vertrauenstatbestand). Als solche Anforderungen sind das Bestehen einer *Vertrauensgrundlage*, tatsächliches (und betätigtes) *Vertrauen* sowie die *Schutzwürdigkeit* desselben anerkannt[1062].

[1059] In Bezug auf den Vertrauensschutz insoweit auch Loré (1997), S. 220f; Weber-Dürler (1983), S. 49 m.w.N.

[1060] Im angloamerikanischen Rechtskreis existiert zwar kein Äquivalent zum Rechtsstaatsprinzip, doch wird diesem – wie erwähnt – im hiesigen Rechtskreis das Gebot der Rechtssicherheit entnommen, welches wiederum den allermeisten Rechtsordnungen immanent ist, vgl. Thomas (2002), S. 148 u. 184.

[1061] Vgl. B. II. 3. d. aa. dieses Kapitels.

[1062] Loré (1997), S. 223ff., Weber-Dürler (1983), §§ 9 - 13.

Als *Vertrauensgrundlage* kommt jedes konkrete hoheitliche Handeln oder Unterlassen durch eine der drei Staatsgewalten – Gesetzgeber, Justiz und Verwaltung – in Betracht[1063], mithin grundsätzlich auch jede Entscheidung aus dem Bereich des Strafrechts. Als zweites Kriterium wird üblicherweise gefordert, dass der Bürger tatsächlich auf ein bestimmtes staatliches Verhalten *vertraut* hat, also Kenntnis von der (soeben angesprochenen) Vertrauensgrundlage besass[1064]. Auch dies ist in Bezug auf die hier thematisierten Sachverhalte i.d.R unproblematisch, da strafrechtliche Entscheidungen dem Betroffenen grundsätzlich zur Kenntnis gelangen (sollten). Weiter wird gemeinhin gefordert, dass dieses Vertrauen betätigt worden ist, also eine *Vertrauensinvestition* getroffen wurde. Erforderlich dafür ist, dass sich das Vertrauen (als innere Einstellung) nach aussen offenbart hat[1065]. Für den hier betrachteten Bereich des Strafrechts wird eine solche Vertrauensbetätigung zwar (überwiegend) abgelehnt[1066], da wegen der besonderen Bedeutung einer Strafsache für den weiteren Lebensweg des Betroffenen davon ausgegangen werden darf, dass er auch ohne besondere Dispositionen auf den Bestand der Entscheidung vertraut hat[1067]. Die Vertrauensinvestition könnte aber beispielsweise dadurch geschehen, dass der einmal Freigesprochene an seine Straflosigkeit glaubt und darauf disponiert, künftig in Straffreiheit zu leben[1068]. Ferner wird Vertrauensschutz allgemein nur dann gewährt, wenn das Vertrauen sich auch als *schutzwürdig* erweist. Generell gesprochen, führt der Vertrauensschutz nur dann zu einem Bestehenbleiben des Hoheitsaktes und damit zu zukünftiger Rechts-Stabilität, wenn das private Interesse an der Beibehaltung des Hoheitsaktes das öffentliche Interesse an der Herstellung eines gesetzmässigen Zustandes überwiegt[1069]. Die in die Zukunft gerichtete qualitative Stabilität eines Hoheitsaktes hängt unter Vertrauensschutzgesichtspunkten also von einer *Interessenabwägung* im Einzelfall ab.

Insoweit darf mithin festgestellt werden, dass im Öffentlichen Recht das Vertrauen auf die Beständigkeit eines staatlichen Hoheitsaktes nicht *absolut* geschützt wird bzw. schutzwürdig ist, sondern vielmehr davon abhängt, dass das individuelle Interesse an Rechts-Stabilität das allgemeine Interesse an gesetzeskonformem staatlichen Handeln überwiegt (Abwägungsprozess). Wenn – wie zuvor dargelegt und begründet – auch im Rechtsinstitut der materiellen Rechtskraft dieser Vertrauensschutzgedanke zum Ausdruck kommt, müsste folglich auch die *Rechtskraftqualität* einer strafrecht-

---

[1063] Loré (1997), S. 224, Weber-Dürler (1983), S. 79.
[1064] Loré (1997), S. 225; Neu-Berlitz (1983), S. 65; Weber-Dürler (1983), S. 90.
[1065] Loré (1997), S. 226; Neu-Berlitz (1983), S. 67; Weber-Dürler (1983), S. 96.
[1066] Vgl. Loré (1997), S. 229 u. 234; Neu-Berlitz (1983), S. 68.
[1067] Neu-Berlitz (1983), S. 68.
[1068] Loré (1997), S. 234.
[1069] Radtke (1994), S. 64; Weber-Dürler (1983), S. 118ff.; Neu-Berlitz (1983), S. 43.

lichen Entscheidung, also deren Rechts-Stabilität im Einzelfall, von einer solchen Interessenabwägung abhängig sein.

Dies erscheint auf den ersten Blick als problematisch, da mit Blick auf einen solchen einzelfallorientierten Abwägungsmechanismus die konkrete Anwendung des Vertrauensschutzgedankens in erhöhtem Masse zu Rechts*un*sicherheit und nicht zu Rechtssicherheit führen kann. Dieses deshalb, weil für den betroffenen Bürger das Ergebnis einer im Einzelfall vorgenommenen *Abwägung* nicht von vornherein eindeutig vorhersehbar ist[1070]. Insofern erscheint fraglich, ob die Rechtskraftqualität einer strafrechtlichen Entscheidung tatsächlich von einer solchen Interessenabwägung bestimmt wird. Denn die Nutzbarmachung des Rechtsinstituts der materiellen Rechtskraft soll – wie dargelegt – gerade *Rechtssicherheit* und eben nicht Rechts*un*sicherheit bewirken[1071]. Eine Abwägung im Einzelfall muss jedoch nicht notwendig zu Rechtsunsicherheit über das Ergebnis führen. Denn Unsicherheit entsteht nur dann, wenn die Abwägungsmassstäbe nicht von vornherein konkretisiert sind. Sofern die Abwägungskriterien allerdings im Voraus definiert sind, verliert der Abwägungsprozess das ihm grundsätzlich innewohnende Unsicherheits-Moment[1072].

Ein exemplarischer Blick in die deutsche Strafprozessordnung zeigt, dass zur Bestimmung der Rechtskraftqualität von Entscheidungen tatsächlich mit einem Abwägungsmechanismus gearbeitet wird. Denn Entscheidungen, denen eine allumfassende (Fall)Prüfung durch das jeweils erkennende Organ zugrunde liegt, werden in ihrer materiellen Rechtskraft als qualitativ höherwertig eingestuft als solche, denen eine erschöpfende Kognition fehlt[1073]. Eine allumfassende Erkenntnis oder Prüfung wird in der Regel nur in einer Hauptverhandlung mit abschliessendem Urteil als gewährleistet angesehen[1074]. Dementsprechend wird einer Entscheidung in Urteilsform das „Gütesigel" „voll" bzw. „unbeschränkt", „absolut" oder „endgültig" rechtskräftig zugesprochen[1075]. Hingegen wird bspw. einem Nichteröffnungsbeschluss[1076] und einem Verwerfungsbeschluss[1077], bei denen die Überzeugungsbildung nicht auf einer Hauptverhandlung basiert, zumindest im deutschen Recht, lediglich eine „be-

[1070] Radtke (1994), S. 64.
[1071] Vgl. B. im 2. Kapitel dieser Arbeit; B. II. 3. d. aa. aaa (1) dieses Kapitels.
[1072] Radtke (1994), S. 65.
[1073] Radtke/Busch, NStZ 2003, 281, 287; dies., EuGRZ 2000, 421, 427f.; Radtke (1994), S. 330; Geppert, GA 1972, 165, 173.
[1074] Geppert, GA 1972, 165, 173.
[1075] Kleinknecht/Meyer-Gossner (2003), Einl. Rn. 172.
[1076] Ablehnung der Eröffnung des Hauptverfahrens durch das Gericht gem. § 204 dStPO.
[1077] Verwerfung des zulässigen Antrages im Klageerzwingungsverfahren durch das Gericht gem. § 174 dStPO.

schränkte" Rechtskraftqualität zuerkannt[1078]. Trotz formaler Gleichstellung ist auch die materielle Rechtskraft des Strafbefehls[1079] in Relation zum Sachurteil faktisch „eingeschränkt"[1080]. Dieses deshalb, weil die Strafbefehlsentscheidung lediglich eine nach Aktenlage ist und eine Hauptverhandlung über dieselbe Tat geführt werden darf, sobald der Verdacht besteht, es handele sich doch um ein Verbrechen statt – wie zunächst angenommen – (nur) um ein Vergehen[1081]. Auch Einstellungsbeschlüsse aufgrund des Opportunitätsprinzips gemäss der §§ 153ff. dStPO (z.B. wegen Geringfügigkeit [§ 153] oder geringer Schuld [§ 153a] bzgl. eines Vergehens) können zwar praktisch – müssen rechtlich aber nicht – auf einer mit den Mitteln einer Hauptverhandlung betriebenen Sachverhaltsaufklärung basieren[1082]. Denn die Einstellung ist schon durch die Staatsanwaltschaft[1083] und auch in jeder Lage des gerichtlichen Verfahrens möglich[1084]. Die materielle Rechtskraft einer Einstellung nach § 153 StPO wird daher auch lediglich als „beschränkt" angesehen[1085], und auch der Strafklagenverbrauch einer Einstellung wegen geringer Schuld nach Erfüllung von Auflagen (§ 153a dStPO) ist zumindest insoweit „eingeschränkt", als dass die Verfolgung der zunächst als Vergehen gewerteten Tat als Verbrechen noch jederzeit möglich ist[1086]. Erst recht erwächst die staatsanwaltschaftliche Einstellungsverfügung mangels hinreichenden Tatverdachts (§ 170 Abs. 2 dStPO), der schon sachlogisch keine Hauptverhandlung zugrunde liegen kann, nicht in Rechtskraft[1087].

Anders formuliert legt die voranstehende Betrachtung, die hier zugegebenermassen nur exemplarischen und keinesfalls abschliessenden Charakter haben kann, folgenden Schluss nahe: Je näher eine Entscheidung aufgrund umfassender Prüfungsmöglichkeiten dem dargelegten prozessualen Ziel der „ganzen" Wahrheitsermittlung[1088] kommt, desto schwerer wiegt das individuelle Vertrauen auf die Beständigkeit dieser Entscheidung im Verhältnis zum allgemeinen Interesse an der Herstellung eines ge-

---

1078 Kleinknecht/Meyer-Gossner (2003), Einl. Rn. 182; Dannecker, in: FS für Kohlmann (2003), 593, 608; Loos, JZ 1978, 592, 596.

1079 Vgl. § 410 dStPO.

1080 Dannecker, in: FS für Kohlmann (2003), 593, 608; Radtke/Busch, EuGRZ 2000, 421, 428.

1081 Dannecker, in: FS für Kohlmann (2003), 593, 608; Radtke/Busch, EuGRZ 2000, 421, 428.

1082 Kühne, JZ 2004, 743; Radtke/Busch, NStZ 2003, 281, 287; dies., EuGRZ 2000, 421, 428.

1083 Vgl. § 153(a) Abs. 1 dStPO.

1084 Kleinknecht/Meyer-Gossner (2003), § 153, Rn. 25; § 153a, Rn. 48.

1085 Kühne, JZ 2004, 743; Rübenstahl/Krämer, HRR-Strafrecht 2003, 65, 71; Kleinknecht/Meyer-Gossner (2003), § 153, Rn. 37.

1086 Kühne, JZ 2003, 305, 307; Rübenstahl/Krämer, HRR-Strafrecht 2003, 65, 69 (71); Kleinknecht/Meyer-Gossner (2003), § 153a, Rn. 52; Radtke (1994), S. 319; Loos, JZ 1978, 592, 596.

1087 Kühne, JZ 2004, 743, 744; Kleinknecht/Meyer-Gossner (2003), § 170, Rn. 9; Loos, JZ 1978, 592, 594.

1088 Vgl. diesbezüglich B. II. 3. d. aa. aaa. (1) dieses Kapitels und C. I. im 1. Kapitels dieser Arbeit.

setzeskonformen Zustandes. Als massgebendes Abwägungskriterium für die Bestimmung der Rechtskraftqualität einer strafrechtlichen Entscheidung kann mithin deren *potenzielle Wahrheitsgarantie* festgestellt werden. Denn je höher der potenzielle Wahrheitsgehalt einer strafrechtlichen Entscheidung *verfahrensbedingt* ist, desto qualitativ höherwertig wird ihre materielle Rechtskraft, d.h. ihre zukünftige Beständigkeit, eingestuft[1089]. Wichtig zu beachten ist, dass nicht der *tatsächliche* Wahrheitsgehalt einer Entscheidung im konkreten Einzelfall massgebend ist, sondern die verfahrensbedingt (theoretisch) überhaupt erreichbare Wahrheitsgarantie. Dieser grundsätzliche verfahrensbedingte Wahrheitsgehalt einer Entscheidung wird nachfolgend als „formelle" Wahrheitsgarantie bezeichnet.

Das Strafprozessrecht gibt dem Rechtsanwender jedoch nicht bloss ein solches vages Abwägungskriterium an die Hand. Vielmehr hat der Gesetzgeber die Abwägung zwischen dem individuellen Interesse an dauerhafter Beständigkeit eines Hoheitsaktes (absolute bzw. endgültige materielle Rechtskraft) und dem allgemeinen Interesse an der Herbeiführung eines gesetzmässigen Zustandes weiter konkretisiert. Durch die Normierung sowohl *weiter* als auch *enger* Voraussetzungen hat er selbst bestimmt, welche Entscheidung(sform) im Vergleich zu anderen eine qualitativ stärkere Rechtskraft (Beständigkeit) geniesst. Ausdruck findet dies in der Festlegung unterschiedlich weiter Anforderungen, unter denen eine bestimmte strafrechtliche Entscheidung ihre Beständigkeit einbüsst und das ihr zugrunde liegende Verfahren wieder aufgenommen werden kann[1090].

Ein Blick auf das deutsche Strafprozessrecht verdeutlicht auch dies. Da eine Entscheidung in Urteilsform nach dem oben Gesagten verfahrensbedingt (Überzeugungsbildung mit den Mitteln einer Hauptverhandlung) durch allumfassende Prüfungsmöglichkeiten die höchste formelle Wahrheitsgarantie besitzt, wird sie – wie erwähnt – im Grunde als „absolut" rechtskräftig gewertet. Sie unterliegt folglich den allerstrengsten (engsten) Anforderungen für eine Rechtskraftdurchbrechung, jedenfalls sofern die zuungunsten des Angeklagten wirkenden Wiederaufnahmegründe betrachtet werden, vgl. § 362 dStPO. Anders gewendet sind – im Vergleich – die Wiederaufnahmevoraussetzungen eines Nichteröffnungsbeschlusses, der – mangels durchgeführter Hauptverhandlung – eine geringere formelle Wahrheitsgarantie besitzt und mithin nur „beschränkt" rechtskräftig ist, bspw. deutlich leichter bzw. weiter[1091]. So kann das einem Nichteröffnungsbeschluss[1092] zugrunde liegende Verfah-

[1089] Radtke/Busch, EuGRZ 2000, 421, 427; Geppert, GA 1972, 165, 173 u. 174, dort Anm. 72.

[1090] Vgl. Radtke (1994), S. 65; Meyer, in: Jescheck/Meyer, Wiederaufnahme im deutschen und ausländischen Recht (1974), S. 782.

[1091] Radtke/Busch, EuGRZ 2000, 421, 428; Radtke (1994), S. 315f.

[1092] § 204 dStPO.

ren gemäss § 211 dStPO schon bei Vorliegen neuer Tatsachen zuungunsten des Betroffenen wieder aufgenommen werden[1093], indem die Staatsanwaltschaft erneut Anklage erhebt[1094]. Auch bei einem Strafbefehl und einer Einstellung (gegen Auflage) nach § 153a dStPO ist die erneute Strafverfolgung des Angeklagten – und mithin eine Verfahrenswiederaufnahme[1095] – schon zugelassen, wenn neue Tatsachen vorliegen, die geeignet sind, die Verurteilung wegen eines Verbrechens zu begründen[1096]. Ebenso kann schon das Vorliegen neuer Tatsachen einer Einstellung nach § 153 und § 170 Abs. 2 dStPO die Grundlage entziehen[1097]. Die Wiederaufnahme des Verfahrens nach einem „voll" rechtskräftigen Sachurteil unterliegt hingegen den viel strengeren Voraussetzungen der §§ 359ff. dStPO. Insbesondere für die Wiederaufnahme zuungunsten des Angeklagten müssen die Anforderungen des § 362 dStPO alternativ erfüllt sein, vgl. dort die Nr. 1 bis 4. Hinzuweisen ist darauf, dass hier im Interesse der Vergleichbarkeit der verschiedenen „Entscheidungstypen" ausschliesslich auf die zu*un*gunsten des Betroffenen wirkenden Wiederaufnahme-Anforderungen abgestellt wird, weil bei einigen Entscheidungsformen schon sachlogisch gar keine Rechtskraftdurchbrechung zugunsten des Betroffenen möglich ist. Dies gilt, um nur zwei Entscheidungsformen zu nennen, bspw. für die Einstellung wegen Geringfügigkeit nach § 153 dStPO und den Nichteröffnungsbeschluss nach § 204 dStPO[1098].

Damit darf insoweit festgehalten werden, dass das Rechtsinstitut der materiellen Rechtskraft als letzte Abstraktionsstufe auf dem *Rechtsstaatsprinzip* basiert und den diesem innewohnenden *Vertrauensschutzgedanken* verkörpert. Der Wirkungsweise des Vertrauensschutzes entsprechend wird das individuelle Interesse an der Beständigkeit einer strafrechtlichen Entscheidung (materielle Rechtskraft) nur geschützt, wenn es das allgemeine Interesse an der Herstellung eines gesetzmässigen Zustandes überwiegt. Als massgebendes Abwägungskriterium dieser Interessenabwägung konnte die *formelle Wahrheitsgarantie* der jeweils in Rede stehenden Entscheidung(sform) ermittelt werden. Dieses recht unscharfe Abwägungskriterium hat der Gesetzgeber dahingehend konkretisiert, dass er unterschiedlich weite Voraussetzungen normiert hat, unter denen eine Entscheidung ihre zunächst gegebene Beständigkeit (doch) einbüssen kann.

[1093] Dies gilt ebenso für den Verwerfungsbeschluss gem. § 174 Abs. 2 dStPO.

[1094] Kleinknecht/Meyer-Gossner (2003), § 211 Rn. 3; Dannecker, in: FS für Kohlmann (2003), 593, 608; Radtke (1994), S. 315; BGHSt 18, 225f.

[1095] Radtke (1994), S. 316.

[1096] Kleinknecht/Meyer-Gossner (2003), § 411, Rn. 12; § 153a, Rn. 52 a.E.; Dannecker, in: FS für Kohlmann (2003), 593, 608.

[1097] Kleinknecht/Meyer-Gossner (2003), § 153, Rn. 38; § 170, Rn. 9; Loos, JZ 1978, 592, 594f.

[1098] Methodisch so auch Radtke (1994), S. 315f.

Aus alledem darf mithin der Schluss gezogen werden, dass die *Qualität* der materiellen Rechtskraft einer Entscheidung das Ergebnis einer *Abwägung* zwischen den Interessen „Rechtsstabilität" einerseits und „Gesetzeskonformität" andererseits ist. Das die Rechtskraftqualität bestimmende Abwägungskriterium ist die formelle Wahrheitsgarantie der Entscheidung. Dieses wird durch die Normierung unterschiedlich weiter *Wiederaufnahmevoraussetzungen* konkretisiert.

Die hier eingangs gestellte Frage, wovon die *Rechtskraftqualität* einer Entscheidung rechtstheoretisch abhängt, kann folglich dahingehend beantwortet werden, dass der *Umfang* des Strafklagenverbrauchs bzw. die Rechtskraft*qualität* einer Entscheidung im Ergebnis davon abhängt, unter welchen (engen oder weiten) Voraussetzungen der Bestand einer Entscheidung durchbrochen werden darf.

(4) Ergebnis

Ausgangspunkt der hier angestellten Betrachtung war die Überlegung, für die Bestimmung der zwischenstaatlichen Rechtskraftwirkung von Entscheidungen einen allgemeinen Standard zu formulieren. Als Voraussetzung dafür wurde befunden, einen einheitlichen Massstab für die Beurteilung der *Rechtskraftqualität* strafrechtlicher Entscheidungen zu ermitteln. Dafür wurde als notwendig erachtet, hier zunächst zu klären, wodurch die *Qualität* der materiellen Rechtskraft einer Entscheidung bestimmt wird. Um dies zu ergründen, wurde das Rechtsinstitut der materiellen Rechtskraft – bildhaft gesprochen – auf seine „Wurzeln" zurückgeführt, indem bei seiner Einordnung in die eigentliche Aufgabe des Strafverfahrens angesetzt wurde.

Dabei konnte – erstens – aufgezeigt werden, dass sich das Institut der materiellen Rechtskraft in einem Spannungsverhältnis zwischen Rechtssicherheit auf der einen und Gerechtigkeit auf der anderen Seite bewegt. Denn dem individuellen Bedürfnis nach Rechtsfriede (Rechtssicherheit) steht die prozessuale Pflicht zum Aufspüren materieller (ganzer) Wahrheit gegenüber, um eine dem tatsächlichen Geschehen entsprechende und damit gerechte Entscheidung zu treffen.

Zweitens wurde deutlich, dass sich die Existenz des Rechtsinstituts der materiellen Rechtskraft in der Praxis aus ihrer Rechtsfriedensfunktion heraus rechtfertigt. Denn sie steht dem grundsätzlich zeitlich endlosen Streben nach materieller Wahrheit als limitierender Faktor gegenüber. Aus der ihr zugeschriebenen Stabilisierungswirkung folgt Rechtsfriede, da die einmal getroffene Entscheidung für die Zukunft stabil gehalten (zementiert) wird, indem eine erneute Strafverfolgung derselben Person in derselben Sache gesperrt wird.

Drittens konnte nachvollzogen werden, dass diese Stabilisierungswirkung dem im gesamten Öffentlichen Recht anerkannten – und damit auch im Straf(prozess)recht geltenden – Vertrauensschutzgedanken entspricht. Dieser wiederum hat sich als direkte Ableitung aus der Orientierungssicherheitskomponente des Rechtssicherheitsgebots erwiesen; letzteres wiederum als eine Unter-Kategorie des fundamentalen und in der gesamten Rechtsordnung unmittelbar geltenden Rechtsstaatsprinzips. Damit konnte insoweit aufgezeigt werden, dass im Straf(prozess)recht – institutionell verfestigt in der materiellen Rechtskraft – der Vertrauensschutzgedanke als Konkretisierung des Rechtsstaatsprinzips wirkt.

Viertens wurde mit Blick auf die konkrete Wirkungsweise des Vertrauensschutzgedankens deutlich, dass die Rechtskraftqualität einer Entscheidung das Ergebnis einer Abwägung zwischen den Interessen „Rechtsstabilität" auf der einen und „Gesetzeskonformität" auf der anderen Seite ist. Als für die Bestimmung der *Rechtskraftqualität* massgebendes Abwägungskriterium wurde die formelle Wahrheitsgarantie der jeweils in Rede stehenden Entscheidung(sform) ermittelt. Dieses hat der Gesetzgeber weiter konkretisiert, indem er für verschiedene Entscheidungsformen unterschiedlich weite Voraussetzungen normiert hat, unter denen die Stabilität einer Entscheidung durchbrochen werden kann.

Um zum Ausgangspunkt der hiesigen Überlegungen zurück zu kommen, darf insoweit resümiert werden, dass die *Qualität* der Rechtskraft einer Entscheidung von den Voraussetzungen abhängt, unter denen die Beständigkeit dieser Entscheidung durchbrochen werden darf. Diese „Wiederaufnahme-Anforderungen" bestimmen daher im Kern die materielle Rechtskraftqualität einer jeden strafrechtlichen Entscheidung. Sie stellen daher im Folgenden die Basis für die Bestimmung einer *allgemeinen* Beurteilungsgrundlage der zwischenstaatlichen Rechtskraftwirkung von Entscheidungen dar. Die eingangs erwähnte Annahme von Radtke, Busch und Dannecker, dass die Rechtskraftfähigkeit von Entscheidungen im Rahmen des SDÜ allein von den Regeln über die Wiederaufnahme her gelöst werden könne[1099], konnte insoweit bestätigt werden.

[1099] Vgl. B. II. 3. d. aa. dieses Kapitels.

bbb. Das Sachurteil als Leitbild zur Bestimmung einer „europaweit" einheitlichen Rechtskraftqualität

Im Rahmen dieser Arbeit konnte aufgezeigt werden, dass eine Auslegung von Art. 54 SDÜ gebietet, alle Entscheidungen – unabhängig von ihrer Form – in den Anwendungsbereich dieser Vorschrift einzubeziehen, sofern sie – dem Wortlaut von Art. 54 SDÜ entsprechend – in *Rechtskraft* erwachsen. Sichtbar wurde, dass zur Vermeidung widersprüchlicher oder gar zufälliger Ergebnisse ein allgemeiner Massstab für die Beurteilung der zwischenstaatlichen Rechtskraftwirkung von Entscheidungen gefunden werden sollte. Um einen solchen formulieren zu können, wurde erarbeitet, von welchem Faktor die (materielle) Rechtskraft einer Entscheidung bestimmt wird. Dabei wurde deutlich, dass deren Intensität oder Qualität letztlich von unterschiedlich weiten rechtskraftdurchbrechenden Momenten abhängig ist. Wenn im Sinne der hier fokussierten vierten Denk-Alternative angestrebt wird, einen *einheitlichen* Massstab oder Standard dafür zu finden, ob einer Entscheidung „europaweit" die Qualität >rechtskräftig< im Sinn von Art. 54 SDÜ zukommt, ist an dieser Stelle deshalb weiter zu fragen, auf die „Wiederaufnahme-Anforderungen" *welcher* Entscheidung(sform) es „europaweit" ankommen soll.

Denn die Möglichkeit der Verfahrenswiederaufnahme ist „europaweit" nicht einheitlich für dieselben „Entscheidungstypen" vorgesehen[1100]. Eine Reihe von Staaten hat bspw. die Möglichkeit der Rechtskraftdurchbrechung auf Endurteile beschränkt. In der Literatur werden exemplarisch Belgien, Frankreich und Italien sowie die Niederlande genannt[1101]. In den meisten Ländern sind darüber hinaus auch verfahrensbeendende Beschlüsse wiederaufnahmefähig, z.B. in Deutschland[1102] und Österreich[1103].

Übereinstimmung besteht offensichtlich jedoch insoweit, dies zeigt eine Untersuchung von Jescheck, Meyer u.a.[1104], dass das in ein *Sachurteil* mündende Strafverfahren stets der Möglichkeit einer Verfahrenswiederaufnahme unterliegt[1105]. Einigkeit besteht auch insoweit, dies wurde im Rahmen der Auslegung des Merkmals

[1100] Meyer, in: Jescheck/Meyer, Wiederaufnahme im deutschen und ausländischen Recht (1974), S. 754f.

[1101] Vgl. Simon-Kreuzer, Grebing sowie Bosch und Schaffmeister, in: Jescheck/Meyer, Wiederaufnahme im deutschen und ausländischen Recht (1974).

[1102] § 410 dStPO (Strafbefehl), vgl. Kleinknecht/Meyer-Gossner, (2003), § 410 dStPO, Rn. 12.

[1103] § 109 öStPO (Einstellung der Voruntersuchung), § 227 öStPO (Rücktritt von der Anklage), vgl. Foregger/Bachner-Foregger, StPO mit Anm. (2002), § 352 Anm. II.

[1104] Jescheck/Meyer, Wiederaufnahme im deutschen und ausländischen Recht (1974)

[1105] Meyer, in: Jescheck/Meyer, Wiederaufnahme im deutschen und ausländischen Recht (1974), S. 755.

>Aburteilung< bereits deutlich[1106], dass ein freisprechendes oder verurteilendes gerichtliches *Sachurteil* in den Anwendungsbereich von Art. 54 SDÜ fällt. Deshalb erscheint es denkbar, das Sachurteil als „Leitbild" oder „Konzept" zu nehmen, um beurteilen zu können, ob eine richterliche oder nichtrichterliche Entscheidung als rechtskräftig im Sinn von Art. 54 SDÜ anzusehen ist[1107]. Diesem Gedanken nach würden diejenigen Faktoren, die die materielle Rechtskraftqualität eines Sachurteils bestimmen, als Massstab für Art und Umfang der materiellen Rechtskraftfähigkeit aller anderen Entscheidungsformen dienen.

Weiter präzisiert kann dieser Ansatz folgendes bedeuten: Da ein Sachurteil trotz der gesetzlichen Verankerung von Wiederaufnahme-Anforderungen unstreitig als rechtskräftig im Sinn von Art. 54 SDÜ betrachtet wird[1108] und daher ebenso unstreitig strafklageverbrauchende Wirkung nach dieser Vorschrift geniesst[1109], würden mithin auch alle anderen Entscheidungsformen, deren jeweiliges Verfahren unter diesen Anforderungen (vergleichbar denen eines Sachurteils) wieder aufgenommen werden könnte, mit einem solchen „Gütesigel" ausgestattet. In der Folge würden alle Entscheidungsformen, die im Hinblick auf ihre „Wiederaufnahme-Anforderungen" dem „Leitbild" des Sachurteils entsprechen, eine ne-bis-in-idem-Wirkung nach Art. 54 SDÜ auslösen.

Zu beachten ist, auch dies geht aus der vorerwähnten Studie von Jescheck, Meyer u.a. hervor, dass hinsichtlich der Wiederaufnahmegründe stets danach differenziert wird, ob es sich um eine Wiederaufnahme zugunsten oder zu*un*gunsten des Angeklagten handelt[1110]. Konsens besteht über die grundsätzliche Zulässigkeit der Verfahrenswiederaufnahme *zugunsten* des Angeklagten, wobei diese – soweit ersichtlich – immer schon dann (als niedrigste Hürde) statthaft ist, wenn neue Tatsachen vorliegen, die auf die Unschuld des Verurteilten hinweisen. Dies suggeriert jedenfalls ein Vergleich der deutschen[1111], österreichischen[1112] und französischen[1113] Strafprozessgesetze. Wenn also „europaweit" tatsächlich Einigkeit darüber bestehen sollte, dass die Verfahrenswiederaufnahme *zugunsten* des Angeklagten schon bei Vorliegen neuer Tatsachen in Frage kommt, ist der Gedanke nicht fern liegend, diese Bedingung

---

[1106] Vgl. B. II. 2. b. aa. dieses Kapitels.

[1107] Vgl. Thomas (2002), S. 284; Radtke, EuGRZ 2000, 421, 426.

[1108] Vgl. B. II. 2. b. aa. dieses Kapitels.

[1109] Vgl. B. II. 2. b. aa. dieses Kapitels.

[1110] Vgl. die verschiedenen Länderberichte in: Jescheck/Meyer, Wiederaufnahme im deutschen und ausländischen Recht (1974).

[1111] § 359 Nr. 5 dStPO, vgl. Kleinknecht/Meyer-Gossner (2003), § 359 dStPO, Rn. 21ff.

[1112] § 353 Nr. 2 öStPO, vgl. Foregger/Bachner-Foregger, StPO mit Anm. (2002); Platzgummer (1990), S. 184.

[1113] Art. 622 C.P.P., vgl. Bohnert/Lagodny, NStZ 2000, 636, 639.

als allgemeinen Massstab für die Beurteilung der zwischenstaatlichen Rechtskraftwirkung von Entscheidungen heranzuziehen.

Dieser Ansatz erweist sich, soviel kann schon jetzt gesagt werden, jedoch spätestens dann nicht mehr als praktikabel, wenn zudem die *zuungunsten* des Angeklagten wirkenden Wiederaufnahmegründe in diese Überlegung mit einbezogen werden. Zwar gibt es eine Reihe von Staaten aus dem romanischen[1114] und dem angloamerikanischen[1115] Rechtskreis, die ausschliesslich die Wiederaufnahme zugunsten des Verurteilten zulassen[1116]. Doch können die i.d.R. weit *engeren* und zum Nachteil des Angeklagten wirkenden Wiederaufnahme-Anforderungen der Staaten, die auch eine Rechtskraftdurchbrechung des Sachurteils zu*un*gunsten des Betroffenen kennen, nicht einfach unberücksichtigt bleiben. Jedenfalls dann nicht, wenn dem hier verfolgten Ansatz der vierten Denk-Alternative entsprochen werden soll, einen *allgemeinen* Standard für die zwischenstaatliche Rechtskraftwirkung von Entscheidungen zu ermitteln.

Anders gewendet erweist sich der Gedanke, das Sachurteil und seine rechtskraftdurchbrechenden Faktoren im zuvor beschriebenen Sinn als „europaweites" Konzept für die Bestimmung der Rechtskraftintensität von gerichtlichen und aussergerichtlichen Entscheidungen zu nutzen, als nicht umsetzbar, weil „europaweit" (jedenfalls) die Anforderungen für die Verfahrenswiederaufnahme *zuungunsten* des Angeklagten (höchst)unterschiedlich sind[1117]. Ein Vergleich zwischen der deutschen, der österreichischen und der französischen Strafprozessordnung führt dies eindrücklich vor Augen. Nach § 362 der deutschen Strafprozessordnung ist die Wiederaufnahme eines durch rechtskräftiges Urteil abgeschlossenen Verfahrens zuungunsten des Angeklagten nur bei neuen Fakten möglich, soweit diese auf ganz *bestimmten* – hier nicht weiter aufzulistenden – Umständen beruhen[1118]. Kurz gesagt ist in Deutschland die Verfahrenswiederaufnahme des Sachurteils zum Nachteil des Strafverfolgten nur in sehr engen Grenzen zulässig. In Österreich hingegen ist die Wiederaufnahme – ohne eine solche Einschränkung – schon bei Vorliegen neuer Tatsachen statthaft[1119], auch wenn die Grenzen (etwas) enger sind als bei der Wiederaufnahme zugunsten des

---

1114 Z.B. Belgien, Frankreich, Italien, Niederlande.

1115 Z.B. England.

1116 Meyer, in: Jescheck/Meyer, Wiederaufnahme im deutschen und ausländischen Recht (1974), S. 734.

1117 Bohnert/Lagodny, NStZ 2000, 636, 639f.; Meyer, in: Jescheck/Meyer, Wiederaufnahme im deutschen und ausländischen Recht (1974), S. 782.

1118 Bohnert/Lagodny, NStZ 2000, 636, 639; Volk (1999), § 38, Rn. 16.

1119 Dannecker, in: FS für Kohlmann (2003), 593, 611; Bohnert/Lagodny, NStZ 2000, 636, 639f.

Angeklagten[1120], vgl. § 355 Nr. 2 öStPO. Demgegenüber ist die „ungünstige“ Rechtskraftdurchbrechung des Sachurteils in der französischen Rechtsordnung gar nicht vorgesehen[1121].

Dieser kurze Vergleich zeigt, dass die Rechtskraft*intensität* eines Sachurteils auf nationaler Ebene sowohl nach der deutschen und der österreichischen als auch nach der französischen Strafprozessordnung insbesondere davon abhängt, ob und unter welchen Voraussetzungen die Rechtsstabilität der Entscheidung wieder durchbrochen werden kann („Wiederaufnahme-Anforderungen“). Insoweit wird nochmals bestätigt, dass die Rechtskraftqualität einer Entscheidungen dadurch bestimmt wird, ob und unter welchen Anforderungen das ihr zugrunde liegende Verfahren wieder aufgenommen werden darf. Sofern eine Wiederaufnahme – wie nach französischem Recht – gar nicht in Frage kommt, besteht sachlogisch der höchste Grad an Rechtskraftintensität[1122]. Als Problem wird jedoch sichtbar, dass selbst die Entscheidungsform „Sachurteil“ im zwischenstaatlichen Vergleich über eine faktisch unterschiedliche Rechtskraftintensität verfügt, auch wenn sie trotzdem zumeist als (voll) rechtskräftig im Sinn von Art. 54 SDÜ betrachtet wird. Dieses deshalb, weil die Voraussetzungen, unter denen die Rechtsstabilität des Sachurteils durchbrochen werden kann, im zwischenstaatlichen Vergleich (hier Deutschland-Österreich-Frankreich) unterschiedlich weit sind. Wird das Sachurteil als „Leitbild“ im zuvor beschriebenen Sinn verstanden, bleibt fraglich und (hier noch) unbeantwortet, auf die rechtskraftdurchbrechenden Momente eines Sachurteils *welcher* Rechtsordnung abgestellt werden sollte. Aus diesem Grund kann das Sachurteil nicht so einfach als allgemeines „Konzept“ herangezogen werden, um einen einheitlichen Massstab für die zwischenstaatliche Rechtskraftwirkung strafrechtlicher Entscheidungen zu bestimmen.

Dennoch, die angesprochene „Leitbild-Idee“ des Sachurteils wird hier weiter verfolgt. Am Gedanken, die rechtskraftdurchbrechenden Momente des Sachurteils als Grundlage zur Ableitung eines allgemeinen Standards für die zwischenstaatliche Rechtskraftwirkung strafrechtlicher Entscheidungen zu nutzen, wird festgehalten. Dieses – erstens – deshalb, weil aufgezeigt werden konnte, dass die materielle

---

[1120] Piska, S. 494f.; Meyer, S. 778, dort Anm. 292, beide in: Jescheck/Meyer, Wiederaufnahme im deutschen und ausländischen Recht (1974). Es werden nur neue Tatsachen oder Beweismittel erfasst, die nach Eintritt der Rechtskraft des Urteils bekannt oder zugänglich werden. Bei der „günstigen“ Wiederaufnahme werden hingegen (weiter) z.B. alle Tatsachen und Beweismittel erfasst, die generell nicht Inhalt der Akten im früheren Verfahren waren, vgl. Mayerhofer, StPO-Kommentar (1997), § 353 Rn. 6a.

[1121] Bohnert/Lagodny, NStZ 2000, 636, 639 unter Hinweis auf Art. 662 C.P.P.; Meyer, in: Jescheck/Meyer, Wiederaufnahme im deutschen und ausländischen Recht (1974), S. 734, dort Anm. 10.

[1122] Vgl. Meyer, in: Jescheck/Meyer, Wiederaufnahme im deutschen und ausländischen Recht (1974), S. 780.

Rechtskraft einer Entscheidung letztlich von der Weite ihrer „Wiederaufnahme-Anforderungen“ bestimmt wird und – zweitens – weil immerhin Konsens darüber besteht, dass das Sachurteil als rechtskräftig im Sinn von Art. 54 SDÜ gilt. Da jedoch nicht – wie sich soeben gezeigt hat – „einfach“ auf die „Wiederaufnahme-Anforderungen“ (irgend)eines Sachurteils abgestellt werden kann, bleibt zu überlegen, ob die – im zwischenstaatlichen Vergleich – unterschiedlich weiten „Wiederaufnahme-Anforderungen“ des Sachurteils auf einen *gemeinsamen Nenner* gebracht werden können. Denkbar ist, die zwischenstaatliche Rechtskraftwirkung von strafrechtlichen Entscheidungen entweder vom „europaweit“ höchsten Niveau der Wiederaufnahme-Anforderungen eines Sachurteils her zu bestimmen oder vom „europaweit“ niedrigsten Niveau[1123]. Beide Denk-Ansätze werden nachfolgend unter den Stichworten „Maximal-Niveau-Lösung“ (1) und „Minimal-Niveau-Lösung“ (2) diskutiert[1124].

(1) Maximal-Niveau-Lösung

Die zwischenstaatliche Rechtskraftwirkung einer Entscheidung am „europaweit“ existierenden höchsten Niveau der Wiederaufnahme-Anforderungen eines Sachurteils auszurichten hiesse, nur solchen strafrechtlichen Erkenntnissen Rechtskraft im Sinn von Art. 54 SDÜ zuteil werden zu lassen, deren Verfahren *nur* unter den *strengsten* „europaweit“ auffindbaren Voraussetzungen wieder aufgenommen werden könnten. Welche dies im einzelnen sind, kann hier dahinstehen, da diese Maximal-Niveau-Lösung schon im Ansatz dem bereits skizzierten Sinn und Zweck[1125] des in Art. 54 SDÜ normierten Doppelverfolgungs- und Bestrafungsverbots widersprechen würde.

Besonders deutlich wird dies – exemplarisch – mit Blick auf die österreichische Strafprozessordnung. Bereits dargelegt wurde, dass nach dem österreichischen Prozessgesetz sowohl die Wiederaufnahme des Verfahrens zugunsten als auch zuungunsten des Beurteilten schon bei blossem Vorliegen neuer Tatsachen möglich ist, wobei die Wiederaufnahme zum Nachteil des Freigesprochenen etwas engeren Voraussetzungen unterliegt[1126]. Diese Anforderung entspricht auf jeden Fall nicht den „europaweit“ strengsten „Wiederaufnahme-Anforderungen“, da – wie erwähnt – mindestens die der deutschen Strafprozessordnung wesentlich strenger sind, vgl.

[1123] Pro niedrigstem Niveau: Bohnert/Lagodny, NStZ 2000, 636, 640; Radtke/Busch, NStZ 2003, 281, 286.

[1124] Begrifflich in Anlehnung an Nelles, die in anderem Zusammenhang von "geringstmöglicher" und "höchstmöglicher" Eingriffsschwelle spricht, vgl. ZStW 109 (1997), 727, 749f.

[1125] Vgl. B. II. 2. b. cc. dieses Kapitels.

[1126] Vgl. S. 199f.

§ 362 dStPO. Die Folge wäre, dass selbst das österreichische Sachurteil zwar innerstaatlich, nicht aber zwischenstaatlich nach Art. 54 SDÜ, einen Strafklageverbrauch auslösen würde. Letzteres deshalb nicht, weil das ihm zugrunde liegende Verfahren eben nicht *ausschliesslich* unter den *strengsten* „europaweit" auffindbaren rechtskraftdurchbrechenden Voraussetzungen wieder aufgenommen werden kann. Wird zudem berücksichtigt, dass in einer Reihe von Staaten eine Verfahrenswiederaufnahme des Sachurteils zuungunsten des Betroffenen gar nicht zulässig ist, müsste dies konsequenterweise das maximale Niveau für die Voraussetzungen einer Verfahrenswiederaufnahme bilden[1127]. Denn strenger, als eine Rechtskraftdurchbrechung ganz und gar zu verunmöglichen, kann eine Wiederaufnahmevoraussetzung nicht mehr sein. Die Folge wäre, dass nur solchen Entscheidungen ein Strafklageverbrauch nach Art. 54 SDÜ zukäme, deren zugrunde liegendes Verfahren gar nicht wieder aufgenommen werden darf. Um beim vorbesprochenen Vergleich zu bleiben fiele dann weder das in Österreich noch das in Deutschland getroffene Sachurteil in den Anwendungsbereich von Art. 54 SDÜ, da seine Wiederaufnahme – wenn auch unter unterschiedlich weiten Voraussetzungen – sowohl zugunsten als auch zuungunsten des Betroffenen möglich ist.

Ein solches Ergebnis kann nicht richtig sein, denn es stünde in Widerspruch zu der bereits dargelegten ratio von Art. 54 SDÜ und den Funktionen des Durchführungsübereinkommens insgesamt. Zur Erinnerung: Die Mitgliedstaaten der EU haben zwecks Kompensation von Sicherheitsverlusten (Kompensationsfunktion), die mit der Schaffung eines grenzkontrollfreien Binnenmarktes verbunden sein können (Integrationsfunktion), vereinbart, in den Bereichen Polizei und Justiz verstärkt zusammen zu arbeiten. Als Gegengewicht zu dieser optimierten Kooperation haben sie mit dem in Art. 54 SDÜ verankerten Verbot mehrfacher Strafverfolgung und Bestrafung zugleich anerkannt, ihre jeweilige Befugnis zur Strafverfolgung und Ahndung von Straftaten zu begrenzen, um zu verhindern, dass ein verstärkter zwischenstaatlicher Informationsaustausch dazu missbraucht wird, landeseigene Wertvorstellungen um den Preis mehrfacher Strafverfolgung und Bestrafung durchzusetzen (Korrektivfunktion). Vielmehr sollen zwischenstaatliche Freiheit und Mobilität des einzelnen gesichert werden (Sicherungsfunktion)[1128]. Insbesondere die beiden letztgenannten im Kontext von Art. 54 SDÜ stehenden Funktionen würden vollständig leer laufen, wenn der einmal Strafverfolgte selbst bei Entscheidung durch ein gerichtliches *Sachurteil* noch befürchten müsste, transnational mehrfach strafrechtlich verfolgt und sanktioniert zu werden.

[1127] Bohnert/Lagodny, NStZ 2000, 636, 640.
[1128] Vgl. B. II. 2. b. cc. dieses Kapitels.

(2) Minimal-Niveau-Lösung

Da also eine gemeinsame Basis nicht gefunden werden kann, wie Schomburg es formuliert hat, indem die Suche von der „Spitze" (hier dem maximalen Niveau) aus begonnen wird[1129], bleibt zu schauen, ob der hier als „Minimal-Niveau-Lösung" bezeichnete Ansatz ein praktikabler Weg ist, um über die zwischenstaatliche Rechtskraftwirkung von Entscheidungen zu befinden. Diesem zufolge sind die „europaweit" niedrigsten Hürden für die Verfahrenswiederaufnahme eines Sachurteils massgebend dafür, ob eine Entscheidung rechtskräftig ist im Sinn von Art. 54 SDÜ. Dargelegt wurde bereits, dass „europaweit" offensichtlich Konsens darüber besteht, dass eine Verfahrenswiederaufnahme zugunsten des Verurteilten schon bei Vorliegen neuer Tatsachen zulässig ist[1130]. Ferner wurde aufgezeigt, dass die zu*un*gunsten des Angeklagten wirkenden „Wiederaufnahme-Anforderungen" eines Sachurteils in Österreich (Vorliegen neuer Tatsachen[1131]) weit niedriger sind als diejenigen in Deutschland. Ob es „europaweit" noch niedrigere Voraussetzungen als nach der österreichischen Strafprozessordnung gibt, braucht hier nicht weiter erforscht zu werden, da der österreichische „Standard" bereits so niedrig ist, dass er (gerade) noch in Einklang mit der Europäischen Menschenrechtskonvention (EMRK) steht[1132]. Diese erachtet – ebenso wie die österreichische Strafprozessordnung – das blosse Vorliegen neuer Tatsachen als ausreichend für eine zuungunsten des Betroffenen wirkende Verfahrenswiederaufnahme, vgl. Art. 4 Abs. 2 des 7. ZP-EMRK. Selbst wenn es also „europaweit" noch geringere Wiederaufnahme-Hürden gäbe, sollten diese als allgemeiner Massstab für die Beurteilung der zwischenstaatlichen Rechtskraftwirkung strafrechtlicher Entscheidungen nicht herangezogen werden, um nicht mit der EMRK in Konflikt zu geraten.

Das keine (noch) niedrigere Hürde als das Vorliegen neuer Tatsachen gewählt werden kann, veranschaulicht (wieder) ein Blick in die deutsche Strafprozessordnung. Denn bei einer Verfahrenseinstellung nach § 170 Abs. 2 StPO[1133] ist eine Fortführung des Ermittlungsverfahrens aus *jedem* denkbaren Grund zulässig. Eine intern geänderte Beurteilung der Sach- oder Rechtslage durch die Staatsanwaltschaft – auch

---

[1129] Schomburg, in: Jaques Delors, Schutz des europäischen Bürgers vor internationaler Kriminalität (2000), 33, 49.

[1130] Vgl. S. 198.

[1131] Vgl. schon S. 199.

[1132] Bohnert/Lagodny, NStZ 2000, 636, 640.

[1133] Einstellung des Ermittlungsverfahrens mangels Anlasses zur Erhebung öffentlicher Klage.

ohne neue Tatsachen – reicht aus[1134]. Würde also die zwischenstaatliche Rechtskraftwirkung einer Entscheidung nicht *wenigstens* (als niedrigst mögliche Hürde) davon abhängig gemacht, dass eine Verfahrenswiederaufnahme (schon) bei Vorliegen neuer Tatsachen möglich ist, hätte dies zur Folge, dass auch eine Einstellung nach § 170 Abs. 2 StPO zwischenstaatlich in Rechtskraft erwachsen würde. Sie hätte damit eine Wirkung, die diese Entscheidungsform auf nationaler Ebene unstreitig nicht hat[1135].

Mit Rücksicht auf dieses niedrigst zulässige „Wiederaufnahme-Niveau" ist eine Entscheidung also *nur* dann rechtskräftig im Sinn von Art. 54 SDÜ, wenn das ihr zugrunde liegende Verfahren bei Vorliegen neuer Tatsachen wieder aufgenommen werden kann. Da dies ein sehr weiter Beurteilungsmassstab ist, darf auch formuliert werden, dass eine Entscheidung *bereits* dann rechtskräftig ist im Sinn von Art. 54 SDÜ, wenn eine Wiederaufnahme ihres Verfahrens bei Vorliegen neuer Tatsachen möglich ist[1136].

Ob die Verfahrenswiederaufnahme einer bestimmten Entscheidung bereits bei Vorliegen neuer Tatsachen rechtlich zulässig ist, sollte anhand der Rechtsordnung des erstentscheidenden Staates gemessen werden[1137]. Sollte dies nämlich anhand der Rechtsordnung des potenziellen Nachverfolgerstaates beurteilt werden, würde sich auch auf dieser Ebene das Problem stellen, dass die Entscheidung im Erstverfolgerstaat nicht notwendig ein Entscheidungs-Pendant im potenziellen Zweitverfolgerstaat kennt, so dass ggf. keine Grundlage für diese Beurteilung existieren würde. Dieses Problem der zwischenstaatlichen Inkompatibilität von Entscheidungen kann nur umgangen werden, wenn seitens des potenziellen Nachverfolgerstaates nach der Rechtsordnung des Erstverfolgerstaates (vergleichbar der ersten Denk-Alternative) beurteilt wird, ob eine Verfahrenswiederaufnahme der in diesem (dem Erstverfolgerstaat) getroffenen Entscheidung nur bei Vorliegen neuer Tatsachen in Frage kommt („Minimal-Niveau-Lösung" der vierten Denk-Alternative). Dem Einwand, dass sich bei der Auslegung fremden Rechts für den potenziellen Zweitverfolgerstaat möglicherweise Sprach- und Rechtsanwendungsprobleme stellen[1138], wird hier mit einem

---

[1134] Rübenstahl/Krämer, HRR-Strafrecht 2003, 65, 71; Graalmann-Scheerer, in: Löwe-Rosenberg, StPO-Kommentar (2001), § 170 Rn. 49; Riess, in: Löwe-Rosenberg, StPO-Kommentar (1989), § 170 Rn. 45.

[1135] Rübenstahl/Krämer, HRR-Strafrecht 2003, 65, 71.

[1136] Radtke/Busch, NStZ 2003, 281, 286; Bohnert/Lagodny, NStZ 2000, 636, 640.

[1137] Radtke/Busch, EuGRZ 2000, 421, 430.

[1138] Angedacht von Radtke/Busch, NStZ 2003, 281, 286; dies., EuGRZ 2000, 421, 430.

Hinweis auf die zu „Eurojust“ bereits gemachten Ausführungen begegnet, auf die an dieser Stelle ausdrücklich Bezug genommen wird[1139].

ccc. Zwischenergebnis

Nochmals in Erinnerung gerufen wird, dass im Sinne der vierten Denk-Alternative ein allgemeiner Standard für die Beurteilung der zwischenstaatlichen Rechtskraftwirkung von Entscheidungen gefunden werden sollte. Als Voraussetzung dafür wurde herausgestellt, dass es notwendig ist, einheitlich („europaweit“) zu bestimmen, wann einer Entscheidung – unabhängig von ihrer Form – die *Qualität* >rechtskräftig< im Sinn von Art. 54 SDÜ zuerkannt wird. Unter Rückführung des Instituts der materiellen Rechtskraft auf seine rechtstheoretischen Grundlagen wurde deutlich, dass ein allgemeiner Standard für die Beurteilung der zwischenstaatlichen Rechtskraftwirkung von Entscheidungen vom „Wiederaufnahme-Recht“ her gefunden werden sollte. Als „Leitbild“ zugrunde gelegt wurden die „Wiederaufnahme-Regeln“ der Entscheidungsform >Sachurteil<. Mit Rücksicht auf den Sinn und Zweck von Art. 54 SDÜ und des SDÜ insgesamt, verbot sich, das „europaweit“ existierende höchste Niveau an Sachurteils-Wiederaufnahme-Anforderungen (Maximal-Niveau-Lösung) als Massstab heranzuziehen. Unter Berücksichtigung der voranstehenden Überlegungen verblieb deshalb nur der Weg, auf den kleinsten gemeinsamen Nenner (Minimal-Niveau-Lösung) abzustellen. Im Sinne des hier betrachteten (vierten) Denk-Ansatzes darf mithin formuliert werden, dass eine Entscheidung immer dann rechtskräftig ist im Sinn von Art. 54 SDÜ, sofern das ihr zugrunde liegende Verfahren bereits (als niedrigste Hürde) bei Vorliegen neuer Tatsachen wieder aufgenommen werden darf[1140]. Der eingangs aufgestellten Voraussetzung, einen einheitlichen Massstab für die Beurteilung der Rechtskraftqualität strafrechtlicher Entscheidungen zu formulieren, wird damit entsprochen.

Wie schon zuvor bei den Gedankenmodellen (a) bis (c) wird nachfolgend gefragt, welchen Einwänden diese vierte Denk-Alternative ausgesetzt ist.

[1139] Vgl. B. II. 3. a. aa. ddd. (2) dieses Kapitels.

[1140] I.E. so auch Bohnert/Lagodny, NStZ 2000, 636, 640.

bb. *Einwand*: Mögliche Variabilität eines allgemeinen Standards für die Beurteilung der zwischenstaatlichen Rechtskraftwirkung von Entscheidungen

Gegen dieses Modell des „kleinsten gemeinsamen Nenners“ wird in der neueren Literatur[1141] eingewendet, dass es, wie auch die zuvor beschriebenen Modelle, direkt vom nationalen Recht der in den Anwendungsbereich von Art. 54 SDÜ fallenden Staaten abhängig ist. Mit anderen Worten, wenn auch nur einer dieser Staaten sein nationales Recht verändere, könne dies unmittelbare Auswirkungen auf die Auslegung von Art. 54 SDÜ haben[1142]. Böhm kritisiert, dass der Inhalt von Art. 54 SDÜ variabel würde[1143]. Dieses deshalb, weil es nach der „Minimal-Niveau-Lösung“ ein Staat allein in der Hand hat, die rechtskraftdurchbrechenden Momente für ein Sachurteil nach seinem nationalen Recht weiter nach unten zu korrigieren. Die Folge wäre eine Veränderung des Anwendungsbereichs von Art. 54 SDÜ, der im Ergebnis (noch) weiter würde. Dieser Einwand überzeugt jedoch nicht, weil die Lösung auf „kleinstem gemeinsamen Nenner“ durch ihre Ausrichtung an Art. 4 Abs. 2 des 7. ZP-EMRK als Korrektiv selbst verhindert, dass das Niveau beliebig weit nach unten gesenkt werden kann. Dies erkennt im Grunde auch Böhm, wenn er fordert, eine Lösung müsse *allein* an Art. 4 Abs. 2 des 7. ZP-EMRK orientiert sein[1144].

Jedoch *allein* diese Bestimmung heranzuziehen, verbietet sich schon deshalb, weil sie eine enorm weite Ausnahme zu dem in Art. 4 Abs. 1 des 7. ZP-EMRK normierten ne-bis-in-idem-Grundsatz regelt. Denn Abs. 2 der vorerwähnten Vorschrift lässt eine Neueröffnung des Verfahrens schon zu, sobald auch nur neue Tatsachen vorliegen[1145]. Die hier fokussierte „Minimal-Niveau-Lösung“ geht im Ergebnis den umgekehrten Weg. Denn ihr zufolge tritt Strafklagenverbrauch gerade ein, sobald eine Entscheidung gegeben ist, deren Verfahren schon beim Vorliegen neuer Tatsachen (als niedrigste Hürde) wieder aufgenommen werden darf. Deshalb darf nicht die Lösung in Art. 4 Abs. 2 des 7. ZP-EMRK selbst gesehen werden, sondern lediglich das in ihm zum Ausdruck kommende niedrigst zulässige Wiederaufnahme-Niveau kann als Korrektiv innerhalb eines Lösungs-Modells, hier in der „Minimal-Niveau-Lösung“ der vierten Denk-Alternative, betrachtet werden, so wie es voranstehend angedacht wurde.

Sich *allein* an Art. 4 Abs. 2 des 7. ZP-EMRK und nicht, wie die „Minimal-Niveau-Lösung“, zunächst am gemeinsamen (kleinsten) Nenner der dem SDÜ unterstehen-

---

1141 Böhm, Der Grundsatz Ne bis in idem im Verhältnis der Staaten zueinander (2001).

1142 Böhm (2001), S. 93.

1143 Böhm (2001), S. 91, dort Anm. 660.

1144 Böhm (2001), Anm. 660.

1145 Specht (1999), S. 49.

den Staaten zu orientieren, hat ferner den Nachteil, dass selbst bei allumfassender zwischenstaatlicher Einigkeit über ein höheres Niveau der Wiederaufnahmegründe dieses dann dem festgelegten Interpretationsmassstab von Art. 4 Abs. 2 des 7. ZP-EMRK widersprechen würde. Festzuhalten bleibt somit, dass sich die „Minimal-Niveau-Lösung“ auch an einem „internationalen Wiederaufnahme-Standard“ orientiert, jedoch im besten Sinne insoweit flexibel bleibt, als dass sie unproblematisch auf eine „europaweite“ im Konsens praktizierte Anhebung des Niveaus der nationalen Wiederaufnahmegründe reagieren könnte. Gleichzeitig wird verhindert, dass das Niveau über den Standard von Art. 4 des 7. ZP-EMRK hinaus beliebig weit nach unten korrigiert wird.

cc. Ergebnis und Konsequenz der vierten Denk-Alternative

Ausgangspunkt der als vierte Denk-Alternative angestellten Betrachtung war die Überlegung, für die Bestimmung der zwischenstaatlichen Rechtskraftwirkung von Entscheidungen einen *allgemeinen* Standard zu formulieren. Dieses deshalb, weil das Abstellen auf singuläre Rechtsordnungen zuvor als nicht praktikabel aufgezeigt werden konnte. Als Voraussetzung für diesen allgemeinen Standard wurde befunden, einen einheitlichen Massstab für die Beurteilung der *Rechtskraftqualität* von Entscheidungen zu ermitteln. Als notwendig wurde erachtet, zunächst zu klären, wovon die Qualität der materiellen Rechtskraft einer Entscheidung bestimmt wird. Unter Einordnung dieses Rechtsinstituts in die eigentliche Aufgabe der Strafrechtspflege wurde das Institut der materiellen Rechtskraft auf seine rechtstheoretischen Grundlagen zurückgeführt. Dabei wurde im Ergebnis deutlich, dass ein allgemeiner Standard für die Beurteilung der zwischenstaatlichen Rechtskraftwirkung von Entscheidungen vom „Wiederaufnahme-Recht“ her gefunden werden sollte. Da „europaweit“ Konsens darüber herrscht, dass die Entscheidungsform >Sachurteil< als rechtskräftige Entscheidung von Art. 54 SDÜ erfasst wird und eine transnationale ne-bis-in-idem-Wirkung auslöst, wurden die für sie geltenden „Wiederaufnahme-Regeln“ zur Bestimmung des vorerwähnten allgemeinen Standards als „Leitbild“ oder „Konzept“ zugrunde gelegt. Aufgezeigt werden konnte, dass es sich verbietet, dass „europaweit“ existierende höchste Niveau (Maximal-Niveau-Lösung) an Wiederaufnahme-Anforderungen als Massstab heranzuziehen. Vielmehr konnte dargelegt werden, dass es sich anbietet, im Sinne eines „europaweit“ kleinsten gemeinsamen Nenners eine Entscheidung immer dann als rechtskräftig im Sinn von Art. 54 SDÜ zu werten, wenn das ihr zugrunde liegende Verfahren bereits bei Vorliegen neuer Tatsachen (als niedrigste Hürde) wieder aufgenommen werden darf. Um das Problem der zwischenstaatlichen Inkompatibilität von Entscheidungen zu umgehen, sollte dies seitens des potenziellen Zweitverfolgerstaates anhand der Rechtsordnung des Erstverfolgerstaates beurteilt werden. Dabei (sicher) auftretende Rechtsanwendungs- und Sprachprobleme sollten zukünftig mit Hilfe der neu geschaffenen europäischen Auskunfts- und Clearingstelle „Eurojust“ lösbar sein. Der Einwand, dass auch diese Lösung vom nationalen Recht der dem SDÜ unterfallenden Staaten abhängig und damit der Anwendungsbereich des Art. 54 SDÜ grundsätzlich variabel sei, wird damit entkräftet, dass die „Minimal-Niveau-Lösung“ als Korrektiv ihres „Wiederaufnahme-Niveaus“ Art. 4 Abs. 2 des 7. ZP-EMRK einbezieht, um zu verhindern dass die Wiederaufnahmegründe unter den dort normierten internationalen Standard sinken.

In dieser Arbeit hat sich damit die „Minimal-Niveau-Lösung“ der hier fokussierten vierten Denk-Alternative als ein möglicher Weg erwiesen, um über die zwischenstaatliche Rechtskraftwirkung einer Entscheidung im Sinn von Art. 54 SDÜ zu befinden. Dieses zwar auch nicht „Einwand-frei“, doch konnten die geäusserten Bedenken entkräftet werden. Wie schon im Hinblick auf das umstrittene und im Rahmen dieser Arbeit diskutierte Merkmal >Aburteilung< geschehen, ist im Folgenden auch für die hier ermittelte Interpretation des Merkmals >rechtskräftig< zu eruieren, wie sich dieses Auslegungsergebnis (die sog. Minimal-Niveau-Lösung) zu den Urteilsgründen der erst im Februar 2003 vom EuGH getroffenen Entscheidung verhält. In dieser hat sich der EuGH erstmals zur Auslegung von Art. 54 SDÜ geäussert. Die neueste Literatur hat sich speziell mit dieser Frage – soweit ersichtlich – bislang nahezu nicht befasst[1146].

e. Kompatibilität mit der Rechtsprechung des Europäischen Gerichtshofs

Sofern der soeben ermittelten Auslegung des Merkmals >rechtskräftig< in Art. 54 SDÜ gefolgt wird, hat dies die Konsequenz, dass beispielsweise auch eine Entscheidung nach § 174 Abs. 2 dStPO oder nach § 153a dStPO eine zwischenstaatliche Rechtskraftwirkung auslöst. Denn wie bereits vorab dargelegt wurde, kann ein Verwerfungsbeschluss nach § 174 Abs. 2 dStPO schon bei Vorliegen neuer Tatsachen zuungunsten des Betroffenen wieder aufgenommen werden[1147]. Auch bei einer Einstellung gegen Auflage nach § 153a dStPO ist die erneute Strafverfolgung des Angeklagten – und mithin eine Verfahrenswiederaufnahme – schon zugelassen, wenn neue Tatsachen vorliegen, die geeignet sind, die Verurteilung wegen eines Verbrechens zu begründen[1148]. Es werden mithin – infolge der Minimal-Niveau-Lösung – auch Entscheidungen in den Anwendungsbereich von Art. 54 SDÜ einbezogen, de-

1146 Vgl. aber Radtke/Busch, NStZ 2003, 281ff.
1147 Vgl. S. 193f.
1148 So auch Bohnert/Lagodny, NStZ 2000, 636, 640.

nen nach nationalem Recht "nur" eine beschränkte Rechtskraftwirkung[1149] zuerkannt wird.

In der bereits erwähnten und näher erläuterten Entscheidung des EuGH vom 11. Februar 2003[1150], in der sich dieser erstmals mit der Auslegung von Art. 54 SDÜ befasste, wird die Frage, welche Rechtskraftqualität eine Entscheidung haben muss, um von Art. 54 SDÜ erfasst zu werden, nicht explizit angesprochen. Dieses, obwohl hier – wie aufgezeigt werden konnte und Kühne bzw. Radtke und Busch jüngst erneut zurecht feststellten[1151] – das „Kernproblem“ bzw. „*das* zentrale Kriterium“ für die Anwendung der vorbenannten Vorschrift liegt. Die Entscheidung des EuGH sagt nichts darüber aus, unter welchen konkreten Bedingungen die Stabilisierungswirkung einer Entscheidung im Sinn von Art. 54 SDÜ positiv festgestellt wird[1152]; der Gerichtshof hat damit die Chance vertan, ein entsprechendes verlässliches Kriterium herauszuarbeiten[1153]. Der EuGH formuliert lediglich, „dass der Betroffene als hinsichtlich der ihm vorgeworfenen Tat rechtskräftig abgeurteilt im Sinne des Art. 54 des Durchführungsübereinkommens anzusehen ist, sofern die Strafklage [...] *endgültig*[1154] verbraucht ist“[1155]. Weiter führt der EuGH aus, dass auch vom Recht auf Freizügigkeit nur Gebrauch gemacht werden kann, wenn Art. 54 SDÜ „[...] auch auf Entscheidungen anwendbar ist, mit denen die Strafverfolgung in einem Mitgliedstaat *endgültig*[1156] beendet wird [...]“[1157]. Auf den ersten Blick könnte hieraus der Schluss gezogen werden, wie in dieser Arbeit insoweit auch getan[1158], dass der EuGH nur solche Entscheidungen als von Art. 54 SDÜ erfasst ansieht, die in absoluter bzw. vollständiger Rechtskraft erwachsen, also deren Verfahren i.d.R. nur unter den strengsten Anforderungen wieder aufgenommen werden darf. Dies entspräche – dem wesentlichen Gedanken nach – der zuvor erörterten sog. Maximal-Niveau-Lösung[1159]. Dass der EuGH dies – trotz der von ihm verwendeten Terminologie – nicht gemeint haben kann, wird deutlich, wenn berücksichtigt wird, welche Entscheidungsformen Entscheidungsgegenstand waren. Zur Erinnerung, in der bereits

---

1149 Für § 174 Abs. 2 dStPO vgl. Kleinknecht/Meyer-Gossner (2003), § 174, Rn. 6; für § 153a dStPO vgl. Kleinknecht/Meyer-Gossner (2003), § 153a, Rn. 52; Kühne, JZ 2003, 305, 307; Radtke (1994), S. 319.

1150 Vgl. B. II. 2. c. dieses Kapitels.

1151 Radtke/Busch, NStZ 2003, 281, 284; Kühne, JZ 2003, 305.

1152 Kühne, JZ 2003, 305.

1153 Radtke/Busch, NStZ 2003, 281, 282 (287).

1154 Hervorhebung hier durch den Verfasser.

1155 EuGH-Urteil vom 11.02.2003 in den verb. Rechtssachen C187/01 und C-385/01, 30. Absatz.

1156 Hervorhebung hier durch den Verfasser.

1157 EuGH-Urteil vom 11.02.2003 in den verb. Rechtssachen C187/01 und C-385/01, 38. Absatz.

1158 Vgl. S. 132.

1159 Vgl. B. II. 3. d. aa. bbb. (1) dieses Kapitels.

zuvor aufgegriffenen Fallgestaltung, in der der EuGH zu urteilen hatte, ging es darum, ob eine in den Niederlanden mittels „transactie“ getroffene Verfahrenseinstellung eine weitere Strafverfolgung in Deutschland gemäss Art. 54 SDÜ sperrt[1160]. Der mit dieser Rechtssache verbundene, aber im Rahmen dieser Arbeit nicht weiter erörterte zweite Rechtsstreit betraf die Frage, ob eine in Deutschland getroffene Einstellung gegen Auflage nach § 153a dStPO einen Strafklageverbrauch gemäss Art. 54 SDÜ in Belgien auslöst[1161]. Der EuGH hat beide Fragen ohne Einschränkung bejaht. Er kommt zu dem Schluss, „dass das in Art. 54 des Durchführungsübereinkommens aufgestellte Verbot der Doppelbestrafung auch für zum Strafklageverbrauch führende Verfahren der in den Ausgangsverfahren in Rede stehenden Art gilt, [...]“[1162], also sowohl für die niederländische transactie als auch für die deutsche Verfahrenseinstellung nach § 153a dStPO. Dieses, obwohl es sich zumindest bei einer der erwähnten Entscheidungsformen nicht um eine solche handelt, der nach nationalem Recht eine *endgültige*, vollständige oder absolute Rechtskraftwirkung zuerkannt wird[1163].

Denn der niederländische staatsanwaltschaftliche Vergleich (transactie) wird von der Rechtsprechung als eine justizielle Form der Verfahrensbeendigung angesehen, die nach niederländischem Recht derart rechtskräftig ist, dass eine nochmalige (strafrechtliche) Verfolgung und Ahndung derselben Tat nicht mehr möglich ist. Der niederländischen transactie wird mithin eine endgültige Rechtskraftwirkung zuerkannt[1164]. Unter Berücksichtigung der erwähnten und vom EuGH gewählten Terminologie („endgültige Verfahrensbeendigung“) erstaunt es insoweit nicht, zumindest was die Rechtskraft (und nicht die *Form* der Entscheidung) angeht, dass der EuGH diesen Typ der Verfahrenserledigung (transactie) als von Art. 54 SDÜ erfasst ansieht.

Der EuGH bezieht jedoch auch eine Verfahrenseinstellung gegen Auflage nach § 153a dStPO in den Anwendungsbereich von Art. 54 SDÜ mit ein. Dieses, obwohl – wie bereits angesprochen[1165] – der Strafklagenverbrauch einer Einstellung wegen geringer Schuld nach Erfüllung von Auflagen (§ 153a StPO) als „eingeschränkt“ gewertet wird, weil die Verfolgung einer zunächst als Vergehen gewerteten Tat als

1160 Vgl. B. II. 2. c. dieses Kapitels.

1161 EuGH-Urteil vom 11.02.2003 in den verb. Rechtssachen C187/01 und C-385/01, Absätze 22f.

1162 EuGH-Urteil vom 11.02.2003 in den verb. Rechtssachen C187/01 und C-385/01, 48. Absatz.

1163 Kühne behauptet dies sogar für beide Entscheidungsformen, vgl. JZ 2003, 305, 307.

1164 OLG Köln, Beschl. vom 30.03.2001, 2 Ws 590/97, Rn. 13, 46, m.H. auf van den Wyngeart NStZ 1998, 153; Radtke/Busch, EuGRZ 2000, 421, 430.

1165 Vgl. S. 194.

Verbrechen noch jederzeit möglich ist[1166]. Die erneute Strafverfolgung des Angeklagten – und mithin eine Verfahrenswiederaufnahme – ist, wie bereits erwähnt[1167], schon zugelassen, sobald *neue Tatsachen* vorliegen, die geeignet sind, die Verurteilung wegen eines Verbrechens zu begründen[1168]. Selbst wenn der EuGH sich explizit nur zu (diesen) zwei bestimmten Entscheidungsformen geäussert hat, kann aus dem Vorerwähnten geschlossen werden, dass nicht bloss vollständig bzw. *endgültig* rechtskräftige Entscheidungen in den Anwendungsbereich von Art. 54 SDÜ fallen, sondern nach Auffassung des EuGH zumindest auch solche, denen nach nationalem Recht „nur" eine eingeschränkte Rechtskraft zuerkannt wird. Insofern decken sich die hier eingangs erwähnten Konsequenzen der sog. Minimal-Niveau-Lösung mit denen der EuGH-Entscheidung. Die definitive (endgültige) Rechtskraft kann hiernach jedenfalls nicht der Massstab des EuGH sein, vielmehr muss davon ausgegangen werden, dass eine formal beschränkte Rechtskraft für den EuGH ausreicht[1169].

Zwar lässt sich dem Urteil des EuGH nicht weiter entnehmen, unter exakt welchen Bedingungen eine Beendigungswirkung und damit die Rechtskraft einer Entscheidung im Sinne von Art. 54 SDÜ positiv festgestellt werden kann. Doch weisen die Urteilsgründe des EuGH – dies wird deutlich – immerhin in Richtung einer *weiten* Interpretation des Merkmals >rechtskräftig< in Art. 54 SDÜ[1170]. Insofern darf festgestellt werden, dass der im Rahmen dieser Arbeit präferierte weite Beurteilungsmassstab, demzufolge eine Entscheidung bereits dann rechtskräftig ist im Sinn von Art. 54 SDÜ, wenn eine Wiederaufnahme ihres Verfahrens bei Vorliegen *neuer Tatsachen* möglich ist, nicht in Widerspruch zu dem vom EuGH vertretenen, ebenfalls weiten Verständnis dieses Merkmals steht. Auch Radtke und Busch konstatieren, dass der hier als Minimal-Niveau-Lösung bezeichnete Interpretationsansatz im Ergebnis mit der Auffassung des EuGH übereinstimmt[1171]. Ohne nähere Begründung wollen Rübenstahl und Krämer[1172] die der sog. Minimal-Niveau-Lösung entspre-

---

1166 Rübenstahl/Krämer, HRR-Strafrecht 2003, 65, 69; Kühne, JZ 2003, 305, 307; Kleinknecht/Meyer-Gossner (2003), § 153a, Rn. 52; Radtke (1994), S. 319.

1167 Vgl. S. 194.

1168 Bohnert/Lagodny, NStZ 2000, 636, 640.

1169 I.E. so auch Rübenstahl/Krämer, HRR-Strafrecht 2003, 65, 69; Mansdörfer, StV 2003, 313, 314.

1170 Stein, NJW 2003, 1162, 1164; dies., ZStW 115 (2003), 983, 984; i. E. so auch Kühne, der alle Entscheidungen, die ein Strafverfahren ohne eine ausdrückliche Bedingung (Auflagenerfüllung) beenden, erfassen will, wie auch solche, deren ausdrückliche Bedingungen im Sinne der Verfahrenserledigung erfüllt worden sind, vgl. JZ 2003, 305, 307. Auch Radtke/Busch tendieren zu einem extensiven Verständnis, vgl. NStZ 2003, 281, 287.

1171 Radtke/Busch, NStZ 2003, 281, 286.

1172 Rübenstahl/Krämer, Die Einstellung des Verfahrens durch die Staatsanwaltschaft und das Verbot der Doppelbestrafung gemäss Art. 54 SDÜ in der Rechtsprechung des EuGH, in: HRR-Strafrecht 2003, 65ff.

chende Sichtweise sogar als die eigentliche Auffassung des EuGH aus den Urteilsgründen herauslesen[1173]. Die hier bevorzugte Minimal-Niveau-Lösung erweist sich damit mindestens als kompatibel zu der vom EuGH zwar nicht ausdrücklich vorgenommenen, aber offensichtlich gemeinten, weiten Interpretation des Merkmals >rechtskräftig< in der vorerwähnten Vorschrift.

Da an dieser Stelle – wie eingangs erwähnt – ausschliesslich eruiert werden sollte, ob die sog. Minimal-Niveau-Lösung der hier fokussierten vierten Denk-Alternative in Einklang mit der jüngsten Rechtsprechung des EuGH zu Art. 54 SDÜ steht, wird die von Stein[1174] aufgeworfene Frage, ob nur Entscheidungen von dieser Vorschrift erfasst werden, die zu einer *Ahndung* des Täters führen, nicht weiter verfolgt. Stein gelangt zu dieser „offenen Frage“, weil sowohl die transactie als auch die Verfahrenseinstellung nach § 153a dStPO den Rechtskrafteintritt auf nationaler Ebene davon abhängig machen, ob der Täter die ihm gestellte Auflage/Bedingung erfüllt hat. Stein räumt aber selbst – zurecht – ein, dass anhand der Entscheidungsgründe des EuGH-Urteils ein solcher Rückschluss nicht mit Sicherheit gezogen werden kann[1175]. Kühne[1176] ist ebenfalls der Ansicht, dass der EuGH "keinesfalls [...] eine wie auch immer geartete Sanktion zur Voraussetzung der Sperrwirkung des Art. 54 SDÜ" gemacht hat[1177]. Mansdörfer[1178] und Thym[1179] ziehen diesen Schluss allerdings unter Hinweis darauf, dass der EuGH formuliert hat, dass „ein zum Strafklageverbrauch führendes Verfahren, das so beschaffen ist, wie die in den Ausgangsverfahren in Rede stehenden“, ein Verfahren ist, „in dem die Staatsanwaltschaft beschliesst, die Strafverfolgung gegen den Beschuldigten zu beenden, nachdem dieser bestimmte Auflagen erfüllt hat [...]“[1180]. Auch hier ist jedoch wieder zu bedenken, dass sich der EuGH eben nur zu den Entscheidungsformen, die Verfahrensgegenstand waren (niederländische transactie und Einstellung nach § 153a dStPO) geäussert hat. Es sollte deshalb nicht (voreilig) gefolgert werden, der Gerichtshof fordere stets einen sanktionierenden Charakter für die von Art. 54 SDÜ erfassten Entscheidungen. Im Ergebnis würde dies nämlich dazu führen, dass beispielsweise auch die „bedingungslose“ Verfahrenseinstellung nach § 153 dStPO (Einstellung wegen Geringfügigkeit) zwischenstaatlich keine Rechtskraftwirkung hätte, was deren grundsätzlich „befriedender

---

[1173] Rübenstahl/Krämer, HRR-Strafrecht 2003, 65, 71.

[1174] Stein, Ein Meilenstein für das europäische „ne bis in idem“, in: NJW 2003, 1162ff.

[1175] Stein, NJW 2003, 1162, 1164.

[1176] Kühne, Anmerkung zu BGH, Beschl. v. 26.08.2003 - 5 StR 145/03, in: JZ 2004, 743f.

[1177] Kühne, JZ 2004, 743, 744.

[1178] Mansdörfer, Anm. zu EuGH, Urt. v. 11.02.2003 – verb. Rs. C-187/01 u. C-385/01, in: StV 2003, 313, 314.

[1179] Thym, Anm. zu EuGH, Urt. v. 11.02.2003 – verb. Rs. C-187/01 u. C-385/01, in: NStZ 2003, 334.

[1180] EuGH-Urteil vom 11.02.2003 in den verb. Rechtssachen C187/01 und C-385/01, 27. Absatz.

Funktion" widerspräche[1181]. Wenn das Sanktionserfordernis eine zwingende Voraussetzung wäre, stünde zudem in Frage, ob Art. 54 SDÜ eine Verfahrenseinstellung nach § 153a Abs. 1 Nr. 5 dStPO (Täter-Opfer-Ausgleich) erfasst. Denn von der Festsetzung einer durch den Beschuldigten zu erfüllenden Auflage kann bei einer derartigen Verfahrenseinstellung nicht stets ausgegangen werden. Radtke und Busch[1182] geben daher zurecht zu bedenken, dass bei Festhalten an diesem Kriterium die Reichweite des Art. 54 SDÜ schon nach deutschem Recht für verschiedene Einstellungsgründe (vgl. §§ 153 und 153a dStPO) höchst unterschiedlich wäre[1183]. Abgesehen davon, dass unter den Strafrechtsdogmatikern der EU-Mitgliedstaaten keine Einigkeit über den Sanktionsbegriff herrscht[1184], ist eine solche einschränkende Auslegung, wie soeben angedeutet, nicht praxisgerecht und soll hier deshalb nicht weiter verfolgt werden.

Da die gegen den hier als „Minimal-Niveau-Lösung" bezeichneten Denkansatz (der sog. vierten Denk-Alternative) vorgebrachten Einwände entkräftet werden konnten[1185] und sich diese Lösung zudem als im Einklang mit der jüngsten Rechtsprechung des EuGH stehend erwiesen hat, kann im Folgenden ein Gesamtergebnis „Zur Europäisierung des Grundsatzes ne bis in idem" formuliert werden.

III. Gesamtergebnis:

Ausgangspunkt für die im hier betrachteten Abschnitt „Europäisierung des Grundsatzes ne bis in idem" vorgenommene Auslegung des in Art. 54 SDÜ enthaltenen Merkmals >rechtskräftige Aburteilung< war die Feststellung, dass die rechtliche Bedeutung dieses Merkmals nicht ohne Weiteres (sprich Auslegung) offensichtlich und eindeutig erkennbar ist. Dies hat in der Vergangenheit die – aufgezeigte – jeweils unterschiedliche Interpretation durch deutsche Gerichte verschiedener Instanzen beispielhaft vor Augen geführt. Im Ergebnis dieser Auslegung wurde unter Berücksichtigung der im rechtswissenschaftlichen Schrifttum geäusserten Argumente offenkundig, dass nur ein möglichst extensives Verständnis des Merkmals >Aburteilung< sachgerecht ist, und zwar in dem Sinne, dass *alle* Entscheidungsformen mit verfahrensabschliessendem und rechtskraftbewirkendem Charakter als von Art. 54 SDÜ

[1181] Rübenstahl/Krämer, HRR-Strafrecht 2003, 65, 71.

[1182] Radtke/Busch, Transnationaler Strafklageverbrauch in der Europäischen Union, in: NStZ 2003, 281ff.

[1183] Radtke/Busch, NStZ 2003, 281, 285.

[1184] Radtke/Busch, NStZ 2003, 281, 288, dort Anm. 80.

[1185] Vgl. B. II. 3. d. bb. dieses Kapitels.

erfasst anzusehen sind. Dies – wie dargelegt – in Widerspruch zu der bislang in der (deutschen) höchstrichterlichen Rechtsprechung erkennbaren Tendenz zu einem restriktiven Verständnis. Dass eine einengende Interpretation nicht sachgerecht ist, hat unlängst auch der EuGH in einer Entscheidung, in der er sich erstmals mit der Auslegung des vorerwähnten Merkmals beschäftigt, erkennen lassen. Wenn es – im Sinne dieses Ergebnisses – für die Anwendbarkeit von Art. 54 SDÜ nicht auf die äussere Gestalt bzw. die Form einer Entscheidung ankommt, dann kann – so wurde geschlossen – nach dem Wortlaut von Art. 54 SDÜ allein massgebend sein, ob die nicht einer konkreten Form bedürfende Entscheidung das Verfahren endgültig erledigt und mithin in *Rechtskraft* erwächst. Wird anerkannt, dass nicht nur Urteile im formellen Sinn oder andere gerichtliche Entscheidungen ein Doppelverfolgungs- und Doppelbestrafungsverbot nach Art. 54 SDÜ auslösen können (anders bislang der deutsche BGH), so stellt sich – von einem solchen offenen Verständnis dieser Vorschrift ausgehend – die Frage, nach dem Recht welches Staates oder nach welchem Massstab die *Rechtskraft* der ergangenen Entscheidung beurteilt werden soll.

Um festzustellen, ob die fragliche Entscheidung einen rechtskraftbewirkenden Charakter aufweist, konnte als ein (erster) möglicher Weg die zwischenstaatliche Rechtskraft-Anerkennung von Entscheidungen aufgezeigt werden. Danach beurteilt der potenzielle Zweitverfolgerstaat nach dem Recht des Erstverfolgerstaates, ob die in letzterem getroffene Entscheidung endgültig verfahrensbeendend ist. Faktisch erkennt der potenzielle Nachverfolgerstaat es also an, wenn der Erstverfolgerstaat seinem getroffenen Straferkenntnis das Prädikat „endgültig verfahrensbeendend" verleiht. Nach Darlegung, dass das Rechtsinstitut der gegenseitigen Anerkennung sowohl formell als auch materiell geeignet ist für die zwischenstaatliche Anerkennung der Rechtskraft von Entscheidungen, wurde zunächst untersucht, ob das Rechtsinstitut der Anerkennung, so wie es im Völkerrecht konkret ausgestaltet ist, für die zwischenstaatliche Rechtskraft-Anerkennung nutzbar gemacht werden kann. Diese Überlegung musste im Ergebnis verneint werden. Aufgrund der Inkorporation des Schengener Durchführungsübereinkommens in den Rahmen der EU wurde anschliessend eruiert, ob der Grundsatz der gegenseitigen Anerkennung auf dieser Ebene eine solche Ausprägung erfährt, dass er für die zwischenstaatliche Rechtskraft-Anerkennung herangezogen werden kann. Dabei hat sich herausgestellt, dass auf der Ebene der Europäischen Union das Ziel verfolgt wird, das Verfahrensrecht in Strafsachen zukünftig durch das Rechtsinstitut der gegenseitigen Anerkennung zu erweitern (vgl. den erwähnten Entwurf für eine Europäische Verfassung). Ausdrücklich wird im Rahmen einer Revision von Art. 54 SDÜ angestrebt, das in dieser Vorschrift normierte Verbot der Doppelverfolgung und Doppelbestrafung im Lichte einer uneingeschränkten Anwendung des Grundsatzes der gegenseitigen Anerkennung zu betrachten. Um dieser ersten Denk-Alternative gerecht zu werden, muss der potenzielle Zweitverfolgerstaat dann aber feststellen, ob im Erstverfolgerstaat bereits eine Entscheidung ergangen ist und bejahendenfalls, ob diese nach dem Recht des Erstverfolgerstaates in Rechtskraft erwächst. Der dafür bislang betriebene einzelfallbezogene bilaterale Konsultationsmechanismus sollte durch eine permanente multilaterale Kooperation ersetzt werden. Die bereits beschlossene europäische Institution Eurojust könnte dafür eine geeignete Plattform bieten. Als weitere Umsetzungsbedingung der hier betrachteten ersten Denk-Alternative sollte Eurojust von einem auf Strafsachen spezialisierten Spruchkörper beim EuGH flankiert werden. Letzterer wäre in der Lage, die von Eurojust im Konsens nicht beizulegenden Streitfälle mit Rücksicht auf Art. 6 EMRK zeitnah und rechtsverbindlich zu entscheiden. Als Einwand gegen den Gedanken der zwischenstaatlichen gegenseitigen Rechtskraft-Anerkennung konnte aufgezeigt werden, dass er die Problematik divergierender Rechtskraftqualitäten von vergleichbaren Entscheidungen ungelöst lässt und damit das Wirksamwerden des Doppelverfolgungs- und -bestrafungsverbots aus Art. 54 SDÜ davon abhängig macht, wo „zufällig" die Erstverfolgung stattfindet.

Im Rahmen der erörterten zweiten Denk-Alternative konnte am Beispiel der im französischen, niederländischen und belgischen Recht bekannten und in der deutschen Rechtsordnung unbekannten „transactie" veranschaulicht werden, dass nicht jeweils zu einer im Ausland ergangenen Entscheidungsform im Inland auch ein formell analoges Entscheidungs-Pendant existiert. Gerade dies wäre aber – wie aufgezeigt – Voraussetzung dafür, dass die Rechtskraft der im Erstverfolgerstaat ergangenen Entscheidung anhand der Rechtsvorschriften des potenziellen Zweit- bzw. Nachverfolgerstaats beurteilt werden könnte. Da im Ergebnis die für die zweite Denk-Alternative notwendige Voraussetzung damit nicht erfüllt ist, hat sich dieser Lösungsansatz ebenfalls als nicht praktikabel erwiesen. Hinzu kommt, dass bei Beurteilung der Rechtskraft der Erst-Entscheidung nach dem nationalen Recht des Zweitverfolgerstaates die Rechtskraft in jedem Vertragsstaat unterschiedlich gewertet werden könnte, so dass es für den Betroffenen wieder vom Zufall abhinge, ob das in Bezug auf seine Straftat einmal getroffene justizielle Erkenntnis ein zwischenstaatliches Verfahrenshindernis nach Art. 54 SDÜ begründet oder nicht.

Ausgehend von der begründeten Feststellung, dass sowohl die erste in dieser Arbeit dargelegte Denk-Alternative (a) als auch das zweite aufgezeigte Gedankenmodell (b) je für sich nicht „Einwand-frei" praktikabel sind, um über die zwischenstaatliche Rechtskraftwirkung einer Entscheidung zu befinden, wurden beide Denk-Ansätze miteinander vereint (Vereinigungsmodell). Dieses in der Erwartung, dass unter Anwendung *entweder* der Variante (a) *oder* unter Anwendung der Variante (b) stets die Lösung zum Tragen kommt, die dem Betroffenen garantiert, in den „Genuss" des Verbots von doppelter Strafverfolgung und Bestrafung zu gelangen („entweder-oder-

Ausschlussprinzip“). In Bezug auf diese dritte Denk-Alternative, das so genannte Vereinigungsmodell, hat sich herausgestellt, dass bei seiner Anwendung die räumliche Weite des Doppelverfolgungs- und Bestrafungsverbots in Abhängigkeit davon gerät, wo „zufällig“ die Erstverfolgung erfolgt. Abgesehen davon konnte dargelegt werden, dass dieses Gedankenkonstrukt auch nicht in der Lage ist, die der zweiten Denk-Alternative inhärente Zufalls-Komponente zu umgehen.

Ausgangspunkt der als vierte Denk-Alternative angestellten Betrachtung war die Überlegung, für die Bestimmung der zwischenstaatlichen Rechtskraftwirkung von Entscheidungen einen *allgemeinen* Standard zu formulieren. Dieses deshalb, weil das Abstellen auf singuläre Rechtsordnungen zuvor als nicht praktikabel aufgezeigt werden konnte. Als Voraussetzung für diesen allgemeinen Standard wurde befunden, einen einheitlichen Massstab für die Beurteilung der *Rechtskraftqualität* von Entscheidungen zu ermitteln. Unter Einordnung des Rechtsinstituts der materiellen Rechtskraft in die eigentliche Aufgabe der Strafrechtspflege wurde im Ergebnis deutlich, dass ein allgemeiner Standard für die Beurteilung der zwischenstaatlichen Rechtskraftwirkung von Entscheidungen vom „Wiederaufnahme-Recht“ her gefunden werden sollte. Da „europaweit“ Konsens darüber herrscht, dass die Entscheidungsform >Sachurteil< als rechtskräftige Entscheidung von Art. 54 SDÜ erfasst wird und eine transnationale ne-bis-in-idem-Wirkung auslöst, wurden die für sie geltenden „Wiederaufnahme-Regeln“ zur Bestimmung des vorerwähnten allgemeinen Standards als „Leitidee“ zugrunde gelegt. Begründet werden konnte, dass es sich anbietet, im Sinne eines „europaweit“ minimalen gemeinsamen Nenners, eine Entscheidung immer dann als rechtskräftig im Sinn von Art. 54 SDÜ zu werten, wenn das ihr zugrunde liegende Verfahren bereits bei Vorliegen neuer Tatsachen (als niedrigste Hürde) wieder aufgenommen werden darf. Um das Problem der zwischenstaatlichen Inkompatibilität von Entscheidungen zu umgehen, sollte dies seitens des potenziellen Zweitverfolgerstaates anhand der Rechtsordnung des Erstverfolgerstaates beurteilt werden. Dabei (sicher) auftretende Rechtsanwendungs- und Sprachprobleme sollten zukünftig mit Hilfe der neu geschaffenen europäischen Auskunfts- und Clearingstelle „Eurojust“ lösbar sein. Der Einwand, dass auch diese Lösung vom nationalen Recht der dem SDÜ unterfallenden Staaten abhinge und damit der Anwendungsbereich des Art. 54 SDÜ grundsätzlich variabel sei, konnte damit entkräftet werden, dass die „Minimal-Niveau-Lösung“ als Korrektiv ihres „Wiederaufnahme-Niveaus“ Art. 4 Abs. 2 des 7. ZP-EuMRK einbezieht, um zu verhindern, dass die Wiederaufnahmegründe unter den dort normierten internationalen Standard sinken. In dieser Arbeit hat sich damit die „Minimal-Niveau-Lösung“ der hier fokussierten vierten Denk-Alternative als ein möglicher Weg erwiesen, um über die zwischenstaatliche Rechtskraftwirkung einer Entscheidung im Sinn von Art. 54 SDÜ zu befinden.

Der EuGH sagt in seiner Entscheidung vom 11.02.2003, in der er sich erstmals mit der Auslegung von Art. 54 SDÜ befasst, nicht, unter welchen konkreten Bedingungen die Beendigungswirkung einer Entscheidung im Sinn von Art. 54 SDÜ positiv festgestellt wird. Der EuGH formuliert lediglich, dass der Betroffene als rechtskräftig abgeurteilt im Sinne des Art. 54 SDÜ anzusehen ist, sofern die Strafklage *endgültig* verbraucht ist. Wie aufgezeigt, könnte hieraus auf den ersten Blick der Schluss gezogen werden, dass der EuGH nur solche Entscheidungen als von Art. 54 SDÜ erfasst ansieht, die in absoluter bzw. vollständiger Rechtskraft erwachsen. Dargelegt wurde, dass der EuGH jedoch auch eine Verfahrenseinstellung gegen Auflage nach § 153a dStPO in den Anwendungsbereich von Art. 54 SDÜ mit einbezieht. Dieses, obwohl der Strafklagenverbrauch einer Einstellung wegen geringer Schuld nach Erfüllung von Auflagen (§ 153a StPO) nur als „eingeschränkt“ gewertet wird, weil die Verfolgung einer zunächst als Vergehen gewerteten Tat als Verbrechen noch jederzeit möglich ist. Die definitive (endgültige) Rechtskraft kann demnach jedenfalls nicht der Massstab des EuGH sein. Vielmehr muss davon ausgegangen werden, dass eine formal beschränkte Rechtskraft für den EuGH ausreicht. Insofern darf festgestellt werden, dass der in dieser Arbeit favorisierte weite Beurteilungsmassstab, demzufolge eine Entscheidung bereits dann rechtskräftig ist im Sinn von Art. 54 SDÜ, wenn eine Wiederaufnahme ihres Verfahrens bei Vorliegen neuer Tatsachen möglich ist, nicht in Widerspruch zu dem vom EuGH vertretenen, ebenfalls weiten Verständnis dieses Merkmals steht. Die hier bevorzugte Minimal-Niveau-Lösung erweist sich damit mindestens als kompatibel zu der vom EuGH zwar nicht ausdrücklich vorgenommenen, aber offensichtlich gemeinten, weiten Interpretation des Merkmals >rechtskräftig< in Art. 54 SDÜ. Aus dem Umstand, dass sowohl die in der EuGH-Entscheidung in Rede stehende transactie als auch die Verfahrenseinstellung nach § 153a dStPO den Rechtskrafteintritt auf nationaler Ebene davon abhängig machen, ob der Täter die ihm gestellte Auflage/Bedingung erfüllt hat, sollte nicht gefolgert werden, der Gerichtshof fordere stets einen sanktionierenden Charakter für die von Art. 54 SDÜ erfassten Entscheidungen. Abgesehen davon, dass unter den Strafrechtsdogmatikern der EU-Mitgliedstaaten keine Einigkeit über den Sanktionsbegriff herrscht, würde sich eine solche einschränkende Auslegung – wie aufgezeigt werden konnte – als nicht praxisgerecht erweisen.

Unter Berücksichtigung der jüngsten Rechtsprechung des EuGH aus dem Jahr 2003 liegt nach dem in dieser Arbeit ermittelten Interpretationsergebnis damit eine >rechtskräftige Aburteilung< im Sinn von Art. 54 SDÜ vor, wenn durch eine zur Mitwirkung an der Strafrechtspflege berufenen Behörde eine Entscheidung getroffen wurde, deren zugrunde liegendes Verfahren bereits bei Vorliegen neuer Tatsachen wieder aufgenommen werden darf, wobei letzteres – erforderlichenfalls im Wege permanent-multilateraler Kooperation mit „Eurojust“ – anhand der Rechtsordnung des erstentscheidenden Staates festzustellen ist. Mit einem solchen Verständnis könnte der im ersten Kapitel als dritte Arbeits-These formulierten Forderung nach einer praxisgerechten Europäisierung des ne-bis-in-idem-Grundsatzes[1186] entsprochen werden.

C. Zur *Internationalisierung* des Grundsatzes ne bis in idem

I. Introduktion – Ein Fallbeispiel

Selbst wenn die vorstehende – unter Beachtung der Rechtsprechung des EuGH ermittelte – Interpretation des Merkmals >rechtskräftige Aburteilung< eine gemeinschaftsweite Anwendbarkeit des ne-bis-in-idem-Grundsatzes gewährleisten sollte, verbleibt für die Praxis der Strafrechtsanwendung (in Europa) das Problem, dass die EU (noch) nicht alle Staaten (Europas) umfasst[1187]. Art. 54 SDÜ will als „überragendes Harmonisierungsinstrument"[1188] eine doppelte Strafverfolgung und Bestrafung *innerhalb der Mitgliedstaaten* der europäischen Union verhindern[1189]. Damit bleiben aber wichtige Anrainerstaaten, wie etwa derzeit noch die Schweiz[1190], vom transnationalen ne-bis-in-idem-Prinzip ausgenommen[1191]. In der strafgerichtlichen Praxis hat die fehlende *Internationalisierung* des Verbots mehrfacher Strafverfolgung und Bestrafung selbst innerhalb Europas zu Fällen von doppelter Strafverfolgung und auch Bestrafung geführt[1192].

Ein Beispiel aus der schweizerisch-deutschen Rechtspraxis wird an dieser Stelle exemplarisch veranschaulichen, dass die fehlende Internationalisierung des ne-bis-in-idem-Grundsatzes in der jüngeren Vergangenheit nicht bloss theoretische, sondern praktisch relevante Probleme aufgeworfen hat. Gegenstand des Sachverhaltes war ein Drogentransport im schweizerisch-deutschen Grenzgebiet:

Ein niederländischer Staatsbürger beabsichtigte im Sommer 1992, 85kg Haschisch über Deutschland und die Schweiz nach Mailand (Italien) zu transportieren, um es

[1186] Vgl. D. im 1. Kapitel dieser Arbeit.
[1187] Thomas (2002), S. 99.
[1188] Thomas (2002), S. 99.
[1189] Bzgl. Island, Norwegen und der Schweiz vgl. D. III. im 2. Kapitel dieser Arbeit.
[1190] Stand: Mitte 2004, vgl. für die zukünftige Entwicklung aber D. III. im 2. Kapitel dieser Arbeit.
[1191] Landau, in: FS für Söllner (2000), 627, 632.
[1192] Vgl. OLG Karlsruhe, Beschl. v. 22.04.1997, in: StV 1997, 360 und Fallbesprechung von Endriss/Kinzig, StV 1997, 665ff.

dort weiterzuverkaufen. Bei der Ausreise von der Bundesrepublik in die Schweiz wurde der Betäubungsmittelbesitz anlässlich einer Grenzkontrolle auf schweizerischem Hoheitsgebiet entdeckt. Der Transporteur wurde festgenommen und im Dezember 1992 vom Strafgericht Basel-Stadt wegen einer qualifizierten Zuwiderhandlung gegen das Betäubungsmittelgesetz (Art. 19 Ziff. 1 und 2 chBtMG) zu 18 Monaten mit bedingtem Strafvollzug verurteilt. Da auch ein deutsches Gericht, gestützt auf das Weltrechtsprinzip[1193], im August 1992 einen Haftbefehl erlassen hatte, wurde der Verurteilte bei einer Einreise aus den Niederlanden nach Deutschland im Oktober 1996 erneut festgenommen. Im Frühling 1997 wurde er wegen genau desselben Sachverhaltes, der schon der schweizerischen Verurteilung zugrunde lag, von einem deutschen Landgericht wegen Handeltreibens mit Betäubungsmitteln in nicht geringer Menge in Tateinheit mit der Einfuhr von Betäubungsmitteln in nicht geringer Menge zu einer dreijährigen Freiheitsstrafe verurteilt. Die Revision des Angeklagten wurde durch Beschluss des BGH verworfen[1194].

Wäre die Schweiz zum Entscheidungszeitpunkt ein vom Anwendungsbereich des Art. 54 SDÜ erfasster Staat gewesen, hätte der durch formelles Urteil abgeurteilte Drogentransporteur unstreitig nicht erneut in Deutschland verurteilt werden können[1195]. Vor dem Hintergrund des gerade geschilderten Rechtsprechungsergebnisses wird die Forderung von Schomburg[1196] einsichtig, dass es im Hinblick auf die zwischenstaatliche Strafrechtsanwendung (wenigstens) einen „inneren Zirkel europäischer Staaten“ geben müsse, der von den *Erfordernissen* der Strafrechtsanwendung her definiert wird, aber nicht zwingend die Zugehörigkeit zur Europäischen Union voraussetzt, so dass beispielsweise auch die Schweiz an der Strafrechts(fort)-entwicklung in Europa teilhaben könnte[1197]. Zugleich ist die Frage nicht fern liegend, die auch Thomas[1198] zurecht stellt, ob die Anwendung des Prinzips ne bis in idem nicht nur für das gesamte territoriale Europa ernsthaft in Erwägung zu ziehen ist, sondern gar für *alle* Staaten offen stehen sollte[1199]. In diesem Sinne forderte auch der XVI. Internationalen Strafrechtskongresses 1999 in Budapest in seiner Entschliessung die Einführung eines internationalen ne bis in idem[1200]. Angesichts der Ver-

---

[1193] Vgl. S. 21ff.

[1194] Vgl. Endriss/Kinzig, StV 1997, 665f./667.

[1195] Endriss/Kinzig, StV 1997, 665, 668.

[1196] Schomburg, Die Rolle der Justiz: Notwendigkeit und Aufgaben von Eurojust (2000).

[1197] Schomburg, in: Delors, Schutz des europäischen Bürgers vor internationaler Kriminalität (2000) 33, 48 u. 53. Für die Schweiz wird die Teilhabe an der europäischen Strafrechts(fort)entwicklung insbesondere mit Inkrafttreten der bilateralen Verträge II gewährleistet, vgl. diesbezüglich schon D. III. im 2. Kapitel dieser Arbeit.

[1198] Thomas, Das Recht auf Einmaligkeit der Strafverfolgung (2002).

[1199] Thomas (2002), S. 100.

[1200] Vgl. ZStW 112 (2000), 723, 735f.

vielfältigung der nationalen Strafansprüche[1201] plädieren auch Dorr[1202] und Lagodny[1203] sowie Vogler[1204] für eine *weltweite Anerkennung* bzw. eine *internationale Wirkung* des ne-bis-in-idem-Grundsatzes[1205]. Ebenso Grützner[1206], der darauf bereits 1969 hinwies[1207].

Dahinter steckt der Gedanke, den ne-bis-in-idem-Grundsatz zu internationalisieren bzw. ihm eine *universelle* Geltung zu verschaffen[1208]. Welche rechtlichen Möglichkeiten diesbezüglich im Hinblick auf den hier im Vordergrund stehenden Art. 54 SDÜ diskutiert werden und welche Tendenzen in Bezug auf ein universelles Doppelverfolgungs- und -bestrafungsverbot bereits erkennbar sind, ist Gegenstand der Betrachtung in diesem Abschnitt. Mit dieser Vorgehensweise wird dem im ersten Kapitel dieser Arbeit aufgestellten Arbeitsschritt Nr. 3 entsprochen, der aus der dort formulierten dritten Arbeits-These abgeleitet wurde[1209].

II. Rechtlich begründete Notwendigkeit einer Internationalisierung des ne-bis-in-idem-Grundsatzes

Bevor hier weiter über die internationale Ausdehnung des ne-bis-in-idem-Prinzips nachgedacht wird, soll eruiert werden, ob nicht schon auf der Grundlage der derzeit geltenden Vorschriften, die internationale Rechtshilfe in Strafsachen betreffend, wenigstens *faktisch* das Problem einer Mehrfachverfolgung und -bestrafung europaweit (und nicht nur EU-weit) gelöst werden kann. Anzunehmen ist, dass zumindest im Verhältnis zweier *europäischer* Staaten, in dem das abstrakte Doppelverfolgungs- und -bestrafungsverbot aus Art. 54 SDÜ nicht greift, konkret über die *Ablehnung der Auslieferung* eine weitere Strafverfolgung und Bestrafung gesperrt werden kann. Denn rein tatsächlich kann nur der Staat seinen Strafanspruch realisieren, der den Verdächtigen bei sich hat[1210]. Die Auslieferung von Straftätern wird derzeit in Euro-

---

1201 Vgl. B. im 1. Kapitel dieser Arbeit.

1202 Dorr, Das Doppelbestrafungsverbot in Österreich unter besonderer Berücksichtigung internationaler Abkommen (2001).

1203 Lagodny, Grundkonstellationen des internationalen Strafrechts, ZStW 101 (1989), 987ff.; Gutachten im Auftrag des BMJ (2001), S. 50.

1204 Vogler, Generalbericht zum Thema IV des XIII. Internationalen Strafrechtskongresses, in: ZStW 96 (1984), 531ff.

1205 Dorr (2001), S. 254; Lagodny, ZStW 101 (1989), 987, 1010; Vogler, ZStW 96 (1984), 531, 539.

1206 Grützner, Die zwischenstaatliche Anerkennung europäischer Strafurteile, in: NJW 1969, 345ff.

1207 Grützner, NJW 1969, 345, 351.

1208 Dafür auch Landau, in: FS für Söllner (2000), 627, 629; Schomburg, StV 1999, 244, 249.

1209 Vgl. D. im 1. Kapitel dieser Arbeit.

1210 Lagodny, ZStW 101 (1989), 987, 1006.

pa (vornehmlich) durch das Europäische Auslieferungsübereinkommen vom 13. Dezember 1957[1211] (EuAlÜbk) geregelt[1212]. Die voranstehende Annahme erscheint nahe liegend, weil das Europäische Auslieferungsübereinkommen eine ne-bis-in-idem-Regelung in Gestalt eines Auslieferungshindernisses kennt und weil dieses Regelwerk immerhin in 34 europäischen Staaten und in Israel Akzeptanz gefunden hat[1213].

1. Ungenügendes Zusammenwirken von Art. 54 SDÜ und dem Auslieferungsrecht

Art. 9 EuAlÜbk normiert, dass die Auslieferung nicht bewilligt wird, „wenn der Verfolgte wegen Handlungen, derentwegen um Auslieferung ersucht wird, von den zuständigen Behörden des ersuchten Staates rechtskräftig abgeurteilt worden ist“ (Satz 1). Die Auslieferung darf ausserdem abgelehnt werden, „wenn die zuständigen Behörden des ersuchten Staates entschieden haben, wegen derselben Handlung kein Strafverfahren einzuleiten oder ein bereits eingeleitetes Strafverfahren einzustellen“ (Satz 2). Damit statuiert diese Vorschrift unter dem Gesichtspunkt der Vermeidung von Doppelverfolgungen eine *zwingende* Unzulässigkeit der Auslieferung bei Vorliegen einer rechtskräftigen Aburteilung (Satz 1) und eine *fakultative* Ablehnung der Auslieferung bei Einstellung oder Nichteinleitung eines Verfahrens im ersuchten Staat (Satz 2) wegen derselben Handlung[1214]. Kurz gesagt normiert Art. 9 EuAlÜbk zwar kein ausdrückliches Verbot der Doppelverfolgung und Doppelbestrafung, jedoch ergibt sich aus dieser Vorschrift ein entsprechendes Verbot für ihren Geltungsbereich, welches sich als Auslieferungshindernis auswirkt. Mit Art. 9 EuAlÜbk wird demgemäss angestrebt, wenigstens über das Auslieferungsrecht faktisch zu einer Vermeidung von strafrechtlichen Doppelverfolgungen und -bestrafungen in wesentlichen Teilen Europas zu gelangen[1215].

a. Das Auslieferungsrecht vor dem Hintergrund des Europäischen Haftbefehls

Unter Berücksichtigung der jüngsten Entwicklungen im „europäischen Straf(prozess)recht“ erscheint es jedoch zweifelhaft, die vorbenannte Vorschrift zu einer faktischen europaweiten Vermeidung doppelter Strafverfolgung heranzuziehen. Denn am 13. Juni 2002 hat der Rat der Europäischen Union den Rahmenbeschluss zur Einfüh-

---

[1211] und die beiden Zusatzprotokolle vom 15. Oktober 1975 und 17. März 1978.

[1212] Wegner, StV 2003, 105; Tsiridis, in: Anagnostopoulos, Internationalisierung des Strafrechts (2003), 131, 132 (134); Esser (2002), S. 13; Vogler, ZStW 105 (1993), 3.

[1213] Vgl. die Vertragstabelle zum EuAlÜbk in: Schomburg/Lagodny, IRSt (1998), S. 423f.

[1214] Schomburg/Lagodny, IRSt (1998), Art. 9 EuAlÜbk, Rn. 2.

[1215] Schomburg/Lagodny, IRSt (1998), Art. 9 EuAlÜbk, Rn. 2b.

rung des Europäischen Haftbefehls (RbEuHb) angenommen[1216], der am 8. August 2002 zwischen den Mitgliedstaaten der EU in Kraft getreten ist[1217]. Durch diesen Rahmenbeschluss, den Europäischen Haftbefehl betreffend, und die anschliessende Umsetzung durch die Mitgliedstaaten sollen die bisherigen Auslieferungsverfahren zwischen den Mitgliedstaaten auf eine neue, effizientere Grundlage gestellt werden[1218]. Daher werden gemäss Art. 31 RbEuHb die entsprechenden Vorschriften einer ganzen Reihe von Übereinkommen zukünftig verdrängt. Unter anderen[1219] gilt dies auch für das hier angesprochene Europäische Auslieferungsübereinkommen vom 13. Dezember 1957 und die beiden Zusatzprotokolle vom 15. Oktober 1975 und vom 17. März 1978[1220]. Rechtstechnisch ist der Rahmenbeschluss über den Europäischen Haftbefehl gemäss Art. 34 EUV für die Mitgliedstaaten hinsichtlich der Zielsetzung verbindlich, überlässt den einzelnen Staaten aber die konkrete Umsetzung[1221].

An die Stelle von Art. 9 EuAlÜbk tritt Art. 3 Ziff. 2 RbEuHb. Danach ist die Auslieferung nicht zulässig, wenn der Verfolgte wegen derselben Handlung, die dem Ersuchen zugrunde liegt, bereits von einem anderen Mitgliedstaat rechtskräftig verurteilt worden ist. Im Falle einer Verurteilung muss die Sanktion allerdings bereits vollstreckt worden sein, gerade vollstreckt werden oder nach dem Recht des Urteilsmitgliedstaats nicht mehr vollstreckt werden können[1222]. Zur faktischen Vermeidung von Doppelverfolgungen im Bereich des Auslieferungsrechts greift Art. 3 Ziff. 2 RbEuHb somit das in Art. 54 SDÜ niedergelegte Konzept auf[1223]. Da eine ähnlich lautende Formulierung wie in Art. 54 SDÜ gewählt wurde, deuten sich die gleichen Auslegungsschwierigkeiten wie im Hinblick auf Art. 54 SDÜ an. Der Begründungsentwurf zum Europäischen Haftbefehl des deutschen BMJ weist in diesem Zusammenhang darauf hin, dass bei den Beratungen zum Europäischen Haftbefehl Zweifel angemeldet wurden, ob nur gerichtliche Entscheide und nicht auch beispielsweise Verfahrenseinstellungen (gegen Auflage) durch die Staatsanwaltschaft von diesem ne-bis-in-idem-Prinzip in Gestalt eines Auslieferungshindernisses erfasst werden sollten[1224]. Jacoby und Schnigula[1225] sprechen sich mit Bezug auf die bereits mehr-

---

1216 Jacoby/Schnigula, Begründungsentwurf des BMJ zum RbEuHb (2003), S. 1.

1217 Hackner/Lagodny/Schomburg/Wolf (2003), Rn. 92.

1218 Grund (5) der Erwägungen zum Rahmenbeschluss des Rates über den Europäischen Haftbefehl.

1219 Vgl. Art. 31 Abs. 1 lit. a) - e) RbEuHb.

1220 Vgl. Art. 31 Abs. 1 lit. a) RbEuHb sowie Grund (11) der Erwägungen zum Rahmenbeschluss des Rates über den Europäischen Haftbefehl.

1221 Art. 34 RbEuHb; Wegner, StV 2003, 105, der allerdings auch im Jahr 2003 noch auf den Kommissionsentwurf abstellt.

1222 Jacoby/Schnigula, Begründungsentwurf des BMJ zum RbEuHb (2003), S. 19.

1223 Jacoby/Schnigula, Begründungsentwurf des BMJ zum RbEuHb (2003), S. 19.

1224 Jacoby/Schnigula, Begründungsentwurf des BMJ zum RbEuHb (2003), S. 20.

fach erwähnten Transactie-Verfahren gegen deren Einbezug aus; die Entscheidung des EuGH vom Februar 2003 zu Art. 54 SDÜ deutet – wie dargelegt – aber in eine andere Richtung[1226]. Auch der Umstand, dass der Begründungsentwurf (zum Europäischen Haftbefehl) des deutschen BMJ ausdrücklich zwischen „Verurteilung" und (blosser) „Aburteilung" differenziert[1227], gestattet die Annahme, dass neben förmlichen Gerichtsentscheidungen auch andere (nicht richterliche) Entscheidungsformen erfasst sein können.

Damit darf insoweit festgehalten werden, dass mit der Einführung des Europäischen Haftbefehls eine strafrechtliche Doppelverfolgung faktisch im Wege der Nichtauslieferung über das in Art. 3 Ziff. 2 RbEuHb normierte Auslieferungshindernis verhindert werden kann, statt wie bisher über Art. 9 EuAlÜbk und inhaltlich ähnliche Vorschriften. Zu berücksichtigen ist allerdings, und dies ist im hier betrachteten Kontext entscheidend, dass die Neuregelung des Auslieferungsrechts nur die EU-Mitgliedstaaten betrifft. Im Verhältnis zu Nicht-EU-Staaten bleiben die Vorschriften in den bisherigen Übereinkommen weiterhin anwendbar[1228]. Für die hier in Rede stehende Frage, ob nicht im Verhältnis zweier Staaten, in dem das in Art. 54 SDÜ normierte ne-bis-in-idem-Prinzip nicht greift, mit Hilfe auslieferungsrechtlicher Vorschriften wenigstens *faktisch* eine Doppelverfolgung und Doppelbestrafung verhindert werden kann, ist somit weiterhin auf Art. 9 EuAlÜbk abzustellen. Zur Erinnerung, diese Vorschrift normiert für Europa das territorial weitest reichende *Auslieferungshindernis* bei bereits erfolgter rechtskräftiger Aburteilung im ersuchten Staat[1229].

b. Das Auslieferungsrecht vor dem Hintergrund multilateraler Staatenbeziehungen

Dass die fehlende Internationalisierung des ne-bis-in-idem-Grundsatzes und damit die Lücke im Geltungsbereich von Art. 54 SDÜ auch nicht (zumindest in Europa) faktisch durch Geltendmachung eines Auslieferungshindernisses geschlossen werden kann, hat allerdings die trilaterale Rechtspraxis zwischen Deutschland, Portugal und der Schweiz bereits beispielhaft erkennen lassen.

Der Fall, in dem das OLG Karlsruhe 1997 zu entscheiden hatte, betraf einen schweizer Staatsbürger, um dessen Auslieferung die deutsche Justiz seitens Portugals ersucht wurde. Dem Tatverdächtigen wurde von den portugiesischen Justizbehörden

---

[1225] Jacoby/Schnigula, Begründungsentwurf des BMJ zum RbEuHb (2003), S. 20.

[1226] Vgl. B. II. c. und B. II. 3. e. dieses Kapitels.

[1227] Jacoby/Schnigula, Begründungsentwurf des BMJ zum RbEuHb (2003), S. 19.

[1228] Gless, Projektbericht, Auslieferungsrecht der Schengen-Vertragsstaaten (2002), S. 1; Art. 31 Abs. 1 RbEuHb.

[1229] Vgl. D. im 2. Kapitel dieser Arbeit.

zur Last gelegt, 1991 seine Ehefrau in Portugal getötet zu haben. Dieses, nachdem die Staatsanwaltschaft Zürich, gestützt auf das aktive Personalitätsprinzip[1230], die Strafverfolgung des Tatverdächtigen bereits aufgenommen und das Ermittlungsverfahren 1994 mit der Begründung eingestellt hatte, dass die Tötungshandlung nicht nachgewiesen werden könne. Der Verfolgte wandte sich unter Hinweis auf eine doppelte Strafverfolgung gegen seine Auslieferung von Deutschland an Portugal. Das OLG Karlsruhe erklärte die Auslieferung jedoch für zulässig[1231].

Unabhängig von der Frage, ob eine staatsanwaltschaftliche Verfahrenseinstellung aus Mangel an Beweisen überhaupt von Art. 54 SDÜ erfasst werden kann, kam in der dargelegten Fallkonstellation die Verhinderung einer weiteren Strafverfolgung in Portugal unter Anwendung von Art. 54 SDÜ von vornherein nicht in Frage. Denn das OLG Karlsruhe wies zum Entscheidungszeitpunkt zurecht darauf hin, dass in der Schweiz getroffene Entscheidungen nicht vom Anwendungsbereich des Art. 54 SDÜ erfasst werden[1232].

Wäre es lediglich um eine Auslieferung eines Nicht-Schweizers (!)[1233] von der Schweiz an Portugal gegangen (tatsächlich ging es um die Auslieferung eines Schweizers von Deutschland an Portugal), hätte in Betracht gezogen werden können, ob eine weitere Strafverfolgung in Portugal im Wege der Nichtauslieferung gemäss Art. 9 EuAlÜbk faktisch verhindert werden kann. Das Europäische Auslieferungsübereinkommen ist für Portugal nämlich seit dem 25.04.1990 in Kraft und für die Schweiz schon seit dem 20.03.1967[1234]. Es wäre unter Berücksichtigung dessen zunächst erwägenswert gewesen, ob die Verfahrenseinstellung aus Mangel an Beweisen schon eine „rechtskräftige Aburteilung“ im ersuchten Staat (Schweiz) darstellt und damit ein zwingendes Auslieferungshindernis nach Art. 9 Satz 1 EuAlÜbk auslöst. Das OLG Karlsruhe hat allerdings darauf hingewiesen, dass eine Einstellung aus Mangel an Beweisen für die Anwendung von Art. 9 *Satz 1* EuAlÜbk nicht genügt[1235]. In Betracht wäre aber eine fakultative Ablehnung der Auslieferung gemäss Art. 9 Satz 2 EuAlÜbk gekommen, weil sich „die zuständigen Behörden des ersuchten Staates [Schweiz] entschieden haben, wegen derselben Handlung [aus Mangel an Beweisen] kein Strafverfahren einzuleiten“. Aus dieser Überlegung wird deutlich,

---

1230 Vgl. S. 16f.

1231 OLG Karlsruhe, Beschl. vom 22.04.1997, in: StV 1997, 360.

1232 OLG Karlsruhe, Beschl. vom 22.04.1997, in: StV 1997, 360.

1233 Der Auslieferung eines Schweizers hätte schon Art. 25 Abs. I BV (Schutz vor Ausweisung, Auslieferung und Ausschaffung) entgegen gestanden.

1234 Vgl. Schomburg/Lagodny, IRSt (1998), Vertragstabelle zum EuAlÜbk.

1235 OLG Karlsruhe, Beschl. vom 22.04.1997, in: StV 1997, 360; Schomburg/Lagodny, IRSt (1998), Art. 9 EuAlÜbk, Rn. 3a.

dass in einem Zwei-Staaten-Verhältnis, in dem Art. 54 SDÜ nicht zur Anwendung gelangen kann, eine mehrfache Strafverfolgung und Bestrafung faktisch (je nach betroffener Entscheidungsform) entweder zwingend oder wenigstens fakultativ verunmöglicht werden kann, indem auf die Auslieferungshindernisse aus Art. 9 EuAlÜbk abgestellt wird. Daraus könnte – auf den ersten Blick – der Schluss gezogen werden, dass zumindest die „europaweiten" Lücken im Geltungsbereich von Art. 54 SDÜ tatsächlich unter Geltendmachung eines Auslieferungshindernisses geschlossen werden können.

Dieser Schluss verbietet sich jedoch, sobald, wie in der vom OLG Karlsruhe zu entscheidenden Konstellation, auch Drei-Staaten-Verhältnisse in die Betrachtung einbezogen werden. Zur Erinnerung, in der Fall-Konstellation vor dem OLG Karlsruhe ging es um die Auslieferung eines Schweizers von Deutschland nach Portugal, gegen den die Strafverfolgung in der Schweiz bereits eingestellt worden war. Zu bedenken ist nämlich, dass Art. 9 EuAlÜbk immer nur im Verhältnis zwischen dem um Auslieferung ersuchten und dem ersuchenden Staat gilt; in der tatsächlichen Fall-Situation also zwischen Deutschland (ersuchter Staat) und Portugal (ersuchender Staat). Entscheidungen eines Drittstaates (hier die Schweiz) können hingegen kein Auslieferungshindernis nach dieser Vorschrift begründen (hier im Verhältnis Deutschland-Portugal) und damit eine weitere Strafverfolgung und Bestrafung auch nicht faktisch verhindern[1236]. Dementsprechend hat das OLG Karlsruhe in seiner Begründung ausgeführt, dass sich dem Europäischen Auslieferungsübereinkommen keine Regelung entnehmen lässt, nach der „eine rechtskräftige verfahrensabschliessende Sachentscheidung in einem Drittstaat (Schweiz) einer neuerlichen Verfolgung oder Bestrafung in dem ersuchenden Staat (Portugal) wegen derselben Tat entgegensteht"[1237]. Demgemäss hat das OLG Karlsruhe dem Antrag der Generalstaatsanwaltschaft Karlsruhe, die Auslieferung für zulässig zu erklären, entsprochen. Der Weg für eine erneute (doppelte) Strafverfolgung in Portugal war damit geebnet.

Im Ergebnis kann somit festgehalten werden, *dass ausserhalb des Anwendungsbereichs von Art. 54 SDÜ* eine mehrfache Strafverfolgung und Bestrafung zwar über das Auslieferungsrecht in einem *bilateralen* Staatenverhältnis, nicht aber in *einem trilateralen bzw. multilateralen* Staatenverhältnis faktisch verhindert werden kann. Das Auslieferungsrecht weist eine nicht unerhebliche Lücke auf, da Drittstaatenerkenntnisse die Zulässigkeit der Auslieferung nach Art. 9 EuAlÜbk nicht berühren[1238]. Das deutsche Bundesverfassungsgericht hat in diesem Zusammenhang entschieden, dass der Auslieferung zur erneuten Strafverfolgung keine Bedenken entge-

---

[1236] Schomburg/Lagodny, IRSt (1998), Art. 9 EuAlÜbk, Rn. 2b - d.
[1237] OLG Karlsruhe, Beschl. vom 22.04.1997, in: StV 1997, 360.
[1238] Lagodny, ZStW 101 (1989), 986, 1007.

genstünden, da dem ne-bis-in-idem-Grundsatz keine internationale Geltung zukomme[1239].

Zu überdenken ist, ob die angesprochene Neuregelung des Auslieferungsrechts im Rahmenbeschluss zum Europäischen Haftbefehl an dieser Schlussfolgerung etwas ändert. Denn nach Art. 3 Ziff. 2 RbEuHb ist die Auslieferung nicht zulässig (also ein Auslieferungshindernis gegeben), wenn der Verfolgte wegen derselben Handlung, die dem Ersuchen zugrunde liegt, bereits von (irgend)*einem* anderen Mitgliedstaat rechtskräftig verurteilt worden ist. Das Wirksamwerden eines Auslieferungshindernisses ist mit Inkrafttreten der Regelungen zum Europäischen Haftbefehl also nicht mehr davon abhängig, dass in dem *um Auslieferung ersuchten Staat* eine strafrechtliche Entscheidung getroffen worden ist, vielmehr ist die Auslieferung immer dann zu verweigern, wenn (irgend)einer der EU-Mitgliedstaaten eine Verurteilung oder Aburteilung getroffen hat, so dass auch die Entscheidung eines EU-Drittstaates ein Auslieferungshindernis zwischen zwei anderen EU-Staaten bewirken kann. Da aber ausdrücklich nur Entscheidungen von EU-Mitgliedstaaten erfasst werden, ist die Frage, ob eine von einem Nicht-EU-Staat getroffene Entscheidung im Verhältnis von zwei EU-Staaten ein Auslieferungshindernis auslöst, auch nach Inkrafttreten der Regelungen zum Europäischen Haftbefehl gemäss Art. 9 EuAlÜbk zu entscheiden, so dass der Rahmenbeschluss zum Europäischen Haftbefehl an dem soeben ermittelten Ergebnis nichts ändert. Dementsprechend weist auch Art. 31 Abs. 1 RbEuHb ausdrücklich auf die Anwendbarkeit bisheriger Auslieferungsvorschriften in den Beziehungen zwischen EU-Mitgliedstaaten und Drittstaaten hin.

2. Ergebnis

Ausgehend von der Feststellung, dass Art. 54 SDÜ seinem Geltungsbereich nach zwar derzeit die weitest reichende Normierung eines zwischenstaatlichen Doppelverfolgungs- und -bestrafungsverbots ist[1240], konnte anhand eines Beispiels aus der vergangenen schweizerisch-deutschen Rechtspraxis nachvollzogen werden, dass selbst innerhalb von Europa – trotz der territorialen Weite von Art. 54 SDÜ – Doppelverfolgungen und Doppelbestrafungen nicht auszuschliessen sind. Unter Bezugnahme auf eine Entscheidung des OLG Karlsruhe wurde deshalb angedacht, die „europaweiten Lücken“ im Anwendungsbereich von Art. 54 SDÜ *faktisch* über die Geltendmachung von Auslieferungshindernissen zu schliessen. Dabei wurde erstens

[1239] BVerfG NJW 1987, 2155, 2157ff. mit vielen Nachw.

[1240] Hackner/Lagodny/Schomburg/Wolf sprechen von der derzeit „herausragendsten einschlägigen Norm“, vgl. Internationale Rechtshilfe in Strafsachen – Ein Leitfaden für die Praxis (2003), Rn. 266.

deutlich, dass auch nach der Neuregelung des Auslieferungsrechts durch den Rahmenbeschluss zum Europäischen Haftbefehl weiterhin auf Art. 9 EuAlÜbk abgestellt werden muss, weil die Bestimmungen zum Europäischen Haftbefehl in den hier in Rede stehenden Staatenbeziehungen, in denen Art. 54 SDÜ gerade nicht gilt, auch nicht zur Anwendung gelangen. Zweitens wurde erkannt, dass das in Gestalt eines Auslieferungshindernisses in Art. 9 EuAlÜbk normierte ne-bis-in-idem-Prinzip zwar (zwingend oder fakultativ) in *bilateralen* Staatenverhältnissen faktisch eine mehrfache Strafverfolgung und Bestrafung zu verhindern in der Lage ist. Doch wurde drittens ersichtlich, dass daraus nicht gefolgert werden darf, es bedürfe deshalb keiner weiter gehenden Internationalisierung des ne-bis-in-idem-Grundsatzes. Denn der Sachverhalt, der der Entscheidung des OLG Karlsruhe zugrunde lag, hat deutlich werden lassen, dass in trilateralen (von Art. 54 SDÜ nicht erfassten) Staatenbeziehungen auch auf dem (Um)Weg der Geltendmachung von Auslieferungshindernissen eine doppelte Strafverfolgung und Bestrafung nicht verhindert werden kann. Dieses deshalb nicht, weil auch die territorial weitest reichende Vorschrift des Auslieferungsrechts, Art. 9 EuAlÜbk, stets nur im Verhältnis zwischen dem um Auslieferung ersuchten und dem ersuchenden Staat gilt. Drittstaatenerkenntnisse können hingegen zur Begründung eines Auslieferungshindernisses nicht herangezogen werden, so dass in trilateralen oder gar multilateralen Staatenbeziehungen eine wiederholte Strafverfolgung auch nicht faktisch über das Auslieferungsrecht verhindert werden kann. Abgesehen davon ist (natürlich) auch der Geltungsbereich von Art. 9 EuAlÜbk begrenzt und eine wirkliche Internationalisierung des ne-bis-in-idem-Prinzips deshalb auch unter ergänzender Heranziehung dieser Vorschrift nicht zu erreichen. Denn Übereinkommen des Europarates schaffen trotz der vielen beteiligten Vertragsstaaten doch nur zwischenstaatliches, nicht aber supranationales Recht, da sie schon in Kraft treten, wenn in der Regel zwei oder drei Vertragsstaaten ratifiziert und hinterlegt haben. Sie sind also materiell bilateral und nur scheinbar supranational[1241].

Festgehalten werden darf somit, dass sich selbst europaweit die Lücken im Geltungsbereich von Art. 54 SDÜ auch nicht rein tatsächlich über die Nichtauslieferung der betreffenden Person zuverlässig schliessen lassen. Wie in der Introduktion zu diesem Abschnitt bereits angedeutet, ist deshalb eine Internationalisierung des ne-bis-in-idem-Grundsatzes rechtlich geboten und daher weiter über Möglichkeiten einer Internationalisierung des in dieser Arbeit im Vordergrund stehenden Art. 54 SDÜ nachzudenken.

[1241] Johannes, ZStW 83 (1971), 531, 542.

Bereits dargelegt wurde, dass das in Art. 54 SDÜ verankerte Verbot der doppelten Strafverfolgung und Bestrafung das derzeit weitest reichende Prinzip seiner Art ist[1242]. Insofern ist die (erst) von (wenigen) Teilen des rechtswissenschaftlichen Schrifttums[1243] angedachte Erwägung, Art. 54 SDÜ erweiternd auch analog auf Nicht-EU-Staaten anzuwenden[1244], verständlich. Festzustellen ist allerdings, dass – soweit ersichtlich – bislang keine nähere rechtliche Überprüfung dieses Gedankens erfolgt ist.

Auch in der zwischenstaatlichen Rechtsanwendung sind Analogieschlüsse ausnahmsweise zulässig[1245]. Zwar kann der aus der Staatensouveränität fliessende Grundsatz der *Freiheit* der Staaten dahingehend verstanden werden, dass er jede Analogiebildung unmittelbar unmöglich macht[1246], doch muss jede Rechtsordnung, die ihren Namen zurecht trägt, auch ein bestimmtes Minimum an Gerechtigkeit gewähren. Zu den die Gerechtigkeit konstituierenden Prinzipien gehört auch der das Völkerrecht durchziehende Rechtssatz, *Gleiches gleich* und Ungleiches ungleich zu behandeln. In der Konsequenz bedeutet dies, dass eine analoge Anwendung bestimmter Vorschriften auf *vergleichbare* Sachverhalte auch in der zwischenstaatlichen Rechtsanwendung möglich sein muss[1247]. Sowohl im gesamten Öffentlichen Recht als auch im (Teil)Bereich des Strafrechts ist das Vorliegen einer Rechtslücke erste Voraussetzung für einen Analogieschluss. Sofern eine solche festgestellt wird, ist damit aber noch nichts über die Berechtigung zur Lückenausfüllung gesagt. Denn diese Befugnis ist abhängig davon, dass in jedem Fall eine *planwidrige* Unvollständigkeit des Rechts gegeben ist. Zusätzlich zum Erfordernis der ungewollten (planwidrigen) Rechtslücke setzt ein Analogieschluss – als dritte Bedingung – eine Gleichartigkeit der zu beurteilenden Sachverhalte voraus[1248].

[1242] Vgl. D. III. im 2. Kapitel dieser Arbeit.

[1243] Landau, Verwirklichung eines europaweiten „ne bis in idem" im Rahmen der Anwendung des § 153c Abs. 1 Nr. 3 StPO, in: FS für Söllner (2000), 627ff.; Endriss/Kinzig, Eine Straftat – zwei Strafen – Nachdenken über ein erweitertes „ne bis in idem", StV 1997, 665ff.

[1244] Landau, in: FS für Söllner (2000), 627, 634f. (ablehnend); Endriss/Kinzig, StV 1997, 665, 668, dort Anm. 34 (bejahend, allerdings ohne Begründung).

[1245] Ipsen (1999), § 19, Rn. 5; Dahm/Delbrück/Wolfrum (1989), S. 80; Bleckmann, ArchVR 17 (1977/78), 161ff.

[1246] Bleckmann, ArchVR 17 (1977/78), 161, 169.

[1247] Bleckmann, ArchVR 17 (1977/78), 161, 174f.

[1248] Loré (1997), S. 183; Dahm/Delbrück/Wolfrum (1989), S. 80f.

1. Existenz einer Rechtslücke?

Die Existenz einer Rechtslücke – als erste Voraussetzung für einen Analogieschluss – ist immer dann anzunehmen, wenn sich weder auf vertraglicher Grundlage noch auf der Basis geschriebenen oder ungeschriebenen Rechts eine unmittelbare Antwort auf die betreffende Rechtsfrage finden lässt; kurz formuliert also immer dann, wenn sich keine passende Rechtsnorm für die zu beurteilende Rechtsfrage ergibt[1249]. Die zu beantwortende Rechtsfrage im hier in Rede stehenden Kontext lautet: Kann *international-zwischenstaatlich* eine mehrfache Strafverfolgung und Bestrafung ein und desselben Täters wegen ein und derselben Tat verhindert werden?

Aus den zu Beginn dieser Arbeit angestellten Überlegungen sollte bereits deutlich geworden sein, dass es bislang (noch) keine *gesetzlich* oder *vertraglich* normierte Verankerung eines *universellen* Doppelverfolgungs- und -bestrafungsverbots gibt. Art. 54 SDÜ hat sich in diesem Zusammenhang zwar als die weitest reichende Normierung erwiesen[1250], ist bedingt durch seinen territorial eingeschränkten Anwendungsbereich dennoch aber unzureichend.

Unbeantwortet ist damit aber die Frage, ob nicht inzwischen von einem *gewohnheitsrechtlich* verankerten international-zwischenstaatlich geltenden ne-bis-in-idem-Grundsatz ausgegangen werden darf. Die Existenz einer Rechtslücke wäre dann zu verneinen. Ein solcher universell geltender Rechtssatz könnte aus dem *Völker*gewohnheitsrecht folgen. Voraussetzung für die Begründung allgemein gültigen Völkergewohnheitsrechts ist erstens, dass die in Rede stehende Regel durch die Überzeugung von der Richtigkeit dieser Regel einheitlich durch die Staatengemeinschaft getragen wird und zweitens, dass sie zur ständigen Übung der Staatengemeinschaft geworden ist[1251]. Grund für die Annahme, dass aus dem Völkergewohnheitsrecht ein international-zwischenstaatliches Doppelverfolgungs- und -bestrafungsverbot hervorgehen könnte, sind insbesondere die ne-bis-in-idem-Bestimmungen, die vornehmlich in den letzten 10 Jahren Eingang in die Statuten der Internationalen Strafgerichtsbarkeit gefunden haben. Auch das deutsche Bundesverfassungsgericht hielt das Entstehen eines universellen völkergewohnheitsrechtlichen ne-bis-in-idem-Grundsatzes bereits 1987 ausdrücklich für möglich[1252].

Sofern allerdings auch das Völkergewohnheitsrecht keine Regelung eines international-zwischenstaatlichen ne-bis-in-idem-Grundsatzes bereithält, kann deshalb noch

---

[1249] Dahm/Delbrück/Wolfrum (1989), S. 80.
[1250] Vgl. C. und D. im 2. Kapitel dieser Arbeit.
[1251] Seidl-Hohenveldern/Stein (2000), Rn. 485; Doehring (1999), Rn. 287; Ipsen (1999), § 16, Rn. 2.
[1252] BVerfGE 75, 1, 18ff.

nicht die Existenz einer Rechtslücke bejaht werden. Denn weiter ist dann zu untersuchen, ob ein universelles Verbot der Mehrfachverfolgung und -bestrafung als sog. „Allgemeiner Rechtsgrundsatz" existiert. Es handelt sich dabei um eine weitere eigenständige Rechtsquelle des Völkerrechts, die jedoch nur subsidiär zur Anwendung kommt[1253].

a. Ein international-zwischenstaatliches ne-bis-in-idem-Prinzip als Gewohnheitsrecht

Wie soeben erwähnt, ist erste Voraussetzung für die Begründung von Völkergewohnheitsrecht, dass eine bestimmte Regel durch die Überzeugung von der Richtigkeit dieser Regel einheitlich durch die Staatengemeinschaft getragen wird. Grund für die Annahme, dass innerhalb der Staatengemeinschaft eine wachsende Überzeugung für ein universelles ne-bis-in-idem-Prinzip vorherrschen könnte, ist die Aufnahme von ne-bis-in-idem-Vorschriften in die Statuten der Internationalen Strafgerichtsbarkeit, die überwiegend in den vergangenen 10 Jahren Eingang in dieselben gefunden haben:

Das Statut des im niederländischen Den Haag ansässigen Internationalen Gerichtshofs[1254], dessen Aufgabe es ist, über zwischenstaatliche Rechtsstreitigkeiten zu entscheiden und als Gutachter in Rechtsfragen zu fungieren, die ihm von dazu autorisierten internationalen Organisationen vorgelegt wurden, enthält selbst keine ausdrückliche ne-bis-in-idem-Bestimmung. Art. 60 Satz 1 des IGH-Statuts besagt jedoch, dass ein einmal getroffenes Urteil endgültig ist und keinem Rechtsmittel unterliegt. Dies entspricht zwar dem ne-bis-in-idem-Gedanken[1255], doch muss bedacht werden, dass die Möglichkeit einer individuellen Geltendmachung dieses Prinzips nicht vorgesehen ist, da vor dem IGH nur die *Staaten* klagen und verklagt werden können, die Mitglied der Vereinten Nationen sind oder solche Staaten, die dem Statut des IGH gesondert beigetreten sind oder sich diesem im Einzelfall unterstellt haben.

Im Unterschied zum IGH-Statut enthalten die Statuten der internationalen ad-hoc-Gerichtshöfe explizite ne-bis-in-idem-Regelungen[1256]. Art. 10 Abs. 1 und 2 des Statuts des ebenfalls in Den Haag ansässigen Internationalen Gerichts zur Verfolgung der Verantwortlichen für schwere Verstösse gegen das humanitäre Völkerrecht im

[1253] Graf Vitzthum (2001), Rn. 142; Seidl-Hohenveldern (2001), S. 324; Ipsen (1999), § 17, Rn. 5f.; Seidl-Hohenveldern/Stein (2000), Rn. 508; Verdross (1984), § 608.

[1254] Vom 26. Juni 1945, vgl. BGBl 1973 II S. 505.

[1255] Thomas (2002), S. 106.

[1256] Abgedruckt in: Schomburg/Lagodny, IRSt (1998), S. 1175ff.; deutsche Übersetzung in: Roggemann, Die Internationalen Strafgerichtshöfe, S. 243.

früheren Jugoslawien (ICTY)[1257] normieren, „Niemand darf wegen Handlungen, die nach diesem Statut schwere Verstösse gegen das humanitäre Völkerrecht darstellen, vor ein einzelstaatliches Gericht gestellt werden, wenn gegen ihn wegen derselben Handlung bereits vor einem Internationalen Gericht verhandelt wurde"[1258] und „Eine Person, die wegen Handlungen, die schwere Verstösse gegen das humanitäre Völkerrecht darstellen, vor ein einzelstaatliches Gericht gestellt wurde, darf in der Folge vor dem Internationalen Gericht nur dann belangt werden, a) wenn die Handlung, derentwegen sie vor Gericht gestellt wurde, als ein gewöhnliches Verbrechen gewertet wurde; oder b) wenn das einzelstaatliche Gerichtsverfahren nicht unparteiisch und unabhängig war, wenn es darauf ausgerichtet war, den Angeklagten vor der internationalen strafrechtlichen Verantwortung zu schützen oder wenn der Fall nicht mit der gebotenen Sorgfalt verfolgt wurde"[1259].

Eine fast wortidentische Regelung enthält Art. 9 des Statuts des entsprechenden in Arusha (Tansania) ansässigen Internationalen Gerichts zur Verfolgung der Verantwortlichen für schwere Verstösse gegen das humanitäre Völkerrecht in Ruanda (ICTR)[1260].

Nach beiden vorbenannten Statuten gilt das Verbot doppelter Strafverfolgung und Bestrafung zwar nicht absolut, weil seine Durchbrechung möglich ist, wenn ein deutliches Missverhältnis zwischen der Schwere der Tat und deren Sanktionierung besteht, oder offenkundig ein nationales Strafverfahren nur geführt wurde, um den Angeklagten einer internationalen Strafverfolgung und angemessenen Bestrafung zu entziehen. Dennoch, trotz dieses Missbrauchsvorbehalts wird deutlich, dass im Bereich der humanitären Schwerstkriminalität offensichtlich eine Bereitschaft besteht, ein internationales Verbot der mehrfachen Strafverfolgung und Bestrafung vertikal (nicht horizontal!) zu achten[1261].

Anders als die zeitlich begrenzt eingerichteten Tribunale für das ehemalige Jugoslawien und für Ruanda, ist der Internationale Strafgerichtshof (ICC) eine dauerhafte Einrichtung[1262], durch den die nationale Gerichtsbarkeit für die im Statut von Rom[1263] benannten Straftaten ergänzt wird[1264]. Der Internationale Strafgerichtshof

[1257] Vom 25. Mai 1993.
[1258] Vgl. Art. 10 Abs. 1 ICTY-Statut.
[1259] Vgl. Art. 10 Abs. 2 ICTY-Statut.
[1260] Vom 8. November 1994.
[1261] So i.E. auch Cassese (2003), S. 320; Hein (2002), S. 61.
[1262] Vgl. Art. 17 ICC-Statut von Rom.
[1263] Vom 17. Juli 1998, in Kraft seit 11. April 2002.
[1264] Vgl. Art. 1 ICC-Statut von Rom.

soll über Personen urteilen, die im Verdacht stehen, eines oder mehrere der folgenden Verbrechen begangen zu haben, hierfür aber nicht in ihrem Heimatstaat zur Rechenschaft gezogen werden: Völkermord, Verbrechen gegen die Menschlichkeit und Kriegsverbrechen sowie Verbrechen der Aggression[1265]. Aufgrund seiner Komplementärfunktion wird der ICC seine Gerichtsbarkeit also nur nachrangig ausüben, wenn die Gerichte auf nationaler Ebene nicht (mehr) in der Lage sind, ein Strafverfahren gegen den Tatverdächtigen durchzuführen. Auch wenn die Justiz eines Staates einen Tatverdächtigen nicht anklagt, weil sie ihn decken will oder selbst in die Verbrechen verwickelt ist, oder wenn sie nur ein Scheinverfahren gegen den Täter durchführt, kann der ICC tätig werden. Ebenso wie die vorerwähnten Statuten der ad hoc-Tribunale kennt auch das Rom-Statut für den ständigen Internationalen Strafgerichtshof eine ausdrückliche ne-bis-in-idem-Regelung[1266]. Art. 20 des ICC-Statuts von Rom normiert, „sofern in diesem Statut nichts anderes bestimmt ist, darf niemand wegen eines Verhaltens vor den Gerichtshof gestellt werden, das den Tatbestand der Verbrechen erfüllt, derentwegen er bereits vom Gerichtshof verurteilt oder freigesprochen wurde“[1267] und „niemand darf wegen eines in Art. 5 bezeichneten Verbrechens[1268], dessentwegen er vom Gerichtshof bereits verurteilt oder freigesprochen wurde, vor ein anderes Gericht gestellt werden“[1269]. Art. 20 Abs. 3 des ICC-Statuts von Rom schreibt ausserdem fest, dass niemand, der für ein Verbrechen nach den Art. 6, 7 und 8[1270] vor ein Gericht gestellt wurde, für dasselbe Verhalten vor dem ICC belangt werden darf. Es sei denn, das Verfahren vor dem anderen Gericht ist rechtsmissbräuchlich geschehen. Dieses ist der Fall, wenn das Strafverfahren dazu diente, den Angeklagten vor strafrechtlicher Verantwortung vor dem Internationalen Gerichtshof zu schützen[1271] oder wenn das Strafverfahren nicht unabhängig oder unparteiisch war[1272].

Hiernach hat der ne-bis-in-idem-Grundsatz zwar nur dann eine absolute Geltung, wenn das erste Urteil durch den ICC gefällt wurde. Eine nochmalige Strafverfolgung ist dann weder durch den ICC selbst (vgl. Abs. 1) noch durch ein anderes (nationales) Gericht zulässig (vgl. Abs. 2). Jedoch auch wenn zunächst ein nationales Gericht entschieden hat, ist eine weitere Strafverfolgung vor dem ICC nur unter den soeben

---

1265 Vgl. Art. 5 Abs. 1 lit. a) bis d) ICC-Statut von Rom.

1266 Forster, in: Meier-Schatz/Schweizer, Recht und Internationalisierung (2000), 309, 311 u. 317f.

1267 Vgl. Art. 20 Abs. 1 ICC-Statut von Rom.

1268 Völkermord, Verbrechen gegen die Menschlichkeit und Kriegsverbrechen sowie Verbrechen der Aggression.

1269 Vgl. Art. 20 Abs. 2 ICC-Statut von Rom.

1270 Völkermord (Art. 6), Verbrechen gegen die Menschlichkeit (Art. 7), Kriegsverbrechen (Art. 8).

1271 Vgl. Art. 20 Abs. 3 lit. a) ICC-Statut von Rom.

1272 Vgl. Art. 20 Abs. 3 lit. b) ICC-Statut von Rom.

erwähnten engen Voraussetzungen von Art. 20 Abs. 3 des ICC-Statuts von Rom möglich.

Festgestellt wird, dass sich die vorbeschriebenen, in den Statuten der internationalen Gerichtsbarkeit verankerten, internationalen Verbote der mehrfachen Strafverfolgung und Bestrafung einer breiten Akzeptanz erfreuen. Denn alle 191 Mitglieder der Vereinten Nationen sind als solche gleichzeitig Mitglieder des IGH. Auch die ad-hoc-Tribunale für das ehemalige Jugoslawien und Ruanda sind durch entsprechende Resolutionen des VN-Sicherheitsrates eingesetzt worden. Das Statut des ICC haben mittlerweile 139 Staaten signiert, von denen schon 94 die Ratifikation vorgenommen haben[1273].

Insbesondere durch das ICC-Statut von Rom, dessen Anwendungsbereich nicht nur auf die in einem eng begrenzten Territorium (z.B. ehem. Jugoslawien oder Ruanda) begangenen völkerrechtswidrigen Verbrechen beschränkt ist, ist – wie auch Hein[1274] im Ergebnis zutreffend feststellt – eine gewisse Internationalisierung des ne-bis-in-idem-Grundsatzes auszumachen[1275].

Dennoch bleibt zu klären, inwieweit die Statuten der internationalen Strafgerichtsbarkeit aufgrund der dargelegten Akzeptanz und ihres Inhalts eine Aussage über ein sich entwickelndes oder sogar schon entwickeltes völkergewohnheitsrechtliches universelles ne-bis-in-idem-Prinzip zulassen.

Dem ersten Anschein nach sprechen die vorerwähnten Statuten nicht für ein *allgemeines* völkergewohnheitsrechtliches Verbot der doppelten Strafverfolgung und Bestrafung. Dieses deshalb nicht, weil die Statuten der internationalen Strafgerichtshöfe ausschliesslich das Verhältnis der Strafbefugnisse der einzelnen Staaten der Staatengemeinschaft (VN, Staatenversammlung von Rom) zu der von ihr jeweils ins Leben gerufenen internationalen Gerichtsbarkeit (IGH, ICTY, ICTR, ICC) betreffen, und umgekehrt[1276]. Auch ist der dargelegte sachliche Anwendungsbereich aller Statuten auf Delikte gegen das Völkerrecht beschränkt. Nicht tangiert wird also die hier im Vordergrund stehende Problematik eines „grenzenlosen" Doppelverfolgungs- und -bestrafungsverbots der Staaten *untereinander*. Doch macht die Entwicklung von den Statuten der ad-hoc-Tribunale hin zum Rom-Statut des ICC immerhin deutlich, auf was die Völkergemeinschaft sich in der Tendenz zu einigen bereit ist. Dieses ist eine *territoriale Erweiterung* des ne-bis-in-idem-Grundsatzes, der seit dem ICC-Statut

[1273] Stand: Mai 2004.
[1274] Hein, Zuständigkeitskonflikte im internationalen Strafrecht (2002).
[1275] Hein (2002), S. 66.
[1276] Hein (2002), S. 64.

nicht mehr nur völkerrechtswidrige Verbrechen in einem eng umgrenzten Territorium (ehem. Jugoslawien und Ruanda) erfasst. Eine *sachliche Erweiterung*, über das Erfassen von Verstössen gegen das humanitäre Völkerrecht hinaus, ist allerdings nicht erkennbar.

Mit der gebotenen Sorgfalt könnte hieraus gefolgert werden, dass das ICC-Statut von Rom zukünftig eine gewohnheitsrechtsbildende Wirkung dahingehend haben könnte, dass – sinngemäss – niemand wegen einer völkerrechtswidrigen Tat, derentwegen er von einem (inter)nationalen Gericht abgeurteilt worden ist, erneut vor ein (inter)-nationales Gericht gestellt werden darf, es sei denn, die Aburteilung ist rechtsmissbräuchlich geschehen[1277].

Selbst wenn die Völkergemeinschaft nach dem Rom-Statut einen solchen *zwischenstaatlich-internationalen* – aber immer noch auf völkerrechtswidrige Taten begrenzten – Rechtssatz gewohnheitsrechtlich anerkennen wollte, wäre damit aber noch kein Völkergewohnheitsrecht entstanden. Zur Erinnerung, für die Herausbildung desselben ist neben einer einheitlichen Rechtsauffassung erforderlich, dass diese durch eine stetige und einheitliche Staatenpraxis bestätigt wird[1278]. Auch wenn für diese Bestätigung schon eine einmalige Übung ausreichen sollte, ist bis heute die Ausübung eines solchen *universellen* Verbots mehrfacher Strafverfolgung und Bestrafung nicht erkennbar. Die Existenz eines gewohnheitsrechtlichen international-zwischenstaatlichen ne-bis-in-idem-Grundsatzes kann mangels einer übereinstimmenden zwischenstaatlichen Rechtspraxis derzeit (noch) nicht angenommen werden[1279].

Als Zwischenfazit wird festgehalten, dass weder auf gesetzlicher und vertraglicher noch auf gewohnheitsrechtlicher Grundlage ein international-zwischenstaatliches (universelles) Verbot doppelter Strafverfolgung und Bestrafung existiert. Die für eine analoge Anwendung von Art. 54 SDÜ erste Voraussetzung, das Bestehen einer Rechtslücke, kann – wie erwähnt[1280] – aber erst bejaht werden, wenn auch ausgeschlossen ist, dass kein „Allgemeiner Rechtsgrundsatz“ existiert, aus dem ein international-zwischenstaatliches (universelles) Doppelverfolgungs- und Doppelbestrafungsverbot folgt.

1277 Ähnlich Cassese (2003), S. 320; Hein (2002), S. 68.

1278 Vgl. S. 231f.

1279 I.E. so auch Ziegenhahn, Der Schutz der Menschenrechte bei der grenzüberschreitenden Zusammenarbeit in Strafsachen (2002), der dennoch aber die Auffassung, es existiere bereits ein universelles europäisches ne-bis-in-idem-Prinzip, für vertretbar hält, ohne dies allerdings näher zu begründen, vgl. S. 339.

1280 Vgl. S. 229f.

b. Ein international-zwischenstaatliches ne-bis-in-idem-Prinzip als Allgemeiner Rechtsgrundsatz

Allgemeine Rechtsgrundsätze sind materielle, prozessuale oder strukturelle Prinzipien des Rechts, die Allgemeingültigkeit für alle Rechtssysteme beanspruchen[1281]. Gestützt werden sie auf die Überlegung, dass sie so grundlegende moralische Grundgedanken verkörpern, dass sie praktisch allen Rechtsordnungen zugrunde liegen, so dass sie sowohl innerstaatlich als auch im Verhältnis der Staaten untereinander anzuwenden sind[1282]. Art. 38 Abs. 1 lit. c IGH-Statut verlangt für die als Rechtsquelle heranzuziehenden Allgemeinen Rechtsgrundsätze, dass sie von allen zivilisierten Völkern (Kulturvölkern) anerkannt sind (recognized by civilized nations). Heute wagt es allerdings niemand mehr zwischen zivilisierten und unzivilisierten Staaten zu unterscheiden, deshalb hat der Zusatz von den Kulturvölkern keine praktische Bedeutung mehr[1283]. Im Hinblick auf die souveräne Gleichheit der Staaten zählen heute alle (192) anerkannten Staaten zu den „civilized nations"[1284]. Demzufolge kommt es also (nur noch) darauf an, dass ein bestimmter Rechtsgrundsatz *allgemein anerkannt* ist[1285]. Der Begriff der Anerkennung ist in diesem Zusammenhang nicht als (völkerrechtliche) Willenserklärung zu verstehen, sondern dahingehend, dass ein bestimmter Rechtsgrundsatz übereinstimmend in den innerstaatlichen Rechtsordnungen aller Staaten gilt[1286]. Was das Erfordernis der *Allgemeinheit* eines bestimmten Rechtsgrundsatzes betrifft, wird konstatiert, dass dieses Merkmal aufgrund der grossen Zahl verschiedener Rechtsordnungen durch einen Rechtsvergleich nur schwer nachweisbar ist[1287]. Eine rechtsvergleichende Untersuchung des Rechts sämtlicher Staaten der Völkergemeinschaft wird deshalb nicht mehr für zwingend notwendig befunden[1288]. Vielmehr seien insbesondere anerkannte Resolutionen der Vollversammlung der Vereinten Nationen eine Ausprägung der allen Staaten gemeinsamen Rechtsgrundsätze[1289]. Solche folgten daher vornehmlich aus der Allgemeinen Erklärung der Menschenrechte der Vereinten Nationen von 1948[1290]. Aber auch andere internationale Verträge zum Schutz der Menschenrechte, beispielsweise die Europäische Menschenrechtskonvention, können nach dieser Auffassung Allgemeine

---

1281 Seidl-Hohenveldern (2001), S. 322.
1282 Seidl-Hohenveldern/Stein (2000), Rn. 509ff.
1283 Kimminich/Hobe (2000), S. 184.
1284 Graf Vitzthum (2001), Rn. 143.
1285 Seidl-Hohenveldern (2001), S. 322.
1286 Graf Vitzthum (2001), Rn. 143; Seidl-Hohenveldern (2001), S. 322.
1287 Kimminich/Hobe (2000), S. 185.
1288 Seidl-Hohenveldern/Stein (2000), Rn. 513.
1289 Seidl-Hohenveldern (2001), S. 322; Seidl-Hohenveldern/Stein (2000), Rn. 514.
1290 Seidl-Hohenveldern (2001), S. 322.

Rechtsgrundsätze begründen[1291]. Wird dieser Ansicht gefolgt, sollten auch die Afrikanische Charta zum Schutz der Menschenrechte und die Amerikanische Menschenrechtserklärung sowie die Amerikanische Menschenrechtskonvention in die Betrachtung einbezogen werden.

Festzustellen ist, dass die internationalen Verträge zum Schutz der Menschenrechte i.d.R. gar kein Verbot der Doppelverfolgung und Doppelbestrafung kennen oder nur eines enthalten, dem kein umfassender international-zwischenstaatlicher Charakter zukommt:

Die Allgemeine Erklärung der Menschenrechte der Generalversammlung der Vereinten Nationen vom 10. Dezember 1948 enthält gar kein unmittelbares Verbot einer Doppelverfolgung und -bestrafung[1292]. Der Menschenrechtspakt der Vereinten Nationen vom 19.12.1966, der Internationale Pakt über bürgerliche und politische Rechte (IPbpR), normiert in Art. 14 Abs. 7 IPbpR zwar wörtlich einen uneingeschränkten und daher universellen ne-bis-in-idem-Grundsatz, denn danach darf niemand, der „rechtskräftig verurteilt oder freigesprochen worden ist, erneut verfolgt oder bestraft werden“. Nach Auffassung des UN-Ausschusses für Menschenrechte und der h.M. erstreckt sich dieses Verbot aber nicht auf vorangegangene Strafverfahren eines anderen Staates[1293], worauf bereits hingewiesen wurde. Dem Verbot fehlt praktisch also jeglicher zwischenstaatliche Charakter.
Auch die Europäische Menschenrechtskonvention vom 4. November 1950 sieht kein ausdrückliches Verbot mehrfacher Strafverfolgung und Bestrafung vor. Teilweise wurde versucht, aus Art. 3 EMRK (Verbot der Folter) das ne-bis-in-idem-Prinzip abzuleiten. Diese Bestimmung verbietet Folter und erniedrigende und unmenschliche Bestrafungen. Jedoch betrifft diese Vorschrift nur die Art und Weise der Durchführung eines Strafverfahrens und der Bestrafung, nicht aber die Frage, ob überhaupt ein weiteres Strafverfahren und/oder eine weitere Bestrafung eingeleitet werden dürfen[1294]. Auch die in Art. 6 Abs. 3 EMRK (Rechte des Angeklagten) normierten verfahrensrechtlichen Mindeststandards sehen kein Verbot der Mehrfachverfolgung und -bestrafung vor. Allerdings schreibt Art. 4 Nr. 1 des 7. ZP-EMRK vom 22. November 1984 vor, dass niemand nach rechtskräftiger Verurteilung oder Freisprechung „in einem Strafverfahren *desselben*[1295] Staates erneut vor Gericht gestellt oder bestraft werden“ darf. Das Doppelbestrafungsverbot dieser Vorschrift bezieht sich damit aber

---

[1291] Seidl-Hohenveldern (2001), S. 326; Seidl-Hohenveldern/Stein (2000), Rn. 514.
[1292] Thomas (2002), S. 100.
[1293] Thomas (2002), S. 101f.; vgl. auch schon D. I. im 2. Kapitel dieser Arbeit.
[1294] Mayer (1992), S. 49.
[1295] Hervorhebung durch den Verfasser.

deutlich nur auf Urteile innerhalb eines Staates und hat wegen dieser Begrenzung ebenfalls keinen zwischenstaatlichen Charakter[1296].
Die Banjul Charta der Menschenrechte und Rechte der Völker vom 27. Juni 1981, genannt die Afrikanische Charta der Menschenrechte und Rechte der Völker[1297], enthält ebenfalls kein explizites Verbot doppelter Strafverfolgung und Bestrafung[1298]. Zwar werden – wie in der EMRK – in Art. 5 Satz 2 (Verbot der Folter) der Afrikanischen Charta grausame, unmenschliche und erniedrigende Strafen verboten, doch betrifft dieses Verbot wieder nur die Art und Weise der Durchführung der Strafverfolgung und Bestrafung, nicht aber das Problem der Zulässigkeit eines weiteren Strafverfahrens oder einer weiteren Bestrafung.
Auch die Amerikanische Erklärung zu den Rechten und Pflichten der Menschen von 1948 (Amerikanische Menschenrechtserklärung) kennt keine ausdrückliche Normierung des Grundsatzes der Einmaligkeit der Strafverfolgung. Wieder werden in Art. XXVI Satz 2 lediglich erniedrigende Strafen untersagt. Hieraus kann aus dem zur EMRK und zur Afrikanischen Charta (bereits) geäusserten Grund jedoch nicht eine Verankerung des ne-bis-in-idem-Prinzips herausgelesen werden[1299].
Weiter gehend ist die Amerikanische Menschenrechtskonvention aus dem Jahr 1969. Sie enthält in Art. 8 Abs. 4 AMRK (Recht auf ein faires Verfahren) – ganz im Sinne eines universellen Ansatzes – ein Verbot doppelter Strafverfolgung und Bestrafung, welches nicht auf Entscheidungen eines bestimmten Staates beschränkt ist, schützt den Betroffenen aber nur im Falle eines Freispruches[1300]. Aufgrund dieser Beschränkung enthält folglich auch die Amerikanische Menschenrechtskonvention kein umfassendes international-zwischenstaatliches ne-bis-in-idem-Prinzip.

Damit darf als Ergebnis der voranstehenden Ausführungen insoweit festgehalten werden, dass universelle und regionale Menschenrechtspakte zwar grundsätzlich eine Ausprägung der allen Staaten gemeinsamen Rechtsgrundsätze darstellen können, dass nach einer näheren Betrachtung derselben aus ihnen jedoch kein international-zwischenstaatliches ne-bis-in-idem-Prinzip entnommen werden kann. Kurz gesagt existiert ein universelles Verbot doppelter Strafverfolgung und Bestrafung auch nicht in Form eines Allgemeinen Rechtsgrundsatzes[1301].

1296 Ziegenhahn (2002), S. 433; vgl. auch schon D. I. im 2. Kapitel dieser Arbeit.
1297 Vgl. die Präambel in der deutschen Übersetzung.
1298 Thomas (2002), S. 103.
1299 Mayer (1992), S. 44.
1300 Thomas (2002), S. 103.
1301 I.E. so auch Thomas (2002), S. 89; Böhm, (2001), S. 38f., der allerdings keine nähere Prüfung vornimmt.

Wird die hier verfolgte Auffassung, dass universelle und regionale Menschenrechtspakte eine Ausprägung der allen Staaten gemeinsamen Rechtsgrundsätze darstellen können, abgelehnt[1302], weil sie i.d.R. nicht Ergebnis eines Rechtsfolgewillens sind, sondern lediglich das Resultat eines politisch motivierten Abstimmungsverhaltens[1303], dann muss die Bestimmung von Allgemeinen Rechtsgrundsätzen mittels Rechtsvergleichung geschehen. Das Erfordernis der *Allgemeinheit* ist demzufolge erst dann erfüllt, wenn ein bestimmtes Rechtsprinzip in allen oder doch den meisten Rechtsordnungen enthalten ist[1304]. Diese Betrachtungsweise führt hier jedoch zu keinem anderen Ergebnis in der Sache. Thomas[1305] hat bereits nachgewiesen, dass weder die USA und Deutschland noch Schottland ein *universelles* ne-bis-in-idem-Prinzip kennen. Gleiches hat Dannecker[1306] für England, Italien und Belgien festgestellt. Zu Beginn dieser Arbeit wurde zudem darauf hingewiesen, dass auch Österreich und der Schweiz kein umfassendes international-zwischenstaatliches Doppelverfolgungs- und -bestrafungsverbot bekannt ist[1307]. Ebenfalls kennt auch die französische Strafverfahrensordnung keine internationale ne-bis-in-idem-Regelung[1308]. Gleiches hat das Bundesverfassungsgericht auch in Bezug auf die Verfassungen von Costa Rica, Indien, Japan, Kanada und Portugal festgestellt[1309]. Während die Niederlande[1310] und Spanien[1311] ihren eigenen Strafanspruch dort, wo ein anderer Staat zuvor geurteilt hat, zurückzustellen bereit sind, halten – soweit ersichtlich – also die meisten Staaten an ihrer eigenen Beurteilungskompetenz fest; wenigstens für die Straftaten, die auf dem eigenen Staatsgebiet begangen wurden[1312]. Keinesfalls ist diese knappe exemplarische Betrachtung ein *Nachweis* für die Nichtexistenz eines universellen ne-bis-in-idem-Grundsatzes, doch zumindest ein relativ sicheres Indiz. Denn bereits die (wenigen) betrachteten Rechtsordnungen lassen keinen Konsens in Richtung Existenz eines universellen Doppelverfolgungs- und Bestrafungsverbots erkennen[1313].

[1302] Graf Vitzthum (2001), Rn. 146.
[1303] Graf Vitzthum (2001), Rn. 146.
[1304] Ipsen (1999), § 17, Rn. 1.
[1305] Thomas, Das Recht auf Einmaligkeit der Strafverfolgung (2002).
[1306] Dannecker, Die Garantie des Grundsatzes "ne bis in idem" in Europa, in: FS für Kohlmann (2003), S. 593ff.
[1307] Vgl. C. II. und III. des 2. Kapitels dieser Arbeit.
[1308] Hein (2002), S. 74 unter Hinweis auf Art. 692 C.P.P.
[1309] BVerfG NJW 1987, 2155, 2158.
[1310] Vgl. Art. 68 ndlStGB.
[1311] Beschluss des Tribunal Supremo vom 14.01.2000, Recurso No: 640/1999.
[1312] Vgl. Art. 13 belgStGB. Der ne-bis-in-idem-Grundsatz hat danach nur internationale Gültigkeit, wenn die Straftat nicht auf belgischem Territorium verübt wurde.
[1313] I.E. so auch Hein (2002), S. 76.

c. Zwischenfazit

Ausgehend von der dargelegten rechtlichen Notwendigkeit für die Internationalisierung des ne-bis-in-idem-Grundsatzes wurde der im rechtswissenschaftlichen Schrifttum geäusserte Gedanke, Art. 54 SDÜ auch analog auf Nicht-Vertragsstaaten anzuwenden, hier aufgegriffen. Da auch im zwischenstaatlichen Kontext ein Analogieschluss nur unter der Voraussetzung des Bestehens einer Rechtslücke möglich ist, wurde die Existenz einer solchen überprüft. Festgestellt wurde, dass das Doppelbestrafungsverbot seine Bedeutung als allgemeines Prozesshindernis hat international noch nicht entfalten können[1314]. Ein international-zwischenstaatliches Verbot mehrfacher Strafverfolgung und Bestrafung besteht weder auf gesetzlicher und vertraglicher noch auf gewohnheitsrechtlicher Grundlage. Auch als Allgemeiner Rechtsgrundsatz konnte ein solches universelles Verbot nicht festgestellt werden. Die erste Voraussetzung für eine mögliche analoge Anwendung von Art. 54 SDÜ auf eigentlich nicht in dessen Anwendungsbereich fallende Staaten ist damit erfüllt, weil eine Rechtslücke offenbar gegeben ist. Unbeantwortet ist damit aber noch die Frage, ob es sich bei dieser Rechtslücke um eine gewollte oder ungewollte Nichtregelung handelt.

2. Planwidrigkeit der Rechtslücke?

Wie erwähnt, setzt ein Analogieschluss auch im Bereich der zwischenstaatlichen Rechtsanwendung neben der Existenz einer Rechtslücke als zweite Bedingung voraus, dass diese Rechtslücke *planwidrig*, also ungewollt bzw. unbeabsichtigt besteht[1315]. Im hier betrachteten Kontext bedeutet dies, dass die Initiatoren des Schengener Durchführungsübereinkommens also eigentlich gewollt haben müssten, Art. 54 SDÜ auch auf Nichtvertragsstaaten anzuwenden. Nur soweit ein solches Verständnis den ursprünglichen Willen zu Ende denkt, ist der Analogieschluss gestattet[1316]. Kurz gesagt, muss der Konsens der Parteien auch den nicht geregelten Fall umfassen[1317]. Davon ist hier nicht auszugehen. Denn das Schengener Durchführungsübereinkommen ist ein *Sonderregelwerk* im Rahmen des europäischen Einigungsprozesses[1318]. Denn – wie bereits dargelegt[1319] – ist Sinn und Zweck des Durchführungsübereinkommens, möglicherweise auftretende Sicherheitseinbussen zwischen denjenigen Staaten zu kompensieren, die sich auf den Abbau von Grenzkontrollen verständigt haben, um den zwischenstaatlichen Transport und den Warenverkehr zu erleichtern.

[1314] Ebenso: Landau, in: FS für Söllner (2000), 627, 636.
[1315] Vgl. S. 228.
[1316] Vgl. Dahm/Delbrück/Wolfrum (1989), S. 81.
[1317] Ipsen (1999), § 19, Rn. 6.
[1318] Landau, in: FS für Söllner (2000), 627, 635.
[1319] Vgl. B. II. 2. b. cc. dieses Kapitels.

Die mit dem Abbau von Grenzkontrollen möglicherweise einhergehenden Sicherheitseinbussen sollen durch eine engere zwischenstaatliche Zusammenarbeit auf verschiedenen Gebieten, insbesondere in den Bereichen Polizei und Justiz, kompensiert werden. Unter anderem enthält das Schengener Durchführungsübereinkommen Regelungen über den gegenseitigen Informationsaustausch und die wechselseitige Unterstützung in Ermittlungs- und Strafverfahren. In dem Masse, in dem die polizeiliche und gerichtliche Zusammenarbeit nach diesen Vorschriften optimiert wird, soll zugleich verhindert werden, dass die dem Bürger im demokratischen Rechtsstaat gewährten Rechte abgebaut werden. Als Gegengewicht oder Korrektiv zur verbesserten zwischenstaatlichen Zusammenarbeit in den Bereichen Polizei und Justiz soll das in Art. 54 SDÜ normierte transnationale Doppelverfolgungs- und Doppelbestrafungsverbot die Freiheit des einzelnen und den allgemeinen sozialen Frieden sichern. Konkret soll dieses Verbot gewährleisten, dass die aus wechselseitiger Unterstützung gewonnenen Informationen nicht benutzt werden, um im Ausland bereits abgeschlossene Strafverfahren bei eigenem Strafanspruch im eigenen Land erneut zu verhandeln, um auf diese Weise die landeseigenen Wertvorstellungen zu realisieren[1320]. Weil damit also ganz gezielt eine *Ausnahmeregelung* für die vom Abbau der Grenzkontrollen betroffenen Staaten geschaffen wurde, ist die Nichtanwendung von Art. 54 SDÜ auf sog. Nichtvertragsstaaten nicht *un*gewollt, also keine Planwidrigkeit, sondern gerade beabsichtigt.

Dieser Gedanke lässt sich weiter abstrahieren: Würde bei einer Regelung, die wie Art. 54 SDÜ, auf einem völkerrechtlichen Vertrag basiert, ein Analogieschluss über den fixierten Konsens hinaus, also über den eigentlichen Regelungsgegenstand hinaus, für zulässig erachtet, dann würde die Vorschrift (hier Art. 54 SDÜ) auf eine an sich nicht geregelte Rechtsbeziehung zwischen zwei Staaten angewandt und damit eine unzulässige (!) Drittwirkung einer Norm erzeugt. Streng genommen handelt es sich dann um keinen Fall der Analogiebildung mehr[1321]. Aus der Tatsache, dass eine Bestimmung, wie Art. 54 SDÜ, ein *Sonderrecht* zwischen bestimmten Völkerrechtssubjekten darstellt, folgt also in der Konsequenz, dass sie – zur Vermeidung unzulässiger Drittwirkung – nicht analog auf eine nicht geregelte Beziehung zwischen Völkerrechtssubjekten angewendet werden kann[1322].

Das zweite Erfordernis für einen Analogieschluss, die *Ungewolltheit* bzw. Planwidrigkeit der Rechtslücke, ist mithin im hier betrachteten Kontext aufgrund des Sonderrechtscharakters von Art. 54 SDÜ nicht feststellbar. Eine analoge Anwendung des in

1320 Vgl. B. II. 2. b. cc. dieses Kapitels.
1321 Ipsen (1999), § 19, Rn. 6.
1322 Bleckmann, ArchVR 17 (1977/78), 161, 178.

dieser Vorschrift niedergelegten ne-bis-in-idem-Prinzips auf Nichtvertragsstaaten scheidet demzufolge aus[1323].

3. Ergebnis und Konsequenzen

Einleitend wurde in diesem Abschnitt zunächst anhand eines Beispiels aus der vergangenen schweizerisch-deutschen Rechtspraxis nachvollzogen, dass selbst innerhalb von Europa – trotz der territorialen Weite von Art. 54 SDÜ – Doppelverfolgungen und Doppelbestrafungen nicht auszuschliessen sind. Unter Bezugnahme auf eine Entscheidung des OLG Karlsruhe wurde deshalb angedacht, die „europaweiten Lücken" im Anwendungsbereich von Art. 54 SDÜ *faktisch* über die Geltendmachung von Auslieferungshindernissen zu schliessen. Dabei wurde erstens deutlich, dass auch nach der Neuregelung des Auslieferungsrechts durch den Rahmenbeschluss zum Europäischen Haftbefehl weiterhin auf Art. 9 EuAlÜbk abgestellt werden muss, weil die Bestimmungen zum Europäischen Haftbefehl in den Staatenbeziehungen, in denen Art. 54 SDÜ gerade nicht gilt, ebenfalls nicht zur Anwendung gelangen. Zweitens wurde erkannt, dass das in Gestalt eines Auslieferungshindernisses in Art. 9 EuAlÜbk normierte ne-bis-in-idem-Prinzip zwar (zwingend oder fakultativ) in *bilateralen* Staatenverhältnissen faktisch eine mehrfache Strafverfolgung und Bestrafung zu verhindern in der Lage ist. Drittens hat die Entscheidung des OLG Karlsruhe aber deutlich werden lassen, dass in trilateralen oder gar multilateralen Staatenbeziehungen auch auf dem (Um)Weg der Geltendmachung von Auslieferungshindernissen eine mehrfache Strafverfolgung und Bestrafung nicht verhindert werden kann. Dieses deshalb nicht, weil auch das territorial weitest reichende Auslieferungshindernis, Art. 9 EuAlÜbk, keine Drittstaatenerkenntnisse in seinen Anwendungsbereich einbezieht, so dass diese in trilateralen oder multilateralen Staatenverhältnissen eine wiederholte Strafverfolgung und Bestrafung auch nicht rein faktisch ausschliessen können. Abgesehen davon ist natürlich auch der Geltungsbereich von Art. 9 EuAlÜbk begrenzt und eine wirkliche Internationalisierung des ne-bis-in-idem-Prinzips deshalb auch unter ergänzender Heranziehung dieser Vorschrift nicht zu erreichen.

Ausgehend von der damit rechtlich gebotenen Notwendigkeit für die Internationalisierung des ne-bis-in-idem-Grundsatzes wurde der im rechtswissenschaftlichen Schrifttum geäusserte Gedanke, die in dieser Arbeit im Vordergrund stehende Vorschrift, Art. 54 SDÜ, auch analog auf Nicht-Vertragsstaaten anzuwenden, aufgegriffen. Bei näherer Betrachtung dieser Erwägung wurde festgestellt, dass ein international-zwischenstaatliches Verbot mehrfacher Strafverfolgung und Bestrafung weder auf gesetzlicher und vertraglicher noch auf gewohnheitsrechtlicher Grundlage be-

---

[1323] I.E. so auch Landau, FS f. Söllner (2000), 627, 635.

steht. Auch als Allgemeiner Rechtsgrundsatz konnte ein solches universelles Verbot nicht ermittelt werden. Die für eine analoge Anwendung notwendige Rechtslücke wurde deshalb als gegeben angenommen. Bei Betrachtung des Erfordernisses der Planwidrigkeit dieser Rechtslücke wurde jedoch offenbar, dass – aufgrund des Sonderrechtscharakters von Art. 54 SDÜ – die Nichtanwendung dieser Norm auf nicht vom Anwendungsbereich dieser Vorschrift erfasste Staatenbeziehungen nicht *un*beabsichtigt erfolgt. Gegenteiliges anzunehmen hiesse, sich ausserhalb einer zulässigen Analogiebildung zu bewegen, da eine unzulässige Drittwirkung dieser Vorschrift für die vom (gewollten) Anwendungsbereich nicht erfassten Staaten erzeugt würde.

Damit haben die voranstehenden Ausführungen im Hinblick auf die angedachte Analogiebildung im Ergebnis zwar deutlich werden lassen, dass eine Internationalisierung des ne-bis-in-idem-Prinzips nicht über eine analoge Anwendung von Art. 54 SDÜ erreicht werden kann. Doch hat die in die Betrachtung einbezogene Analyse des Völkergewohnheitsrechts[1324] zugleich sichtbar werden lassen, dass die Strafrechtsentwicklung am Anfang eines möglicherweise entstehenden völkergewohnheitsrechtlichen – und damit internationalen – ne-bis-in-idem-Grundsatzes stehen könnte. Denn die beschriebene Entwicklung von den Statuten der ad-hoc-Tribunale hin zum Rom-Statut des ICC hat erkennen lassen, auf was die Völkergemeinschaft sich in der Tendenz zu verständigen bereit ist. Dieses ist vornehmlich eine *territoriale Erweiterung* des ne-bis-in-idem-Grundsatzes, der seit dem ICC-Statut nicht mehr nur völkerrechtswidrige Verbrechen in einem eng umgrenzten Territorium (ehem. Jugoslawien und Ruanda) erfasst.

Da die Internationalisierung des ne-bis-in-idem-Grundsatzes auf dem Weg der analogen Anwendung von Art. 54 SDÜ nicht möglich erscheint, werden im Folgenden weitere im rechtswissenschaftlichen Schrifttum angedachte Internationalisierungsansätze in die hiesige Betrachtung einbezogen.

IV. Die Internationalisierung des ne-bis-in-idem-Prinzips als vertragliche menschenrechtliche Garantie

Selbst wenn in der voranstehend resümierten Entwicklung ein erster Schritt in Richtung Herausbildung eines völkergewohnheitsrechtlichen ne-bis-in-idem-Prinzips gesehen werden sollte, so begegnet eine solche rechtliche Verankerung dieses Grundsatzes berechtigten Bedenken. Die völker*gewohnheitsrechtliche* Geltung eines bestimmten Prinzips hat zwar den Vorteil, dass es – im Gegensatz zu einer völker-

[1324] Zwecks Prüfung, ob tatsächlich eine Rechtslücke besteht, vgl. C. III. 1. a. dieses Kapitels.

*vertrags*rechtlichen Verankerung[1325] – auch für Staaten Geltung erlangt, die nicht an der Herausbildung dieses Grundsatzes explizit beteiligt gewesen sind. Denn diese Staaten können der Bindung durch das Völkergewohnheitsrecht nur entgehen, wenn sie dessen Geltung der Staatengemeinschaft gegenüber regelmässig widersprechen[1326]. Die Internationalisierung des Doppelverfolgungs- und -bestrafungsverbots würde durch eine völkergewohnheitsrechtliche Verankerung also tatsächlich befördert. Als strukturell wesentlich für die Internationalisierung des ne-bis-in-idem-Grundsatz wird im rechtswissenschaftlichen Schrifttum jedoch zurecht angesehen, dass dessen Geltung durch ein eigenständiges Individualrechtsschutzsystem abgesichert wird; ein entsprechender prozeduraler Hebel müsse dem einzelnen Bürger ein *einklagbares* grenzüberschreitendes ne-bis-in-idem-Prinzip gewährleisten[1327]. Während die (menschen)rechtlichen Garantien des Völker*gewohnheits*rechts keine selbständigen Verfahren zu ihrem Schutz anordnen, sind es indes die *vertraglichen* Menschenrechte der universellen und regionalen Menschenrechtsinstrumente, die über eigene verfahrensrechtliche Durchsetzungsmechanismen verfügen[1328]. So folgt aus Art. 1 EMRK, dass die Menschenrechtsgarantien der Europäischen Menschenrechtskonvention Individualrechte begründen[1329]. Gleiches gilt für die im Internationalen Pakt über bürgerliche und politische Rechte enthaltenen Garantien, vgl. Art. 2 IPbpR. Ähnlich wie bei einer nationalen Verfassungsbeschwerde hat der von einer Menschenrechtsverletzung (vermeintlich) Betroffene daher gemäss Art. 34 EMRK die Möglichkeit, vor dem ständigen Gerichtshof der Europäischen Menschenrechtskonvention, dem EGMR[1330], selbst als Kläger aufzutreten[1331], sofern der nationale Rechtsweg erschöpft ist[1332]. Auch nach dem IPbpR hat der Betroffene Gelegenheit zur Individualbeschwerde. Denn dem Pakt wurde ein Protokoll[1333] zugefügt, wonach die Teilnehmerstaaten sich verpflichten können, eine Individualbeschwerde zuzulassen. Hiernach kann sich ein betroffenes Individuum – nach Erschöpfung des nationalen Rechtsweges – an den Menschenrechtsausschuss der Vereinten Nationen mit einer Beschwerde wenden[1334].

[1325] Graf Vitzthum, in: Graf Vitzthum, Bothe u.a., Völkerrecht (2001), 1. Abschn. Rn. 13; teilw. wird eine Ausnahme gemacht, wenn der Vertrag sog. erga-omnes-Verpflichtungen enthält, vgl. Kokott, BDGVR 38 (1998), 71, 88.

[1326] Ziegenhahn (2002), S. 240f.

[1327] Jung, in: FS für Schüler-Springorum (1993), 493, 501.

[1328] Ziegenhahn (2002), S. 242.

[1329] Meyer-Ladewig, EMRK-Kommentar (2003), Art. 1 Rn. 11.

[1330] Vgl. Art. 19 EMRK.

[1331] Meyer-Ladewig, EMRK-Kommentar (2003), Art. 34 Rn. 2.

[1332] Meyer-Ladewig, EMRK-Kommentar (2003), Art. 35 Rn. 1; Doehring (1999), Rn. 998.

[1333] Vgl. das Fakultativprotokoll vom 19.12.1966 (BGBl 1992 II, S. 1247).

[1334] Graf Vitzthum, in: Bothe u.a., Völkerrecht (2001), 3. Abschn. Rn. 252; Doehring (1999), Rn. 995f.

Da die Menschenrechtsverträge demgemäss bereits *selbst* prozedurale Hebel für die Betroffenen zur Durchsetzung der in ihnen enthaltenen Rechte vorsehen, wird in der rechtswissenschaftlichen Literatur die Internationalisierung des ne-bis-in-idem-Grundsatzes auf dem Wege der Ausgestaltung als *vertragliche* menschenrechtliche Garantie gefordert, wodurch der Menschenrechtsstatus des einzelnen Bürgers entscheidend abgerundet würde[1335]. Im rechtswissenschaftlichen Schrifttum wird angedacht, die Internationalisierung mittels Zusatzprotokoll zur EMRK und/oder durch ein Fakultativprotokoll zum IPbpR zu realisieren[1336]. Ebenso wenig, wie diese Detailfrage (weiteres Protokoll zur EMRK oder zum IPbpR?) entschieden ist, wurde – soweit ersichtlich – die grundsätzliche Frage erörtert, ob die Verankerung des ne-bis-in-idem-Prinzips als vertragliches Menschenrecht juristisch überhaupt sinnvoll möglich erscheint. Beide Problempunkte sind deshalb Gegenstand der nachfolgenden Betrachtung.

Als ein (Teil)Ergebnis der voranstehenden Ausführungen wurde gefolgert, dass mit der Entwicklung von den Statuten der internationalen ad-hoc-Strafgerichtshöfe hin zum Rom-Statut des ICC möglicherweise ein erster Schritt in Richtung Herausbildung eines völkergewohnheitsrechtlichen (internationalen) ne-bis-in-idem-Grundsatzes gegangen ist. Dennoch wird im Schrifttum – wie soeben dargelegt – aufgrund der eigenständigen verfahrensrechtlichen Absicherung die Verankerung dieses Grundsatzes als *vertragliches* Menschenrecht gefordert. Eine solche Verortung eines transnationalen Doppelverfolgungs- und -bestrafungsverbots erscheint allerdings nur dann sachgerecht, wenn damit eine (absolute) Vorrangstellung dieses Verbots gegenüber anderen existierenden zwischenstaatlichen Verpflichtungen erreicht würde. Denn sofern über ein und dieselbe Tat einmal entschieden ist, wäre ein als vertragliches Menschenrecht verankerter ne-bis-in-idem-Grundsatz wirkungslos, wenn er bilateral oder multilateral existierenden Auslieferungsverpflichtungen nicht vorgehen würde[1337]. Es könnte dann – wie bereits aufgezeigt[1338] – in trilateralen oder multilateralen Staatenbeziehungen unter Einhaltung bestehender Auslieferungsverpflichtungen weiterhin zu Doppelverfolgungen und Doppelbestrafungen kommen.

[1335] Tansey, in: Anagnostopoulos, Internationalisierung des Strafrechts (2003), 115, 119; Thomas (2002), S. 121; Vogel, ZStW 110 (1998), 974, 975 (977); Jung, in: FS für Schüler-Springorum (1993), 493, 501.

[1336] Katz (2002) (pro EMRK u. IPbpR); Association internationale de droit pénal (AIDP), ZStW 112 (2000), 723, 735f. (pro EMRK u. IPbpR); Landau, in: FS für Söllner (2000), 627, 646 (pro EMRK); Schomburg, StV 1999, 246, 248 (pro EMRK u. IPbpR); ders., StV 1998, 153, 157 (pro EMRK u./o. IPbpR); Jung, in: FS für Schüler-Springorum (1993), 493, 501 (pro EMRK).

[1337] In diesem Sinne andeutungsweise auch das BVerfG, vgl. NJW 1987, 2155, 2161.

[1338] Vgl. C. II. 1. b. dieses Kapitels.

Zwar können völkerrechtliche Menschenrechte internationale Rechtshilfeverpflichtungen begrenzen, also – wie es Lagodny formuliert[1339] – als „Auslieferungs-Gegenrechte" fungieren. Dieses jedoch nur dann, wenn die entsprechenden Normen *zwingenden* Charakter haben, namentlich zum so genannten ius cogens gerechnet werden[1340]. Dementsprechend stellt Ziegenhahn[1341] fest, dass grundsätzlich nur ius cogens-Menschenrechten Vorrang eingeräumt wird vor bestehenden Verpflichtungen zur Auslieferung[1342]. Begründet wird dies damit, dass jeder Auslieferung ein Vertrag zugrunde liegt, der in völkerrechtlicher Vertragsfreiheit, letztere basierend auf der Staatsautonomie, zwischenstaatlich geschlossen wird. Diese Vertragsfreiheit könne nur durch *zwingendes* Völkerrecht beschränkt werden[1343]. Gemäss Art. 53 des Wiener VertrRÜbk zählt zum zwingenden Völkerrecht „eine Norm, die von der internationalen Staatengemeinschaft in ihrer Gesamtheit angenommen und anerkannt wird als eine Norm, von der nicht abgewichen werden darf [...]". Die Schwierigkeit besteht nun darin, zu bestimmen, welche Normen konkret zum zwingenden Völkerrecht gehören. Einigkeit besteht insoweit, dass zumindest die Menschenrechte teilweise zwingenden Charakter haben. Allerdings werden die zum ius cogens gehörenden Menschenrechte von denen unterschieden, über die insbesondere aufgrund eines Vertrages (beispielsweise eines Auslieferungsvertrages) disponiert werden darf, die also nicht zwingend sind[1344]. Als gesichert gilt in diesem Zusammenhang nur, dass jedenfalls die ganz „elementaren" bzw. „fundamentalen" Menschenrechte[1345] zum ius cogens zählen[1346].

Damit darf insoweit der Schluss gezogen werden, dass durch Völkervertragsrecht zumindest *regelmässig* keine zwingenden Normen erzeugt werden können[1347]. Insofern erscheint die Forderung des rechtswissenschaftlichen Schrifttums, einen internationalen ne-bis-in-idem-Grundsatz als vertragliches Menschenrecht verankern zu wollen, auf den ersten Blick als nicht einsichtig. Denn damit würde nicht *zwangsläu-*

1339 Vgl. Lagodny, Die Rechtsstellung des Auszuliefernden in der Bundesrepublik Deutschland (1987), S. 63.

1340 Ziegenhahn (2002), S. 304, 314; Kokott, in: BDGVR 38 (1998), 71, 76 (89); Vogler, ZStW 105 (1993), 3, 9; ders. (1970), S. 220.

1341 Ziegenhahn, Der Schutz der Menschenrechte bei der grenzüberschreitenden Zusammenarbeit in Strafsachen (2002).

1342 Ziegenhahn (2002), S. 395 (397).

1343 Vogler (1970), S. 215f.

1344 Ziegenhahn (2002), S. 396; Kokott, in: BDGVR 38 (1998), 71, 86.

1345 Kokott rechnet hierzu das Verbot der willkürlichen Tötung, Folter, Geiselnahme und die Hinrichtung ohne faires Verfahren, vgl. BDGVR 38 (1998), 71, 87.

1346 Ziegenhahn (2002), S. 395, (396); Kokott, in: BDGVR 38 (1998), 71, 88; Vogler, ZStW 105 (1993), 3, 9.

1347 So auch Doehring (1999), Rn. 283.

fig erreicht, was jedoch vorab für notwendig befunden wurde, dass ein auf diese Weise internationalisierter ne-bis-in-idem-Grundsatz absoluten Vorrang vor bestehenden Auslieferungsverpflichtungen geniessen würde.

Die Feststellung, dass durch völkerrechtliches Vertragsrecht regelmässig keine zwingenden Normen erzeugt werden können, gilt jedoch nicht, wie schon die Existenz der ius cogens-Menschenrechte zeigt, ausnahmslos. Denn, worauf Doehring[1348] hinweist, unter der Voraussetzung, dass die weit überwiegende Zahl aller Staaten gewillt ist, einer in einem völkerrechtlichen Vertrag verankerten Norm diesen hohen Rang zuzuweisen, kann dieser übereinstimmende Wille zur Erzeugung einer zwingenden Norm führen[1349]. Das Recht, international von doppelter Strafverfolgung und Bestrafung verschont zu bleiben, könnte demgemäss durch Beitritt nahezu aller Staaten zu den Vereinten Nationen und dann durch Verankerung im Menschenrechtspakt der Vereinten Nationen, dem Internationalen Pakt über bürgerliche und politische Rechte, diesen zwingenden Rang erhalten. Wobei allerdings exakt festzustellen wäre, ob die Vertragspartner dieser Norm bzw. diesem Recht einen solchen hohen Rang tatsächlich zuerkennen wollen[1350].

Damit darf als Zwischenergebnis festgehalten werden, dass die im rechtswissenschaftlichen Schrifttum (überwiegend) vertretene Auffassung, den ne-bis-in-idem-Grundsatz als vertragliche menschenrechtliche Garantie zu verankern, ein gangbarer Weg für die Internationalisierung desselben ist. Dieses jedenfalls dann, sofern die überwiegende Zahl aller Staaten den Willen zum Ausdruck bringt, einem internationalen Verbot der doppelten Strafverfolgung und Bestrafung einen derart zwingenden Charakter beizumessen, dass dieses Verbot – im Sinne einer ius cogens-Norm – existierende zwischenstaatliche Auslieferungsverpflichtungen derart verdrängt, dass aus der Einhaltung solcher Pflichten keine Doppelverfolgungen und/oder Bestrafungen mehr resultieren können. Da der Menschenrechtspakt der Vereinten Nationen (IPbpR) – im Gegensatz zur Europäischen Menschenrechtskonvention – schon von seiner Zweckbestimmung her kein regionales, sondern ein auf weltweite Geltung angelegtes Menschenrechtsinstrument darstellt[1351], erscheint die in der Literatur vorgeschlagene Verankerung des ne-bis-in-idem-Grundsatzes in einem weiteren Fakultativprotokoll zum IPbpR als die geeignete(re) Alternative, um das Doppelverfolgungs- und -bestrafungsverbot tatsächlich zu internationalisieren. Wird der Auffassung gefolgt, dass die EMRK (wie auch der IPbpR) erga-omnes-Verpflichtungen enthält, also solche, die nicht nur die Vertragsparteien untereinander binden, sondern

---

1348 Doehring, Völkerrecht (1999).
1349 Doehring (1999), Rn. 282.
1350 Vgl. Doehring (1999), Rn. 282.
1351 Lagodny (1987), S. 126.

auch Staaten, die an der Entstehung des Vertrages gar nicht beteiligt waren[1352], erscheint auch die im Schrifttum angedachte Verankerung in der EMRK als vertretbar. Wobei auch dann gleichsam zu fordern wäre, dass der zwingende (ius cogens-) Charakter des Doppelverfolgungs- und -bestrafungsverbots zum Ausdruck gebracht wird. Art. 34 des Wiener VertrRÜbk, der mit Rücksicht auf die Souveränität eines Drittstaates bestimmt, dass ein zwischen anderen Staaten geschlossener Vertrag für ihn „weder Pflichten noch Rechte“ begründet, entzieht nach anderer Ansicht der vorbenannten Auffassung allerdings den Boden[1353].

Ob die hier bevorzugte Normierung im IPbpR allerdings in (naher) Zukunft gelingen kann, ist äusserst fraglich, wenn bedacht wird, dass die in Art. 14 Abs. 7 IPbpR bereits enthaltene Normierung des ne-bis-in-idem-Grundsatzes – wie schon erwähnt[1354] – nach h.M. so ausgelegt wird, dass sich das Verbot der doppelten Strafverfolgung und Bestrafung (gerade) nicht auf vorangegangene Strafverfahren in einem anderen Staat erstreckt[1355]. Entgegen dem offenen Wortlaut dieser Vorschrift, der also auch den Einbezug ausländischer Entscheidungen zuliesse, sprachen sich sowohl der UN-Ausschuss für Menschenrechte[1356] als auch das deutsche Bundesverfassungsgericht[1357] gegen ein solches Verständnis dieser Vorschrift aus. Dennoch wird im rechtswissenschaftlichen Schrifttum konstatiert, dass Art. 14 Abs. 7 IPbpR „interpretationsoffen“ ist und in Zukunft auch dahingehend ausgelegt werden könnte, dass der ne-bis-in-idem-Grundsatz im zwischenstaatlichen Bereich eine universelle Geltung beanspruchen kann[1358].

Von den Vertretern, die die Integration des ne-bis-in-idem-Gedankens in die vertraglich verbrieften Menschenrechte favorisieren[1359], wird nicht übersehen, dass es zu-

---

[1352] Ziegenhahn (2002), S. 383; Kokott, in: BDGVR 38 (1998), 71, 88.

[1353] Graf Vitzthum, in: Bothe u.a., Völkerrecht (2001), 1. Abschn. Rn. 13, 120.

[1354] Vgl. D. I. im 2. Kapitel dieser Arbeit.

[1355] Thomas (2002), S. 102.

[1356] „[...] article 14(7) [...] does not guarantee ne bis in idem with regard to the national jurisdictions of two or more States.“; vgl. die Nachweise bei Thomas (2002), S. 101, dort Anm. 370 und Mayer (1992), S. 45. dort Anm. 103.

[1357] BVerfG NJW 1987, 2155, 2158. Das BVerfG zieht den Schluss, dass Art. 14 Abs. 7 IPbpR nicht „nach seinem Wortlaut die Geltung des Grundsatzes ne bis in idem [...] auf vorangegangene Strafverfahren in einem anderen Staat erstreckt.“

[1358] Mayer (1992), S. 45f.

[1359] Vgl. bspw. Landau, in: FS für Söllner (2000), 627, 646; Association de droit pénal (AIDP), ZStW 112 (2000), 723, 735f.; Schomburg, StV 1999, 246, 248; ders., StV 1998, 153, 157; Vogel, ZStW 110 (1998), 974, 975 (977) unter Hinweis auf Wolfgang Schomburg und Otto Lagodny; Jung, in: FS für Schüler-Springorum (1993), 493, 501.

dem der Normierung eines Missbrauchsvorbehalts bedarf[1360], um sog. Alibiverurteilungen[1361] zu verhindern. Denn es muss jedem Staat verwehrt sein, eine Person zu schützen, indem ein ernsthaftes Verfahren nur vorgetäuscht wird oder die fragliche Person unverhältnismässig milde bestraft oder gar freigesprochen wird, obwohl die Sach- oder Rechtslage deutlich auf eine andere Entscheidung hindeutet[1362]. Thomas[1363] schlägt vor, dass zur Wahrung international anerkannter Rechts- und Verfahrensprinzipien Prozessbeobachtungsmöglichkeiten für die Staaten geschaffen werden sollten, die ein berechtigtes Interesse[1364] an der Strafverfolgung des Täters haben, und dass im Streitfall über deren Einhaltung dem Internationalen Strafgerichtshof (ICC) eine Entscheidungskompetenz obliegen könnte[1365].

V) Ergebnisse und Konsequenzen

Ausgangspunkt der Überlegungen in diesem Abschnitt war die Feststellung, dass Art. 54 SDÜ seinem Geltungsbereich nach zwar derzeit die weitest reichende Normierung des ne-bis-in-idem-Grundsatzes ist, trotz seiner territorialen Weite aber selbst innerhalb von Europa Doppelverfolgungen und Doppelbestrafungen nicht sicher auszuschliessen vermag. Unter Bezugnahme auf eine Entscheidung des OLG Karlsruhe wurde deshalb angedacht, die „europaweiten Lücken" im Anwendungsbereich von Art. 54 SDÜ *faktisch* über die Geltendmachung von Auslieferungshindernissen zu schliessen. Dabei ist deutlich geworden, dass auch nach der Neuregelung des Auslieferungsrechts durch den Rahmenbeschluss zum Europäischen Haftbefehl weiterhin auf Art. 9 EuAlÜbk abgestellt werden muss, weil die Bestimmungen zum Europäischen Haftbefehl in den problematischen Staatenbeziehungen, in denen Art. 54 SDÜ gerade nicht gilt, ebenfalls nicht zur Anwendung gelangen. Die Entscheidung des OLG Karlsruhe hat sichtbar werden lassen, dass das in Gestalt eines Auslieferungshindernisses in Art. 9 EuAlÜbk normierte ne-bis-in-idem-Prinzip zwar (zwingend oder fakultativ) in *bilateralen* Staatenverhältnissen faktisch eine mehrfache Strafverfolgung und Bestrafung zu verhindern in der Lage ist, jedoch wurde ebenso deutlich, dass in trilateralen (von Art. 54 SDÜ nicht erfassten) Staatenbeziehungen auch auf dem (Um)Weg der Geltendmachung von Auslieferungshindernissen

---

1360 Vgl. Norouzi/Vogel, JuS 2003, 1059, 1062; Thomas (2002), S. 331; Schroeder, JuS 1997, 227, 230.

1361 Schomburg, StV 1998, 153, 157.

1362 Thomas (2002), S. 331.

1363 Thomas, Das Recht auf Einmaligkeit der Strafverfolgung (2002).

1364 Aufgrund einschlägiger Anknüpfungsprinzipien, vgl. diesbezüglich B. I., II. im 1. Kapitel dieser Arbeit.

1365 Thomas (2002), S. 336, 338, 340.

eine doppelte Strafverfolgung und Bestrafung nicht verhindert werden kann. Dieses deshalb nicht, weil gemäss Art. 9 EuAlÜbk keine Drittstaatenerkenntnisse zur Begründung eines Auslieferungshindernisses herangezogen werden können, so dass in trilateralen oder gar multilateralen Staatenbeziehungen eine wiederholte Strafverfolgung auch nicht rein tatsächlich über das Auslieferungsrecht zu verhindern ist. Abgesehen davon wurde erkannt, dass (natürlich) auch der Geltungsbereich von Art. 9 EuAlÜbk begrenzt ist und eine wirkliche Internationalisierung des ne-bis-in-idem-Prinzips deshalb auch unter ergänzender Heranziehung dieser Vorschrift nicht erreicht werden könnte.

Um die Lücken im Geltungsbereich von Art. 54 SDÜ zu schliessen, wurde der im rechtswissenschaftlichen Schrifttum geäusserte Gedanke, Art. 54 SDÜ analog auf Nicht-Vertragsstaaten anzuwenden, aufgegriffen. Bei näherer Betrachtung dieser Erwägung wurde festgestellt, dass ein international-zwischenstaatliches Verbot mehrfacher Strafverfolgung und Bestrafung weder auf gesetzlicher und vertraglicher noch auf gewohnheitsrechtlicher Grundlage besteht. Auch als Allgemeiner Rechtsgrundsatz konnte ein solches universelles Verbot nicht ermittelt werden. Die für eine analoge Anwendung notwendige Rechtslücke wurde deshalb als bestehend festgestellt. Bei Betrachtung des Erfordernisses der Planwidrigkeit dieser Rechtslücke wurde jedoch offenbar, dass – aufgrund des Sonderrechtscharakters von Art. 54 SDÜ – die Nichtanwendung dieser Norm auf nicht vom Anwendungsbereich dieser Vorschrift erfasste Staatenbeziehungen nicht *un*beabsichtigt erfolgt. Gegenteiliges anzunehmen hiesse, sich ausserhalb einer zulässigen Analogiebildung zu bewegen, da eine unzulässige Drittwirkung dieser Vorschrift für die vom (gewollten) Anwendungsbereich nicht erfassten Staaten erzeugt würde. Der Gedanke einer analogen Anwendung auf Nichtvertragsstaaten wurde deshalb verworfen.

Die in die Betrachtung einbezogene Analyse des Völkergewohnheitsrechts hat jedoch sichtbar werden lassen, dass die Strafrechtsentwicklung am Anfang eines möglicherweise entstehenden völkergewohnheitsrechtlichen – und damit internationalen – ne-bis-in-idem-Grundsatzes stehen könnte. Denn die Entwicklung des ne-bis-in-idem-Prinzips von den Statuten der internationalen ad-hoc-Strafgerichtshöfe (ICTY und ICTR) hin zum Rom-Statut des ständigen Internationalen Strafgerichtshofs (ICC) veranschaulicht, dass die Staatengemeinschaft offenbar bereit ist, sich auf eine territoriale Ausdehnung dieses Grundsatzes zu einigen.

Festgestellt wurde aber, dass selbst wenn mit dieser Entwicklung ein erster Schritt in Richtung Herausbildung eines völkergewohnheitsrechtlichen (internationalen) ne-bis-in-idem-Grundsatzes gegangen sein sollte, im rechtswissenschaftlichen Schrifttum die Verankerung dieses Grundsatzes als *vertragliches* Menschenrecht gefordert wird. Dieses deshalb, weil die vertraglichen Menschenrechte der universalen und regionalen Menschenrechtsinstrumente (IPbpR u. EMRK) – im Gegensatz zum Völkergewohnheitsrecht – über eigene verfahrensrechtliche Durchsetzungsmechanismen verfügen. Es wurde darauf hingewiesen, dass diese Forderung jedoch nur dann plausibel erscheint, wenn ein so verorteter ne-bis-in-idem-Grundsatz eine (absolute) Vorrangstellung gegenüber existierenden bilateralen oder multilateralen Auslieferungsverpflichtungen erlangt, da andernfalls nicht gewährleistet ist, dass aus der Einhaltung dieser Verpflichtungen keine Doppelverfolgungen und -bestrafungen resultieren. Aufgezeigt wurde, dass in der Literatur insoweit Konsens besteht, dass nur die ganz „elementaren" bzw. „fundamentalen" Menschenrechte zum ius cogens gehören und daher zwischenstaatliche Verpflichtungen zur Auslieferung zwingend verdrängen können. Insofern wurde gefolgert, dass durch Völkervertragsrecht regelmässig keine zwingenden Normen erzeugt werden können. Es sei denn, die weit überwiegende Zahl aller Staaten ist gewillt, einer in einem völkerrechtlichen Vertrag verankerten Norm diesen hohen Rang zuzuweisen. Deshalb erscheint der in der Literatur angedachte Weg, das Verbot doppelter Strafverfolgung und Bestrafung als vertragliche menschenrechtliche Garantie zu internationalisieren (nur) dann als gangbar, wenn die überwiegende Zahl aller Staaten mittels Unterzeichnung eines weiteren Fakultativprotokolls zum IPbpR zum Ausdruck bringt, dass sie gewillt ist, diesem Verbot einen derart zwingenden Rang zuzuerkennen, dass es existierende zwischenstaatliche Auslieferungsverpflichtungen derart verdrängt, dass aus ihrer Beachtung keine Doppelverfolgungen und/oder -bestrafungen mehr folgen können. Ohnedies könnte schon jetzt der Wortlaut von Art. 14 Abs. 7 IPbpR als derart „interpretationsoffen" angesehen werden, dass er (in Zukunft) eine Auslegung zulässt, die dem ne-bis-in-idem-Grundsatz universelle Geltung zubilligt. Mit Rücksicht auf die im rechtswissenschaftlichen Schrifttum geäusserten Bedenken wurde insbesondere die Notwendigkeit betont, ein solches internationalisiertes Doppelverfolgungs- und -bestrafungsverbot mit einem Missbrauchsvorbehalt zu versehen.

In der Konsequenz bedeutet dies, wie im Schrifttum auch angedacht, dass das Gebot, von doppelter Strafverfolgung und Bestrafung verschont zu bleiben, als vertragliche menschenrechtliche Garantie eine universelle Geltung erlangen kann. In Bezug auf die zu Beginn dieser Arbeit herausgearbeitete Aufgaben- und Fragestellung wird damit ein Beitrag zu der auf der sog. Primärebene angesiedelten Problematik geleistet. Denn ein internationalisierter ne-bis-in-idem-Grundsatz kann (zumindest) bewirken, dass ab dem Vorliegen eines justiziellen Erkenntnisses über ein und dieselbe Tat eine weitere (wiederholte) und damit iterative Strafverfolgung und Bestrafung ein und desselben Täters international ausgeschlossen wird. Zur Erinnerung: Unter dem Gesichtspunkt der Entwicklung der Aufgaben- und Fragestellung (1. Kapitel) wurde deutlich, dass die strafanspruchbegründenden Anknüpfungsprinzipien des sog. Internationalen Strafrechts jeweils für sich, aber auch in ihrem Zusammenwirken, das Risiko normieren, transnational von (mindestens) doppelter Strafverfolgung und Bestrafung betroffen zu werden. Unter Beachtung des Wortsinns des Begriffs „Doppelung“ wurde dieses Risiko auf zwei Problem- bzw. Gefahrenkreise konkretisiert. Da der Wortsinn des Adjektivs „doppelt“ zum einen „zweifach“ und „noch einmal“ und zum anderen „paarweise“ und „gepaart“ bedeutet, wurde gefolgert, dass eine duplizierte Strafverfolgung für den Betroffenen erstens bedeuten kann, wiederholt – d.h. iterativ – einem Strafverfahren ausgesetzt zu sein und zweitens, dass er paarweise – also parallel bzw. simultan – verfolgt wird. Das Gefahrenpotenzial von doppelter Strafverfolgung und Bestrafung ist demnach vordergründig und leicht einsichtig vom Risiko einer iterativen Strafverfolgung und Bestrafung gekennzeichnet (Primärebene). Dieser Gefahr, wiederholt einer Strafverfolgung (und ggf. Bestrafung) ausgesetzt zu sein, vermag im zwischenstaatlichen Kontext ein als vertragliches Menschenrecht internationalisiertes Doppelverfolgungs- und -bestrafungsverbot zu begegnen. Damit würde der im ersten Kapitel als dritte Arbeits-These aufgestellten Forderung nach einer Internationalisierung des ne-bis-in-idem-Gedankens[1366] entsprochen.

Als weniger offensichtlich wurde die Gefahr gewertet, dass es nicht bloss *nach* abgeschlossener Strafverfolgung zu einem erneuten – also iterativ geführten – Strafverfahren (ggf. mit erneuter Bestrafung) kommt, sondern dass aufgrund von vornherein zwischenstaatlich widerstreitenden Straf-Kompetenzen die Strafverfolgung durch *simultane* Strafverfahren betrieben wird (Sekundärebene). Diese, auf einer Sekundärebene des Problembereichs doppelte Strafverfolgung zu lokalisierende Problematik hat hier bislang keine Beachtung gefunden. Geklärt wurde insbesondere nicht, ob und wenn ja, unter welchen Voraussetzungen ein – wenn auch internationalisiertes – ne-bis-in-idem-Prinzip zu dieser Problematik einen Beitrag leisten kann. Dies ist deshalb im Folgenden Gegenstand der Betrachtung.

[1366] Vgl. D. im 1. Kapitel dieser Arbeit.

D. Zur *Fortentwicklung* eines (internationalen) ne-bis-in-idem-Grundsatzes zu einem Grundsatz mit (über)individuell-konkreter Kriterien-Gewichtung

I. Introduktion:

In diesem – dritten – Kapitel dieser Arbeit wurde die Notwendigkeit einer Europäisierung des Verbots doppelter Strafverfolgung und Bestrafung betont und ein mögliches Verständnis des Rechtsbegriffes >rechtkräftige Aburteilung< der derzeit territorial weitest reichenden ne-bis-in-idem-Vorschrift, Art. 54 SDÜ, ermittelt. Im Anschluss wurde festgestellt, dass unter Anwendung dieser Vorschrift selbst „europaweit" keine befriedigende Umsetzung des Gebots der Einmaligkeit der Strafverfolgung und Bestrafung erreicht werden kann, wenn wichtige Anrainerstaaten vom Geltungsbereich des Art. 54 SDÜ ausgeschlossen sind. Da aufgezeigt werden konnte, dass schon die „europaweiten Lücken" im Geltungsbereich dieser Vorschrift nicht unter ergänzender Anwendung von Auslieferungshindernissen gemäss dem EuAlÜbk faktisch sicher geschlossen werden können, wurde infolge dessen das Erfordernis einer Internationalisierung des ne-bis-in-idem-Grundsatzes hervorgehoben. Aufgrund des Sonderrechtscharakters von Art. 54 SDÜ wurde der Gedanke von dessen analoger Anwendung auf Nicht-Vertragsstaaten verworfen und seine Verankerung als vertragliche menschenrechtliche Garantie als ein möglicher Weg zu dessen Internationalisierung herausgestellt.

Selbst ein internationalisierter ne-bis-in-idem-Grundsatz kann jedoch bloss diese *primäre* Problematik einer zwischenstaatlich *iterativ* geführten Strafverfolgung und Bestrafung angehen. Es wäre zu kurz gedacht, anzunehmen, dass mit einem universellen ne-bis-in-idem-Prinzip das Problem doppelter Straf*verfolgungen* zufrieden stellend gelöst wäre. Denn nach allgemeinem Verständnis des ne-bis-in-idem-Grundsatzes – so wie er zu Beginn dieser Arbeit erläutert wurde[1367] – wird der Strafklagenverbrauch erst *ab* dem Vorliegen eines justiziellen Erkenntnisses über ein und dieselbe Tat wirksam. Eine iterative (wiederholte) Strafverfolgung und Bestrafung ist (erst) dann ausgeschlossen. *Bis* zu diesem Zeitpunkt lassen sich über die Anwendung eines – wenn auch internationalisierten – ne-bis-in-idem-Grundsatzes aber keine *parallel* (bzw. *simultan*) und damit doppelt geführten Strafverfahren vermeiden[1368]. Dieses deshalb nicht, weil das Gebot, von doppelter Strafverfolgung und Bestrafung transnational verschont zu werden, nicht „greift", solange noch keine Erstentscheidung in ein und derselben Sache bzgl. ein und desselben Täters getroffen worden ist.

[1367] Vgl. B. im 2. Kapitel dieser Arbeit.

[1368] So auch Esser (2002), S. 11; Lagodny, in: FS für Trechsel (2002), S. 253, 260; ders, BMJ 2001, S. 59.

Solange dies nicht der Fall ist, ist kein Staat daran gehindert, auch nicht durch ein universelles ne-bis-in-idem-Prinzip, seinen Strafanspruch gleichzeitig (parallel bzw. simultan) zu einem anderen Staat geltend zu machen.

In einem nächsten Schritt wird deshalb der Frage nachgegangen, wie das Verbot doppelter Strafverfolgung und Bestrafung fortentwickelt werden kann, damit nicht nur eine iterative Strafverfolgung und Bestrafung wirksam ausgeschlossen wird, sondern auch eine simultane bzw. parallele. Dieses Vorgehen entspricht dem Arbeitsschritt Nr. 4, der im ersten Kapitel dieser Arbeit aus der dort formulierten vierten Arbeitsthese abgeleitet wurde[1369].

II. Fortentwicklungsnotwendigkeit: Strafverfolgungs-Wettstreit und indirekte Rechts-Wahl als mögliche Folgen simultaner Strafverfahren

Die soeben angedeutete Problematik, dass die auf den Anknüpfungsprinzipien des sog. Internationalen Strafrechts beruhenden Kompetenzen zur Strafverfolgung zweier Staaten von vornherein miteinander konkurrieren und damit für den Betroffenen die Gefahr auslösen, von Beginn an doppelt strafrechtlich verfolgt zu werden, wird auch zu den positiven Strafgewaltkonflikten gerechnet[1370]. Da auch ein umfassendes ne-bis-in-idem-Prinzip, im formell[1371] und materiell[1372] ganz weit verstandenen Sinn, eine doppelte Strafverfolgung erst ausschliessen kann, wenn eine Erstentscheidung ergangen ist, ist bis dahin eine Konkurrenz simultan bzw. parallel geführter Strafverfahren nicht ausgeschlossen[1373].

Insbesondere Lagodny[1374] und Vander Beken sowie Vermeulen[1375] weisen in diesem Zusammenhang auf die Gefahr hin, dass diese Konkurrenzsituation nicht an sinnvollen Sachkriterien orientiert, sondern entweder durch einen „Wettstreit" konkurrierender Strafansprüche oder durch ein sog. „Forum Shopping" aufgelöst wird[1376].

[1369] Vgl. D. im 1. Kapitel dieser Arbeit.

[1370] Lagodny, BMJ 2001, S. 59; Linke, in: FS für Grützner (1970), S. 85.

[1371] Weltweiter Geltungsbereich, vgl. C. IV. in diesem Kapitel.

[1372] Extensive Auslegung des Begriffs Aburteilung, vgl. B. II. 2. b. und c. in diesem Kapitel.

[1373] Lagodny, in: FS für Trechsel (2002), 253, 260; ders., BMJ 2001, S. 59; Vander Beken/Vermeulen/Lagodny, NStZ 2002, 624; Diskussionspapier des Referates B/3 „Justizielle Zusammenarbeit in Strafsachen" der Europäischen Kommission vom 14.12.2001, S. 6f.

[1374] Lagodny, in: FS für Trechsel (2002), 253ff.

[1375] Vander Beken/Vermeulen/Lagodny, NStZ 2002, 624.

[1376] Lagodny, in: FS für Trechsel (2002), 253, 261. Auch als "Gerichtsstand-Shopping" bezeichnet, vgl. Nelles, ZStW 109 (1997), 727, 738, dort Anm. 59.

Denn zu befürchten ist, dass die konkurrierenden Strafansprüche in einen Wettlauf um die Aufnahme der Strafverfolgung treten. In der Konsequenz bedeutet dies, dass die Frage, welcher strafberechtigte Staat die Strafverfolgung wahrnimmt, allein nach dem Kriterium der zeitlichen Priorität entschieden wird. Dem Zufall werden damit Tür und Tor geöffnet, nach dem Motto, „wer zuerst kommt, mahlt zuerst"[1377].

Ferner ist zu befürchten, dass die Situation des parallelen Aufeinandertreffens konkurrierender Strafansprüche durch eine (indirekte) Rechts-Wahl bzw. eine (indirekte) Auswahl des Gerichtsstandes – sog. „Forum Shopping" – seitens der Strafverfolgungsbehörden aufgelöst wird. Diese Auswahl wird günstigstenfalls danach entschieden, welcher Staat die besseren Beweismittel hat oder danach, wo zufällig der Ergreifungsort liegt. Schlimmstenfalls ist jedoch vorstellbar, dass auf der Ebene von Europol zwischenstaatliche Absprachen über die Auswahl des Ergreifungsortes stattfinden[1378]. Das Europäische Polizeiamt Europol dient dem gezielten Informationsaustausch und der polizeilichen Koordination in bestimmten Kernbereichen der Bekämpfung organisierter Kriminalität. Dieser transnationale Informationsaustausch birgt die Gefahr zweckwidriger Absprachen zwischen Polizeibehörden. Beispielsweise darüber, mit der Festnahme des Täters solange zu warten, bis sich dieser im Staat mit der höchsten Strafdrohung oder einer den Einzelnen am geringsten schützenden Strafprozessordnung aufhält[1379]. Solange die für eine Straftat in Betracht kommenden Strafgewalten nicht koordiniert sind, besteht aber auch für den von der Strafverfolgung Betroffenen die Möglichkeit, sich – zunächst – den aus seiner Sicht günstigsten Staat für seine Strafverfolgung auszusuchen, indem er sich dort den Strafverfolgungsbehörden stellt[1380]. Den Folgen dieses „Forum Shoppings" kann zwar im Wege der Rechtshilfe begegnet werden, indem beispielsweise der an der Strafverfolgung primär interessierte Tatortstaat den Ergreifungsstaat um Auslieferung ersucht[1381], doch ist damit ein Forum Shopping nicht sicher auszuschliessen, da ein Auslieferungsersuchen im betroffenen Staatenverhältnis überhaupt rechtlich möglich sein muss, dieses tatsächlich gestellt und ihm auch entsprochen werden muss.

Die Möglichkeit, die Konkurrenzsituation von parallel aufeinander treffenden Strafbefugnissen faktisch durch einen Wettstreit um die Strafverfolgung oder ein Forum

---

1377 Vander Beken/Vermeulen/Lagodny, NStZ 2002, 624; Lagodny, in: FS für Trechsel (2002), 253, 261; ders., BMJ 2001, S. 59f.

1378 Biehler u.a., Freiburg Proposal (2003), S. 12; Vander Beken/Vermeulen/Lagodny, NStZ 2002, 624f.; Lagodny, in: FS für Trechsel (2002), 253, 261; ders., BMJ 2001, S. 59f.

1379 Lagodny, BMJ 2001, S. 60, 67f.

1380 Lagodny, BMJ 2001, S. 65.

1381 Lagodny, BMJ 2001, S. 66.

Shopping aufzulösen, überzeugt nicht. Jedenfalls dann nicht, wenn rechtliche Konzepte zur Konfliktlösung zur Verfügung stehen (könnten). Wie erwähnt, kann das ne-bis-in-idem-Prinzip, seinem allgemeinen Verständnis nach, keinen solchen Beitrag zur Lösung liefern, da es – bedingt durch das Erfordernis des Vorliegens einer Erstentscheidung – zwar eine iterative Strafverfolgung und Bestrafung, nicht aber Simultanverfahren verhindern kann. Kurz gesagt bedarf es eines Instruments, das *parallele* Verfahren auszuschliessen in der Lage ist[1382].

III. Bisherige Konzepte zur Bewältigung von Straf-Kompetenz-Konflikten

Die in die bisherige rechtswissenschaftliche Diskussion stets einbezogenen Lösungsmöglichkeiten zur Bewältigung positiver Straf-Kompetenz-Konflikte[1383] können hier als von einer steten „Vorverlagerung des Lösungsansatzes" gekennzeichnet beschrieben werden. Denn zum einen wird eine Lösung (erst) auf der Ebene des Vollzugs der Strafe gesucht (1.), zum anderen (bereits) auf der Ebene des Abschlusses des Strafverfahrens (2.) und des Weiteren (schon) auf der Ebene der Aufnahme der Strafverfolgung (3.).

1. Konfliktlösung im Wege der Vollstreckungshilfe

Der vorbenannte Ansatz, positive Strafgewaltkonflikte (erst) auf der Ebene der Strafvollstreckung zu lösen, basiert auf den einschlägigen Abkommen über die Vollstreckungshilfe in Strafsachen[1384]. Diesen liegt der Gedanke zugrunde, dass ein Täter zwar vom Gericht eines fremden Staates (im Regelfall dem des Tatortstaates) verurteilt wird, dass der Vollzug der verhängten Strafe dann aber einem anderen Staat (im Regelfall dem Heimatstaat) überlassen wird. Letzteres deshalb, um den Strafvollzug im Tatortstaat von kulturell und (fremd)sprachlich bedingten Problem zu entlasten und um den Verurteilten unter dem Gesichtspunkt der Spezialprävention die Resozialisierung innerhalb der Gesellschaft seines Heimatstaates zu ermöglichen[1385].

Die häufigste Entstehungsursache für das simultane Zusammentreffen von Strafverfahren ist die Konkurrenz zwischen der Gerichtsbarkeit des Tatortstaates einerseits

---

[1382] Mit dieser Forderung als „Ausblick" auch Dorr (2001), S. 254. Ebenso schon Giese, in: Grabenwarter/Thienel, Kontinuität und Wandel der EMRK (1998), 97, 114.

[1383] Vgl. die Darstellung bei Hein (2002), S. 125ff. und Linke, in: FS für Grützner (1970), 85ff.

[1384] Vgl. ÜberstÜbk des Europarates vom 21.03.1983; VollstrÜbk der EU vom 13.11.1991; Art. 67ff. SDÜ. Alle abgedruckt in Schomburg/Lagodny, IRSt (1998), S. 597ff., 832ff., 977f.

[1385] Hackner/Lagodny/Schomburg/Wolf (2003), Rn. 133; Schomburg/Lagodny, IRSt (1998), Vorbem. zu § 48 IRG, Rn. 4a; dies., IRSt (1998), Kurzübersicht zum ÜberstÜbk, Rn. 3.

und der des Täter-Heimatstaates andererseits[1386]. Dieses Konkurrenzverhältnis zwischen parallel bestehenden Strafansprüchen kann im Wege der Vollstreckungshilfe nur einer hier als „Befriedigungslösung“ zu bezeichnenden Lösung zugeführt werden. Denn Tatortstaat und Täter-Heimatstaat können übereinkommen, dass der Strafanspruch des Tatortstaates[1387] – wenigstens in einem gewissen Masse – mittels Durchführung des Straf*verfahrens* befriedigt wird und der des Täter-Heimatstaates[1388], indem ihm im Wege der Vollstreckungshilfe die *Vollstreckung* der verhängten Sanktion übertragen wird. Die Schwäche dieses Ansatzes ist, dass das Auftreten parallel konkurrierender Strafansprüche tatsächlich nicht vermieden wird, vielmehr kann lediglich versucht werden, die konkurrierenden Strafbefugnisse der Reihe nach jeweils teilweise zu befriedigen, zum einen mittels Durchführung des Strafverfahrens und zum anderen durch die Strafvollstreckung. Abgesehen davon, dass dieser Gedanke ohnehin auf einer nicht erzwingbaren, rein fakultativen Mitwirkung der in das Konkurrenzverhältnis eingebundenen Staaten beruht, darf bezweifelt werden, dass eine solche (schwerfällige und langwierige) Konsensbildung in komplexen (nicht bloss zweiseitigen) Konkurrenzsituationen ohne weiteres herzustellen ist[1389].

2. Konfliktlösung im Wege der Strafanrechnung

Der zweite vorerwähnte Ansatz zur Bewältigung positiver Strafgewaltkonflikte beruht auf der Selbstverpflichtung eines Staates, die bereits in einem anderen Staat in derselben Sache und in Bezug auf denselben Täter ausgesprochene Strafe bei eigener Verurteilung auf die verhängte Sanktion anzurechnen. Dieses, den meisten Rechtsordnungen bekannte Instrument[1390], ermöglicht damit zwar, dass (bereits) auf der Ebene abgeschlossener Strafverfahren die *Folgen* einer doppelt geführten Strafverfolgung gemildert werden. Das Einleiten oder Führen paralleler bzw. simultaner Strafverfahren in ein und derselben Sache hinsichtlich ein und desselben Täters kann dieser Ansatz jedoch nicht verhindern, da im Wege der Sanktionsanrechnung lediglich erreicht wird, dass letztlich nur eine einzige tatangemessene Strafe vollzogen wird[1391].

[1386] Linke, in: FS für Grützner (1970), S. 85.

[1387] Vgl. diesbezüglich das Territorialitätsprinzip, siehe S. 14f.

[1388] Vgl. diesbezüglich das aktive Personalitätsprinzip, siehe S. 16f.

[1389] Ebenso kritisch, Hein (2002), S. 159f.

[1390] Oehler (1983), Rn. 956.

[1391] Hein (2002), S. 147; Lagodny, BMJ 2001, S. 103; Linke, in: FS für Grützner (1970), 85, 87.

3. Konfliktlösung im Wege der Vorrangigkeit bestimmter Anknüpfungsprinzipien

Der dritte – vorab benannte – Ansatz zur Auflösung der Konkurrenzsituation zwischen parallel bestehenden Strafansprüchen mehrerer Staaten setzt konsequenterweise (schon) bei der Aufnahme der Strafverfolgung an. Die kollidierenden Strafansprüche von zwei oder mehreren Staaten werden diesem Ansatz zufolge von vornherein in eine hierarchische Rangfolge gebracht. Dies kann geschehen, indem bestimmten strafanspruchbegründenden Anknüpfungsprinzipien jeweils ein Anwendungsvorrang vor anderen Anknüpfungsgrundsätzen eingeräumt wird. Die Strafverfolgungskompetenz obliegt danach einem zunächst *ausschliesslich* zuständigen Staat. Die „nachgeordneten" Strafansprüche anderer Staaten dürfen durch diese nur dann in einer bestimmten Reihenfolge wahrgenommen werden, wenn der jeweils vorrangig zuständige Staat seine eigene Verfolgungskompetenz nicht ausüben konnte oder wollte[1392]. Um die staatliche Souveränität möglichst wenig zu tangieren, ist der Leitgedanke dieser Konzeption, die Strafverfolgungskompetenz primär dem Staat zu gewähren, dessen Zuständigkeit sich auf das Territorialitätsprinzip[1393] stützt[1394]. Vorrangig soll also ausschliesslich der Staat die Strafverfolgung wahrnehmen, auf dessen Territorium die Straftat begangen worden ist. Die praktische Umsetzung könnte mittels eines völkerrechtlichen Vertrages geschehen, in dem sich die Vertragsstaaten verpflichten, dem Gebietsgrundsatz absolute Priorität einzuräumen und auf die Ausübung eines eigenen Strafanspruchs zu verzichten, sobald auf der Basis des Territorialitätsgrundsatzes ein Strafverfahren eingeleitet worden ist[1395].

In welcher Reihenfolge andere verfolgungsberechtigte Staaten berechtigt wären ihre Strafkompetenz auszuüben, wenn auf der Grundlage des Gebietsgrundsatzes kein Strafverfahren geführt wurde, braucht an dieser Stelle nicht erörtert zu werden. Denn das Konzept vom Anwendungsvorrang des Territorialitätsgrundsatzes ist schon im Ansatz nicht geeignet, um Simultanverfahren zu verhindern. Dieses deshalb nicht, weil aufgrund der im ersten Kapitel bereits dargelegten Weite des strafrechtlichen Tatortbegriffes bei grenzüberschreitender Kriminalität selten nur ein Staat als Tatort zu identifizieren ist. Vielmehr sind alle Staaten Tatorte und wären damit primär und parallel zur Strafverfolgung berechtigt, wo eine (Teil)Handlung durchgeführt wurde oder hätte durchgeführt werden müssen (Unterlassungsdelikte), und ebenso alle diejenigen Staaten, in denen ein deliktischer (Teil)Erfolg eingetreten ist oder hätte eintreten sollen (Versuchsdelikt)[1396]. Wenn also auf dieser Ebene mehrere Staaten zur

---

1392 Hein (2002), S. 132f.; Lagodny, BMJ 2001, S. 43 u. 46; Linke, in: FS für Grützner (1970), 85, 88.
1393 Vgl. schon S. 14f.
1394 Hein (2002), S. 136f.; Thomas (2002), S. 166; Lagodny, BMJ 2001, S. 46.
1395 Hein (2002), S. 138.
1396 Vgl. S. 15f.

Strafverfolgung berechtigt wären, müsste subsidiär (wenigstens) auf ein weiteres Kriterium, beispielsweise den Ergreifungsort, abgestellt werden[1397]. Das Konzept vom Anwendungsvorrang des Territorialitätsgrundsatzes wäre damit schon in Frage gestellt. Hinzu kommt, dass das Konzept vom Anwendungsvorrang des Gebietsgrundsatzes nicht einmal in der Lage ist, eine *iterative* Strafverfolgung sicher zu verhindern. Denn wenn aufgrund eines anderen – an sich nachrangigen – Anknüpfungsprinzips eine Strafverfolgung stattgefunden hat, müsste eine erneute/wiederholte (iterative) – und damit doppelte – Strafverfolgung auf Basis des Territorialitätsgrundsatzes zudem zulässig sein, da dieser ja absoluten Anwendungsvorrang geniessen würde. Nur eine Folgenbegrenzung wäre dann noch möglich, indem unter ergänzender Nutzbarmachung der Anrechnungslösung die im ersten Verfahren verhängte Sanktion auf die im zweiten Strafverfahren erkannte Strafe angerechnet wird[1398].

Neben diesen rechtlichen Erwägungen sprechen aber auch rein praktische Gründe gegen eine absolute Vorrangstellung des Territorialitätsgrundsatzes. Denn sofern sich zwischen Opfer und Täter derselben Nationalität im Ausland eine Straftat ereignet hat (beispielsweise ein Diebstahl unter zwei deutschen Touristen in der Schweiz), würde über dieses Delikt vorrangig im Ausland (Tatortstaat) verhandelt, obwohl der im Zusammenhang stehende zivilrechtliche Anspruch im Inland verfolgt werden könnte. Dies wäre mit einem zusätzlichen Zeit- und Kostenaufwand verbunden. Aber auch das Resozialisierungsinteresse des Täters und die Aufrechterhaltung eines geordneten Strafvollzuges sprechen – wie bereits erwähnt[1399] – nicht für einen Gerichtsstand im Ausland[1400]. Ebenso wenig das Genugtuungsinteresse des Opfers, denn mangels Kenntnis des fremden Rechtssystems, sprachlicher Hürden und der grösseren Schwierigkeit, sachkundigen Rechtsbeistand zu finden, dürfte dieses Opferinteresse im Ausland weitaus problematischer zu befriedigen sein. Auch dem generalpräventiven Gedanken, allgemein vor Straftaten abzuschrecken, könnte im Ausland nicht notwendig sachgerechter entsprochen werden als im Inland. Einzig die Verfügbarkeit von Beweismitteln könnte für eine Durchführung des Strafverfahrens im ausländischen Tatortstaat sprechen[1401]. Dies jedoch auch nicht uneingeschränkt, da in vorerwähnter Fallkonstellation das Opfer gezwungen wäre ins Ausland zu reisen, um dort als Zeuge vor Gericht auszusagen[1402].

[1397] Lagodny, BMJ 2001, S. 46.
[1398] Hein (2002), S. 135.
[1399] Vgl. S. 259.
[1400] Linke, in: FS für Grützner (1970), 85, 88.
[1401] Linke, in: FS für Grützner (1970), 85, 88.
[1402] Hein (2002), S. 140f.

Die Strafverfolgungskompetenz also vorrangig nach dem starren Kriterium des Tatortes zu bestimmen, erscheint sowohl aus rechtlichen als auch aus praktischen Gründen als entweder schon nicht praktikabel oder zumindest als nicht sachgerecht[1403]. Gerade die praktischen Erwägungen der voranstehenden Betrachtung haben deutlich werden lassen, dass die zwischen mehreren Staaten parallel bestehenden Strafbefugnisse nicht bloss anhand eines formalen Kriteriums (Tatortstaat ja oder nein?), sondern an sinnvollen Sachkriterien orientiert, auf einen einzigen strafberechtigten Staat reduziert werden sollten. Diese Sachkriterien könnten – der voranstehenden Erörterung zufolge – beispielsweise die Beweismittelverfügbarkeit, der Kosten- und Zeitaufwand, Aspekte des Strafvollzuges und Täter- und Opferinteressen sowie gesamtgesellschaftliche Interessen sein.

Dementsprechend wurde auch ein Konventionsentwurf, der vom Europäischen Rat in den 60er Jahren entwickelt wurde und eine hierarchische Folge von Strafgewalten vorsah, vom Subkommitee des Europäischen Kommitees für Strafrechtsprobleme als zu mechanisch und zu wenig einzelfallorientiert abgelehnt[1404]. Auch hätte er für die Strafrechtsordnungen, in denen verschiedene Anknüpfungsprinzipien gleichberechtigt nebeneinander bestehen, einen kaum zu realisierenden Reformbedarf hervorgerufen[1405].

Da die hier berücksichtigten – im Schrifttum vorwiegend bedachten – Konzepte zur Auflösung positiver Strafgewaltkonflikte jeweils nur einen unbefriedigenden Beitrag zur Vermeidung von Simultanverfahren leisten können, wird nachfolgend weiter gefragt, wie unter Einbezug der soeben erkannten *praktischen* Gesichtspunkte die Auswahl eines von vornherein ausschliesslich strafberechtigten Staates gelingen könnte.

IV. Ein personen-, prozess- und staatsbezogenes einzelfallorientiertes Abwägungsmodell

Die Berücksichtigung der vorbenannten praktischen Gesichtpunkte lässt es angezeigt erscheinen, anhand konkreter – hier noch genauer herzuleitender – Kriterien den Staat zu bestimmen, der aller Voraussicht nach am geeignetsten ist, das Strafverfah-

[1403] So i.E. auch Linke, in: FS für Grützner (1970), 85, 88f.
[1404] Vander Beken, The best place for procecution ... (2003), S. 11f.; ders., Conflicts of criminal jurisdiction among Member States of the European Union – Spanish EU Presidency Conference (10. Mai 2002).
[1405] Lagodny, BMJ 2001, S. 48.

ren durchzuführen. Linke[1406] stellte schon 1970 sinngemäss fest, ohne jedoch ein Anwendungsmodell zu entwickeln, dass unter Beachtung der Funktionen des Strafverfahrens[1407] und des Strafvollzuges[1408] *dem* Staat die primäre Straf-Kompetenz obliegen müsse, dessen Justizbehörden im konkreten Einzelfall die Gewähr dafür bieten können, dass die persönliche Teilnahme des Beschuldigten (und ggf. auch des Opfers) am Strafverfahren, insbesondere die Präsenz in der Hauptverhandlung, sichergestellt ist. Ferner müssten sie gewährleisten können, den Sachverhalt mit den ihnen zur Verfügung stehenden Beweismitteln aufzuklären und eine schuldangemessene Strafe zu verhängen sowie mittels Strafvollzugs eine Wiedereingliederung des Verurteilten in die Gesellschaft zu ermöglichen[1409]. Festgehalten werden darf hier demgemäss, dass zur Vermeidung einer simultan bzw. parallel betriebenen Strafverfolgung – nach diesen Überlegungen – eine Umsetzung des Doppelbestrafungs- und -verfolgungsverbots unter Rücksichtnahme auf die Erfordernisse des *konkreten Einzelfalles* notwendig erscheint.

1. Singuläre Straf-Kompetenz infolge einer (über)individuell-konkreten Kriterien- Gewichtung

Ungeklärt ist jedoch, unter Beachtung genau *welcher* Kriterien der einzig strafberechtigte Staat im Einzelfall bestimmt werden sollte. In der neu(er)en rechtswissenschaftlichen Literatur[1410], die vornehmlich den Rechtsraum Europa im Blick hat, wird vorgeschlagen, diese Kriterien dem Europäischen Übereinkommen über die Übertragung der Strafverfolgung von 1972 zu entnehmen[1411]. Vor dem Hintergrund, dass – wie dargelegt[1412] – eine Internationalisierung des ne-bis-in-idem-Gedankens angezeigt erscheint, wird darüber hinaus von der Menschenrechtsorganisation „Justice" angedacht, auch aussereuropäische bilaterale Verträge in die Betrachtung mit einzubeziehen[1413]. In Erwägung gezogen wird, entsprechende Kriterien dem Protokoll zum Auslieferungsvertrag zwischen Kanada und den USA zu entnehmen,

---

[1406] Linke, Zwischenstaatliche Kompetenzkonflikte auf dem Gebiet des Strafrechts, in: FS für Grützner (1970), S. 85ff.

[1407] Vgl. diesbezüglich schon C. 1. im 1. Kapitel dieser Arbeit.

[1408] Schutz der Gesellschaft, Resozialisierung.

[1409] Linke, in: FS für Grützner (1970), 85, 89.

[1410] Vander Beken, The best place for procecution ... (2003); Diskussionspapier des Referates B/3 „Justizielle Zusammenarbeit in Strafsachen" der Europäischen Kommission vom 14.12.2001.

[1411] Vander Beken, The best place for procecution ... (2003), S. 13; Diskussionspapier des Referates B/3 „Justizielle Zusammenarbeit in Strafsachen" der Europäischen Kommission vom 14.12.2001, S. 2.

[1412] Vgl. C. I. und II. dieses Kapitels.

[1413] Justice – human rights organisation, Eu Co-operation in criminal matters (2001).

da dieses für den Fall konkurrierender Gerichtsbarkeit verschiedene Faktoren benennt, die vom Gericht berücksichtigt werden müssen, um den (einzig) strafberechtigten Staat zu bestimmen[1414]. Soweit ersichtlich, ist in der Literatur der Rahmenentwurf für die Anwendung des ne-bis-in-idem-Prinzips, der auf Initiative Griechenlands im Februar 2003 in die Diskussion eingebracht wurde[1415], bislang unberücksichtigt geblieben[1416]. Letzterer soll deshalb hier ebenfalls in die Betrachtung aufgenommen werden.

α) Zielsetzung des Europäischen Übereinkommens über die Übertragung von Verfahren in Strafsachen ist, die Voraussetzungen dafür zu normieren, dass *der* Staat die Strafverfolgung übernehmen kann, der im Einzelfall für die Verfolgung der Straftat unter kriminalpolitischen Gesichtspunkten am besten geeignet ist, Simultanverfahren zu verhindern[1417]. Art. 8 Abs. 1 zeigt die Fälle auf, in denen ein Vertragsstaat um die Übernahme eines Strafverfahrens durch einen anderen – besser geeigneten – Vertragsstaat ersuchen darf. Ein solches Ersuchen ist danach möglich, wenn der Verdächtige seinen gewöhnlichen Aufenthalt im ersuchten Staat hat (a), er dessen Staatsangehörigkeit trägt oder der ersuchte Staat sein Herkunftsland ist (b). Ausserdem ist eine solche Anfrage statthaft, wenn der Verdächtige im ersuchten Staat bereits eine Freiheitsstrafe verbüsst oder dort eine solche zu erwarten hat (c), oder er dort einem Strafverfahren in derselben oder einer anderen Sache ausgesetzt ist (d). Ferner darf ein entsprechendes Ersuchen gestellt werden, wenn sich die wichtigsten Beweismittel im ersuchten Staat befinden (e), dort die besseren Aussichten für die Resozialisierung des Täters bestehen (f), dort seine Anwesenheit und Anhörung im Verfahren besser (als im ersuchenden Staat) gewährleistet werden kann (g) und der ersuchte Staat die zu erwartende Sanktion besser (als der ersuchende Staat) vollziehen kann (h)[1418].

β) Sehr ähnliche Kriterien hält auch das – soeben erwähnte – Protokoll zum kanadisch-US-amerikanischen Auslieferungsvertrag bereit. Art. 7 dieses Protokolls normiert, dass Art. 17 des Vertrages um Art. 17bis ergänzt wird. Dieser wiederum bestimmt, dass, im Falle der parallel bestehenden Gerichtsbarkeit zwischen beiden Vertragspartnern in derselben Sache, die Exekutive des um Auslieferung ersuchten

---

1414 Justice – Eu Co-operation in criminal matters (2001), S. 5.

1415 Initiative of the Hellenic Republic for the adoption of a Framework Decision of the Council on the application of the „ne bis in idem" principle, vgl. Agathocles (2003), Council of the European Union, 6356/03 COPEN 11.

1416 Norouzi und Vogel weisen lediglich auf dessen Existenz und seine Prüfung durch den Rat für Justiz und Inneres hin, vgl. JuS 2003, 1059, 1060.

1417 Lagodny, BMJ 2001, S. 78.

1418 Vgl. http://conventions.coe.int/Treaty/en/Treaties/Html/073.htm.

Staates darüber befinden soll, ob die betreffende Person ausgeliefert wird oder der Fall der eigenen Justiz zur Anklage übermittelt wird. Bei der Entscheidungsfindung soll der ersuchte Staat die folgenden (nicht abschliessenden) Kriterien berücksichtigen: Ort der Tathandlung oder der beabsichtigten Tathandlung, Ort des Taterfolges oder des beabsichtigten Taterfolges (i), die jeweiligen Interessen der Vertragsparteien (ii), die Nationalität des Opfers oder des beabsichtigten Opfers (iii), die Verfügbarkeit und der Ort der Beweismittel (iv)[1419].

γ) Auch Art. 3 des auf griechischer Initiative beruhenden Rahmenentwurfs für die Anwendung des ne-bis-in-idem-Prinzips, der erst 2003 in die Diskussion eingeführt wurde, sieht entsprechende Kriterien vor. Gemäss Absatz a) soll dem EU-Mitgliedstaat die Strafgewalt obliegen, der eine angemessene Rechtspflege zu garantieren in der Lage ist. Dabei sind die folgenden Kriterien in die Betrachtung einzubeziehen: (aa) Ort der Tatbegehung, (bb) Nationalität und gewöhnlicher Aufenthalt des Gesetzesbrechers, (cc) Herkunft des Opfers, (dd) Ergreifungsort des Gesetzesbrechers.

δ) Ähnlich lautende Kriterien listet auch das erst im November 2003 erschienene "Freiburg Proposal on Concurrent Jurisdictions and the Prohibition of Multiple Prosecutions in the European Union" auf, vgl. dort § 1 Abs. 3 lit. a) - g)[1420].

Es geht hier nicht darum, alle (denkbaren) Kriterien aufzulisten, die für die Ermittlung der „besten" Strafgewalt massgebend sein können. Diese können sich – wenn überhaupt je abschliessend – erst aus der praktischen Umsetzung eines entsprechenden Anwendungsmodells ergeben. Hier kann es deshalb „nur" darum gehen, mögliche Leitlinien eines Modells zur Reduktion parallel bestehender Strafgewalten auf einen (singulär) strafberechtigten Staat aufzuzeigen.

Der voranstehenden Auflistung von Sachkriterien, die über die zuständige Gerichtsbarkeit entscheiden (können), dürfen hier in zwei Arten von Kriterien unterschieden werden. Zum einen handelt es sich um *individuelle* und zum anderen um *überindividuelle* Kriterien.
Die auf das Individuum bezogenen – also individuellen Kriterien – lassen sich weiter danach differenzieren, ob sie auf das Opfer oder den Täter Bezug nehmen. Diese Kriterien werden hier im Folgenden als *täter- bzw. opferbezogene Individual-Kriterien* behandelt.
Am Beispiel der vorerwähnten Abkommen orientiert, gehören zu den *täter*bezogenen Individual-Kriterien der (gewöhnliche) Aufenthaltsort des Verdächtigen, seine Nationalität und seine Resozialisierungschancen.

[1419] Vgl. http://www.lexum.umontreal.ca/ca_us/en/cts.1991.37.en.html.
[1420] Vgl. Biehler u.a., Freiburg Proposal (2003), S. 13.

Ein *opfer*bezogenes Individual-Kriterium ist die Staatszugehörigkeit des (beabsichtigten) Opfers, die – wie erwähnt – massgebend dafür sein kann, in welchem Staat das Opfer am einfachsten Rechtsbeistand findet, um durch ordentliche Vertretung im Prozess Genugtuung zu erfahren.

Die nicht auf das Individuum (Täter und Opfer) bezogenen – also überindividuellen – Kriterien lassen sich weiter danach einteilen, ob sie *staats(interessen)-* oder *prozessbezogen* sind.
Von den in den dargelegten Abkommen erwähnten Sachkriterien darf zu den *staats*bezogenen Kriterien der Ort der (beabsichtigten) Tathandlung und des (beabsichtigten) Taterfolges gerechnet werden. Dieses deshalb, weil mit der auf den Kriterien Tatort und Tathandlung basierenden Strafkompetenz das staatliche Souveränitätsinteresse gewahrt wird; gemeint ist das staatliche Interesse an der Verfolgung der auf eigenem Staatsterritorium verübten Straftaten (Territorialitätsprinzip[1421]). Weiter zählt zu dieser Kriterienkategorie das staatliche Interesse an der Aufrechterhaltung eines geordneten Strafvollzuges, so dass die Strafe i.d.R. besser in dem Staat vollzogen wird, in dem der Täter kulturell beheimatet ist und/oder bereits eine Freiheitsstrafe verbüsst.
Die *prozess*bezogenen Kriterien sind solche, die einem Staat die Strafkompetenz nach (verfahrens)ökonomischen Gesichtspunkten zuschreiben. Dazu gerechnet werden dürfen beispielsweise die Beweismittelverfügbarkeit, die Anwesenheit des Verdächtigen im Prozess ohne (langwieriges) Auslieferungsverfahren und die Möglichkeit zur Verbindung von Verfahren, weil derselbe Verdächtige noch wegen anderer Taten verfolgt wird (Zeit- und Kostenreduzierung) sowie das Beherrschen der Gerichtssprache durch den Verdächtigen zur Einsparung von Dolmetscherkosten.

Da nicht allgemeinverbindlich definiert werden kann, welches Kriterium stets ein bestimmtes anderes Kriterium überwiegt und noch nicht einmal stets alle oder dieselben Kriterien in jedem Fall einschlägig sein müssen, sollten die erwähnten (und ähnliche) Kriterien in jedem konkreten Einzelfall, in dem auf der Grundlage der Anknüpfungsprinzipien des sog. Internationalen Strafrechts zwischenstaatlich parallele Strafkompetenzen bestehen[1422], gegeneinander abgewogen werden. Eine einzelfallorientierte – d.h. konkrete – Gewichtung der zuvor beschriebenen Sachkriterien erscheint mithin als notwendig, um den einzig strafberechtigten Staat zu bestimmen[1423].

[1421] Vgl. S. 14f.

[1422] Vgl. diesbezüglich B. im 1. Kapitel dieser Arbeit.

[1423] I.E. so auch: Biehler u.a., Freiburg Proposal (2003), S. 14; Vander Beken/Vermeulen/Lagodny, NStZ 2002, 624, 626; Lagodny, BMJ 2001, S. 108.

Zusammengefasst ergibt sich damit insoweit folgendes Bild: Sobald transnational mehrere auf dem sog. Internationalen Strafrecht basierende Strafansprüche miteinander konkurrieren, sollte im konkreten Einzelfall anhand einer Abwägung verschiedener personenbezogener – also: individueller – und prozess- und staatsbezogener – also: überindividueller – Kriterien der singulär strafberechtigte Staat ermittelt werden. Kurz gesagt sollte diesem Ansatz zufolge ein positiver Strafgewaltkonflikt durch eine *(über)individuell-konkrete Kriterien-Gewichtung* gelöst werden. Teilweise wird in der Literatur von einer „Balance" entsprechender Kriterien gesprochen[1424]. Eine Balance – also ein Gleichgewicht – der Kriterien herzustellen kann in diesem Zusammenhang zumindest terminologisch in die Irre führen. Denn dies kann nicht der *Grund*gedanke sein, wenn es darum geht, bei konkurrierenden Strafkompetenzen den *einen* letztlich zur Strafverfolgung berechtigten Staat zu bestimmen; (wenigstens) *ein* die anderen Kriterien überwiegendes Kriterium muss ermittelt werden[1425]. Richtig ist an diesem „Balance-Gedanken" jedoch, dass im Einzelfall das *Schlussergebnis* der Abwägung eine Kriterien-Balance sein kann. Beispielsweise kann eine Einigung zwischen zwei strafberechtigten Staaten darüber sinnvoll sein, dass wegen der besseren Beweismittelverfügbarkeit (überindividuelles – prozessbezogenes – Kriterium) das Strafverfahren im Staat A und aufgrund der kulturellen Herkunft des Täters (individuelles – täterbezogenes – Kriterium) der Strafvollzug im Staat B durchgeführt wird[1426].

Unbeantwortet ist hier damit aber noch die Frage, *wer wie und wann* die einzelfallorientierte Gewichtung der (über)individuellen Sachkriterien vornehmen darf. Diese Frage steht deshalb nachfolgend im Vordergrund der Betrachtung.

1424 Vander Beken, The best place for procecution ... (2003), S. 13; Lagodny, BMJ 2001, S. 106.

1425 A.A. wohl Biehler u.a., Freiburg Proposal (2003), S. 13ff., jedenfalls benennen sie kein letztendlich "ausschlaggebendes" Kriterium zur Bestimmung des einzig strafberechtigten Staates.

1426 Vander Beken/Vermeulen/Lagodny sprechen in diesem Zusammenhang vom „Ausgleich" der Kriterien, vgl. NStZ 2002, 624, 626; Lagodny, in: FS für Trechsel (2002), 253, 266; ders., BMJ 2001, S. 111.

2. Konsensual-Lösung ergänzt um das subsidiäre Final-Kriterium des deliktischen Schwerpunkts

Der erwähnte, insbesondere in den 60er Jahren unternommene Versuch, positive Straf-Kompetenz-Konflikte über ein Prioritätensystem (hierarchische Rangfolge) für die Anknüpfungsgrundsätze des sog. Internationalen Strafrechts zu lösen, stand und steht – abgesehen von den bereits dargelegten Einwänden[1427] – auch deshalb in der Kritik, weil er eine Konfliktentscheidungsinstanz vermissen lässt[1428]. Damit ist ein Hinweis auf (zumindest) ein Erfordernis gegeben, das es zu berücksichtigen gilt, um den hier verfolgten Ansatz einer (über)individuell-konkreten Kriterien-Gewichtung nicht von vornherein ebenfalls diesem Vorwurf auszusetzen.

Grundgedanke der voranstehenden Ausführungen ist, dass im Falle zwischenstaatlich konkurrierender Strafkompetenzen in jedem Einzelfall die nach dem zu beurteilenden Sachverhalt in Frage kommenden Kriterien, die Auskunft über den zur Strafverfolgung bestgeeigneten Staat geben (können), gegeneinander abgewogen werden. Aus dieser Idee folgt, dass nicht ein Staat *einseitig* bestimmen kann, dass er selbst (oder ein anderer Staat) dieser Staat ist. Vielmehr bedarf es unter den Staaten, denen grundsätzlich nach den Anknüpfungsprinzipien des sog. Internationalen Strafrechts eine Straf-Kompetenz obliegt, einer Konsensbildung darüber, welcher der in Betracht kommenden Staaten „kriterienbedingt" seine Strafgewalt wahrnehmen soll[1429]. Dies sieht auch Art. 3 lit. b) des bereits erwähnten und auf griechischer Initiative beruhenden Rahmenentwurfs für die Anwendung des ne-bis-in-idem-Prinzips (2003) vor[1430]. Wie bereits im Zusammenhang mit der „Konfliktlösung im Wege der Vollstreckungshilfe" geschildert, erscheint jedoch jeder Ansatz, der auf einer freiwilligen Konsensfindung basiert, gerade in komplexen (nicht bloss zweiseitigen) Konkurrenzsituationen, als nicht besonders praxisnah[1431]. Dieses jedenfalls dann nicht, wenn eine zwischenstaatliche Koordinationsstelle, die den Einigungsprozess begleitet, fehlt[1432]. Die zur transnationalen Konsensbildung notwendigen zwischenstaatlichen Konsultationen[1433] könnten jedoch – in einem ersten Schritt „europaweit" – durch die bereits angesprochene Dokumentations- und Clearingstelle Eurojust[1434] koordiniert

[1427] Vgl. D. III. 3. dieses Kapitels.

[1428] Lagodny, in: FS für Trechsel (2002), 253, 264; Vander Beken/Vermeulen/Lagodny, NStZ 2002, 624, 626.

[1429] Vander Beken/Vermeulen/Lagodny, NStZ 2002, 624, 626.

[1430] Ebenso der Vorschlag von Biehler u.a., Freiburg Proposal (2003), S. 12.

[1431] Vgl. D. III. 1. dieses Kapitels.

[1432] A.A. wohl Biehler u.a., Freiburg Proposal (2003), S. 12ff., jedenfalls sehen sie keine zwischenstaatliche Institution zur aussergerichtlichen Konsensfindung vor.

[1433] Vgl. Art. 3 lit. (b) des Rahmenentwurfs für die Anwendung des ne-bis-in-idem-Prinzips (2003).

[1434] Vgl. B. II. 3. a. aa. ddd. (2) dieses Kapitels.

werden[1435]. Denn – wie erwähnt – soll Eurojust eine entscheidende Erleichterung, Verbesserung und Intensivierung in der justiziellen zwischenstaatlichen Zusammenarbeit bei grenzüberschreitender Kriminalität bringen. Justizpraktiker der nationalen Fachgerichte und Behörden sollen als sog. Verbindungsjuristen zentral und institutionalisiert permanent zusammenwirken[1436]. Vorstellbar ist, dass die um die Wahrnehmung der Strafgewalt konkurrierenden nationalen Behörden und/oder Gerichte jeweils ihren Verbindungsjuristen (in der eigenen Sprache) kontaktieren. Diese würden sodann versuchen, unter Zuhilfenahme eines juristisch spezialisierten Sprachmittlers, auf der Grundlage einer (über)individuell-konkreten Kriterien-Gewichtung, einen Konsens darüber zu erzielen, welcher der in Frage kommenden Staaten seine Strafkompetenz ausüben soll. Im Idealfall wäre Eurojust so in der Lage, in kürzester Zeit das Einleiten einer parallelen bzw. simultanen – und damit doppelten – Strafverfolgung zu verhindern. Erwartet werden darf, dass die Übertragung einer solchen Koordinationsfunktion auf die Institution Eurojust – neben dem Effekt der Zeitersparnis – den Vorteil hätte, dass eine im Konsens getroffene Entscheidung einer *zwischenstaatlichen* Behörde eine hohe Akzeptanz geniesst[1437]. Auch der 2003 zur Diskussion gestellte Rahmenentwurf für die Anwendung des ne-bis-in-idem-Prinzips befürwortet den zwischenstaatlichen Informationsaustausch unter Anwendung aller zur Verfügung stehenden (technischen) Mittel[1438]. Das Freiburg Proposal vom Dezember 2003 erkennt zwar die Notwendigkeit eines zwischenstaatlichen Informationstransfers und der zwischenstaatlichen Kooperation, um den verfolgungsberechtigten Staat zu bestimmen, macht jedoch keinen Vorschlag für einen möglichen Weg der transnationalen Zusammenarbeit[1439]. Dieses, obwohl nach dem Entwurf für eine Europäische Verfassung aus dem Jahr 2003 gerade vorgesehen ist, dass Eurojust eine Kompetenz für die Beilegung von Zuständigkeitskonflikten bekommt, vgl. Art. III-174 Abs. 1 lit. b im 4. Abschnitt des Kapitels IV des III. Titels des Verfassungsentwurfs[1440].

Selbst unter der Einschaltung von Eurojust wird aber noch nicht der praktisch möglichen Situation Rechnung getragen, dass sich der Staat, der als einziger seine Straf-Kompetenz wahrnehmen soll, nicht im Konsens bestimmen lässt. Das Kontaktieren

[1435] Wolter, in: FS für Kohlmann (2003), 693, 712; Vander Beken/Vermeulen/Lagodny, NStZ 2002, 624, 627; Lagodny spricht von einer „Mediatorfunktion", vgl. Lagodny, BMJ 2001, S. 126.

[1436] Vgl. B. II. 3. a. aa. ddd. (2) dieses Kapitels.

[1437] Vander Beken/Vermeulen/Lagodny, NStZ 2002, 624, 627.

[1438] Vgl. Art. 6 Nr. 1 und 2 des Rahmenentwurfs für die Anwendung des ne-bis-in-idem-Prinzips (2003).

[1439] Vgl. Biehler u.a., Freiburg Proposal (2003), S. 32f.

[1440] Vgl. den Entwurf für eine Europäische Verfassung in: Fischer, Konvent zur Zukunft Europas (2003), S. 370

einer Konfliktentscheidungsinstanz wird dann notwendig, was eingangs schon angedeutet wurde[1441]. Lagodny plädiert in diesem Zusammenhang für die Einrichtung eines speziellen Internationalen „Strafgewaltgerichts(hofs)“[1442]. Wenn es zunächst „nur“ um die Schaffung einer übergeordneten *europäischen* Instanz geht, schlagen er und andere[1443] vor, den EuGH mit einer solchen Entscheidungskompetenz zu betrauen[1444]. Dafür müsste der Europäische Rat ein entsprechendes Übereinkommen ausarbeiten und beschliessen und den Mitgliedstaaten zur Ratifizierung empfehlen[1445]. Zur Wahrung des Rechts auf effektiven Rechtsschutz[1446] müsste dann auch ein Antragsrecht für den von der Strafverfolgung Betroffenen vorgesehen werden[1447]. Ausserdem müsste Eurojust noch die Kompetenz verliehen werden, den EuGH im Wege eines Vorabentscheidungsverfahrens anzurufen[1448].

Aufgrund dieser hier angedeuteten formalen Hürden, die vor der Schaffung einer europäischen (ganz zu schweigen vor einer internationalen) Konfliktentscheidungsinstanz zur Bewältigung positiver Strafgewaltkonflikte liegen, darf die Einschaltung des EuGH als nicht kurzfristig zu realisieren bewertet werden. Dies räumen auch einige der vorbenannten Vertreter dieses Gedankens ein[1449]. Deshalb ist es überlegenswert, den – nicht abschliessend – aufgezeigten Kriterienkatalog, mit dessen Hilfe bei zwischenstaatlich-konkurrierenden Strafansprüchen der strafberechtigte Staat bestimmt werden sollte, um ein *subsidiäres*, aber *finales* Entscheidungs-Kriterium zu ergänzen. Sofern dem EuGH später einmal in diesem Zusammenhang tatsächlich die Kompetenz zur Konfliktentscheidung übertragen werden sollte, könnte er dieses Kriterium übernehmen oder selbst eines im Wege der Rechtsprechung entwickeln.

Dahinter steckt folgende Überlegung: Wenn sich im zwischenstaatlichen Dialog, u.U. unter Einschaltung von Eurojust, im Wege der (über)individuell-konkreten Kriterien-Gewichtung keine Einigung auf ein (deutlich) überwiegendes Sachkriterium erzielen lässt und damit kein Konsens über den verfolgungsberechtigten Staat hergestellt wird, dann sollte dieses Final-Kriterium (subsidiär) zur Anwendung gelangen und den entscheidenden Ausschlag geben. Zur Definition dieses letztent-

---

1441 Vgl. S. 265.

1442 Lagodny, in: FS für Trechsel (2002), 253, 266f.; ders., BMJ 2001, S. 115 u. 126f.

1443 Biehler, Kniebühler, Lelieur-Fischer, Stein, Freiburg Proposal (2003), § 3, vgl. S. 15f.; Vermeulen und Vander Beken, in: Vander Beken/Vermeulen/Lagodny, NStZ 2002, 624ff.

1444 Biehler u.a., Freiburg Proposal (2003), § 3, vgl. S. 15f.; Lagodny, in: FS für Trechsel (2002), 253, 266f.; ders., BMJ 2001, S. 127; Vander Beken/Vermeulen/Lagodny, NStZ 2002, 624, 628.

1445 Lagodny, BMJ 2001, S. 127.

1446 Vgl. bspw. Art. 19 Abs. 4 dGG.

1447 Vander Beken/Vermeulen/Lagodny, NStZ 2002, 624, 627; Lagodny, BMJ 2001, S. 127.

1448 Vander Beken/Vermeulen/Lagodny, NStZ 2002, 624, 628.

1449 Vgl. Vander Beken/Vermeulen/Lagodny, NStZ 2002, 624, 628.

scheidenden Kriteriums wird hier ein im Corpus Juris enthaltener Gedanke aufgegriffen. Dieser Entwurf strafrechtlicher Regelungen zum Schutz der finanziellen Interessen der Europäischen Union entstand durch ein Zusammenwirken des Europäischen Parlaments, der Europäischen Kommission und der Vereinigung für Europäisches Strafrecht sowie einer Arbeitsgruppe europäischer Strafrechtswissenschaftler. Der Entwurf normiert in Art. 26 Nr. 3 neben anderen Kriterien, dass das Strafverfahren in dem Staat durchgeführt werden soll, in dem die (ökonomische) Auswirkung der Straftat am grössten ist[1450]. Anders gewendet und vom Gedanken des Schutzes der finanziellen Interessen der EU abstrahiert, handelt es sich um den Staat, wo der *deliktische Schwerpunkt* liegt[1451]. Dieses dürfte regelmässig der Tatortstaat sein, da die Tat am Ort des Tatgeschehens zumeist am stärksten gefühlt wird. Zwar handelt es sich beim hier gewählten Merkmal „deliktischer Schwerpunkt" um einen nicht leicht handhabbaren – weil unbestimmten – Rechtsbegriff, doch reduziert er im Streitfall das Problem der – noch komplizierteren – Abwägung zwischen einer Vielzahl von Sachkriterien auf ein *einziges* interpretationsbedürftiges Kriterium. Dieses kann im Laufe der Zeit eine auf Einzelfallentscheidungen beruhende gefestigte Auslegung erfahren[1452]. Im Gegensatz dazu liefert die vorgeschaltete einzelfallorientierte Kriterien-Abwägung stets höchst variable Ergebnisse, da sie – wie aufgezeigt – personen-, verfahrens- und staatsbezogene Interessen gleichermassen berücksichtigt[1453]. Auch wenn das erwähnte – im Corpus Juris enthaltene – Kriterium (dort) nicht ein letztentscheidendes (finales) bzw. ausschlaggebendes Kriterium im hier angedachten Sinn ist, erscheint eine gedankliche Inspiration am Corpus Juris deshalb als sachgerecht, weil erwartet werden darf, dass der existierende Vorschlag für ein Corpus Juris als Diskussionsgrundlage für die Vereinheitlichung des europäischen Strafrechts *insgesamt* dienen wird.

Soweit ersichtlich, gibt es im hier betrachteten Zusammenhang bislang kaum Bemühungen, den deliktischen Schwerpunkt, der hier als subsidiäres Final-Kriterium herangezogen wurde, zu konkretisieren. Wie erwähnt ist anzunehmen, dass der deliktische Schwerpunkt regelmässig am Tatort der Straftat liegt. Dieser Annahme folgend, läuft das subsidiäre Final-Kriterium des deliktischen Schwerpunkts Gefahr, ebenso wie das Territorialitätsprinzip, den Kritikpunkten ausgesetzt zu werden, die aus der Weite des juristischen Tatortbegriffes folgen[1454]. Ein möglicher Weg zur Konkreti-

---

[1450] Vgl. den Vorschlag für ein Corpus Juris aus dem Jahr 2000.

[1451] Ähnlich Thomas, der auf den dem Zivilrecht entnommenen Gedanken des „charakteristischen Unrechts" zurückgreift. Danach soll letztendlich der Staat seine Strafkompetenz wahrnehmen, zu welchem die Tat die engste Verbindung hat, vgl. Thomas (2002), S. 168.

[1452] Thomas (2002), S. 168.

[1453] Vgl. D. IV. 1. dieses Kapitels.

[1454] Vgl. B. I. im 1. Kapitel dieser Arbeit.

sierung dieses Kriteriums könnte es deshalb sein, dieses Kriterium aus der Abhängigkeit der Verschiedenheit der Rechtssysteme und der juristischen Fachsprache zu lösen und ihm ein an der Allgemeinsprache orientiertes (einfacheres) Verständnis zugrunde zu legen. Zwar fällt auch nach allgemeinem Sprachgebrauch unter den Tatortbegriff sowohl der Ort der Tathandlung/-unterlassung als auch der Ort des Taterfolges. Damit eine Person nach allgemeinem Sprachgebrauch aber eine Handlung oder Unterlassung überhaupt begehen bzw. zu ihr unmittelbar ansetzen (Versuchsdelikt) kann, sollte es erforderlich sein, dass sie an diesem Ort persönlich anwesend ist bzw. hätte zuerst anwesend sein sollen (Unterlassungsdelikt). Es könnte daher die persönliche Anwesenheit der natürlichen Person als massgebliches Kriterium zur Bestimmung des Ortes der Tathandlung/Unterlassung und damit zur Bestimmung des Tatortes herangezogen werden.

Die Bestimmung des zur Strafverfolgung berechtigten Staates anhand eines allgemeinsprachlich interpretierten (subsidiären) Final-Kriteriums hätte folgende Auswirkung: Da die persönliche Anwesenheit einer natürlichen Person das ausschlaggebende Kriterium zur Ermittlung des deliktischen Schwerpunkts sein würde, könnte ein Fall, in dem mehrere Staaten parallel zuständig sind, nur dann eintreten, wenn sich die natürliche Person tatsächlich mit dem einen Fuss diesseits und mit dem anderen jenseits der Grenze befindet, was in der Praxis so gut wie nie vorkommen dürfte. Das Ziel, letztendlich die Gerichtsbarkeit nur einem einzigen Staat zuzuweisen, würde somit in fast allen Fällen erreicht. Sicher mag es Fallkonstellationen geben, in denen nur schwer feststellbar ist, an welchem Ort die natürliche Person anwesend war[1455], doch ändert dies nichts an der Tatsache, dass sie nur an einem (einzigen) Ort *tatsächlich* gewesen sein muss[1456].

Würde – statt auf den Ort der Tathandlung – auf den Ort des *Taterfolges* abgestellt und dessen Verständnis am allgemeinen Sprachgebrauch orientiert, müsste der Taterfolg äusserst eng verstanden werden, um das Vorliegen mehrerer Erfolgsorte (und damit Tatorte) zu verhindern. Dennoch scheint es nicht zu gelingen, ihn jemals so eng zu umreissen, dass der Taterfolg stets nur in einem einzigen Staat eingetreten ist. Wird beispielsweise das öffentliche Ansehen einer Person beeinträchtigt, wäre der Erfolg in allen denjenigen Staaten eingetreten, in denen die Person bekannt ist; im Extremfall also weltweit.

Da demgemäss anzunehmen ist, dass die Zahl der Fälle, in denen der Erfolg in mehreren Staaten eintritt, deutlich höher ist als die Zahl der Fälle, in denen die natürliche

[1455] Bspw. bei Straftaten, die über Computernetzwerke begangen werden.

[1456] Bei einem Unterlassungsdelikt ist darauf abzustellen, wo die betreffende Person hätte zuerst persönlich handeln müssen.

Person unter persönlicher Anwesenheit gleichzeitig in mehreren Staaten gehandelt oder unterlassen hat, könnte für die Auslegung und Anwendung des subsidiären Final-Kriteriums folgende Grundregel massgebend sein, die sich am Ort der Handlung/Unterlassung orientiert[1457]. Sie wird hier im Folgenden als Tathandlungs-Grundregel bezeichnet:

Der Staat, auf dessen Hoheitsgebiet eine Handlung/Unterlassung unter persönlicher Anwesenheit der als Täter in Betracht kommenden natürlichen Person zuerst stattgefunden hat oder hätte stattfinden sollen, ist letztendlich ausschliesslich zur Strafverfolgung berechtigt.

In den Fällen, in denen also im Wege einer (über)individuell-konkreten Kriterien-Gewichtung kein zwischenstaatlicher Konsens über den einzig strafberechtigten Staat erzielt wird, könnte – nach hiesigem Verständnis – sodann über *das subsidiäre Final-Kriterium des deliktischen Schwerpunktes* dieser Streit beigelegt werden, wobei dessen Anwendung der vorbenannten *Tathandlungs-Grundregel* folgen sollte. Ein Beispiel: Wenn T vom Boden des Staates 1 aus den aus dem Staat 2 stammenden O im Staat 3 mit einer Schusswaffe tödlich verletzt (Schusswechsel über die Staatsgrenzen hinweg), dann wären die Staaten 1 und 3 jeweils nach dem Territorialitätsprinzip (Ort der Tathandlung und des Erfolges) und Staat 2 nach dem passiven Personalitätsprinzip zur Strafverfolgung berechtigt. Sofern zwischen den drei Staaten nicht anhand personen-, verfahrens- und staatsbezogener Kriterien[1458] eine Einigung über den strafberechtigten Staat erzielt werden könnte, müsste das (subsidiäre) Kriterium des deliktischen Schwerpunkts den Ausschlag geben. Auf den ersten Blick erscheint es, als läge dieser im Staat 3, da O dort die tödlichen Schussverletzungen erlitt. Andererseits ist er Staatsangehöriger des Staates 2; dieser hat einen Staatsbürger verloren, so dass auch dort der deliktische Schwerpunkt gesehen werden könnte. Zu bedenken ist auch, dass T vom Hoheitsgebiet des Staats 1 aus die Todesursache (den Todesschuss) gesetzt hat, so dass auch vertretbar ist, in Staat 1 den deliktischen Schwerpunkt zu sehen. Da T aber ausschliesslich unter *persönlicher Anwesenheit* in Staat 1 gehandelt hat, liegt der deliktische Schwerpunkt nach der vorab aufgestellten Grundregel in Staat 1. Unter Anwendung des (subsidiären) Final-Kriteriums ist der Konflikt um die Wahrnehmung der Strafverfolgung zwischen den Staaten 1, 2 und 3 demzufolge letztendlich zugunsten des Staates 1 zu entscheiden. Diesem obliegt es folglich, seine Strafkompetenz wahrzunehmen.

[1457] In Anlehnung an das Diskussionspapier des Referates B/3 „Justizielle Zusammenarbeit in Strafsachen“ der Europäischen Kommission vom 14.12.2001, S. 14ff.

[1458] Vgl. D. IV. 1. dieses Kapitels.

Beantwortet ist hier damit die vor Beginn dieses Abschnitts aufgeworfene Frage, *wer* die dargelegte (über)individuell-konkrete Kriterien-Gewichtung *wie* vornehmen darf: Dieses sollten, das hat sich soeben herausgestellt, grundsätzlich die um die Wahrnehmung des Strafanspruchs konkurrierenden und diesbezüglich um einen Konsens bemühten Staaten selbst sein („Wer"-Fage). Die für eine konsensuale Entscheidung notwendigen gegenseitigen Konsultationen sollten aus Zeitersparnis- und Akzeptanzgründen über ein zwischenstaatliches Organ, in Europa beispielsweise Eurojust, erfolgen. Dieses wäre idealerweise befugt, sich an eine gerichtliche Konfliktentscheidungsinstanz als ultima-ratio zu wenden. Da bezweifelt werden darf, dass ein solches Strafgewaltgericht kurzfristig realisierbar ist, könnte der (über)individuell-konkrete Abwägungsprozess (vorerst) um ein subsidiär anzuwendendes *finales* Entscheidungskriterium (deliktischer Schwerpunkt) ergänzt werden („Wie"-Frage).

Hier ist insoweit die ebenfalls vor Beginn dieses Abschnitts aufgeworfene Frage nach dem Anwendungszeitpunkt unberücksichtigt geblieben. Ab *wann* sollte das Auftreten einer doppelten *Strafverfolgung* verhindert werden? Eine Frage, der – soweit ersichtlich – in der einschlägigen Literatur (fast) keine Aufmerksamkeit geschenkt wird[1459]. Zur Erinnerung, es geht nicht darum, nur eine *erneute* (iterative) Strafverfolgung und/oder Bestrafung zu verhindern, sondern schon dem *Einleiten einer parallelen* (erstmaligen) Strafverfolgung entgegen zu wirken. Es muss dementsprechend schon irgendwo auf der Ebene der Ermittlungstätigkeit angesetzt werden. Beachtet werden sollte aber, dass nicht schon jede Aufnahme einer Ermittlungsmassnahme[1460] für die Behörden eines anderen Staates eine Sperrwirkung auslösen darf. Dieses deshalb nicht, weil dann die verschiedenen nationalen Ermittlungsbehörden in ihrer Tätigkeit zu sehr eingeschränkt wären und eine effektive Aufklärungsarbeit nicht mehr leisten könnten. Es muss also ein Zeitpunkt gewählt werden, der eine zwischenstaatlich parallele – sprich doppelte – (polizeiliche) *Ermittlungstätigkeit* noch zulässt, jedoch eine parallele – also doppelte – *Strafverfolgung i.e.S.* schon ausschliesst. Soweit ersichtlich, wird einzig von Zeitler u.a.[1461] angedacht, allerdings ohne eingehende Begründung und in etwas anderem Zusammenhang, diese Grenzziehung durch den *Beschuldigtenstatus* zu markieren[1462]. Sobald der Tatverdächtige die Beschuldigteneigenschaft erlangt, sollte eine doppelt geführte Strafverfolgung gesperrt werden. Dieser Zeitpunkt erscheint aus zwei Gründen als sinnvoll:

[1459] Vgl. Biehler u.a, Freiburg Proposal (2003), S. 7ff.

[1460] Thomas spricht von „Sachprüfung", vgl. Thomas (2002), S. 43.

[1461] Biehler/Gless/Parra/Zeitler, Analyse des Grünbuchs zum strafrechtlichen Schutz der finanziellen Interessen der EG und zur Schaffung einer Europäischen Staatsanwaltschaft (2002).

[1462] Biehler/Gless/Parra/Zeitler (2002), S. 62f.

Erstens ist er formal anhand eines subjektiven und eines objektiven Kriteriums bestimmbar. Denn die Begründung dieses Status ist in erster Linie die Willensentscheidung der Strafverfolgungsorgane, eine bestimmte Person als *Beschuldigten* zu verfolgen und damit Produkt eines Zuschreibungsprozesses (subjektives Kriterium). In Deutschland beispielsweise sind die Strafverfolgungsbehörden bei zureichenden Anhaltspunkten für die Straftatbegehung zur Vollziehung dieses Willensaktes nach dem Legalitätsprinzip gezwungen, doch ist dieses subjektive Kriterium naturgemäss wenig transparent[1463]. Deshalb muss der Verfolgungswille sich äusserlich erkennbar in einem Verfolgungsakt manifestiert haben (objektives Kriterium)[1464]. Die Beschuldigteneigenschaft beginnt demnach, sobald ein Strafrechtspflegeorgan eine Massnahme trifft, die erkennbar darauf gerichtet ist, gegen den Betroffenen *strafrechtlich* gerade als *Beschuldigten* vorzugehen[1465]. In der Mehrzahl der Fälle bereitet die Feststellung dieser Beschuldigteneigenschaft deshalb keine Schwierigkeiten, weil sich die Einleitung eines förmlichen Verfahrens in der Regel durch den Eintrag in ein entsprechendes Register zeigt. Aus deutscher Perspektive erfolgt ein Eintrag im sog. Js-Register bei der Staatsanwaltschaft. Das blosse Stellen einer Strafanzeige oder eines Strafantrages begründen als solche also noch keine Beschuldigteneigenschaft[1466]. Mit letzteren wird lediglich ein erster Verdacht gegen eine bestimmte Person erhoben. Der Verdächtige zeichnet sich dementsprechend dadurch aus, dass er eine „personale Vorstufe“ zum Beschuldigten darstellt, gegen den sich strafprozessuale Verfolgungsmassnahmen i.e.S. (Vernehmung, strafprozessuale Zwangsmassnahmen) noch nicht unmittelbar richten[1467]. Er ist von Massnahmen der Verdachtsermittlung (Initiativ- oder Vorermittlungen, informatorische Anhörung oder Befragung) betroffen, die noch im Vorfeld des Beschuldigtenstatus liegen[1468] und deshalb – nach dem hier verfolgten Ansatz – noch parallel in verschiedenen Staaten geführt werden dürfen. Die Ermittlungsbehörden verschiedener Staaten wären also nicht von vornherein in ihrer Aufklärungsarbeit gehindert. Erst wenn in zwei (oder mehreren) Staaten einem Verdächtigen der Beschuldigtenstatus zugeschrieben wird, müssten diese im Wege der dargelegten (über)individuell-konkreten Kriterien-Gewichtung einen Konsens über den zur weiteren Strafverfolgung bestgeeigneten Staat herstellen. Da – wie gesagt – insbesondere die formale Registrierung der Einleitung eines förmlichen Strafverfahrens äusserlich erkennbar die Beschuldigteneigenschaft zuschreibt und dieser Zeitpunkt hier als entscheidend für den Eintritt einer Sperrwirkung ange-

[1463] Rogall, in: SK-StPO, vor § 133, Rn. 26f.
[1464] Rogall, in: SK-StPO, vor § 133, Rn. 32.
[1465] Rogall, in: SK-StPO, vor § 133, Rn. 16 u. 34.
[1466] Rogall, in: SK-StPO, vor § 133, Rn. 22.
[1467] Rogall, in: SK-StPO, vor § 133, Rn. 13 u. 15.
[1468] Rogall, in: SK-StPO, vor § 133, Rn. 42.

dacht wird, wird abermals[1469] das Erfordernis eines zwischenstaatlich abrufbaren zentralen Strafregisters deutlich[1470]. Wie bereits in anderem Zusammenhang angesprochen, ist zumindest auf europäischer Ebene vorstellbar, im Rahmen der Dokumentationsfunktion von Eurojust, dort ein europäisches Strafregister zu führen, welches dokumentiert, ob in einer Strafsache bereits ein förmliches Verfahren gegen eine bestimmte Person geführt wird (oder gar bereits ein Straferkenntnis getroffen worden ist) und damit der Beschuldigtenstatus eingetreten ist[1471]. Damit würde das Strafregister sinnvollerweise auch bei der Institution (Eurojust) geführt, die hier (für Europa) vorab als konsensbildendes zwischenstaatliches Organ zur Bestimmung des einzig strafberechtigten Staats angedacht wurde[1472].

Zweitens kann der Beschuldigtenstatus als Zeitpunkt für den Eintritt einer Sperrwirkung deshalb als sinnvoll betrachtet werden, weil sich ab diesem Zeitpunkt die Massnahmen ganz *gezielt* gegen eine bestimmte Person richten und das Weiterbetreiben der Massnahmen erhebliche belastende Auswirkungen auf deren Position haben können, die nicht auch noch in mehreren Staaten (parallel) eintreten sollten[1473].

Damit kann die vor Beginn dieses Abschnitts aufgeworfene Frage, ab *wann* eine parallel geführte Strafverfolgung verhindert werden sollte („Wann"-Frage), dahingehend beantwortet werden, dass der Zeitpunkt der äusserlich erkennbaren Zuschreibung der Beschuldigteneigenschaft als sinnvoll betrachtet werden kann. Erwägenswert ist, die verfolgungshemmende Wirkung der Zuschreibung der Beschuldigteneigenschaft durch einen Missbrauchsvorbehalt abzufedern, um zu verhindern, dass ein Tatverdächtiger durch einen Staat mittels einer "Alibi-Verfolgung" oder einer tatsächlich gar nicht eingeleiteten Verfolgung dem Strafverfahren in anderen ebenfalls verfolgungsberechtigten Staaten entzogen wird.

[1469] Vgl. schon B. II. 3. a. aa. ddd. (2) dieses Kapitels.

[1470] Vgl. das Diskussionspapier des Referates B/3 „Justizielle Zusammenarbeit in Strafsachen" der Europäischen Kommission vom 14.12.2001, S. 2. Auch Lagodny plädiert für ein zwischenstaatliches Strafregister, in dem die von der Staatsanwaltschaft eingeleiteten Strafverfahren eingetragen werden, vgl. Lagodny, BMJ 2001, S. 130.

[1471] Vgl. B. II. 3. a. aa. ddd. (2) dieses Kapitels.

[1472] Vgl. S. 269ff.

[1473] Vgl. Biehler/Gless/Parra/Zeitler (2002), S. 62.

3. Formulierungsvorschlag für ein ergänzendes Verständnis des ne-bis-in-idem-Grundsatzes

Festgestellt wurde, dass der ne-bis-in-idem-Grundsatz nach allgemeinem Verständnis erst greift, wenn bereits eine Erstentscheidung getroffen worden ist. Er normiert demzufolge, dass eine *nochmalige* Strafverfolgung und Bestrafung bei Vorliegen einer Erstentscheidung verboten ist, sog. Doppelbestrafungsverbot. Somit kann unter seiner Anwendung aber eine von Beginn an *parallel* betriebene Strafverfolgung nicht verhindert werden. Denn solange noch keine Erstentscheidung vorliegt, entfaltet der ne-bis-in-idem-Grundsatz keine Wirkung. Deshalb sollte der ne-bis-in-idem-Gedanke um ein weiteres Verbot ergänzt werden, welches es verbietet, überhaupt simultan geführte Strafverfahren *einzuleiten*. Damit ein solches Verbot nicht einen zwischenstaatlichen Wettstreit um die Wahrnehmung der Strafverfolgung entfesselt, nach dem Motto, „wer zuerst kommt, mahlt zuerst", sollte dieses Parallel- oder Doppel*verfolgungs*verbot zu Lasten der Staaten wirken, deren grundsätzlich gegebener Strafanspruch sich im Wege einer (über)individuell-konkreten Kriterien-Abwägung als weniger gewichtig gegenüber dem Strafanspruch eines (einzigen) anderen Staates erweist.

Dieses, die bekannten Formulierungen des Doppelbestrafungsverbots[1474] ergänzende Verbot, könnte infolge der voranstehenden Ausführungen folgenden Wortlaut haben:

Gegen einen Beschuldigten darf die Strafverfolgung nicht eingeleitet oder fortgeführt werden, wenn eine Abwägung von personen-, prozess- und staatsbezogenen Interessen ergibt, dass die Strafverfolgung wegen derselben Tat besser in einem anderen verfolgungsberechtigten Staat durchgeführt werden kann und dort auch tatsächlich eingeleitet worden ist.

Die in diesen Formulierungsvorschlag einbezogenen „kritischen" Rechtsbegriffe sollten durch die Ausführungen in dieser Arbeit konkretisiert worden sein. Zur Erinnerung:

- *Beschuldigter* im Sinne der voranstehenden Ausführungen ist derjenige, gegen den ein Strafrechtspflegeorgan eine Massnahme trifft, die äusserlich erkennbar darauf gerichtet ist, gegen den Betroffenen strafrechtlich vorzugehen. Diese Erkennbarkeit kann insbesondere aus der formellen Registrierung eines eingeleiteten förmlichen Verfahrens in einem zwischenstaatlichen Strafregister folgen[1475].

[1474] Vgl. D. im 1. Kapitel dieser Arbeit.
[1475] Vgl. D. IV. 2. dieses Kapitels.

• Von *Strafverfolgung* darf im Sinne des voranstehenden Formulierungsvorschlages gesprochen werden, wenn von einem Strafrechtspflegeorgan eine Massnahme getroffen worden ist, die nicht nur Verdachtsermittlungsmassnahme ist[1476].

• Hinter dem Begriff der *Abwägung* verbirgt sich die im zwischenstaatlichen Konsens herzustellende Gewichtung von (über)individuellen Kriterien, die zwecks finaler Streitentscheidung durch das subsidiäre Kriterium des deliktischen Schwerpunktes ergänzt werden[1477].

• Mit den *personenbezogenen Interessen* (Individual-Kriterien) sind sowohl solche des Täters als auch des Opfers gemeint. Zu den täterbezogenen Kriterien gehören beispielsweise Gesichtspunkte wie der Aufenthaltsort, die Nationalität und Resozialisierungsaussichten. Zu den opferbezogenen Kriterien gehört beispielsweise die Staatszugehörigkeit des Opfers[1478].

• Die *prozessbezogenen Interessen* sind solche, die den möglichst (verfahrens)-ökonomischen Ablauf des Strafprozesses beeinflussen. Zu denken ist u.a. an die Beweismittelverfügbarkeit und das Beherrschen der Gerichtssprache[1479].

• *Staatsbezogene Interessen* sind beispielsweise das Interesse an der Aufrechterhaltung eines geordneten Strafvollzuges oder die Verfolgung der auf eigenem Territorium begangenen Delikte[1480].

• Die Strafverfolgung wird schliesslich *besser* in dem Staat durchgeführt, zu dessen Gunsten die meisten Kriterien sprechen und der die Einleitung der Strafverfolgung nicht bloss vorgibt. Sollte eine solche Gewichtung im zwischenstaatlichen Konsens nicht möglich sein, wird (subsidiär) danach entschieden, in welchem Staat der Schwerpunkt des Deliktes liegt. Als Grundregel sollte dieser dort gesehen werden, wo die als Täter in Betracht kommende Person unter persönlicher Anwesenheit gehandelt (aktives Tun oder Unterlassen) bzw. dazu unmittelbar angesetzt (Versuchsdelikt) hat (Tathandlungs-Grundregel). Damit wird zugleich dem wohl gewichtigsten Anknüpfungsprinzip des sog. Internationalen Strafrecht, dem Territorialitätsprinzip, ein Stück weit Rechnung getragen[1481].

• Welches die grundsätzlich *verfolgungsberechtigten* Staaten sind, wird nach den Anknüpfungsgrundsätzen des sog. Internationalen Strafrechts bestimmt[1482].

• Die Strafverfolgung ist *tatsächlich eingeleitet*, wenn von einem Strafrechtspflegeorgan eine Massnahme getroffen worden ist, die nicht nur Verdachtsermittlungsmassnahme und keine Alibi-Verfolgung ist[1483].

[1476] Vgl. D. IV. 2. dieses Kapitels.

[1477] Vgl. D. IV. 1. und 2. dieses Kapitels.

[1478] Vgl. D. IV. 1. dieses Kapitels.

[1479] Vgl. D. IV. 1. dieses Kapitels.

[1480] Vgl. D. IV. 1. dieses Kapitels.

[1481] Vgl. D. IV. 2. dieses Kapitels.

[1482] Vgl. B. I. und II. im 1. Kapitel dieser Arbeit.

Dabei ist zu beachten, dass der (umstrittene) Begriff *derselben Tat*, der in allen ne-bis-in-idem-Bestimmungen eine Rolle spielt, noch zu berücksichtigen ist. Wie erwähnt[1484], ist in dieser Arbeit die erforderliche umfangreiche Behandlung des Tatbegriffs nicht mehr möglich. Dieses muss als eigenständiges Thema einer weiteren wissenschaftlichen Analyse vorbehalten bleiben.

Zentraler Gedanke der voranstehenden Ausführungen ist, das sollte deutlich geworden sein, dass der ne-bis-in-idem-Grundsatz um einen Abwägungsmechanismus mit subsidiärem Final-Kriterium ergänzt wird, der zur Vermeidung von Parallel- bzw. Simultanverfahren den ausschliesslich strafberechtigten Staat durch eine Gewichtung von personen-, prozess- und staatsbezogenen Interessen bestimmt.

Da bei konsequenter Anwendung einer einzelfallorientierten (über)individuellen Kriterien-Gewichtung Doppel*bestrafungen* schon mangels doppelter Straf*verfolgung* theoretisch ausgeschlossen sind, könnte eine Aufhebung „klassischer" Doppel*bestrafungs*verbote, z.B. von Art. 54 SDÜ, in Erwägung gezogen werden[1485]. Nicht übersehen werden darf jedoch, dass das Risiko bleibt, dass Staaten ihrer Absprachepflicht nicht nachkommen. Um bei einem „Versagen" des beschriebenen Konsultationsmechanismus wenigstens die Folgen einer Mehrfachverfolgung – sprich doppelte Bestrafung – eindeutig auszuschliessen, wird hier an der deutlichen Normierung eines „klassischen" Doppelbestrafungsverbotes festgehalten und „nur" die vorerwähnte Ergänzung des ne-bis-in-idem-Grundsatzes (statt dessen Ersetzung) bevorzugt.

V. Ergebnisse und Konsequenzen

Ausgangspunkt der Überlegungen in diesem Abschnitt war die Feststellung, dass selbst ein universelles ne-bis-in-idem-Prinzip, im formell und materiell ganz weit verstandenen Sinn, keine hinreichende Lösung zur Vermeidung transnationaler Doppel*verfolgungen* bietet. Dieses deshalb nicht, weil der ne-bis-in-idem-Grundsatz seinem allgemeinen Verständnis nach eine doppelte Strafverfolgung (und Bestrafung) erst ausschliesst, wenn eine Erstentscheidung ergangen ist. Bis zu diesem Zeitpunkt besteht die Gefahr, dass es zwischenstaatlich zu *parallel bzw. simultan* geführten Strafverfahren kommt.

1483 Vgl. D. IV. 2. dieses Kapitels.

1484 Vgl. B. I. im 1. Kapitel dieser Arbeit.

1485 Vgl. Art. 9 des Rahmenentwurfs für die Anwendung des ne-bis-in-idem-Prinzips (2003), der dies vorsieht.

Damit diese Konkurrenzsituation nicht durch einen zwischenstaatlichen Wettstreit um die Aufnahme der Strafverfolgung oder eine (indirekte) Rechts-Wahl aufgelöst wird, sollte für die Problemsituation ein Lösungsansatz gefunden werden, der sich an sinnvollen Sachkriterien orientiert. Die bisher in Literatur und Praxis vorherrschenden Konzepte konnten aus theoretischen und/oder praktischen Erwägungen als unzureichend aufgezeigt werden. Deshalb wurde hier – unter Einbezug des neu(er)en rechtswissenschaftlichen Schrifttums – eine *(über)individuell-konkrete Kriterien-Gewichtung* angedacht, um den von vornherein ausschliesslich straf(verfolgungs)-berechtigten Staat zu ermitteln. Danach sollte im konkreten Einzelfall, anhand einer Abwägung verschiedener personenbezogener (Täter und Opfer) – also: individueller – und prozess- und staatsbezogener – also: überindividueller – Kriterien, der einzig strafberechtigte Staat bestimmt werden, sobald transnational mehrere auf dem sog. Internationalen Strafrecht basierende Strafansprüche miteinander konkurrieren. Dieser Prozess der zwischenstaatlichen Konsensbildung sollte durch eine zentrale Koordinationsstelle begleitet werden, bei der ein zentrales Strafregister geführt wird. Als sachgerechter Zeitpunkt für das Einleiten dieses zwischenstaatlichen Konsensbildungsprozesses konnte die Zuschreibung der Beschuldigteneigenschaft ermittelt werden, um nicht schon parallel geführte Verdachtsermittlungsmassnahmen zu verunmöglichen. Idealerweise sollte die Koordinationsstelle zudem die Kompetenz besitzen, ein Internationales Strafgewaltgericht als letztentscheidende Konfliktentscheidungsinstanz anzurufen.

Die Einrichtung eines Strafgewaltgerichtshofs als ultima ratio wurde jedoch als mittelfristig nicht umsetzbar eingestuft. Deshalb wurde in Erwägung gezogen, den Kriterienkatalog für die (über)individuell-konkrete Kriterien-Gewichtung um ein *subsidiäres Final-Kriterium* zu ergänzen. Dieses würde (nur) im Falle, dass unter Abwägung personen-, staats- und prozessbezogener Interessen kein zwischenstaatlicher Konsens hinsichtlich des zur Strafverfolgung einzig berechtigten Staates hergestellt werden kann, letztendlich den Ausschlag geben. Angedacht wurde, bei fehlender zwischenstaatlicher Konsensbildung, dem Staat die Strafverfolgungskompetenz zu verleihen, in dem der *deliktische Schwerpunkt* liegt. Dieses dürfte in den meisten aller Fälle der Tatortstaat sein, da dort die Straftat i.d.R. am gravierendsten gespürt wird. Aufgrund der Weite des juristischen Tatortbegriffes wäre in der Folge das Kriterium des deliktischen Schwerpunkts dann aber derselben Kritik ausgesetzt wie das Territorialitätsprinzip. Ein einziger Tatortstaat bzw. deliktischer Schwerpunkt liesse sich in einer Vielzahl von Fällen nicht bestimmen. Deshalb wurde angedacht, das Verständnis des Kriteriums „deliktischer Schwerpunkt“ aus seiner Abhängigkeit von der Verschiedenheit der unterschiedlichen Rechtssysteme und vor allem der juristischen Fachsprache zu lösen und ein an der Allgemeinsprache orientiertes (einfacheres) Verständnis zugrunde zu legen. Nach diesem liegt der Tatort dort, wo die als

Täter in Frage kommende natürliche Person unter persönlicher Anwesenheit eine Tathandlung (Tun oder Unterlassen) vorgenommen bzw. dazu unmittelbar angesetzt (Versuchsdelikt) hat. Da es praktisch nahezu ausgeschlossen ist, dass eine natürliche Person gleichzeitig in zwei Staaten anwesend ist und handelt (oder zuerst hätte handeln sollen), könnten auf der Grundlage eines allgemeinsprachlich interpretierten (subsidiären) Final-Kriteriums (deliktischer Schwerpunkt) konkurrierende Strafverfolgungsberechtigungen letztendlich auf einen singulär verfolgungsberechtigten Staat reduziert werden. Als Grundregel könnte daher die „persönliche Handlungsanwesenheit" der natürlichen Person das massgebliche Kriterium zur Bestimmung des Tatortes und damit des deliktischen Schwerpunkts sein (*Tathandlungs-Grundregel*). Auf den Ort des Taterfolges abzustellen hat sich als nicht sinnvoll erwiesen, da es auch bei engstem Verständnis dieses Begriffes nicht möglich erscheint, den Erfolgsort sicher nur in einem Staat zu lokalisieren.

Im Ergebnis wird vorgeschlagen, das „klassische" Doppelbestrafungsverbot um ein weiteres Verbot zu ergänzen, welches es verbietet, überhaupt simultan geführte Strafverfahren einzuleiten. Einfach nur ein solches Verbot aufzustellen, hiesse jedoch einen zwischenstaatlichen Wettstreit um die Aufnahme der Strafverfolgung zu entfesseln. Deshalb sollte dieses Verbot so ausgestaltet sein, dass es das Einleiten einer Strafverfolgung verbietet, vorausgesetzt eine im zwischenstaatlichen Konsens getroffene Abwägung von personen-, prozess- und staatbezogenen Interessen ergibt, dass die Strafverfolgung wegen derselben Tat besser in einem anderen verfolgungsberechtigten Staat durchgeführt wird. Der Prozess dieser Konsensfindung sollte nach dem Gesagten einer *(über)individuell-konkreten Kriterien-Gewichtung mit subsidiärem Final-Kriterium* folgen, wobei letzteres anhand der dargelegten *Tathandlungs-Grundregel* (persönliche Handlungsanwesenheit) interpretiert werden sollte. Kurz gesagt wird vorgeschlagen, das ne-bis-in-idem-Prinzip um eine Streit-Abwägungs-Funktion fortzuentwickeln.

Das dargelegte Modell einer (über)individuell-konkreten Kriteriengewichtung, ergänzt um das subsidiäre Final-Kriterium des deliktischen Schwerpunkts, welches in seiner Interpretation einer Tathandlungs-Grundregel folgt, sollte – wie aufgezeigt – in der Lage sein, eine parallel bzw. simultan betriebene Strafverfolgung zu verhindern. In Bezug auf die zu Beginn dieser Arbeit herausgearbeitete Aufgaben- und Fragestellung wird damit ein Beitrag zu der auf der sog. Sekundärebene angesiedelten Problematik geleistet. Unter dem Gesichtspunkt der Entwicklung der dieser Arbeit zugrunde gelegten Aufgaben- und Fragestellung (1. Kapitel) ist deutlich geworden, dass die strafanspruchbegründenden Anknüpfungsprinzipien des sog. Internationalen Strafrechts jeweils für sich, aber auch in ihrem Zusammenwirken, das Risiko normieren, transnational von (mindestens) doppelter Strafverfolgung und Bestrafung betroffen zu werden. Unter Beachtung des Wortsinns des Begriffs „Doppelung" wurde dieses Risiko auf zwei Problem- bzw. Gefahrenkreise konkretisiert. Da der Wortsinn des Adjektivs „doppelt" zum einen „zweifach" und „noch einmal" und zum anderen „paarweise" und „gepaart" bedeutet, wurde gefolgert, dass eine duplizierte Strafverfolgung für den Betroffenen erstens bedeuten kann, wiederholt – d.h. iterativ – einem Strafverfahren ausgesetzt zu sein und zweitens, dass er paarweise – also parallel bzw. simultan – verfolgt wird. Das Gefahrenpotenzial von doppelter Strafverfolgung und Bestrafung ist demnach vordergründig und leicht einsichtig vom Risiko einer iterativen Strafverfolgung und Bestrafung gekennzeichnet (Primärebene). Als etwas weniger offensichtlich wurde die Gefahr bewertet, dass es nicht bloss *nach* abgeschlossener Strafverfolgung zu einem erneuten – also iterativ geführten – Strafverfahren (ggf. mit erneuter Bestrafung) kommt, sondern dass aufgrund von vornherein zwischenstaatlich widerstreitenden Straf-Kompetenzen die Strafverfolgung durch *simultane* Strafverfahren betrieben wird (Sekundärebene). Wie erläutert, war diese auf einer Sekundärebene des Problembereichs doppelte Strafverfolgung lokalisierte Problematik Gegenstand der voranstehenden Ausführungen. Im Ergebnis sollte ihr – wie aufgezeigt – durch die Ergänzung bzw. Fortentwicklung des ne-bis-in-idem-Grundsatzes um eine Streit-Abwägungs-Funktion begegnet werden. Damit wird der zu Beginn dieser Arbeit als (letzte) Arbeits-These aufgestellten Forderung, von vornherein eine zwischenstaatliche simultane Strafverfolgung zu verhindern[1486], Genüge getan.

E. Ergebnis

Ausgangspunkt der im dritten Kapitel angestellten Betrachtung war die aus dem zweiten Kapitel hervorgegangene Feststellung, dass Art. 54 SDÜ nach seiner Integration in den Rahmen der EU das derzeit territorial, sachlich und inhaltlich weitest reichende zwischenstaatliche Verbot doppelter Strafverfolgung und Bestrafung normiert. Die jeweils unterschiedliche Interpretation des in Art. 54 SDÜ enthaltenen Merkmals >rechtskräftige Aburteilung< durch deutsche Gerichte verschiedener Instanzen hat beispielhaft demonstriert, dass die rechtliche Bedeutung dieses Merkmals nicht ohne Weiteres (sprich Auslegung) offensichtlich und eindeutig erkennbar ist. Unter Berücksichtigung der im rechtswissenschaftlichen Schrifttum vorgetragenen Argumente konnte aufgezeigt werden, dass nur ein möglichst extensives Verständnis des Merkmals >Aburteilung< sachgerecht ist. Dass eine restriktive Interpretation (so die dargelegte bisherige Tendenz in der deutschen Rechtsprechung) nicht angemessen ist, hat – wie aufgezeigt – unlängst auch der EuGH in seiner jüng-

[1486] Vgl. D. im 1. Kapitel dieser Arbeit.

sten Rechtsprechung erkennen lassen. Wenn es demgemäss für die Anwendbarkeit von Art. 54 SDÜ nicht auf die formale Gestalt einer Entscheidung ankommt, so wurde gefolgert, dann kann nach dem Wortlaut dieser Vorschrift allein massgeblich sein, ob die Entscheidung in *Rechtskraft* erwächst. Um festzustellen, ob die fragliche Entscheidung einen rechtskraftbewirkenden Charakter hat, wurden vier Denk-Alternativen in Betracht gezogen: (a) Zwischenstaatliche Rechtskraft-Anerkennung, (b) Beurteilung der Rechtskraft der Erst-Entscheidung nach nationalem Recht des Zweitverfolgerstaates, (c) Beurteilung der Rechtskraft auf der Grundlage eines den Betroffenen bestmöglich protegierenden Ansatzes, der die beiden vorbenannten Denk-Alternativen vereint und (d) Ermittlung eines allgemeinen (Mindest)Standards. Hinsichtlich der ersten drei Denk-Alternativen musste jedoch festgestellt werden, dass diese nicht „Einwand-frei" praktikabel sind. Sodann wurde unter Einordnung des Rechtsinstituts der materiellen Rechtskraft in die eigentliche Aufgabe der Strafrechtspflege im Ergebnis deutlich, dass ein allgemeiner Standard für die Beurteilung der zwischenstaatlichen Rechtskraftwirkung von Entscheidungen vom „Wiederaufnahme-Recht" her gefunden werden sollte. Da „europaweit" Konsens darüber herrscht, dass die Entscheidungsform >Sachurteil< als rechtskräftige Entscheidung von Art. 54 SDÜ erfasst wird und eine transnationale ne-bis-in-idem-Wirkung auslöst, wurden die für sie geltenden „Wiederaufnahme-Regeln" zur Bestimmung des vorerwähnten allgemeinen Standards als „Leitidee" zugrunde gelegt. Begründet werden konnte, dass es sich anbietet, im Sinne eines „europaweit" minimalen gemeinsamen Nenners, eine Entscheidung immer dann als rechtskräftig im Sinn von Art. 54 SDÜ zu werten, wenn das ihr zugrunde liegende Verfahren bereits bei Vorliegen neuer Tatsachen (als niedrigste Hürde) wieder aufgenommen werden darf. Um das Problem der zwischenstaatlichen Inkompatibilität von Entscheidungen zu umgehen, sollte dies seitens des potenziellen Zweitverfolgerstaates anhand der Rechtsordnung des Erstverfolgerstaates beurteilt werden. Dabei (sicher) auftretende Rechtsanwendungs- und Sprachprobleme sollten zukünftig mit Hilfe der neu geschaffenen europäischen Dokumentations- und Clearingstelle „Eurojust" lösbar sein. Nach dem in dieser Arbeit ermittelten Interpretationsergebnis liegt damit eine >rechtskräftige Aburteilung< im Sinn von Art. 54 SDÜ vor, wenn durch eine zur Mitwirkung an der Strafrechtspflege berufene Behörde eine Entscheidung getroffen wurde, deren zugrunde liegendes Verfahren bereits bei Vorliegen neuer Tatsachen wieder aufgenommen werden darf. Letzteres ist – erforderlichenfalls im Wege permanent-multilateraler Kooperation mit „Eurojust" – anhand der Rechtsordnung des erstentscheidenden Staates festzustellen.

Mit einem solchen Verständnis würde zwar ein Beitrag zur Europäisierung des ne-bis-in-idem-Gedankens geleistet, doch wären trotz der territorialen Weite von Art. 54 SDÜ Doppelverfolgungen und -bestrafungen weder international noch europaweit sicher ausgeschlossen. Unter Bezugnahme auf eine Entscheidung des OLG Karlsruhe wurde deshalb angedacht, die „europaweiten Lücken“ im Anwendungsbereich von Art. 54 SDÜ *faktisch* über die Geltendmachung von Auslieferungshindernissen zu schliessen. Dabei ist deutlich geworden, dass auch nach der Neuregelung des Auslieferungsrechts durch den Rahmenbeschluss zum Europäischen Haftbefehl weiterhin auf Art. 9 EuAlÜbk abgestellt werden muss, weil die Bestimmungen zum Europäischen Haftbefehl in den problematischen Staatenbeziehungen, in denen Art. 54 SDÜ gerade nicht gilt, ebenfalls nicht zur Anwendung gelangen. Die Entscheidung des OLG Karlsruhe hat sichtbar werden lassen, dass das in Gestalt eines Auslieferungshindernisses in Art. 9 EuAlÜbk normierte ne-bis-in-idem-Prinzip zwar (zwingend oder fakultativ) in *bilateralen* Staatenverhältnissen rein faktisch eine mehrfache Strafverfolgung und Bestrafung zu verhindern in der Lage ist, jedoch wurde ebenso deutlich, dass in trilateralen (von Art. 54 SDÜ nicht erfassten) Staatenbeziehungen auch auf dem (Um)Weg der Geltendmachung von Auslieferungshindernissen eine doppelte Strafverfolgung und Bestrafung nicht verhindert werden kann. Um die Lücken im Geltungsbereich von Art. 54 SDÜ zu füllen, wurde anschliessend der im rechtswissenschaftlichen Schrifttum geäusserte Gedanke, Art. 54 SDÜ auch analog auf Nicht-Vertragsstaaten anzuwenden, aufgegriffen. Die für eine analoge Anwendung notwendige Rechtslücke konnte zwar festgestellt werden, doch hat die Betrachtung des Erfordernisses der Planwidrigkeit dieser Rechtslücke offenbart, dass – aufgrund des Sonderrechtscharakters von Art. 54 SDÜ – die Nichtanwendung dieser Norm auf nicht vom Anwendungsbereich dieser Vorschrift erfasste Staatenbeziehungen nicht *un*beabsichtigt erfolgt. Der Gedanke einer analogen Anwendung auf Nichtvertragsstaaten wurde deshalb verworfen und der im rechtswissenschaftlichen Schrifttum ebenfalls vertretene Gedanke, den ne-bis-in-idem-Grundsatz als *vertragliches* Menschenrecht zu verankern, verfolgt. Diese Forderung wird in der Literatur erhoben, weil die vertraglichen Menschenrechte der universalen und regionalen Menschenrechtsinstrumente (IPbpR u. EMRK) – im Gegensatz zum Völkergewohnheitsrecht – über eigene verfahrensrechtliche Durchsetzungsmechanismen verfügen. Dieser in der Literatur angedachte Weg, das Verbot doppelter Strafverfolgung und Bestrafung als vertragliche menschenrechtliche Garantie zu internationalisieren hat sich als gangbar erwiesen. Dieses unter der Voraussetzung, dass die überwiegende Zahl aller Staaten mittels Unterzeichnung eines weiteren Fakultativprotokolls zum IPbpR zum Ausdruck bringt, dass sie gewillt ist, diesem Verbot einen derart zwingenden Rang zuzuerkennen, dass es existierende zwischenstaatliche Auslieferungsverpflichtungen derart verdrängt, dass aus ihrer Beachtung keine Doppelverfolgungen und/oder -bestrafungen mehr folgen können. Festgestellt wurde, dass der Wortlaut von Art. 14 Abs. 7 IPbpR aber ohnehin als derart „interpretationsoffen“ betrachtet werden darf, dass er (in Zukunft) eine Auslegung zuliesse, die dem ne-bis-in-idem-Prinzip universelle Geltung verleihen würde.

In Bezug auf die zu Beginn in dieser Arbeit herausgearbeitete Aufgaben- und Fragestellung wird damit ein Beitrag zu der auf der sog. Primärebene angesiedelten Problematik geleistet. Zur Erinnerung, diese betraf die Gefahr von iterativer Strafverfolgung im potenziellen Nachverfolgerstaat. Ein internationalisierter ne-bis-in-idem-Grundsatz kann (zumindest) bewirken, dass *ab* dem Vorliegen eines justiziellen Erkenntnisses über ein und dieselbe Tat eine weitere (wiederholte) und damit iterative Strafverfolgung und Bestrafung ein und desselben Täters international ausgeschlossen wird. Selbst ein universelles ne-bis-in-idem-Prinzip, im formell und materiell ganz weit verstandenen Sinn, bietet jedoch keine hinreichende Lösung zur Vermeidung transnationaler Doppel*verfolgungen*. Dieses deshalb nicht, weil der ne-bis-in-idem-Grundsatz seinem allgemeinen Verständnis nach eine doppelte Strafverfolgung (und Bestrafung) erst ausschliesst, wenn eine Erstentscheidung ergangen ist. *Bis* zu diesem Zeitpunkt besteht die Gefahr, dass es zwischenstaatlich zu *parallel bzw. simultan* geführten Strafverfahren kommt. Damit diese Konkurrenzsituation nicht durch einen zwischenstaatlichen Wettstreit um die Aufnahme der Strafverfolgung oder eine (indirekte) Rechts-Wahl aufgelöst wird, wurde angedacht, einen Lösungsansatz zu finden, der sich an sinnvollen Sachkriterien orientiert. Im Ergebnis wird vorgeschlagen, das „klassische" Doppelbestrafungsverbot um ein weiteres Verbot zu ergänzen, welches verbietet, überhaupt simultan geführte Strafverfahren einzuleiten. Dieses Verbot sollte so ausgestaltet sein, dass es das Einleiten einer Strafverfolgung untersagt, vorausgesetzt eine im zwischenstaatlichen Konsens getroffene Abwägung von personen-, prozess- und staatbezogenen Interessen ergibt, dass die Strafverfolgung wegen derselben Tat besser in einem anderen verfolgungsberechtigten Staat durchgeführt wird. Der Prozess dieser Konsensfindung sollte – wie ausführlich begründet – einer *(über)individuell-konkreten Kriterien-Gewichtung mit subsidiärem Final-Kriterium* folgen, wobei letzteres anhand der dargelegten *Tathandlungs-Grundregel* (persönliche Handlungsanwesenheit) interpretiert werden sollte.

In Bezug auf die zu Beginn dieser Arbeit herausgearbeitete Aufgaben- und Fragestellung wird damit ein Beitrag zu der auf der sog. Sekundärebene angesiedelten Problematik geleistet. Zur Erinnerung, das Gefahrenpotenzial von doppelter Strafverfolgung und Bestrafung ist vordergründig und leicht einsichtig vom Risiko einer iterativen Strafverfolgung und Bestrafung gekennzeichnet (Primärebene). Als etwas weniger offensichtlich wurde die Gefahr bewertet, dass es nicht bloss *nach* abgeschlossener Strafverfolgung zu einem erneuten – also iterativ geführten – Strafverfahren (ggf. mit erneuter Bestrafung) kommt, sondern dass aufgrund von vornherein zwischenstaatlich widerstreitenden Straf-Kompetenzen die Strafverfolgung durch *simultane* Strafverfahren betrieben wird (Sekundärebene). Dieser letztgenannten Gefahr kann durch den vorerwähnten Lösungsansatz begegnet werden.

Schlussbetrachtung: Zusammenfassung und Ausblick

Anknüpfungspunkt der in dieser Arbeit aufgegriffenen Problematik war die (einleitende) Feststellung, dass die Kriminalitätsentwicklung von einer zunehmenden Internationalisierung gekennzeichnet ist. Die zwischenstaatliche Dimension der Straftatbegehung konfrontiert den von der Strafverfolgung Betroffenen mit dem Risiko, transnational mehrfach (mindestens doppelt) verfolgt und bestraft zu werden. Dieses deshalb, weil die Anknüpfungsprinzipien des sog. Internationalen Strafrechts zu einer zwischenstaatlichen Vervielfältigung nationaler Strafansprüche führen. Aus dem Überlappen nationaler Strafgewalten resultiert für den Straftäter bei Delikten mit Auslandsbezug die Gefahr wegen ein und derselben Tat in mehreren Staaten entweder iterativ (wiederholt) und/oder simultan (parallel) verfolgt zu werden. Diese Gefahr hat sich als lösungsbedürftiges Rechtsproblem erwiesen, weil sie in Konflikt gerät mit wesentlichen Schutzpflichten und Fundamentalprinzipien eines Rechtsstaates.

Für die Lösung dieser Problematik wurde mit der Erarbeitung eines möglichen Verständnisses des "europaweit" weitest reichenden – aber in seiner Auslegung umstrittenen – Doppelverfolgungs- und -bestrafungsverbots (Art. 54 SDÜ) begonnen. Dieses deshalb, um zunächst (wenigstens) eine "Europäisierung" dieses Verbots zu erreichen. Deutlich wurde, dass eine *extensive* Interpretation des umstrittenen Begriffspaars >rechtskräftige Aburteilung< sachgerecht ist. Dieser zufolge führen transnational diejenigen Entscheidungsformen zum Strafklageverbrauch, deren zugrunde liegendes Verfahren – als niedrigst zulässige Hürde – bereits bei Vorliegen neuer Tatsachen wieder aufgenommen werden kann; letzteres beurteilt nach dem Recht des Erstverfolgerstaates. Ein solches Verständnis hat sich – worin ein wesentlicher Neuigkeitsgehalt liegt – als im Einklang mit der Rechtsprechung des EuGH stehend erwiesen. Dieser hat sich im Jahr 2003 erstmals mit der Auslegung von Art. 54 SDÜ befasst. Festgestellt wurde jedoch, dass diese Vorschrift des Schengener Durchführungsübereinkommens weder europaweit und schon gar nicht international, eine *iterative* Strafverfolgung und -bestrafung ausschliessen kann. Möglichkeiten einer Internationalisierung des ne-bis-in-idem-Grundsatzes wurden deshalb angedacht. Im Ergebnis wurde der im Schrifttum vertretene – aber nicht diskutierte – Vorschlag einer analogen Anwendung auf Nichtvertragsstaaten verworfen. Der weitere Vorschlag aus der Literatur, ein solches Verbot als vertragliche menschenrechtliche Garantie zu verankern, wurde als (derzeit) aussichtsreicher bewertet. Aufgezeigt wurde, dass jedoch auch ein internationalisierter ne-bis-in-idem-Grundsatz *Simultanver-*

fahren nicht verhindert. Zur Lösung dieses Problems – und als wesentliche Neuerung – wird daher die Fortentwicklung des ne-bis-in-idem-Prinzips um eine sog. *(über)individuell-konkrete Kriterien-Gewichtung mit subsidiärem Final-Kriterium* vorgeschlagen, wobei die Auslegung von letzterem einer sog. *Tathandlungs-Grundregel* (persönliche Handlungsanwesenheit) folgt.

Zwecks Erarbeitung des soeben skizzierten Gesamtergebnisses wurde methodisch ein Weg beschritten, der auf der Grundlage eines entwickelten Drei-Schritts im ersten Kapitel (also in einem ersten Schritt) die zu behandelnde Problematik sichtbar gemacht und die Notwendigkeit für die Erarbeitung einer Problemlösung rechtlich begründet hat (Erkenntnis-Prozess). In einem darauf folgenden zweiten Schritt (2. Kapitel) wurde eine Bewertung des einschlägigen derzeit geltenden Rechts vorgenommen, um zu eruieren, inwieweit dieses bereits einen Beitrag zu der herausgearbeiteten Problematik leisten kann (Kontroll-Prozess). Weil unter Nutzbarmachung geltender Rechtsvorschriften keine befriedigende Lösung für die erarbeitete Problematik gefunden werden konnte, wurden in einem dritten Schritt (3. Kapitel) Ansätze für die Präzisierung bzw. Konkretisierung und Fortentwicklung des geltendes Rechts angedacht und aufgezeigt (Korrektur-Prozess). Diese Vorgehensweise – der Drei-Schritt – war zweckmässig, weil sie mit Blick auf die entwickelte Aufgaben- und Fragestellung zu den vorab skizzierten Erkenntnissen und Einsichten geführt hat. Zum methodischen Vorgehen und den damit erarbeiteten Ergebnissen nun noch einmal im Einzelnen:

Im ersten Kapitel wurde die Problematik im Detail sichtbar. Es wurde klar, dass die Anknüpfungsprinzipien des sog. Internationalen Strafrechts sowohl jeweils für sich als auch in ihrem Zusammenwirken zu einer zwischenstaatlichen Vervielfältigung nationaler Strafansprüche führen. Aus dieser transnationalen Konkurrenz nationaler Strafkompetenzen resultiert für den Strafverfolgten das Risiko, "Objekt" einer (mindestens) doppelten zwischenstaatlichen Strafverfolgung zu werden. Es wurde weiter präzisiert, dass der von der Strafverfolgung Betroffene zwei Gefahrenkreisen ausgesetzt ist. Erstens besteht für ihn das Risiko (erst) *nach* abgeschlossener Strafverfolgung im Erstverfolgerstaat von einer *iterativ* (d.h. wiederholt) geführten Strafverfolgung und Bestrafung im Nachverfolgerstaat betroffen zu werden (primäre Problematik). Zweitens birgt der zwischenstaatliche Widerstreit nationaler Strafgewalten die Gefahr, (schon) von *vornherein* von *Simultan*verfolgungen (d.h. Parallelverfahren) in unterschiedlichen Staaten betroffen zu werden (sekundäre Problematik). Herausgestellt hat sich, dass diese Risiken zumindest in einem gewissen Spannungsverhältnis zum Grundsatz von nur "einmaliger" Strafverfolgung stehen, dem sich die allermeisten Rechtsordnungen zumindest auf *nationaler* Ebene verpflichtet sehen und der im Grundsatz "ne bis in idem" (nicht zweimal wegen desselben) Ausdruck findet. Das

Spannungsverhältnis aufzulösen hat sich (im ersten Kapitel) als rechtlich notwendig erwiesen, weil die angesprochene Gefahr zwischenstaatlich duplizierter Strafverfolgung und Bestrafung wesentlichen Schutzpflichten und fundamentalen Prinzipien eines Rechtsstaates widerspricht. Konflikte wurden insbesondere im Hinblick auf den Schutz des allgemeinen Persönlichkeitsrechts und den der Menschenwürde sowie in Bezug auf den staatlichen Schutz vor Straftaten deutlich. Zudem ist sichtbar geworden, dass zwischenstaatlich duplizierte Strafverfolgung dem Gebot der Gerechtigkeit, dem der Rechtssicherheit und dem der Verhältnismässigkeit widerspricht. Ein Widerspruch zwischen iterativ oder simultan betriebener transnationaler Strafverfolgung und -bestrafung wurde darüber hinaus im Hinblick auf den Grundsatz der Einheitlichkeit des Verfahrens und das Rechtsstaatsprinzip deutlich. Dieses Gegenüber von zwischenstaatlich konkurrierenden nationalen Strafverfolgungskompetenzen – die das Risiko iterativ und/oder simultan geführter Strafverfahren begründen – *einerseits* und die rechtlich begründete Notwendigkeit zur zwischenstaatlichen Beachtung des ne-bis-in-idem-Grundsatzes *andererseits*, hat zu einer (kaum überschaubaren) Fülle von Doppelverfolgungs- und -bestrafungsverboten in internationalen Abkommen und Verträgen geführt. Zuletzt erlangte Art. 54 SDÜ durch die Überführung des sog. Schengener Besitzstandes in das Recht der EU durch den Amsterdamer Vertrag im Jahr 1999 eine EU-weite Geltung.

Zu der insoweit entwickelten Problematik wurde ein Lösungsvorschlag erarbeitet. Dieser wurde zunächst in vier Thesen aufgezeigt. Die Überprüfung der Thesen hat zu einzelnen Ergebnissen geführt, die nachfolgend zusammengefasst werden. Zum besseren Verständnis wird die entsprechende Arbeits-These den nachfolgend resümierten Einzelergebnissen jeweils vorangestellt.

• *These 1*: Die dargelegte und infolge einer Vielzahl von Anknüpfungsprinzipien im sog. Internationalen Strafrecht bestehende zwischenstaatliche Konkurrenz nationaler Strafansprüche lässt vermuten, dass existierende *einzelstaatliche* Normierungen des Grundsatzes ne bis in idem – ausserhalb des sog. "klassischen" Internationalen Strafrechts – die zwischenstaatliche Einmaligkeit der Strafverfolgung nicht zu gewährleisten vermögen.

Im Anschluss an die Explikation des für diese Arbeit zentralen Prinzips "ne bis in idem" wurde in einem zweiten Schritt betrachtet, welche einzelstaatliche Normierung eines Doppelverfolgungs- und -bestrafungsverbots bereits eine transnationale "Einmaligkeit" der Strafverfolgung und Bestrafung zu gewährleisten vermag (2. Kapitel). Untersucht wurde in diesem Zusammenhang, in welcher Reichweite nationale Rechtsvorschriften bereits ein zwischenstaatliches Verbot mehrfacher Strafverfolgung und Bestrafung vorsehen. Auf *nationaler* Ebene wurden, um den ermittelten

Befund nicht sogleich dem Vorwurf auszusetzen, ein Einzelfallergebnis zu sein, insgesamt drei Rechtsordnungen – die Deutschlands, Österreichs und der Schweiz – betrachtet. Dabei wurde offenbar, dass weder verfassungsrechtliche noch straf(verfahrens)rechtliche Bestimmungen und auch nicht die Vorschriften des jeweiligen Rechtshilferechts umfassende, echte ne-bis-in-idem-Bestimmungen mit transnationaler Wirkung vorsehen.

Mit der gebotenen Vorsicht, weil nur drei Rechtsordnungen einbezogen wurden, wurde der Schluss gezogen, dass nationale Rechtsordnungen im Regelfall (Ausnahmen sind möglich) keine Vorschriften vorsehen, die – erstens – ausdrücklich ein transnationales Doppelverfolgungs- und -bestrafungsverbot normieren und das – zweitens – die existierenden Vorschriften, die wenigstens den ne-bis-in-idem-*Gedanken* aufgreifen, auch nicht mittelbar (faktisch) eine *umfassende* Umsetzung dieses Verbots gewährleisten können. Maximal sehen sie ein zwischenstaatliches Doppelverfolgungs- und -bestrafungsverbot unter gewissen Einschränkungen vor. Die These 1 hat damit eine Bestätigung erfahren.

• *These 2*: Die angesprochene – ständig neue – Normierung eines transnationalen Doppelverfolgungs- und -bestrafungsverbots in internationalen Abkommen und Verträgen, zuletzt problematisch in Art. 54 SDÜ, lässt annehmen, dass auch die existenten *transnationalen* Normierungen des Grundsatzes ne bis in idem in internationalen Abkommen und Verträgen kein effektives Verbot duplizierter Strafverfolgung und -bestrafung gewähren.

Auf *zwischenstaatlicher* Ebene wurden supranationale Übereinkommen und Übereinkommen des Europarates und der Europäischen Union untersucht. Herausgestellt hat sich, dass Art. 54 SDÜ *territorial* betrachtet in Europa die weitest reichende Normierung eines zwischenstaatlichen ne-bis-in-idem-Grundsatzes ist, *sachlich* sowohl Doppelverfolgungen als auch Doppelbestrafungen zu vermeiden sucht und mit der Formulierung „Aburteilung“ (nicht: Urteil) *inhaltlich* nicht offensichtlich nur bestimmte Entscheidungsformen erfasst und auch Drittstaaten-Erkenntnisse nicht ausschliesst. Festgestellt wurde, dass Art. 54 SDÜ „europaweit“ als die Zentralvorschrift für die Vermeidung einer mehrfachen Strafverfolgung und Bestrafung eines Täters wegen derselben Tat bezeichnet werden darf. Da jedoch auch der territoriale Anwendungsbereich dieser Vorschrift begrenzt ist, wurde in Bestätigung von These 2 gefolgert, dass es bisher nicht gelungen ist, ein universelles Verbot doppelter Strafverfolgung und Bestrafung zu normieren.

• *These 3*: Die aufgezeigte rechtliche Notwendigkeit der Beachtung eines grenzüberschreitenden Verbots doppelter Strafverfolgung und Bestrafung macht es erforderlich, dass das Verständnis von bereits existierenden Vorschriften *praxisgerecht europäisiert* und darüber hinaus *internationalisiert* wird.

Die insoweit angestellte Betrachtung hat zum Ergebnis geführt, dass momentan Art. 54 SDÜ die "europaweit" umfassendste Normierung des ne-bis-in-idem-Prinzips ist, so dass diese Vorschrift – zunächst (nur) mit Blick auf These 3 – zum zentralen Gegenstand der Betrachtung gemacht wurde. Wegen der (im ersten Kapitel) rechtlich begründeten Notwendigkeit der Beachtung eines grenzüberschreitenden Verbots doppelter Strafverfolgung und -bestrafung wurde im dritten Kapitel (also in einem dritten Schritt) untersucht, wie das Verständnis von Art. 54 SDÜ, praxisgerecht *europäisiert* und darüber hinaus *internationalisiert* werden kann. Dieses im Hinblick darauf, dass diese Vorschrift einen Beitrag zu den beiden eingangs herausgearbeiteten Problemkreisen liefern sollte. Zur Erinnerung, diese beinhalten zum einen das Problem einer iterativ (wiederholt) geführten Strafverfolgung und Bestrafung und zum anderen das Problem von Simultanverfahren (Parallelverfolgungen) im zwischenstaatlichen Kontext.

Ausgangspunkt für die unter dem Aspekt "Europäisierung des Grundsatzes ne bis in idem" angestellte Betrachtung war die Feststellung, dass die rechtliche Bedeutung des in Art. 54 SDÜ enthaltenen Merkmals >rechtskräftige Aburteilung< nicht ohne Weiteres offensichtlich und eindeutig erkennbar ist. Dies hat die dargelegte jeweils unterschiedliche Interpretation durch deutsche Gerichte verschiedener Instanzen beispielhaft vor Augen geführt. Die daraufhin betriebene Auslegung des vorerwähnten Begriffspaars hat unter Berücksichtigung der im rechtswissenschaftlichen Schrifttum geäusserten Argumente zum Ergebnis geführt, dass nur ein extensives Verständnis des Merkmals >Aburteilung< sachgerecht ist. Dieses Ergebnis steht – wie ebenfalls dargelegt – in Widerspruch zu der bislang in der deutschen höchstrichterlichen Rechtsprechung erkennbaren Tendenz zu einem restriktiven Verständnis. Diesem zufolge sollen nur Gerichtsurteile – zumindest aber nur gerichtliche Entscheidungen – in den Anwendungsbereich von Art. 54 SDÜ fallen. Dass eine einengende Interpretation jedoch nicht sachgerecht ist, hat unlängst (im Jahr 2003) auch der EuGH in einer Entscheidung, in der er sich erstmals mit der Auslegung des vorerwähnten Merkmals beschäftigt, erkennen lassen. Unter Einordnung der vom EuGH vorgetragenen Argumente in die ermittelten einzelnen Interpretationsergebnisse und unter Bezugnahme auf die aufgezeigten Argumente aus der rechtswissenschaftlichen Literatur konnte nachvollziehbar gemacht und die – neue – Erkenntnis gewonnen werden, warum auch der EuGH der Auffassung folgt, dass das in Art. 54 SDÜ aufgestellte Doppelverfolgungs- und -bestrafungsverbot (zumindest) auch für zum Strafklageverbrauch führende Verfahren gilt, in denen eine – die Strafrechtspflege tangierende – Entscheidung seitens einer dazu befugten Behörde (Ermittlungs- oder Verwaltungsbehörde) getroffen worden ist. Auf das Erfordernis der "Abfederung" dieser extensiven Auslegung durch einen ordre public-Vorbehalt wurde hingewiesen.

Wenn es – im Sinne dieses Ergebnisses – für die Anwendbarkeit von Art. 54 SDÜ nicht auf die formale Gestalt bzw. die Form einer Entscheidung ankommt, dann kann – so wurde gefolgert – nach dem Wortlaut von Art. 54 SDÜ allein massgebend sein, ob die nicht einer konkreten Form bedürfende Entscheidung das Verfahren endgültig erledigt und mithin in *Rechtskraft* erwächst. Um festzustellen, ob die fragliche Entscheidung einen rechtskraftbewirkenden Charakter aufweist, wurden vier denkbare Alternativen angedacht. In Betracht gezogen wurde erstens eine Beurteilung nach dem Recht des erstverfolgenden bzw. *ersterkennenden Staates* (a), zweitens eine Beurteilung nach dem Recht des potenziellen Zweit- bzw. *Nachverfolgerstaates*, also desjenigen Staates, der die Sache erneut aufgreifen will (b) und drittens die Beurteilung auf der Grundlage eines den Betroffenen bestmöglich protegierenden Ansatzes, der *die beiden vorbenannten Denk-Alternativen vereint* (c) sowie viertens die Beurteilung auf der Grundlage eines *allgemeinen (Mindest)Standards* (d). Ziel der anschliessenden Überlegungen war es, notwendige Umsetzungsvoraussetzungen einer jeden Denk-Alternative zu erarbeiten und diesen (beispielhaft) mögliche Einwände entgegen zu setzen, um daraus die praktische Anwendbarkeit des jeweiligen Lösungsansatzes zu folgern.

Die Alternative (a) wurde auf den Gedanken der gegenseitigen Rechtskraft-Anerkennung zurückgeführt; eine Überlegung, die im Schrifttum vielfach übersehen wird. Danach beurteilt der potenzielle Zweitverfolgerstaat nach dem Recht des Erstverfolgerstaates, ob die in letzterem getroffene Entscheidung endgültig verfahrensbeendend ist. Faktisch erkennt der potenzielle Nachverfolgerstaat es also an, wenn der Erstverfolgerstaat seinem getroffenen Straferkenntnis das Prädikat „endgültig verfahrensbeendend“ verleiht. Aufgezeigt werden konnte, dass diese erste Denk-Alternative unter der Voraussetzung permanenter multilateraler Kooperation und der Flankierung durch einen auf Strafsachen spezialisierten Spruchkörper beim EuGH sowohl formell als auch materiell geeignet ist, darüber zu befinden, ob eine Entscheidung im zwischenstaatlichen Kontext als rechtskräftig zu betrachten ist. Als Einwand gegen den Gedanken der zwischenstaatlichen gegenseitigen Rechtskraft-Anerkennung konnte jedoch aufgezeigt werden, dass er die Problematik divergierender Rechtskraftqualitäten von vergleichbaren Entscheidungen ungelöst lässt und damit das Wirksamwerden des Doppelverfolgungs- und -bestrafungsverbots aus Art. 54 SDÜ davon abhängig macht, wo „zufällig“ die Erstverfolgung stattfindet.

Im Rahmen der anschliessend erörterten zweiten Denk-Alternative (b) konnte veranschaulicht werden, dass nicht jeweils zu einer im Ausland ergangenen Entscheidungsform im Inland auch ein formell analoges Entscheidungs-Pendant existiert. Gerade dies wäre aber – wie aufgezeigt wurde – u.a. Voraussetzung dafür, dass die Rechtskraft der im Erstverfolgerstaat ergangenen Entscheidung anhand der Rechtsvorschriften des potenziellen Zweit- bzw. Nachverfolgerstaats beurteilt werden kann. Da im Ergebnis die für die zweite Denk-Alternative notwendige Voraussetzung damit nicht erfüllt war, hat sich dieser Lösungsansatz ebenfalls als nicht praktikabel erwiesen.

Ausgehend von der begründeten Feststellung, dass sowohl die erste behandelte Denk-Alternative (a) als auch das zweite aufgezeigte Gedankenmodell (b) je für sich nicht „Einwand-frei“ praktikabel sind, um über die zwischenstaatliche Rechtskraftwirkung einer Entscheidung zu befinden, wurden beide Denk-Ansätze zu einem – neuen – Vereinigungsmodell verbunden. Dieses in der Erwartung, dass unter Anwendung *entweder* der Variante (a) *oder* unter Anwendung der Variante (b) stets die Lösung zum Tragen kommt, die dem Betroffenen garantiert, in den „Genuss“ des Verbots von doppelter Strafverfolgung und Bestrafung zu gelangen. Dieses Prinzip wurde hier als „entweder-oder-Ausschlussprinzip“ bezeichnet. In Bezug auf diese dritte Denk-Alternative hat sich herausgestellt, dass bei seiner Anwendung die räumliche Weite des Doppelverfolgungs- und Bestrafungsverbots in Abhängigkeit davon gerät, wo „zufällig“ die Erstverfolgung stattfindet. Abgesehen davon konnte dargelegt werden, dass dieses Gedankenkonstrukt auch nicht in der Lage ist, die der zweiten Denk-Alternative inhärente Zufalls-Komponente zu umgehen.

Ausgangspunkt der als vierte Denk-Alternative angestellten Betrachtung war die Überlegung, für die Bestimmung der zwischenstaatlichen Rechtskraftwirkung von Entscheidungen einen *allgemeinen* Standard zu formulieren. Dieses deshalb, weil das Abstellen auf singuläre Rechtsordnungen zuvor als nicht praktikabel aufgezeigt werden konnte. Als Voraussetzung für diesen allgemeinen Standard wurde befunden, einen einheitlichen Massstab für die Beurteilung der *Rechtskraftqualität* von Entscheidungen zu ermitteln. Unter Einordnung des Rechtsinstituts der materiellen Rechtskraft in die eigentliche Aufgabe der Strafrechtspflege wurde im Ergebnis deutlich, was im Schrifttum bisher bloss behauptet wurde, dass ein allgemeiner Standard für die Beurteilung der zwischenstaatlichen Rechtskraftwirkung von Entscheidungen vom „Wiederaufnahme-Recht“ her gefunden werden sollte. Aufgezeigt werden konnte, dass „europaweit“ Konsens darüber herrscht, dass die Entscheidungsform >Sachurteil< als rechtskräftige Entscheidung von Art. 54 SDÜ erfasst wird und eine transnationale ne-bis-in-idem-Wirkung auslöst. Deshalb wurden die für sie geltenden „Wiederaufnahme-Regeln“ zur Bestimmung des vorerwähnten allgemeinen

Standards als „Leitidee“ zugrunde gelegt. Begründet werden konnte, dass es sich anbietet, im Sinne eines „europaweit“ minimalen gemeinsamen Nenners (Minimal-Niveau-Lösung), eine Entscheidung immer dann als rechtskräftig im Sinn von Art. 54 SDÜ zu werten, wenn das ihr zugrunde liegende Verfahren bereits bei Vorliegen neuer Tatsachen (als niedrigste Hürde) wieder aufgenommen werden darf. Um das Problem der zwischenstaatlichen Inkompatibilität von Entscheidungen zu umgehen, sollte dies seitens des potenziellen Zweitverfolgerstaates anhand der Rechtsordnung des Erstverfolgerstaates beurteilt werden. Dargelegt werden konnte, dass dabei (sicher) auftretende Rechtsanwendungs- und Sprachprobleme zukünftig mit Hilfe der europäischen Auskunfts- und Clearingstelle „Eurojust“ lösbar sein sollten. Der Einwand, dass auch diese Lösung vom nationalen Recht der dem SDÜ unterfallenden Staaten abhinge und damit der Anwendungsbereich des Art. 54 SDÜ grundsätzlich variabel sei, konnte damit entkräftet werden, dass die „Minimal-Niveau-Lösung“ als Korrektiv ihres „Wiederaufnahme-Niveaus“ Art. 4 Abs. 2 des 7. ZP-EuMRK einbezieht, um zu verhindern, dass die Wiederaufnahmegründe unter den dort normierten internationalen Standard sinken. Damit hat sich die „Minimal-Niveau-Lösung“ der hier fokussierten vierten Denk-Alternative als ein möglicher Weg erwiesen, um über die zwischenstaatliche Rechtskraftwirkung einer Entscheidung im Sinn von Art. 54 SDÜ zu befinden.

Das ermittelte Ergebnis wurde gemessen an der Entscheidung des EuGH, in der sich dieser im Jahr 2003 erstmals mit der Auslegung von Art. 54 SDÜ befasst. Festgestellt wurde, dass der EuGH nicht verrät, unter welchen konkreten Bedingungen die Stabilisierungswirkung einer Entscheidung im Sinn von Art. 54 SDÜ positiv festgestellt werden darf. Der EuGH formuliert lediglich, dass der Betroffene als rechtskräftig abgeurteilt im Sinne des Art. 54 SDÜ anzusehen ist, sofern die Strafklage *endgültig* verbraucht ist. Dargelegt wurde, dass hieraus auf den ersten Blick der Schluss gezogen werden könnte, dass der EuGH nur solche Entscheidungen als von Art. 54 SDÜ erfasst ansieht, die in absoluter bzw. vollständiger Rechtskraft erwachsen. Aufgezeigt wurde, dass der EuGH jedoch auch eine Verfahrenseinstellung gegen Auflage nach § 153a dStPO in den Anwendungsbereich von Art. 54 SDÜ mit einbezieht. Dieses, obwohl der Strafklagenverbrauch einer Einstellung wegen geringer Schuld nach Erfüllung von Auflagen (§ 153a StPO) nur als „eingeschränkt“ gewertet wird, weil die Verfolgung einer zunächst als Vergehen gewerteten Tat als Verbrechen noch jederzeit möglich ist. Gefolgert wurde, dass die definitive (endgültige) Rechtskraft demnach jedenfalls nicht der Massstab des EuGH sein kann. Vielmehr muss davon ausgegangen werden, dass eine formal beschränkte Rechtskraft für den EuGH ausreicht. Insofern wurde die – neue – Erkenntnis gewonnen, dass der favorisierte weite Beurteilungsmassstab, demzufolge eine Entscheidung bereits dann rechtskräftig ist im Sinn von Art. 54 SDÜ, wenn eine Wiederaufnahme ihres Verfahrens bei Vorliegen neuer Tatsachen möglich ist, nicht in Widerspruch zu dem vom EuGH vertretenen ebenfalls weiten Verständnis dieses Merkmals steht. Die hier bevorzugte Minimal-Niveau-Lösung hat sich damit mindestens als kompatibel zu der vom EuGH zwar nicht ausdrücklich formulierten, aber offensichtlich gemeinten weiten Interpretation des Merkmals >rechtskräftig< in Art. 54 SDÜ erwiesen.

Unter Berücksichtigung der jüngsten Rechtsprechung des EuGH aus dem Jahr 2003 liegt nach dem ermittelten Interpretationsergebnis damit eine >rechtskräftige Aburteilung< im Sinn von Art. 54 SDÜ vor, wenn durch eine zur Mitwirkung an der Strafrechtspflege berufene Behörde eine Entscheidung getroffen wurde, deren zugrunde liegendes Verfahren bereits bei Vorliegen neuer Tatsachen wieder aufgenommen werden darf. Letzteres ist – erforderlichenfalls im Wege permanent-multilateraler Kooperation mit Eurojust – anhand der Rechtsordnung des erstentscheidenden Staates festzustellen. Mit einem solchen Verständnis könnte der als dritte Arbeits-These formulierten Forderung nach einer praxisgerechten *Europäisierung* des ne-bis-in-idem-Grundsatzes entsprochen werden.

Unter dem Aspekt "Internationalisierung des Grundsatzes ne bis in idem" wurde deutlich, dass mit dem vorab erarbeiteten Verständnis zwar ein Beitrag zur Europäisierung des ne-bis-in-idem-Gedankens geleistet wird, doch wären wegen der immer noch beschränkten territorialen Weite von Art. 54 SDÜ Doppelverfolgungen und -bestrafungen nicht einmal europaweit, geschweige denn international, auszuschliessen. Unter Bezugnahme auf eine Entscheidung des OLG Karlsruhe wurde deshalb angedacht, diese „europaweiten Lücken“ im Anwendungsbereich von Art. 54 SDÜ *faktisch* über die Geltendmachung von Auslieferungshindernissen zu schliessen. Dabei ist deutlich geworden, dass auch nach der Neuregelung des Auslieferungsrechts durch den Rahmenbeschluss zum Europäischen Haftbefehl weiterhin auf Art. 9 EuAlÜbk abgestellt werden muss, weil – wie aufgezeigt wurde – die Bestimmungen zum Europäischen Haftbefehl in den problematischen Staatenbeziehungen, in denen Art. 54 SDÜ gerade nicht gilt, ebenfalls nicht zur Anwendung gelangen. Die Entscheidung des OLG Karlsruhe hat sichtbar werden lassen, dass das in Gestalt eines Auslieferungshindernisses in Art. 9 EuAlÜbk normierte ne-bis-in-idem-Prinzip zwar (zwingend oder fakultativ) in *bilateralen* Staatenverhältnissen *faktisch* eine mehrfache Strafverfolgung und Bestrafung zu verhindern in der Lage ist, jedoch wurde ebenso deutlich, dass in trilateralen (von Art. 54 SDÜ nicht erfassten) Staatenbeziehungen auch auf dem (Um)Weg der Geltendmachung von Auslieferungshindernissen eine doppelte Strafverfolgung und Bestrafung nicht verhindert werden kann. Dieses deshalb nicht, weil gemäss Art. 9 EuAlÜbk keine Drittstaatenerkenntnisse zur Begründung eines Auslieferungshindernisses herangezogen werden können, so dass in trilateralen oder gar multilateralen Staatenbeziehungen eine wiederholte Strafverfolgung auch nicht rein tatsächlich über das Auslieferungsrecht zu vermeiden ist. Abgesehen davon wurde erkannt, dass (natürlich) auch der Geltungsbereich von Art. 9 EuAlÜbk begrenzt ist und eine wirkliche Internationalisierung des ne-bis-in-idem-Prinzips deshalb auch unter ergänzender Heranziehung dieser Vorschrift nicht erreicht werden kann.

Um die Lücken im Geltungsbereich von Art. 54 SDÜ zu schliessen, wurde der im rechtswissenschaftlichen Schrifttum geäusserte (aber nicht überprüfte) Gedanke, Art. 54 SDÜ analog auf Nicht-Vertragsstaaten anzuwenden, aufgegriffen. Bei näherer Betrachtung dieser Erwägung wurde die für eine analoge Anwendung notwendige Rechtslücke als bestehend festgestellt. Bei Betrachtung des Erfordernisses der Planwidrigkeit dieser Rechtslücke wurde jedoch offenbar, dass – aufgrund des Sonderrechtscharakters von Art. 54 SDÜ – die Nichtanwendung dieser Norm auf nicht vom Anwendungsbereich dieser Vorschrift erfasste Staatenbeziehungen nicht, wie für eine analoge Anwendung aber erforderlich, *un*beabsichtigt erfolgt. Der Gedanke einer analogen Anwendung auf Nichtvertragsstaaten wurde deshalb verworfen.

Die in die Betrachtung einbezogene Analyse des Völkergewohnheitsrechts hat sichtbar werden lassen, dass die Strafrechtsentwicklung am Anfang eines möglicherweise entstehenden völkergewohnheitsrechtlichen – und damit internationalen – ne-bis-in-idem-Grundsatzes stehen könnte. Selbst wenn mit der territorialen Ausdehnung des ne-bis-in-idem-Prinzips ein erster Schritt in Richtung Herausbildung eines völkergewohnheitsrechtlichen (internationalen) ne-bis-in-idem-Grundsatzes gegangen sein sollte, wird im rechtswissenschaftlichen Schrifttum aber die Verankerung dieses Grundsatzes als *vertragliches* Menschenrecht gefordert. Diese Forderung wird erhoben, weil die vertraglichen Menschenrechte der universalen und regionalen Menschenrechtsinstrumente (IPbpR u. EMRK) – im Gegensatz zum Völkergewohnheitsrecht – über eigene verfahrensrechtliche Durchsetzungsmechanismen verfügen. Dieser in der Literatur angedachte (aber nicht geprüfte) Weg, das Verbot doppelter Strafverfolgung und Bestrafung als vertragliche menschenrechtliche Garantie zu internationalisieren, hat sich nach eingehender Prüfung als gangbar erwiesen. Dieses unter der Voraussetzung, dass die überwiegende Zahl aller Staaten mittels Unterzeichnung eines weiteren Fakultativprotokolls zum IPbpR zum Ausdruck bringt, dass sie gewillt ist, diesem Verbot einen derart zwingenden Rang zuzuerkennen, dass es existierende zwischenstaatliche Auslieferungsverpflichtungen derart verdrängt, dass aus ihrer Beachtung keine Doppelverfolgungen und/oder -bestrafungen mehr folgen können. Festgestellt wurde, dass aber ohnehin schon der Wortlaut von Art. 14 Abs. 7 IPbpR als derart „interpretationsoffen" betrachtet werden darf, dass er (in Zukunft) eine Auslegung zulässt, die dem ne-bis-in-idem-Prinzip universelle Geltung verleiht.

In Bezug auf die herausgearbeitete Aufgaben- und Fragestellung wird damit ein Beitrag zu der auf der sog. Primärebene angesiedelten Problematik geleistet. Denn ein *internationalisierter* ne-bis-in-idem-Grundsatz kann (zumindest) bewirken, dass ab dem Vorliegen eines justiziellen Erkenntnisses über ein und dieselbe Tat eine weitere (wiederholte) und damit *iterative* Strafverfolgung und Bestrafung ein und desselben Täters international ausgeschlossen wird.

• *These 4*: Die unter dem Gesichtspunkt einer duplizierten Strafverfolgung erkennbaren zwei Gefahrenkreise (iterative und/oder simultane zwischenstaatliche Strafverfolgung) geben Anlass zum Bemühen, das Verständnis eines zwischenstaatlichen ne-bis-in-idem-Grundsatzes derart auszugestalten, dass nicht bloss *nach* abgeschlossener Strafverfolgung ein *iteratives* Strafverfahren vermieden, sondern (schon) von *vornherein* eine *simultane* Strafverfolgung verhindert wird.

Festgestellt wurde, dass selbst ein universelles ne-bis-in-idem-Prinzip, im formell und materiell ganz weit verstandenen Sinn, keine hinreichende Lösung zur Vermeidung transnationaler Doppel*verfolgungen* bietet. Dieses deshalb nicht, weil der ne-bis-in-idem-Grundsatz seinem allgemeinen Verständnis nach eine doppelte Strafverfolgung (und Bestrafung) erst ausschliesst, wenn eine Erstentscheidung ergangen ist. Bis zu diesem Zeitpunkt besteht die Gefahr, dass es zwischenstaatlich zu *parallel bzw. simultan* geführten Strafverfahren kommt. Damit diese Konkurrenzsituation nicht durch einen zwischenstaatlichen Wettstreit um die Aufnahme der Strafverfolgung oder eine (indirekte) Rechts-Wahl aufgelöst wird, sollte – so wurde festgestellt – ein Lösungsansatz gefunden werden, der sich an sinnvollen Sachkriterien orientiert. Die bisher in Literatur und Praxis vorherrschenden Konzepte mussten aus theoretischen und/oder praktischen Erwägungen als unzureichend aufgezeigt werden. Deshalb wurde hier – unter Einbezug des neu(er)en rechtswissenschaftlichen Schrifttums – eine *(über)individuell-konkrete Kriterien-Gewichtung* angedacht, um den von vornherein ausschliesslich straf(verfolgungs)berechtigten Staat zu ermitteln. Danach sollte im konkreten Einzelfall anhand einer Abwägung verschiedener personenbezogener (Täter und Opfer) – also: individueller – und prozess- und staatsbezogener – also: überindividueller – Kriterien der einzig strafberechtigte Staat bestimmt werden. Dieses immer dann, sobald transnational mehrere auf dem sog. Internationalen Strafrecht basierende Strafansprüche miteinander konkurrieren. Dieser Prozess der zwischenstaatlichen Konsensbildung sollte – was in der einschlägigen Literatur z.T. übersehen wird – durch eine zentrale Koordinationsstelle begleitet werden, bei der ein zentrales Strafregister geführt wird. Als sachgerechter Zeitpunkt für das Einleiten dieses zwischenstaatlichen Konsensbildungsprozesses konnte die Zuschreibung der Beschuldigteneigenschaft ermittelt werden, um nicht schon parallel geführte Verdachtsermittlungsmassnahmen zu verunmöglichen. Auf die Notwendigkeit der Abfederung der Verfolgungshemmung durch einen Missbrauchsvorbehalt wurde hingewiesen. Folgender Formulierungsvorschlag wurde erarbeitet:

Gegen einen Beschuldigten darf die Strafverfolgung nicht eingeleitet oder fortgeführt werden, wenn eine Abwägung von personen-, prozess- und staatsbezogenen Interessen ergibt, dass die Strafverfolgung wegen derselben Tat besser in einem anderen verfolgungsberechtigten Staat durchgeführt werden kann und dort auch tatsächlich eingeleitet worden ist.

Idealerweise sollte die Koordinationsstelle zudem die Kompetenz besitzen, ein Internationales Strafgewaltgericht als letztentscheidende Konfliktentscheidungsinstanz anzurufen. Die Einrichtung eines Strafgewaltgerichtshofs als ultima ratio wurde jedoch als mittelfristig nicht umsetzbar eingestuft. Deshalb wurde – als neuer Gedanke – in Erwägung gezogen, den Kriterienkatalog für die (über)individuell-konkrete Kriterien-Gewichtung um ein *subsidiäres Final-Kriterium* zu ergänzen. Dieses würde letztlich (nur) in dem Fall, dass unter Abwägung personen-, staats- und prozessbezogener Interessen kein zwischenstaatlicher Konsens hinsichtlich des zur Strafverfolgung einzig berechtigten Staates hergestellt werden kann, den Ausschlag geben. Angedacht wurde, bei fehlender zwischenstaatlicher Konsensbildung, *dem* Staat die Strafverfolgungskompetenz zu verleihen, in dem der *deliktische Schwerpunkt* liegt. Dieses dürfte in den meisten aller Fälle der Tatortstaat sein, da dort die Straftat i.d.R. am gravierendsten gespürt wird. Aufgrund der Weite des juristischen Tatortbegriffes liesse sich jedoch ein einziger Tatortstaat bzw. deliktischer Schwerpunkt in einer Vielzahl von Fällen nicht bestimmen. Deshalb wurde angedacht, das Verständnis des Kriteriums „deliktischer Schwerpunkt" aus seiner Abhängigkeit von der Verschiedenheit der unterschiedlichen Rechtssysteme und vor allem der juristischen Fachsprache zu lösen und ein an der Allgemeinsprache orientiertes (einfacheres) Verständnis zugrunde zu legen. Nach diesem liegt der Tatort dort, wo die als Täter in Frage kommende natürliche Person unter persönlicher Anwesenheit eine Tathandlung (Tun oder Unterlassen) vorgenommen hat. Da es praktisch nahezu ausgeschlossen ist, dass eine natürliche Person gleichzeitig in zwei Staaten persönlich anwesend ist und handelt bzw. zur Handlung unmittelbar ansetzt, könnten auf der Grundlage eines allgemeinsprachlich interpretierten (subsidiären) Final-Kriteriums (deliktischer Schwerpunkt) konkurrierende Strafverfolgungsberechtigungen letztendlich auf einen singulär verfolgungsberechtigten Staat reduziert werden. Bei einem Unterlassungsdelikt ist darauf abzustellen, wo die betreffende Person zuerst eine rechtlich gebotene Handlung unterlassen hat. Als Grundregel könnte daher die „persönliche Handlungsanwesenheit" der natürlichen Person das massgebliche Kriterium zur Bestimmung des Tatortes und damit des deliktischen Schwerpunkts sein (*Tathandlungs-Grundregel*).

Folgender Formulierungsvorschlag wurde erarbeitet:
Der Staat, auf dessen Hoheitsgebiet eine Handlung/Unterlassung unter persönlicher Anwesenheit der als Täter in Betracht kommenden natürlichen Person zuerst stattgefunden hat oder hätte stattfinden sollen, ist letztendlich ausschliesslich zur Strafverfolgung berechtigt.

Zusammengefasst wird vorgeschlagen, das „klassische" Doppelbestrafungsverbot um ein weiteres Verbot zu ergänzen, welches es verbietet, überhaupt simultan geführte Strafverfahren einzuleiten. Einfach nur ein solches Verbot aufzustellen, hiesse jedoch, einen zwischenstaatlichen Wettstreit um die Aufnahme der Strafverfolgung zu entfesseln. Deshalb sollte dieses Verbot so ausgestaltet sein, dass es das Einleiten einer Strafverfolgung verbietet, vorausgesetzt eine im zwischenstaatlichen Konsens getroffene Abwägung von personen-, prozess- und staatbezogenen Interessen ergibt, dass die Strafverfolgung wegen derselben Tat besser in einem anderen verfolgungsberechtigten Staat durchgeführt wird. Der Prozess dieser Konsensfindung sollte nach dem Gesagten einer *(über)individuell-konkreten Kriterien-Gewichtung mit subsidiärem Final-Kriterium* folgen, wobei letzteres anhand der dargelegten *Tathandlungs-Grundregel* (persönliche Handlungsanwesenheit) interpretiert werden sollte. Kurz gesagt wird vorgeschlagen, das ne-bis-in-idem-Prinzip um eine Streit-Abwägungs-Funktion fortzuentwickeln. In dieser Arbeit wurde damit (auch) ein Beitrag zu der auf der sog. Sekundärebene angesiedelten Problematik (Gefahr simultaner Strafverfolgung) geleistet. Zur Erinnerung: Das Gefahrenpotenzial von doppelter Strafverfolgung und Bestrafung ist vordergründig und leicht einsichtig vom Risiko einer iterativen Strafverfolgung und Bestrafung gekennzeichnet (Primärebene). Als (etwas) weniger offensichtlich wurde die Gefahr bewertet, dass es nicht bloss *nach* abgeschlossener Strafverfolgung zu einem erneuten – also iterativ geführten – Strafverfahren (ggf. mit erneuter Bestrafung) kommt, sondern dass aufgrund von vornherein zwischenstaatlich widerstreitenden Straf-Kompetenzen die Strafverfolgung durch *simultane* Strafverfahren betrieben wird (Sekundärebene). Dieser letztgenannten Gefahr kann durch den in dieser Arbeit aufgezeigten – und soeben resümierten – Lösungsansatz begegnet werden.

Centaurus Aktuell

Kolibri 360 GmbH
Ferdinand-Jühlke-Straße 7
99095 Erfurt, Deutschland
produktsicherheit@kolibri360.de